El viaje de un egiptólogo ingenuo

Tito Vivas

El viaje de un egiptólogo ingenuo

EDICIONES DEL VIENTO

1ª edición, septiembre 2017
2ª edición ampliada (tapa dura), noviembre 2019
3ª edición, mayo 2025

EDICIONES DEL VIENTO S.L.
C/ Alfredo Vicenti, nº 32 - 9º/ 15004 A Coruña
www.edicionesdelviento.es
Diseño y maquetación: Inés de la Peña

IBIC: WTL
ISBN: 978-84-18227-66-0
Depósito legal: C 762-2025
Impreso por: Tecnica Digital Press
Impreso en España / *Printed in Spain*

A la memoria de mi abuelo,
que compartía nombre con el dios Ra

MEDITERRANEAN
SEA

SINAI

GULF OF SUEZ

LOWER
EGYPT

EASTERN
DESERT

PYRAMID
OF MENKAURE

PYRAMID
OF KHUFU

Gizeh

Memphis

PYRAMID
OF KHAFRE

THE GREAT SPHINX

Sakkarah

Dashur

STEP PYRAMID

BENT PYRAMID

FAIYUM

Bahr Yusef

Nile River

Akhetaton
(Tell el Amarna)

WESTERN
DESERT

VALLEY

OF

THE

NILE

FARAFRA
OASIS

RED SEA

EASTERN DESERT

TEMPLE OF HATHOR

Dendera

Karnak
Luxor

TEMPLE OF AMENHOTEP III

Western
Thebes

Edfu

TEMPLE OF KOM OMBO

Kom Ombo

Abydos

DEIR EL BAHRI

COLOSSI
OF MEMNON

TEMPLE OF HORUS

First Cataract

Philae
Island

TEMPLE OF ISIS

TEMPLE OF RAMSES II

UPPER EGYPT

Nile River

WESTERN
DESERT

TEMPLE OF RAMSES II

Sebua

KHARGA
OASIS

N

TEMPLE OF RAMSES II

TEMPLE OF
QUEEN NOFRETARI

Abu Simbel

SCALE
0   10   20   30 Miles

David Greenspan

Second Cataract

Índice

Capítulo I: El Cairo y la Gran Pirámide
Más de veinte años contemplando la historia desde abajo

Tenía once años, o ni eso, cuando me picó la oca de Meidum. Así es como llaman los egiptólogos al gusanillo que genera el deseo de dedicarse al conocimiento del Antiguo Egipto. Deseo que, por momentos, a lo largo de mi vida se ha convertido en obsesión, en una eterna carrera entre el querer y el poder o, mejor dicho, entre el querer y el que le dejen querer a uno. Puede resultar una edad demasiado temprana, once años, —que cumplí en Egipto, por cierto— para decidirse con rotundidad por una profesión en el futuro. Otros niños quieren ser bomberos, o policías. O, en nuestro país, la mayoría futbolistas o funcionarios. Pero yo quería ser, para quebranto de mis progenitores, egiptólogo.

Tengo entendido que algunas personas, a lo largo de la historia, han sentido sus verdaderas vocaciones siendo muy jóvenes. Gente que comenzaban coleccionando cromos y baratijas se convirtieron, con el paso de los años, en grandes coleccionistas de arte o prestigiosos editores. Mozart tocaba el clavicordio apenas con cuatro años. Y el Nobel de Literatura Vidjadhar Naipaul reconoció el despertar de su vocación literaria también a los once años. Claro, que con ellos no tengo en común el haber heredado de mi padre un don. Si acaso, la terquedad. Él fue quien me llevó a Egipto, por primera vez, cuando tenía diez años. Un 28 de agosto de 1990 cumplí allí, a los pies de las pirámides, mis once primaveras. Una historia con aciaga motivación que dejaré para más adelante.

Todo a mi alrededor era oscuridad y desconcierto. Durante los cuatro o cinco segundos que tardó el cerebro en reaccionar y recordar qué lugar era aquel en el que me había dado al pernocte, sobrevino ese malestar que sufre al levantarse quien no ha descansado bien por culpa de los nervios y la ansiedad. Mi madre entró en la habitación y retiró las cortinas del gran ventanal, dejando entrar un resplandeciente sol que invadió por completo cada rincón. Los muebles decimonónicos mostraban orgullosos sus barnices restaurados bajo la luz. Las yeserías, los estucados y las maderas del techo amanecían cordiales, como sirvientes de gala.

Los siguientes dos minutos me brindaron imágenes (cada vez menos borrosas) de aquel cuarto desconocido que se iba recomponiendo en mi memoria. La claridad que entraba por el gran balcón no estaba ubicada en su posición habitual, la posición que yo tenía grabada en mi memoria, que era la de mi habitación en casa. Nunca tuve un chifonier con incrustaciones nacaradas ni una colcha de bellos damasquinados. Y, por supuesto, al otro lado de mi ventana nunca hubo una pirámide de casi ciento cincuenta metros de altura.

El tercer bostezo me hizo recordar que no estaba en mi cuarto, sino en una habitación de un viejo palacio a los pies de la llanura de Guiza. Y era mi undécimo cumpleaños.

Desde aquel emocionante despertar hasta estas páginas ha transcurrido una eternidad. Yo era por entonces un mocoso regordete con pantalones bermudas de chillones estampados viviendo la que se convertiría en la mayor aventura de su vida. O al menos, la que más marcaría su futuro. Por eso he considerado interesante comenzar esta recolección de aventuras y desventuras recordando aquel momento en el mismo lugar donde todo comenzó una calurosa mañana de 1990: asomado nuevamente a una de esas grandes terrazas de viga y leño centenario del viejo palacio que hoy da cabida al hotel Mena House, con la gran pirámide de Keops ante mis ojos.

Esa mañana temprano, como aquella que aconteció veinte años atrás, una bruma, mezcla de polvo, polución y algún que otro elemento disuelto en el aire, nublaba la visión de la gran pirámide, casi ocultándola a los ojos de los viajeros cercanos, pese a su ciclópea envergadura. Sin prisa, me preparé para iniciar una jornada que, seguramente, resultaría agotadora: me di una buena ducha, abandoné la habitación con un sordo portazo, caminé grandes pasillos enmoquetados, descendí suntuosas escaleras decoradas de nobles maderas y ornamentos metálicos... Es imposible que alguien se canse de disfrutar un lugar como éste. Puede ser cierto que los alojamientos desastrosos, con inquilinos de más de dos patas y ruina por letrero, sean más interesantes para introducirlos en una historia de este calado. Por supuesto, dan mucho más juego, ofrecen mucha más chicha. Pero en un viaje como el mío, que pretendía emular en la medida de lo posible la tradición victoriana del arte de viajar no pueden permitirse semejantes licencias. Donde viajeros como Amelia Edwards eligieron el Hotel Shepheard's, uno de los más renombrados albergues del mundo en su tiempo, yo me decanté para este viaje por otro clásico de la misma época. La razón, sencilla: el Shepheard's ardió hasta los cimientos en el incendio de El Cairo del 26 de enero de 1952, preámbulo de la Revolución del 23 de julio que acabaría imponiendo la república de Nasser.

Como contrapartida, el Mena House tiene su propia historia, una de esas que merecen ser contadas. Fue un antiguo palacio de caza, construido en 1869 por Ismail Pasha, Ismail el Magnífico, jedive de Egipto y de Sudán bajo el control del Imperio Otomano. Debido a cuestiones políticas, el edificio terminó en poder del empresario británico sir Hugh Locke Fortescue-King, quien, de inmediato, comenzó la construcción de un hotel en sus instalaciones. Era la época dorada del turismo victoriano, y los aristócratas y diplomáticos europeos abarrotaban los albergues de lujo no sólo de El Cairo, sino de tantos otros protectorados y colonias. El hotel se abrió al público, por vez primera, en 1886, bajo el nombre de «La Casa de Menes», o lo que es lo mismo, Mena House. Mena, Mines, Menes... o Narmer. Es el nombre del primer rey que unificó los dos territorios que conformaban el Antiguo Egipto, convirtiéndose en el primero de la lista de reyes que luego serían nombrados por los griegos como faraones. Durante la Primera Guerra Mundial el hotel fue requisado por las tropas australianas, convirtiéndose en un hospital. Pero en 1971 fue comprado por el adinerado indio Rai Bahadur Mohan Singh Oberoi, y desde entonces ha vuelto al negocio de la hostelería.

Queda demostrado que el edificio ha sido escenario de grandes e interesantes momentos del pasado. Por ejemplo, aquí se celebró, en diciembre de 1977, un encuentro entre el presidente egipcio Anwar el-Sadat y el primer ministro israelí Menachem Begin, para dar inicio a las conversaciones bilaterales que culminarían en los Acuerdos de Paz de Camp David, que pusieron fin al conflicto entre estas dos naciones, restaurando la soberanía de Egipto sobre la península del Sinaí. Por sus habitaciones han desfilado incontables personajes que han aportado su personal granito de arena a la historia: Arthur Conan Doyle, Winston Churchill, Agatha Christie, Cecil B. DeMille, Charlton Heston, Charlie Chaplin, Frank Sinatra, Roger Moore, Richard Nixon y tantos otros que también distinguieron los salones del Hotel Shepheard's. O yo mismo, que al igual que lo hicieron todos ellos, me

La pirámide de Keops desde la ventana de la habitación del hotel Mena House

Hotel Mena House convertido en hospital durante la Iª GM

16

dispuse a entrar en el gran salón donde se servían los desayunos, con aire triunfal y satisfecho. Con la pompa y el boato de los aristócratas británicos del XIX, y no con cámara y chancletas de turista contemporáneo. Además, no había cenado nada la noche anterior, cuando mi avión aterrizó en la capital egipcia a última hora de la tarde, así que estaba dispuesto a dar buena cuenta de un desayuno egipcio antes de ponerme en marcha.

A finales del siglo XIX, estos salones estaban repletos de caballeros petulantes y damas flemáticas, en su mayoría británicos o americanos, con un amplio abanico de motivos para visitar El Cairo o remontar el Nilo: *«inválidos en busca de salud; artistas en busca de tema; aventureros en busca de cocodrilos; hombres de estado de vacaciones; corresponsales alerta ante cualquier cotilleo; coleccionistas tras el rastro de papiros y momias; hombres de ciencia con fines exclusivamente científicos; y el acostumbrado número de desocupados que viajan por el mero placer de viajar, o para satisfacer una curiosidad inconcreta».* Por desgracia, hoy en día, los que predominan en los hoteles, son únicamente estos últimos. Allá donde Amelia Edwards aclaraba que era fácil distinguir *«a primera vista a un viajero de Cook de uno que viaja por su cuenta»,* el tiempo nos ha convertido a todos en prototipo de ese turista desinteresado que ha desperdiciado el sustrato latente del alma viajera.

Este personaje, Amelia Edwards, siempre ha tenido un profundo significado para mí. Uno de los primeros libros de viajes por Egipto que leí, hace ya bastantes años, fue su obra *Mil millas Nilo arriba.* De hecho, este título lo compartí humildemente como nombre de un programa semanal de egiptología que presentaba y dirigía en la Radio Universitaria de la Universidad de Alcalá, en mis tiempos mozos. Y por eso es una de los ilustres viajeros que no puedo dejar de rescatar en este libro.

Amelia Ann Blandford Edwards, ese era su nombre completo, fue una escritora británica que terminó dedicando su vida enteramente a la egiptología y a la preservación y conservación de los monumentos del país africano. A caballo entre 1873 y 1874 viajó a lo largo del valle del Nilo, quedando fascinada, como no podía ser menos, por todas las maravillas que encontraba a su paso. En compañía de algunas amistades, contrataron los servicios de una *dahabiya* (una embarcación a vela, bastante más grande que una *faluca,* que aún hoy cumple funciones turísticas en el Nilo) y remontaron las aguas del río hasta llegar a las inmediaciones del templo de Ramsés II en Abu Simbel. De este periplo de un millar de millas remontando el Nilo nacería, a su regreso a tierras sajonas, su obra *A Thousand Miles up the Nile,* publicado en 1876. Un éxito de ventas inmediato en la Inglaterra de finales del XIX y en la Europa inmersa en la «egiptomanía».

Otro de los grandes logros de la británica fue el impulso de la concienciación social y académica por la conservación del legado cultural egipcio. De su

Amelia Ann Blandford Edwards

Vista aérea del mena House con respecto a Guiza. Años 30

empeño e iniciativa surgió, en 1882, la Egypt Exploration Fund (conocida hoy en día como Egypt Exploration Society), organización líder en el Reino Unido en la realización de trabajos de campo e investigaciones arqueológicas en Egipto. Con el objetivo de impulsar el trabajo de dicha asociación, Amelia emprendió una amplia gira de conferencias por los Estados Unidos que acabarían dando como resultado dos nuevos hitos en su biografía: por un lado la publicación de *Pharaohs, Fellahs, and Explorers*, que recogía los contenidos de toda su divulgación, y por otro, una complicación de salud que acabaría con su vida catorce años más tarde.

Del Mena House —que fue, como antaño, mi primer alojamiento durante este viaje que aquí relato— hasta la explanada de Guiza, donde se alzan las tres pirámides más famosas del mundo, apenas había una caminata, cuesta arriba, de cinco minutos. Este acceso no fue siempre así de factible para los viajeros, obviamente. Hubo una época en que los visitantes, hospedados en latitudes más alejadas, ubicadas en el interior de la ciudad de El Cairo, se veían obligados a viajar hasta este lugar para realizar sus visitas. Quienes tenían la suerte y la capacidad de hospedarse en el Mena, lo tenían chupado. Otros, como el licenciado uruguayo Luigi Viglione, en cambio, empleaban horas en el trayecto:

> *Del Cairo se sale de madrugada en carruaje o a caballo, para ir a las Pirámides del Guizeh a las que se llega en un par de horas después de franquear el gran puente de hierro, llamado Kasr-el-nil, tendido sobre el Nilo, y seguir la hermosa avenida de acacias, trazada en 1868 expresamente para practicar esta excursión. Llegados, os entregáis a los beduinos, quienes os hacen trepar a la plataforma superior de la mayor de las Pirámides, la del Rey Cheops. Desde su altura se distingue el sinuoso curso del Nilo con sus márgenes profusamente adornadas de palmeras, la cadena arábiga y el desierto líbico, la carretera que sirvió para el transporte de los materiales, las otras Pirámides, y la Esfinge, y en resolución os dais cuenta de la magnitud de esas construcciones tumulares.*

Así lo narraba el sudamericano en una de sus misivas remitidas desde El Cairo a unos amigos suyos el 15 de mayo de 1889. Este Viglione, ingeniero y arquitecto, viajó a Egipto desde Nápoles en las postrimerías del XIX, desde donde fue redactando una serie de cartas a familiares y conocidos, que hoy nos han permitido, además de revivir una visión más de un viajero de aquella época, conocer las causas de que en buenos Aires y Montevideo cuenten con dos magníficas momias egipcias:

Adquirí del Museo (de Bulak) [...] dos momias, una completa con su sarcó-fago de época Faraónica que podrán verla en Buenos Aires.

La que puede verse en Buenos Aires, como él prometía, se encuentra en el Museo de la Plata. La segunda fue donada a la intendencia de Montevideo, y desde al año 2000 se encuentra expuesta y conservada en el Museo de Historia del Arte de la ciudad.

Aquella mañana encaré la rampa hacia la explanada de Guiza calmado, tratando de degustar y planificar, desde el primer minuto, una mañana

Pirámides de Guiza

tranquila recorriendo cada rincón del yacimiento. Algo impensable, porque muchos de los monumentos que alberga, más allá de las tumbas reales, no estaban ni están abiertos al público. Pero sobre todo porque ese público anegaba, en todo momento, los que sí eran accesibles.

Pocas palabras preliminares necesita la pirámide de Keops, la edificación cuya magnitud histórica y física conoce todo el mundo y que, en este sentido, probablemente tiene menos necesidad de introducción que ningún otro monumento de la historia. «*Tan numerosos y conocidos son los relatos y las reproducciones gráficas de estos antiguos monumentos, que no intentaremos en modo alguno hacer aquí nuevamente su descripción*», decía Gonzenbach en su *Viaje por el Nilo*. Ante su magnitud, quedaron maravillados todos los viajeros que se acercaron a su base o que se refugiaron a su sombra. La citada Amelia Edwards, la fundadora de la egiptología académica en Inglaterra, dejó constancia de la impresión que le causó este monumento en su obra *Mil millas Nilo arriba*, escribiendo en su descripción la palabra sombra con mayúscula. Su Sombra. Casi como cuando alguien se refiere, literariamente, a la divinidad. Otros, como el propio Bonaparte, pasaron también a la historia pronunciando célebres elogios al monumento al arengar a su tropa tras la batalla contra los mamelucos de Murad Bey: «Soldados, desde lo alto de estas Pirámides, cuarenta siglos de Historia os contemplan».

Pero en mí, sin embargo, no sé si por las altas expectativas que guardaba, o por mi interés centrado en otros aspectos de la cultura faraónica, la Gran Pirámide nunca ha conseguido despertar el asombro. Ni la primera vez ni en los siguientes más de veinte años que he tenido ocasión de contemplar su historia desde abajo.

No se me malinterprete. No cabe duda de que todo alrededor de esta maravilla de la Antigüedad es apasionante, embriagador; la forma en la que se elevaron esos dos millones de bloques monstruosos sigue siendo un enigma sin resolver; sus disposiciones y alineaciones asombran a cualquier hombre de ciencia del presente; sus paralelismos cósmicos y astronómicos abren debates interesantísimos sobre el saber del mundo antiguo y sus misterios todavía hoy levantan ampollas. Cualquiera de estos aspectos me fascina. Pero en aquel viaje de mi infancia no recuerdo haberme quedado sin respiración al enfrentarme, por primera vez, a la pirámide. Recuerdo, eso sí, haberme asfixiado al intentar acceder a su interior, acompañado de mis progenitores, en aquel tórrido verano a principios de los años noventa. La masificación de visitantes por entonces estaba descontrolada, y cruzarse en los pasadizos que acceden a la Gran Galería con un orondo turista americano, blanco del calor y con los mofletes rojos del esfuerzo, planteaba un serio dilema de espacio. Tanto es así que mi madre me obligó a darme la vuelta a mitad de camino, temiendo por mi salud (yo era igual de orondo que el turista descrito, solo que algo más tostado por el sol). Quiero mucho a mi madre, pero eso no se lo pude perdonar durante largo tiempo. Tuvieron que pasar otros catorce años hasta que pude regresar a Egipto y completar la visita.

Desde entonces he vuelto a visitar la pirámide, por dentro y por fuera, en multitud de ocasiones. Pero esta vez iba a ser diferente, ya que tenía un permiso para acceder al monumento fuera del horario habitual de visitas, y eso me permitiría estar a solas en el vientre de piedra del gigante. Una audiencia privada con la roca, con la distribución de sus cámaras y su sencillez arquitectónica, que a simple vista no demuestra lo complejo de su mecanismo. Ese que esconde cómo, hace más de cuatro mil quinientos años, hubo mentes que concibieron resortes prodigiosos al servicio de una creencia religiosa, o de un megalómano tirano, o de una mezcla de ambos, y que luego se difuminaron en el tiempo dejando sólo cabida a las pesquisas.

La taquilla abrió a las ocho en punto de la mañana. Yo tenía un permiso para acceder fuera de horario, pero eso no significaba que no tuviera que adquirir además como cualquier hijo de vecino, mi billete de entrada tanto al recinto como a la Gran Pirámide. El acceso al monumento está restringido a trescientas personas por día. Ciento cincuenta entradas se venden a las ocho de la mañana, y otras ciento cincuenta a la una de la tarde. O, al menos, esa es la teoría. Luego, ya se sabe... esto es Egipto. Yo mostré en la ventanilla mi documento, adquirí mi entrada, y accedí al recinto, sabiendo que mi momento llegaría entre los dos turnos de visitas. Así que me tomé con calma el paseo por el entorno, esquivando cargantes vendedores de baratijas chinas y camelleros con malas pulgas y poco de fiar. Me distraje escuchando las explicaciones de algunos guías, disimuladamente, con oído crítico.

Con tiempo por delante, decidí visitar algunos de los monumentos circundantes a la tumba de Keops. Comencé por el recinto del Templo Funerario, que se encuentra pegado a la base de la pirámide en su lado este. También al este se alinean otras tres pirámides secundarias más pequeñas. Y alrededor de todo el conjunto se extiende el gran cementerio de las dinastías iv y v. Del Gran Templo Funerario de Keops apenas quedan unos pocos restos. Prácticamente todo el complejo ha desaparecido, y solamente se conserva una parte del pavimento de basalto negro. Ni rastro casi de sus muros, de sus portales de granito, de la calzada que comunicaba esta parte del complejo con el Nilo o el templo construido junto al embarcadero. Me senté un rato a la sombra de una de las llamadas Pirámides de las Reinas, para tomar desde allí alguna foto. Nunca antes había disfrutado la sensación de no tener prisa a los pies del monumento. Pude, por primera vez, apreciar la amplia gama de colores, la paleta que el sol disponía sobre descomunales pedruscos de caliza. La cara iluminada abarcaba dorados, rojos, naranjas e incluso blancos brillantes. La otra, pugnaba por retirarse aún de encima los púrpuras, violetas y cenicientos matices de las sombras.

Enseguida se me acercaron dos niños para venderme postales. Diez por un euro. Me hice el distraído mirando por el visor de mi Nikon con la esperanza de que mi desinterés los aburriera. Pero no desistieron. Ya no me quedaba rincón por fotografiar, y los muy bribones parecieron percatarse del hecho. Así que uno de ellos me tiró de la manga de la camiseta para mostrarme algo, mientras me exhortaba en perfecto inglés.

—Mire, señor. Venga aquí. Mire.

¿Cómo podía ser posible que, con la de veces que había pasado por este lugar, nunca hubiera reparado en lo que estos chavales me mostraron? Señalaban el citado pavimento compuesto por enormes bloques de basalto oscuro. Negro como lo era el fértil suelo de Egipto, aquel que traía consigo la resurrección de la agricultura y la regeneración de la vida, una vez que las aguas de la crecida del Nilo se retiraban. Entonces, el limo secado al sol se cuarteaba, y dejaba una impronta como la que rememoraban estos informes bloques de piedra. Y, en el costado de uno de ellos, aparecían marcas de cortes perfectamente visibles y de una precisión apabullante, que el joven egipcio me señalaba con orgullo. Como si alguien hubiera cogido una sierra eléctrica y hubiese practicado, ayer por la tarde, un corte en el basalto. En qué momento se fechaba ese corte, ya no lo sabría decir. A lo mejor es verdad que fue ayer por la tarde.

—Oh, dios mío. ¿*Aliens*?

Pero el chaval no cayó en mi trampa.

—No, mister. No *aliens*. Egipcios.

Desde luego, el mocosete supo cómo ganarse el *bakshish*, la propina. Quién sabe de qué curioso turista, friki conspiranoico o egiptólogo cualificado, había conocido él ese detalle tan peculiar, pero supo explotarlo en el momento adecuado. Le di unas cuantas libras, además de las gracias. Las cogió, las guardó, e inmediatamente me volvió a ofrecer diez postales por un euro. Perseverante era un rato.

Al final, para darle esquinazo, decidí entrar en una de las Pirámides de las Reinas, abierta al público. Son pequeñas pirámides subsidiarias, de las que, en realidad, aún no se conoce ni a sus propietarios ni su verdadera función. La primera de las tres pirámides, ubicada más al norte, se cree que pudo construirse para la reina Hetepheres I, madre de Keops, aunque

Vista inundada de Guiza

también existe la posibilidad de que fuese erigida para Merytetis, esposa del rey. Lo mismo se piensa de la segunda de las pirámides. Y la tercera, mejor conservada, pudo pertenecer a Henutsen, tercera esposa de Keops y madre de su sucesor, Kefrén.

He de reconocer que nunca había sentido gran interés por estos monumentos, ya que en anteriores visitas, siempre con el tiempo más limitado, me había centrado en las construcciones principales. Pero esta vez accedí, sin apremio alguno, y descubrí lo interesante de estas construcciones, tan

Esfinge

poco documentadas. Prácticamente idénticas en su disposición, invitan a su interior a través de un largo pasadizo descendente, incómodo y estrecho como es de esperar en una pirámide, y más en una de tamaño reducido. Éste desemboca en una sencilla antecámara y luego, tras un giro siempre hacia el oeste, en la supuesta cámara sepulcral, más profunda.

Las dudas respecto a estos monumentos, sobre las que han debatido grandes nombres de la egiptología como Reisner, Lehner o Verner, se generaron en 1925, durante los trabajos de excavación de la zona este de la Gran Pirámide. Uno de los fotógrafos del equipo que dirigía, precisamente, George Reisner, apoyó su trípode sobre una superficie de argamasa que no parecía de origen natural. Un inicio muy acorde a muchos de los más espectaculares hallazgos arqueológicos de Egipto. Superadas las siempre banales casualidades, pocas veces reales (el propio Reisner declararía, más tarde, que «tarde o temprano, debido a los modernos métodos de excavación, dentro del orden seguido en los trabajos, se habría dado con ella»), se retiró la capa de argamasa que dejó a la vista unos grandes bloques de caliza que cubrían un profundo pozo vertical. Poco a poco los arqueólogos despejaron el pozo. A medida que avanzaba la excavación, la excitación iba en aumento. El relativamente reciente descubrimiento por Howard Carter de la tumba de Tutankhamon, en Luxor, apenas tres años antes, marcaba un precedente lo suficientemente importante como para generar tan desmedida expectación. Nuevas paredes de mampostería, nichos con restos poco clarificadores, fragmentos y utensilios de diversa índole que apuntaban a fechas contemporáneas a Keops... Y, por fin, alrededor de los veinticinco metros de profundidad, se localizó la entrada a una cámara funeraria, sellada con otra capa de rocas. Uno de los componentes del equipo retiró un bloque y, con la ayuda de la luz de una vela, pudo apreciar la estructura de la cámara, un sarcófago y reflejos de oro. Claro, nada que ver con el descubrimiento de Carter, pero aun así, un hallazgo importante y controvertido.

Pasó mucho tiempo sin que se pudiera saber algo sobre el dueño de la tumba. Los objetos depositados en su interior, adornados con signos dorados, eran fastuosos. Pero ninguno contenía una inscripción. Hasta que por fin se pudo leer un nombre: Hetepheres. Era la tumba de la reina Hetepheres I, madre de Keops y esposa de Esnefru. Entonces, ¿para qué servía la primera de las pirámides subsidiarias? ¿A quién pertenecía? La polémica estaba servida, y las teorías aún se debaten a día de hoy en los círculos egiptológicos.

Terciada la hora del almuerzo, nuestro pincho de media mañana, que los egipcios llaman *fatur*, el número de moscones y latosos descendió considerablemente. Supongo que porque también había disminuido el flujo de turistas. Era hora de adentrarse en la Gran Pirámide sin agobios ni molestias. Mostré mi ticket y mi permiso a los dos guardianes de la entrada. Uno, tras secarse el sudor, se ataviaba su pañuelo blanco en la cabeza. El otro se atusaba su mostacho prusiano mientras bostezaba como el hipopótamo de un documental. Ninguno de los dos se levantó del suelo y ambos hicieron el mismo caso a mi documento: ninguno. Y así fue como desmontaron mi pretensión de sentirme alguien importante.

Adentrarse por el corredor de la pirámide rejuvenece al visitante. Transporta a los tiempos de cualquier infancia, a los juegos de exploradores, aventureros y piratas. La piedra, en otro tiempo iluminada por los reflejos llameantes de las antorchas y hoy amarilleada por las bombillas, supura aventura por cada grieta. El silencio se vuelve ensordecedor, y el ritmo de la respiración fatigada golpea contra las sienes. En ese ritmo cada cual puede tararear su propia banda sonora y sentirse Indiana Jones al principio del Arca Perdida, Allan Quatermain en las minas del Rey Salomón o Fred Dobbs en busca del oro de Sierra Madre. Porque al final del túnel aguardan los tesoros.

El primer pasillo que todo visitante debe recorrer, dice la historia, lo abrió a golpe de cincel cautivo un califa del siglo IX llamado Al Mamun. Con el afán de localizar grandes tesoros, forzó a sus súbditos a excavar una nueva entrada en la cara norte de la pirámide, sin orden ni concierto y con la única intención de adentrarse en el corazón del monumento. Sin saberse muy bien cómo (los historiadores árabes afirman que los obreros

Turistas del siglo XIX escalando una pirámide

Louis Armstrong y su mujer visitando la Esfinge

Turistas visitando la Esfinge

escucharon el desplome de una gran piedra en algún lugar del interior y orientaron sus trabajos hacia el sonido, eso sí que es una coincidencia), terminaron encontrando un pasadizo original, bloqueado por enormes losas de granito. Sin posibilidad de hacer mella en esta dura roca, fueron devastando la caliza que la rodeaba, más blanda y trabajable, hasta localizar el pasadizo ascendente y las partes internas superiores de la pirámide.

Pero antes de alcanzar este punto durante mi visita, sobrevino de golpe un apagón y me quedé completamente a oscuras, nada más adentrarme en el monumento. A mis espaldas, en el contraluz potente de la entrada, se dibujaba la figura del más grueso de los hombres que habían rasgado mi ticket, que me llamaba para que saliera al exterior. Acudí a su llamada y me explicó que se había ido la luz en todo el área de Guiza, y que no podía acceder al monumento. Por supuesto, no lo dude ni un segundo: extraje de mi bolsillo, en primer lugar, mi permiso del SCA, que balanceé un par de veces ante su morena faz; después, el teléfono móvil, y encendí su salvadora linternita halógena; y finalmente, eché mano de una suculenta propina que deposité, disimuladamente, en el bolsillo de su *galabiya*. Y, sin mediar palabra, ambos nos dimos media vuelta y cada uno tiró para su lado. Iba a visitar la pirámide de Keops completamente a oscuras.

El ascenso al corazón del titánico sepulcro se realizaba ya por uno de sus conductos originales, en el que el viajero atemporal llega, reptando sudoroso y cubierto al mismo tiempo de polvo milenario y suciedad de millones de turistas predecesores, hasta la majestuosa Gran Galería, en la que apenas pude vislumbrar su altura o su longitud al amparo de mi teléfono móvil. Tan puntera tecnología resultaba inútil ante las magnitudes de un monumento que se había diseñado hacía más de cuatro mil quinientos años. Es este un pasadizo también ascendente, pero que se elevaba ocho metros sobre mi cabeza y la siguiente oscuridad, formando una falsa bóveda por aproximación de hileras de graníticas moles, durante una travesía de casi cincuenta metros. Y al final, la gran cámara, el sepulcro de piedras descomunales que nadie sabe cómo se tallaron, se alzaron y se colocaron con pasmosa precisión en este mágico lugar. El lugar en el que se deduce que descansó la momia del gran faraón Keops, aunque sin otra evidencia arqueológica que la existencia de un ajado sarcófago de granito rojo. Lo que ha dado pie a cientos de especulaciones, cada cual más dispar, sobre las pirámides.

¿Qué es una pirámide? Una pirámide, en el Antiguo Egipto al menos, es una tumba. Y quien diga que es otra cosa, por desgracia, solamente dispara balas de fogueo sin criterio científico alguno. Es un monumento funerario que servía para dar sepelio a los reyes más antiguos de la civilización egipcia. No son máquinas del tiempo, ni plataformas de aterrizaje para naves de otras galaxias, ni laberintos mortales, ni tampoco los graneros de José mencionados en la Biblia. Son, simplemente, tumbas. Aunque de simples tienen poco. En ocasiones, también puede oírse que las pirámides eran máquinas de resurrección. Esta afirmación puede ser mejor aceptada, siempre que seamos capaces de entenderla correctamente. Como dice el egiptólogo José Miguel Parra, gran conocedor de la historia de estos monumentos, la tumba piramidal es una construcción que tiene como fin «*conseguir que el espíritu del rey llegue al otro mundo para renacer en él y reunirse con los demás dioses, además de para mantener su culto funerario para la eternidad; eso sin contar con que su construcción era el mecanismo que mantenía viva la economía del valle del Nilo, sobre todo durante la IV dinastía*».

Pero antes de abordar esta cuestión socioeconómica, habría que responder a otra de las grandes incógnitas que generan los que poco saben sobre pirámides, los que se empeñan en asegurar, guiados por no sé qué investigación académica, que nunca se ha encontrado un cuerpo humano enterrado en una pirámide. La respuesta, brindada también por José Miguel Parra, es sencilla: «*en la pirámide de Djoser los restos de una princesa de la II dinastía; en la pirámide Roja, una momia que seguramente sea la de Esnefru; en la pirámide subsidiaria de Djedefre, los restos de la que parece fue su reina principal; en la pirámide de Neferefre, restos de la momia de este faraón, hallada en 1997 con la más escrupulosa de las técnicas arqueológicas y una estratigrafía precisa; en la pirámide de Djedkare Izezi, la de su dueño, identificado gracias a estudios osteológicos y serológicos en los cuerpos de dos de sus hijas, enterradas en dos mastabas de Abusir; en la de Pepi I, uno de sus vasos canopos con sus vísceras momificadas; en la pirámide de Amenhat III en Dashur, los restos de la reina Aat y los de una reina anónima...*». Suma y sigue.

La pirámide era una tumba real, y respondía a un criterio y un planteamiento estrictamente religioso y funerario: la creencia en la vida más allá de la muerte. Desde esta perspectiva, la tumba egipcia era mucho más que una cámara excavada en el suelo, donde dar sepulcro a un cadáver acompañado de su ajuar funerario. La tumba respondía a un complejo sistema social y económico que, a través de la magia, perpetuaba el estatus del difunto para toda la eternidad. Y en persecución de esos objetivos, disponía una serie de elementos rituales indispensables, que pueden dividirse en dos: la parte subterránea del monumento, cegada a los mortales, privada y sellada, destinada a contener los restos mortales, y la parte superior, la superestructura, que se alzaba como morada ficticia de la esencia vital, espiritual, del difunto. Era la parte donde se realizaban los ritos al fallecido, y donde se rendía culto a su recuerdo y su memoria. Es imposible llegar a conocer el concepto de pirámide sin tener claros ambos aspectos.

Estas construcciones superiores, a menudo no conectadas con la parte subterránea de la tumba, comenzaron a hacerse cada vez más grandes y significativas durante la i dinastía, generando lo que se conoce con el nombre de mastaba, germen o primer escalón de la construcción piramidal. Porque, durante la iii dinastía, el faraón Netjerijet, o como todos lo conocemos, Zoser, ordenó elevar una serie de mastabas, una encima de otra, cada vez de menor tamaño, hasta dos veces su tamaño original, generando una escalera de seis escalones que ascendía hacia el firmamento, dando lugar a la primera pirámide de la historia: la escalonada de Sakara. De ese hito arquitectónico a la gran pirámide de Keops, sólo se necesitaría más tiempo, más recursos, más mano de obra, y perfeccionar la pirámide para que luzca unas brillantes y pulidas caras lisas.

Pero, si hay una evolución arquitectónica evidente, ¿por qué la pirámide de Keops no tiene ninguna inscripción en su interior? ¿Y por qué nunca se volvió a erigir una pirámide de semejante envergadura? ¿Y por qué Keops no tiene una estructura subterránea? Todas estas preguntas también tienen respuesta, sin necesidad de que nadie se empeñe en obligarnos a creer que la Gran Pirámide es un monumento que debe entenderse de forma aislada, como un todo único. Del mismo periodo histórico, el Reino Antiguo, se conservan un total de veintiuna pirámides reales, sin las cuales es imposible explicar la de Keops. Keops, como faraón, fue la persona culminante de un proceso de divinización de la figura del rey, la cumbre de una evolución política supeditada a la magia y la mística, que terminó por convertirlo en algo más que un rey, o que un dios-rey. Keops se transformó directamente en el Sol, el dios Ra, la mayor de todas las esencias divinas de la antigua civilización egipcia. Su reinado vino a converger con un periodo de bonanza económica, de expansión política, de bienestar social, con gran cantidad de mano de obra, bien nutrida y remunerada. Fue la punta de lanza del Reino Antiguo, el pico de la brecha desde el cual, en el gráfico de la historia, la línea roja iba a comenzar el inexorable declive que conduciría a Egipto nuevamente a su división y a la crisis del Primer Periodo Intermedio. Pero eso a Keops le quedaba muy lejos. Él era Ra, vivía en el cielo, resplandecía cegando el asombro de sus súbditos y todos conocían a la perfección su naturaleza. ¿Qué necesidad tenía, entonces, el dios omnipotente que habitaba en esta tierra de explicarle a nadie si él era o dejaba de ser divino, o si necesitaba una tumba para esto o para lo otro? Keops sólo le rendía cuentas a Ra, a sí mismo y, por tanto, la mecánica de su tumba habría de ser la más grandiosa. Contaba con el tiempo, los recursos y el dinero. Y su pueblo, empleado en las labores de construcción civil durante los periodos de inundación, lo aclamaba. O, cuanto menos, no lo detestaba. ¿Cómo vamos a encontrar inscripción alguna en su tumba? Salvo la de algún cantero que tallaba piedra y dejó marca de su grupo de trabajo, al servicio del rey Khufu, que es Keops.

Ya su padre Esnefru, constructor de tres pirámides, entre ellas la perfecta Pirámide Roja de Dashur, había prescindido de inscripción alguna en su monumento. Ya había empleado la falsa bóveda como techumbre de sus cámaras funerarias y había elevado sus cámaras funerarias por encima del nivel del suelo. Él ya había comenzado a acercarse a los rayos de Sol, y no al carácter regenerador del subsuelo. ¿Cómo entender, entonces, la pirámide de Keops como algo que surge de la nada, de forma aislada? Es imposible, a la par que absurdo. Como imposible y absurdo es obviar que su descendiente, Khaefra, el rey Kefrén, imitó a la perfección la obra de su padre, pero con menor tamaño y sillares más grandes. Y también su nieto, Menkaura, que conocemos como Mikerinos. Y todos ellos, después del gran Keops, y a partir de Neferirkara, tercer mandatario de la v dinastía, se ven obligados a incluir un nombre más en su titulatura real: el de Hijo de Ra. Porque durante la v y la vi dinastías, se comienzan a producir una serie de cambios, quizás un declive en los fundamentos básicos que sustentan la concepción divina de la monarquía, que degeneran en nuevas percepciones sociales. Éstos se reflejan perfectamente en el mundo religioso y funerario, y en la evolución de los monumentos destinados a ese fin. El rey comienza a ver decaer su concepto de omnipotencia divina, la que había alcanzado durante la iv dinastía y había tenido a Keops como cenit. Vuelve a necesitar demostrar que su poder puede y debe regenerarse, como se hacía anteriormente; ya no es el dios, sino el hijo del dios; y entonces aparecen los *Textos de las pirámides*, por primera vez con el rey Unas, en su pirámide, dejando patente la necesidad del faraón de poseer ciertas fórmulas que lo ayuden a superar los obstáculos que se encuentre hasta alcanzar el más allá, algo innecesario desde la óptica de reyes de la dinastía anterior, como Keops.

Me senté en el suelo frío de la cámara principal de la pirámide, sumido en una negrura espesa que comenzaba a pesar sobre mis huesos. Apagué la luz del teléfono y me dejé arrastrar a espacios abstractos. Supuse que algo así debió de comenzar a sentir Napoleón Bonaparte la noche que decidió encerrarse a solas en esta misma cámara en la que yo me encontraba. El francés quiso emular, de esta manera, a Alejandro Magno y a Julio César, inspirado por el exotismo oriental de la popular obra *El viaje a Egipto y Siria* de Constantin Volney, publicada en 1794, sobre los misterios de las civilizaciones de Próximo Oriente. Jamás habló el emperador de lo que aquella noche aconteció. Ni siquiera hay evidencia alguna de que el episodio realmente tuviera lugar. Pero sentado en aquella laxante boca negra, pude entender que llegara a sufrir alguna clase de experiencia mística inducida por la soledad, la oscuridad, las sofocantes temperaturas y los ruiditos sordos que salían de la nada y viajaban a través del eco. Lo que está claro es que —como se ha servido en bandeja en diversas novelas de ficción— el tiempo que pasó Napoleón dentro de la Gran Pirámide pareció cambiar su carácter para siempre. Y yo estaba empezando a entrar en ese mismo trance: el silencio era ensordecedor. Tan solo escuchaba mi respiración, retumbando contra las piedras en cada recto ángulo del cubículo, o contra el sarcófago en el que Napoleón había dormido una noche entera. Perdí la noción del tiempo, repasando con la yema de los dedos cada unión de bloques, cada grieta, cada rugosidad que me encontraba al paso, sin saber ya de distancias o de texturas, como si fuera capaz de discernir algún secreto por mera palpación. Quería leer la cámara del rey en sistema Braille. Y de pronto las luces se encendieron, los ventiladores se activaron y me vi a mí mismo, con cara de bobalicón, acariciando piedras con esmero. Así que carraspeé, me disculpé ante mi persona y, finalmente, me marché, no por miedo o cansancio, sino por tener la convicción de que había aburrido y avergonzado a las piedras.

Cuando volví a salir al exterior, un gran rodal húmedo rodeaba mi cuerpo y perlaba mi espalda hasta más allá de la gomilla de los pantalones. La poca brisa que se había levantado me pareció un vendaval refrescante al contacto con la piel. Un infinito cielo azul se mostraba radiante sobre el difuminado amarillo del horizonte al que trataban de acostumbrarse mis ojos, como si se tratara de un océano invertido. Me senté junto a los dos paisanos de remendada *galabiya*, y me limité a reírles las gracias mientras recuperaba el resuello. Unas hileras de bloques más abajo, a nivel del suelo, me esperaban tres o cuatro muchachos con capazos llenos de agua, refrescos y bloques de hielo, que auguraban un buen negocio a tenor de mi sofoco. Y no se equivocaban. Compré un par de botellitas de agua y una Coca Cola, y caminé hacia la cara oculta de la pirámide, donde el gran Ra, el que una vez encarnó Keops, fuese un poco más indulgente con mi gruesa figura.

Un litro de agua después, me dirigí caminando hacia la segunda de las pirámides, bordeando el poco estético museo que alberga la primera de las dos grandes barcas solares del faraón. Dudé si entrar o no, porque la majestuosidad del navío siempre me sobrecoge, pero además, me encanta recordar asomado a su barandilla la historia de Djedi y sus compadres magos del papiro Westcar. Ya hablaré de esas historias más adelante. Crucé la carretera que emplean los autobuses para bajar hasta el recinto de la esfinge, saltando un pequeño murete de piedra caliza y varias cacas de caballo escuálido, y remonté la cuesta hacia la pirámide de Kefrén. No tenía intención de entrar en su interior, aunque la entrada al recinto me lo permitía. Ya había estado en varias ocasiones sentado en su cámara funeraria, bajo la lapidaria sentencia: «*Scoperta da G. Belzoni. 2. Mar. 1818*», que dejara patente el forzudo italiano pionero de la incipiente egiptología del XIX, incansable buscador de tesoros y reliquias y saqueador en los tiempos en los que se impuso la ley del más fuerte, que por tamaño era él. Pero quería llegar a una zona que se extiende en el ángulo noroeste de la segunda pirámide más grande del mundo. Allí, en un rincón formado por el cortado de piedra que conforma un muro trufado de inscripciones, pequeños agujeros y tumbas de épocas posteriores, existe un pedazo de terreno perfectamente cuadriculado, como si de la hoja del cuaderno de un escolar se tratase. Sobre la plataforma de roca que compone la llanura de Guiza, los constructores de estas montañas de piedra trabajaron para preparar el terreno y nivelar a la perfección el espacio sobre el que se iban a asentar los cimientos de estas grandes obras. Para ello, realizaron canales exactamente cuadrangulares, que rellenaban con agua, a fin de obtener pequeñas plataformas cuadradas rigurosamente niveladas. Luego, rellenaban los pequeños cauces, obteniendo una explanada milimétricamente allanada. Una delicia arqueológica, que pocos viajeros descubren.

Me quedé un rato allí sentado, disfrutando cada roca, cada pequeño agujero, tratando de imaginar cómo fue cincelado a golpe de piedra de obsidiana, o de puntal de cobre, con exquisita finura y extenuante fatiga, al servicio de la inmortalidad del hombre que afirmaba ser dios. Ni marcianos ni habitantes de la Atlántida. Allí, donde yo apoyaba el culo, hace más de cuatro mil quinientos años un ser humano clavó su rodilla, y golpeó y golpeó la ardiente piedra, mientras las gotas de sudor caían desde su frente y se mezclaban con el agua nilótica que marcaba el nivel correcto para la tumba del rey. Cuando uno siente la historia de esa forma, el tiempo se desvanece y la emoción recorre la espina dorsal y eriza los pelitos de los antebrazos.

Caminé por la «espalda» de la pirámide de Kefrén, donde no aparcan autobuses ni los turistas tienen tiempo de perderse. Donde los policías turísticos, con jerséis negros y kalasnikov medio oxidados, sestean o fuman a escondidas. Una vieja barrera carcomida por el óxido y la roña se doblaba tendida en el suelo, y un trozo de cable hacía las veces de frontera, herida de igual manera por la herrumbre. Yo caminé de forma decidida, de modo que si alguien quería decirme algo, lo dijera cuando ya fuese más rápido salir por el otro ángulo del monumento que dar la vuelta sobre mis pasos. Y así salí frente a la pirámide de Mikerinos, la más pequeña de las tres, la modesta, pero recubierta de losas de granito. Los autocares doblaban la curva de la carretera para subir hasta el mirador desde el que hacer la famosa fotografía que todo álbum de recuerdos se merece. La de la puntita del dedo sobre la cúspide de la pirámide, o la de los bracitos adelante y atrás como en los frisos de los templos del Alto Egipto. Frisos que sólo existen en las mentes de los guiris.

Me dejé llevar, pues la verdad es que tenía aún algo de tiempo hasta la hora de comer, si es que en El Cairo existe algo parecido a eso de «la hora de comer» o a cualquier otro horario que no sea el de las oraciones que dicta el islam. Caminé por el arcén de la carretera, comida por la arena del desierto que ya comienza justo donde termina el yacimiento, al menos por su lado oeste. Y antes de llegar al famoso mirador, me asaltaron dos bigotudos desdentados que arreaban camellos tras un par de autobuses cargados de japoneses que se marchaban en ese momento.

—Míster. Camello —me dijo uno de ellos oliendo de lejos mi españolidad.

¿Y por qué no? Pensé. Mejor que volver andando por la carretera, podría atravesar todo lo largo de la llanura de Guiza, bajando hasta los pies de la esfinge por el lado sur, bordeando la necrópolis y la gran tumba de la reina Khentkawes.

El aire empezaba a soplar con más fuerza, y los granitos de arena que arrastraba se volvían papel de lija en manos del viento. Era francamente molesto en ojos, boca y piel. Me enrollé mi pañuelo a la cabeza y al cuello, y me subí en uno de los dromedarios, sabiendo que aquello me costaría más caro que recorrer El Cairo en taxi. Pero, como he dicho, me estaba dejando llevar. Tal vez demasiado. En cualquier caso, el bicho ya se había levantado y no había vuelta atrás. Mejor disfrutarlo. Me puse de medio lado, y al verme el dueño de la criatura se percató de que aquí había nivel. ¡Menudo soy yo en lo alto de un camello!

—Oh, doctor. Doctor —Me había pillado.

—Sí, señor, vamos a darle caña. —Y empezamos a cabalgar dunas abajo, junto a las pirámides auxiliares de Mikerinos, con rumbo al templo bajo del valle de Kefrén. Un trayecto corto, una carrera emocionante y una grupa dura e incómoda. Pero un paseo divertido, arropado por los otros dos jinetes, que mostraban sus contaminadas encías en amplias sonrisas de entusiasmo. Aunque tengan mala fama, ya granjeada desde los tiempos victorianos, en el fondo son buenas gentes. Amelia Edwards, en su obra, decía:

> *Los beduinos de las pirámides han sido ampliamente criticados por los viajeros y por los libros-guía, pero nosotras no encontramos razón alguna para quejarnos de ellos ni ahora ni más adelante. Ni se agolparon a nuestro alrededor, ni nos siguieron, ni nos importunaron en modo alguno. Son de naturaleza alegre y muy habladores.*

Tal vez hayamos sido nosotros, los altivos turistas occidentales, quienes los hayamos transformado y encima nos quejemos.

Llegados al destino, les tuve que soltar más pasta de la debida, pero en realidad menos de la esperada. Supongo que se contuvieron. Total, bajar tenían que bajar con todos los camellos para seguir recogiendo turistas. Me despedí de ellos mientras se ponían los sobados billetes en la frente como gesto de agradecimiento, o de despido, o ambas cosas a la vez. Y me encaminé a la entrada del templo de Kefrén, para verme cara a cara con la esfinge.

> [La Esfinge] *Parecía un enorme hombre que salía de la arena. Hice todo lo posible por centrar mi atención en la calmada majestad, en la dignidad, la serenidad, etc., de la expresión de esa extraña criatura, pero me di por vencida desesperada.*

Así se enfrentó a la Esfinge Annie C. Macleod, que visitó Egipto con su hermano, el reverendo Norman Macleod, en la segunda mitad del xix. La esfinge es un poderoso icono, emblemático, del Antiguo Egipto, y también del moderno. Pero históricamente es un misterio en sí misma. Desde tiempos inmemoriales, su cabeza ha estado asomando en las arenas del desierto, para deleite de viajeros, artistas, poetas, militares y curiosos, que se afanaban en plasmar su imagen achatada, o en describir su mirada perdida, o en elucubrar su origen y autoridad. Con el tiempo, ha sido salvada de las arenas (en no pocas ocasiones), restaurada y estudiada a conciencia. Y aun así, pese a que se ha discutido hasta la extenuación, todavía no podemos saber, a ciencia cierta, quién la construyó, cuándo y por qué.

Para acceder hasta ella (lo más cerca que se le permite al viajero actual) se debe proceder a través del llamado Templo Bajo del complejo funerario de Kefrén. Un ciclópeo batiburrillo de grandes bloques de granito, que lejos de asimilar sillares cuadrangulares, se contraen y deforman a fin de encajar, milimétricamente, unos con otros. Esta característica confiere al templo una aspecto peculiar, que sólo se observa en otros contados monumentos egipcios, como la tumba de Osiris, en Abidos.

La distribución de esta construcción también es extraña y anómala. Parece disponerse en dos cámaras que se prolongan en un eje norte-sur. La primera es una especie de corredor, donde se localiza el pozo en el que fue hallada la famosa estatua sedente del rey Kefrén con la nuca protegida por el halcón Horus en el año 1860, por el egiptólogo francés Auguste Mariette, hoy expuesta en el Museo de El Cairo. La segunda sala, mucho más amplia y con grandes pilares cuadrangulares de granito que soportan inconcebibles dinteles, también tiene disposición norte-sur. Y de su esquina más septentrional nace, a través de una pequeña puerta, la gran rampa procesional que conduce a la base de la pirámide del hijo de Keops, y al mirador desde el que los turistas le lanzan besitos perfilados a la esfinge.

La plataforma estaba infestada de gentes de toda clase, ralea y nacionalidad: una amplia familia india se turnaba para fotografiarse abigarrados, supongo que sin hueco factible para que la esfinge apareciera en la foto; un grupo de británicos, jóvenes, coloreados de rojo por el sol, alargaban sus brazos con el móvil en modo *selfie* y hacían el símbolo de la victoria con sus dedos; un grupo de jóvenes locales, egipcios, con elegantes camisas de seda, se hacían también sus fotos, pero no con el monumento faraónico, sino con cualquier turista rubia que pasara delante de ellos... y detrás de todos, impasible y paciente, como si la cosa no fuera con ella, la esfinge se prestaba a toda esta clase de oprobio y escarnio, pensando para sus adentros: «Si vosotros supierais...».

La estatua tallada más grande conocida hasta la fecha tiene sesenta metros de largo, y unos veinte de alto. Como todo el mundo sabe, representa un cuerpo de león, con cabeza humana, tocada con el *nemes*, el pañuelo egipcio, y el *ureus*, la cobra real sobre la frente. Pero es una cabeza peculiar, ya que su tamaño es muy inferior a la escala del cuerpo, lo que ha hecho suponer a los expertos que, probablemente, fue retallada o modificada en algún momento posterior a la construcción original. Se dispone amenazante en una perfecta orientación este-oeste, oteando el horizonte y vigilando la necrópolis que cuida a sus espaldas. No en vano, los árabes la han conocido siempre con el nombre de Abu al-Hawl, «el padre del terror». Supongo que por el respeto que les despertaba. O tal vez derivado de la expresión egipcia *hu* o *ju,* que significa guardián o vigilante. Pero, ¿a quién representa realmente?

La palabra esfinge, griega, deriva del egipcio *shesep ankh,* que significa imagen viviente. Pero ¿imagen de quién? Aquí empiezan nuevamente las discusiones: de Keops, de Kefrén, del dios Atum-Ra... Algunos expertos opinan que representa al rey Keops, toda vez que magnifica su carácter de divinidad solar, y fue tallada en el lugar del que se extrajeron algunos de los bloques empleados para la construcción de su pirámide. Pero otros egiptólogos opinan que, en realidad, fue tallada por su hijo, Kefrén, que la incluyó en el plan de su complejo funerario, aunque puede que lo hiciera para rendir culto a su padre divino. Sea como fuere, y debido, como ya hemos visto, a que en ese momento de la iv dinastía las explicaciones narrativas brillan por su ausencia, los datos más precisos se perdieron en el silencio de la historia, de modo que ni siquiera los descendientes más cercanos de aquellos faraones supieron interpretar con exactitud a quien representaba la esfinge de Guiza. Tutmosis IV, por ejemplo, la empleó para generar una teofanía que le legitimara en su ascenso al trono de las Dos Tierras. Es la leyenda que aparece descrita en la estela que se ubica entre las dos garras delanteras del gran león: el bueno del príncipe, un día que andaba de caza por los aledaños de la necrópolis, paró a reposar su cansancio a la sombra de la prominente cabeza humana que asomaba sobre las arenas (hay que pensar que entre la talla de la gran escultura y el nacimiento del joven príncipe había transcurrido la friolera de doce siglos). Al cobijo fresco de la sombra, se quedó dormido. Y durante su profundo sueño se apareció ante él, en el horizonte, el mismo dios Horus o, como era llamado por los egipcios, Horemakhet. La deidad le hizo un encargo: si la liberaba de las arenas que la oprimían y cubrían su cuerpo, sería recompensado con el trono de Egipto. Dicho y hecho. Y el resto es historia.

Me alejé del recinto por la salida de los turistas. Un largo paseo desde donde tomar la fotografía final del conjunto funerario más grandioso creado por la humanidad, mientras se sortean puestecillos y vendedores de souvenirs. Dos pasos más allá vuelve uno a encontrarse en el bullicio de El Cairo, como si abandonara una cápsula del tiempo que te transporta a las épocas de los grandes constructores, para escupirte de nuevo en la olorosa y sudorosa urbe egipcia. Abandoné la gran necrópolis antigua, con la misma sensación de alma vacía con que se escapa de un camposanto en el que se acaba de enterrar a un amigo, la familiaridad perdida de lo que uno considera casi suyo. Frente a la salida, donde una vez se prolongaba el infinito horizonte en el que la esfinge clavaba su eterna mirada, se alzaba un edificio de dos plantas que albergaba un KFC y un Pizza Hut. Me dirigí en busca de comida rápida. Si Kefrén levantara la cabeza y recalara frente a su monumento... Supongo que nos tomaríamos una porción de cuatro quesos y una Pepsi mientras charlamos de los secretos de su escultura. Él tal vez habría pedido una cerveza. Pagaría yo, por supuesto.

El autor con sus padres en Luxor

Capítulo II: El Cairo copto
La luz interior

El Cairo es dulce y pegajoso. Hay un permanente velo visible en la distancia, como una bruma que anega el horizonte. No era la neblina que cubría las pirámides al amanecer, sino una película casi plástica que colorea de tonos ocres todo el paisaje. En El Cairo no son necesarios los filtros fotográficos de tono sepia. Y, sin embargo, de cerca, esa cortina de vapor desaparece a la vista, y cambia su estado de gaseoso a líquido materializándose en perlas de sudor, luego gotas, después chorretes y, en mi caso, acababa en auténticos ríos que empapaban la ropa y el pañuelo que siempre llevo al cuello para este menester. El calor de aquel mediodía en El Cairo saliendo de Guiza era idéntico al del primer día que pisé en esta tierra, cuando apenas tenía una década de edad. También es cierto que aquel día de mi ternasca infancia se enmarcaba en pleno agosto. Probablemente esos dos factores, la edad y el verano, hicieron que la sensación pueda estar hoy multiplicada en mi memoria. De aquel viaje, puerta de mi pubescencia, guardo incontables experiencias y sensaciones, pero una de las que recuerdo con más claridad es precisamente esa: la entrada en un mundo desértico ya desde el primer aliento.

Tal vez sea este el momento oportuno para compartir con el lector los desafortunados motivos que me trajeron a Egipto por vez primera. Para ello debería remontarme a los lejanos días de mi niñez. Como hermano mayor de una familia no numerosa, nunca fui un niño malo ni revoltoso, de los que daban guerra por las tardes o corrían entre las mesas de los restaurantes haciéndose merecedores del soplamocos paterno. Siempre fui bien educado y obediente a los sabios consejos de mis padres. A una corta edad, me enviaron a un colegio religioso, para aprender de forma profunda la moral católica, como era moda todavía en los años ochenta. Sin embargo, por una serie de tristes acontecimientos que pronto sobrevinieron, a los nueve años desvié mi camino y quedé varado.

Desde muy pequeño, mi vida había estado fuertemente influida por mi abuelo. Se llamaba Lorenzo, tocayo del sagrado dios de los egipcios. Todos los que lo conocieron lo recuerdan, sobre todo, como un hombre bueno. Yo tengo de él la imagen de un hombre corpulento, de anchos hombros que desprendían aroma a Ducados, como los galanes de las películas en blanco y negro, de prominentes entradas, bigotillo de época y una verruga junto a la nariz que, más que afearlo, le otorgaba carácter y distinción. Horas y horas había jugado yo con aquel abultamiento de su epidermis, tratando de posar la yema de mi dedo sobre él antes de que mi abuelo me lo mordisqueara, soltando un gruñido. Y entonces yo estallaba en risas nerviosas.

Pocos años duró este juego, pues una tuberculosis renal lo postró en la mesa del quirófano de un cirujano que no tuvo un buen día. Tal vez, aquella mañana, ese médico había discutido con su esposa; o su hijo se había presentado con cuatro suspensos; o tal vez tuviera otros problemas, quién sabe. La cuestión es que, cuando suturaba el costado de mi abuelo, su cabeza no estaba donde tenía que estar. Se olvidó dentro un par de compresas empapadas en sangre que terminaron provocando una septicemia. Y Lorenzo perdió su riñón, viéndose abocado a un suplicio de diálisis sanguínea de por vida. Aunque esa vida no se prolongaría más de tres años.

Los problemas circulatorios se multiplicaron. Recuerdo sus brazos salpicados de puntitos rojos que saltaban, como caprichosos festines de pulgas, a lo largo de unas hinchadas venas que se amorataban y que le provocaban cosquilleos. En las muñecas lucía unas anchas pulseras de cuero, con hebillas, que le daban un aspecto de héroe de acción de los ochenta, completamente alejado de su estética de dandy. Al tiempo, algunas de esas venas anunciaron su colapso, hasta que finalmente una dilatación en la aorta lo llevó de nuevo a la Fundación Jiménez Díaz para que le instalaran una válvula coronaria. La instalaron muy cerca del corazón, donde siempre estuve yo. Y a los tres meses fallaron ambos, válvula y corazón. La primera por un defecto de fábrica; el segundo, por un defecto del orden en el universo, lo que los egipcios llamaron Maat. Y el abuelo Lorenzo se fue para siempre.

Mi pequeño gran mundo, que en parte se sostenía sobre su persona, se vino abajo. Él me había enseñado a leer, a dibujar, a pescar y a montar en bici. A ordenar las prioridades anteponiendo los deberes al bollicao o a los cinco duros para la maquinita de marcianos del bar de enfrente. Él, la verdad es que, para un niño como yo, lo había sido casi todo. Me costó mucho desprenderme de la pena. El niño bueno había desaparecido, y me fui rebelando gradualmente contra el acondicionamiento mental al cual mis compañeros eran sometidos en la escuela. Ni cantaba en misa ni rezaba en clase. Varias llamadas de la dirección alertaron a mis padres de que las cosas conmigo no iban del todo bien. Y varios médicos y psicólogos trataban de quitarme de la cabeza la idea de que yo lo veía, y jugaba o hablaba, cara a cara, con mi abuelo. Esa etapa puso a flor de piel los nervios de mi madre, ya de por sí afectadísima. Fueron días difíciles. Meses. Yo había dejado de ser un niño normal. Comencé a poner en tela de juicio todos los dogmas que intentaban inculcarme sin lugar a la duda: que mi abuelo estaba en el cielo, que se lo habían llevado los ángeles, que Dios lo había reclamado. ¡Pues vaya un dios! Incluso me planteé la opción de marcharme a su encuentro, aunque no recuerdo muy bien la manera en la que un niño de nueve años es capaz de concebir el suicidio. En cualquier caso, mi oposición a tales prácticas religiosas y consejos espirituales, que se extendería más tarde a otros aspectos de la sociedad y la cultura y no se quedaría anclada únicamente en la religión, me llevó a perder tempranamente la fe, la esperanza y casi hasta la ilusión. Fue traumático e irreversible y en soledad (la cual nunca me ha conseguido asustar; antes bien, la he perseguido en mis viajes) tuve que comenzar a buscar el sentido de la vida en esa tesitura que, a capón, había adelantado el inicio de mi adolescencia.

Y entonces el destino, ese mismo destino en el que nunca he creído, el que con dos negligencias médicas había borrado a mi abuelo Lorenzo de la faz de la tierra, jugó otras cartas a mi favor. La primera, el estreno de la película de Spielberg, *Indiana Jones y la última cruzada*, que vi por primera vez en el extinguido Cine Paz del centro de mi ciudad. En la última fila del gallinero, con un calor asfixiante y una gran bolsa de palomitas. El cine era para mis padres un *hobbie* y para mí una válvula de escape recomendada por mi psicólogo; y el doctor Jones en particular fue un modelo a imitar para mi destartalada mollera. La segunda carta que puso el destino sobre la mesa fue el viaje a Egipto de mis padres con unos amigos. Seis viajeros en total que recorrerían el país de los faraones como merecido descanso también para las cabezas de los adultos, que habían pasado por el mismo trance que yo un año atrás, aunque yo, en mi egoísmo infantil, solamente pensara en mí. Y apenas unos días antes, un asunto empresarial deja a uno de ellos en la cuneta, perdiendo casi el total del valor del viaje. «Llevaos al chico, que lo pago yo», fue lo que dijo. Mis padres abonaron la diferencia de lo que iban a ser sus pérdidas, y el pequeño Tito Vivas, con todo el trastorno acumulado y un corazón buscando argamasa que lo recompusiera, amaneció a los pies de las pirámides soñando, hace más de veinte años, con empezar a ser Indiana Jones. Y, más de veinte años después, aquí estaba yo, por las calles de El Cairo, llevando conmigo el mismo sueño.

El autor con su madre en el templo de Edfu

Tras deambular un poco por calles atestadas de talleres de perfume y escuelas de papiro que hicieron en su día las delicias de no pocos turistas, decidí acercarme al barrio copto de la ciudad para visitar el moderno Museo. Paré un taxi y negocié el puñado de libras que me iba a costar la carrera.

En Egipto existen dos tipos de taxis: de color amarillo, negro o amarillo y negro, son los más antiguos y destartalados. Si bien todos disponen de taxímetro, raro es el que funciona. Por el contrario, suele tratarse de verdaderas joyas que harán las delicias de los más selectos anticuarios de la próxima generación. Con estos taxistas el precio se calcula mentalmente o bien se acuerda de antemano; el segundo tipo de taxis es de color blanco. Estos sí cuentan con taxímetro, aunque a veces no lo usen porque salga más rentable el engaño al turista.

En cualquier guía al uso es habitual leer que lo más cómodo y práctico para el viajero es acordar el precio de la carrera que va a querer realizar antes de subirse al taxi. Yo me atrevo a desaconsejar rotundamente esta práctica. Los trayectos en el interior de la ciudad rondaban un coste medio de diez libras egipcias (el equivalente a un euro con diecisiete céntimos aproximadamente). El más caro, que podríamos establecer desde un punto céntrico, como la famosa plaza de Tahrir, hasta las pirámides en Guiza para regresar luego a mi hotel, se establecía en unas veinte libras. Aunque siempre serán más, dada nuestra naturaleza de «guiri». No obstante, aunque se le pagaran treinta, cuarenta o cincuenta libras, el taxista se quejaría aún de que es poco dinero, alegando y enarbolando en su defensa una amplia retahíla de comentarios que nos habrá ido exponiendo por el camino.

Tras muchos años de experiencia, ya he optado por subirme al taxi sin decir otra cosa que no sea un breve saludo en el inglés más macarrónico que soy capaz de fabricar y pronunciar mi destino dejando bien patente que soy turista. Eso da alas al conductor, que si no tuviera que llevar las manos pegadas al volante, se las frotaría pensando en la tajada que sacará de mi ignorancia e inocencia. A su felicidad le siguen (sin pretender generalizar) una serie de intentos por establecer una conversación escapada de su sonrisa, en la que no faltarán alusiones a lo buenos amigos que son el pueblo egipcio y el español, la grandeza del Real Madrid, aunque ahora el Barcelona le dé mil vueltas, o lo guapas que son las mujeres españolas. Pero su sonrisa y toda esa amistad hispano-egipcia se borra cuando, llegando al destino, uno pronuncia en árabe (por supuesto, igual de macarrónico, aunque en esta ocasión no de forma intencionada) aquello de «Aquí está bien, por favor. Tenga diez libras. ¿De acuerdo? Adiós». Es entonces cuando se deben hacer oídos sordos, se dejan las diez libras en el interior del coche y uno se baja haciéndose el ofendido al mismo nivel que el conductor. Y así una y otra vez. Egipto, en ocasiones, desgasta.

Pero existe una tercera clase de taxi en El Cairo, por llamarlo de alguna manera, ya que es un automóvil particular. Este tipo de taxi yo lo conocí una noche de 2009 en la Terminal Internacional del Aeropuerto de El Cairo. Recuerdo que se me acercó, con la intención de no dejarme escapar, un apuesto egipcio bastante más alto que yo, con corbata y traje oscuros y olor a perfume de bazar. Me ofrecía un servicio de limusinas, que es como llaman a estos taxis, aunque en realidad se trata de vehículos habituales, de color oscuro, que te trasladan al destino que se le indique, habiendo acordado antes el precio. Para ir hasta el centro desde el aeropuerto, oscila entre las cincuenta y las ochenta libras egipcias. Aquella vez cerré el precio en sesenta, ya que me dirigía al centro exactamente. El contratista rellenó una hojita de color rosa, donde escribió el destino y el precio y me condujo hasta el vehículo, que por supuesto no conducía él, sino un chófer. Lo suyo eran las relaciones públicas. Pero el asunto por poco me costó un disgusto: estos personajes trajeados no solo tratan de negociar la contratación de un vehículo, sino toda clase de servicios. Por ejemplo, el alojamiento. Aquella noche (era más bien de madrugada) el egipcio trajeado me ofreció el servicio de taxi y me preguntó por el hotel en el que me iba a alojar. Negocié, como he dicho, la oferta por la carrera y le indiqué que me dirigía a la calle Talaat Harb, al Hotel Lotus.

—¿Tiene usted reserva, señor?

—Lo cierto es que no —respondió mi precipitación de novato.

—No se preocupe: vamos a llamar y hacemos la reserva. —Y efectivamente, sacó un teléfono móvil, marcó un número y estuvo hablando unos minutos en árabe. Hasta que, apoyándose el teléfono sobre el pecho como para evitar que no se oyera nuestra conversación, me comentó con rostro afligido—: Me temo que el hotel Lotus está completo, señor. Si quiere llamo y pregunto en este otro hotel, de la misma calle, que está muy bien de precio.

—Páseme el teléfono, por favor. —Lo que aquel astuto egipcio desconocía era que yo ya había estado en el Hotel Lotus en decenas de ocasiones y sabía que ese local no se llenaría ni aunque la tierra se tragara el resto de alojamientos de todo el país. El Lotus es un albergue casi tan viejo como el propio Museo Arqueológico de El Cairo, junto al que se levanta. En sus paredes, suelos, camas y personal se acumulan los años y el paso del tiempo. Y diría que el mismo polvo. El mismo que acartona y viste de gris pardo a toda la capital. Muchos egiptólogos españoles que conozco se alojan en sus modestas habitaciones cuando tienen que pasar unos días en El Cairo, por su cercanía al edificio de las oficinas del Servicio de Antigüedades, pero sobre todo por el «peseterismo» que define nuestra profesión. Ahí, y solamente ahí, radica el escaso encanto que pueda tener este hotel. Por tanto, y por supuesto, se trata de un lugar nada recomendable.

Como era de esperar, quien me respondía al otro lado del teléfono móvil no era el simpático, afable y grueso recepcionista del Hotel Lotus, con el que yo tantas veces había charlado en la recepción. Siempre en un impecable italiano, lengua que domina a la perfección. Sin pensármelo, colgué el teléfono y le pedí a nuestro negociante que me llevara a la dirección y hotel indicados, y que si realmente estaba completo, iríamos al que él me proponía.

Ofendido, supongo, porque un turista había cazado su pequeña trampa, indicó al conductor que me llevara lo más rápidamente posible y regresara pronto. Y el chófer cumplió encarecidamente las indicaciones de aquel hombre: cruzamos aquella noche la ciudad a velocidad de relámpago,

Viejo taxímetro inservible

esquivando a los pocos peatones y vehículos que se aventuraban en la madrugada cairota. Salimos del barrio de Heliópolis en pocos minutos y pronto llegamos a los múltiples pasos elevados que jalonan el centro de la capital. Y en uno de ellos, que formaba una prolongada curva, el coche puso de manifiesto la imperiosa necesidad que tenía de acudir a una profunda revisión; los frenos fallaron, el conductor comenzó a girar el volante de un lado a otro tratando de hacerse con el control del taxi y yo ya me veía desparramado en el fondo de aquella oscura boca que era El Cairo más profundo. Por suerte, la barandilla aguantó el choque y el conductor retomó el control, dejando patente que los frenos no habían fallado como quiso hacerme creer, sino que la velocidad excesiva a la que viajábamos había sido autora y conspiradora de nuestro pequeño susto.

—¡No se lo tome usted tan a pecho, que no tenemos ninguna prisa! —Dudo mucho que aquel egipcio llegara a entender algo de lo que le dije, en castellano, pero por su semblante color de cera y las venas de mi cuello mientras le gritaba, estoy convencido de que captó el mensaje.

Por suerte en este caso, por desgracia en la mayoría de ellos, no es habitual poder cruzar El Cairo a velocidades de vértigo. Lo habitual es lo que me encontré aquel tórrido mediodía: verse sumergido en un magnífico embotellamiento, que alcanzaba hasta cualquier otro punto de la ciudad. Las calles, ya fueran amplias avenidas o pequeños pasadizos, se convertían en auténticos atolladeros de vehículos humeantes, que se entremezclaban con peatones intrépidos perfectamente acostumbrados al caos. Si las carreteras fueran las arterias de la capital, esta capital sufriría de un inmensa trombosis que todo lo obstruye. Los carriles se difuminaban y todos los vehículos danzaban un sincronizado baile que tenían genéticamente aprendido. Era como una gran partida de Tetris horizontal, donde cada cual conocía a la perfección las medidas de su pieza y la iba encajando allá donde encontraba hueco. Sólo que en este caso las filas completas no desaparecían como en el juego.

Me hundí en el asiento trasero del vehículo. Era una chatarra renqueante, oxidada hasta el metálico tuétano, pero mantenía los asientos pudorosamente forrados de plástico, para preservarlos de gente como yo.

Es una de las manías o modas cairotas, porque me lo he ido encontrando en muchos otros vehículos. Una idea genial en un país que raramente baja de los treinta grados. Ésta y la de llevar protectores de los reposacabezas con formas de animalitos de peluche o la de colocar cubre salpicaderos hechos con lana o algún otro tejido peludo. Una verdadera trampa para el polvo y la suciedad que a ellos parece resultarles atractiva, cuando no casi imprescindible. Resignado, me relajé, viendo pasar coches por ambos lados, apenas a un dedo de distancia. Nada me sorprendía. Ni esto, ni los sonidos interminables de los cláxones. Formaban parte del paisaje acústico de la ciudad. Sin duda alguna, si yo fuera egipcio, me ganaría la vida en el sector de los recambios de claxon de automóvil. O en el negocio de los arcos de seguridad. Hay uno en cada puerta y ninguno sirve para nada. O en el suministro de badenes de carreta, pues cada cruce alberga, por lo menos, cuatro, para lamento de las corvas y cervicales de los turistas. Una vez, me explicaron la surrealista realidad que escondía la práctica, tan poco salubre al oído, de andar de continuo tocando el claxon.

—¿Por qué narices pitas a todas horas? —le pregunté en una ocasión a un amigo—. ¿Os entendéis?

—Claro —me respondió—. Pito para decir: «Cuidado, que voy».

—¡Pero si pitáis todos a la vez!

—Eso quiere decir: «Cuidado, que vamos».

Por la ventanilla vi pasar edificios gubernamentales, mercadillos interminables, aguadores coloristas, y un ejército de gatos que se había desplegado estratégicamente por cada rincón de la ciudad. El calor, el estómago lleno de pizza, el tedio y la parsimonia automovilística... Poco a poco me iba invadiendo un sopor que me adormecía. Sólo deseaba llegar a mi destino antes de sucumbir. Pero la musiquita *habibi* de mi chofer, los vapores, todo favorecía la modorra, y lo único que impedía que cayera de sueño era la luz interior del coche, que aquel taxista llevaba encendida. Es otra peculiaridad de la conducción egipcia: nunca —ni de noche— se encienden las luces de posición o de cruce del vehículo; si acaso, se circula con la pequeña luz interior encendida. ¿Para que consumir recursos, si la ciudad ya está iluminada y se ve el camino de maravilla? Aunque la iluminación del camino les da un poco igual: yo he viajado por carreteras del Alto Egipto de noche, en el desierto, sin más luz que la de la luna llena. A veces, encienden las luces de emergencia para que actúen como gálibo de las dimensiones del automóvil y poco más. Cuando intuyen un vehículo de frente en la lejanía, eso sí, no escatiman en ráfagas de luces largas para hacerse ver de forma insistente hasta que se cruzan. Se ve que este hombre había decidido dejar encendida su luz interior de forma perpetua.

Atasco interminable, sonidos de claxon, olas de aromas húmedos y dulzones y la luz interior... Finalmente me traspuse, tras sucumbir a varias cortas cabezadas en el coche. Menos mal que el precio estaba acordado de antemano.

No sabría decir el tiempo que tardé en llegar hasta la entrada del barrio copto. Un abrir y cerrar de ojos, pero literal. El taxi se detuvo suavemente y el conductor dijo algo con seriedad. No supe que era, pero arrancó de mí todo el sopor. Pagué lo acordado, y añadí una propina por no haber interrumpido mi sueño. Fue un detalle por su parte. Y, sin más, me adentré en los callejones del barrio cristiano, el Qasr al-Sham, por la calle principal que bordea la periferia oeste del gueto cristiano, en paralelo a la línea 1 de metro que llega hasta aquí directamente desde la plaza Tahrir. Tanto la calle como la estación del suburbano, que en este tramo no es sub, sino sobreurbano, reciben el nombre de Mar Girgis, o lo que es lo mismo, San Jorge, el soldado romano martirizado en el siglo IV por su fe cristiana, que tanto arraigo tiene en los credos orientales, sobre todo entre los cristianos ortodoxos. De todas las iglesias que pueden contemplarse, la más importante es precisamente la dedicada a este santo. Se alza como una fortaleza incólume de planta circular, de recios sillares y arcos de medio punto cegados por portones de madera que ocultan la entrada, invisible entre varias escalinatas que ascienden el podio y la base del campanario. Los cafés estaban vacíos, los pocos que se apilaban al comienzo de la calle, cerca del vallado policial que vigilaba la entrada a esta avenida. Lucían en sus fachadas carteles de «cold water» y «agua fría», que delataban la ralea de sus clientes.

Junto a la iglesia de San Jorge se encontraba el Museo de Arte Copto que venía a visitar. Recientemente restaurado, se ha convertido en un pequeño oasis de buena museografía en el corazón de esta urbe caótica y desvencijada. En la taquilla me dispensaron un ticket que lucía la remozada fachada clásica del edificio, y uno de los leones bizantinos que se exponen en el exterior en primer plano de la imagen. Un poco más adelante un señor con uniforme azul me la rompió para permitirme entrar. Y nada más atravesar la puerta, me envolvió un cálido silencio, y una soledad pasmosa, casi importada de alguna iglesia de las de alrededor. Apenas tres o cuatro personas circulaban por las salas, entarimadas por allá arriba y enlosadas de mármol por aquí abajo, errando entre las páginas de sus guías de viaje y las vitrinas y piezas realmente sorprendentes, de trascendencia artística indudable. Elementos bizantinos, cerámicos, de orfebrería, marfiles, monedas, ornamentos arquitectónicos en ricas maderas, frescos e iconos medievales, y hasta algunas páginas de los códices localizados en Nag Hammadi, todos se exponían con armonía, gusto y excelente criterio a lo largo de un paseo tan enriquecedor como relajante. Casi místico. Me sentí completamente abstraído del momento, de la realidad, de mí mismo. Allí sólo había cristiandad rezumando por los poros de las maderas decoradas de los artesonados de los techos y mi persona vagando entre su esencia. Sin duda, uno de los lugares más recomendables de todo El Cairo.

Volví a salir a la calle principal, frente al metro, con el espíritu renovado. Como la beata que, tras pasar por el confesionario, sale de la iglesia de su pueblo como tras una sesión de chapa y pintura del alma. Abandoné por unos minutos la mística ortodoxa y me dejé guiar por el aroma del incienso para alcanzar la cercana iglesia de Santa María, conocida como la iglesia Colgante. Se le colocó este apodo por construirse sobre los restos de una fortaleza anterior, quedando edificada a un nivel elevado. Por eso se le llama también la iglesia de la escalinata, la que hay que subir para acceder a su interior. Crucé el umbral de acceso y aparecí en un patio de rejuvenecido aspecto. A diferencia de otras calles, casas e iglesias del barrio, mostraba una excelente salud, fruto de alguna intervención quirúrgica reciente. El complejo rectangular alternaba la clara piedra caliza, con oscuras celosías de madera con las típicas decoraciones estrelladas. En el centro había un conato de jardín, de césped seco, con una altísima palmera, luego otra raquítica de apenas medio metro, y finalmente un enorme cactus de delgados brazos que se alzaban al cielo, rogando por vaya usted a saber qué. Y al fondo, la consabida escalinata, como base de una fachada encalada y coronada por dos picudos campanarios gemelos de corte decimonónico. Ah, y a la izquierda, los cuartos de baño. Importantes. O al menos para mí lo fueron en ese momento.

Escalé la empinada escalera y crucé un segundo patio, esquivando una mesa de venta de suvenires cristianos y varios cuadros con las efigies de todos los patriarcas de la Iglesia ortodoxa de Alejandría. Porque esta es su auténtica denominación, y no el término copto. Copto deriva de la palabra griega *aigyptios* (egipcio), trasformado en *gipt* y después en *qibt*, de donde derivó la voz árabe que ha dado lugar al término actual. Así pues, la palabra copto no significa otra cosa que «egipcio».

El segundo patio, el de acceso a la iglesia en sí, se decoraba con coloridos azulejos. Una fuente refrescaba el ambiente en el centro del patio, con un chorrete tímido y un charquito en el suelo, generando un rumor tenue como el de algunos de los rincones de la Alhambra. Mi mente voló hasta la roja Granada a lomos de soniquetes interpretados por Eduardo Paniagua. Pero el sentido del olfato se impuso al del oído, pues la puerta de madera entrea-

Policías en el barrio copto

bierta, profusamente decorada de nácar, escupía un fuerte aroma a incienso desde la oscuridad. El aroma me evocaba la entrañable escena de la novela del francés Eric-Emmanuel Schmitt, *El señor Ibrahim y las flores del Corán*. Allí, el señor Ibrahim, que luego inmortalizara en el cine Omar Sharif, trataba de involucrar a su pequeño amigo Momó en la tolerancia religiosa a través del conocimiento y la experiencia sensorial en la mítica Estambul.

Teníamos un montón de juegos. Él me hacía entrar en los templos religiosos con una venda en los ojos para que yo adivinara la religión por el olor.
—Aquí huele a velas, es una iglesia católica.
—Pues sí, es San Antonio.
—Aquí huele a incienso, es ortodoxa.
—Sí, es Santa Sofía.
—Y aquí huele a pies, es una mezquita musulmana. ¡Oh, en serio, aquí apesta…!
—¿Qué? ¡Pero si es la Mezquita Azul! ¿Un lugar que huele a persona no es lo suficientemente bueno para ti? ¿Qué pasa, es que a ti no te huelen nunca los pies? Es un lugar de oración que huele a hombre, que está hecho para los hombres, con hombres en su interior, ¿eso te da asco?
Y Momó se ruborizaba como aprendiz de maestro, pero no dejaba de torcer el gesto como niño que era en el fondo.

Mis pupilas tardaron en acostumbrarse a la oscuridad del interior del templo, que había sido tomado por humos y vapores aromáticos, visibles a su paso por pequeños rayos de luz que cruzaban el espacio. Del techo, completamente fabricado en madera, con forma de nave invertida y recias costillas, descendían haces de luz multicolor como rayos de las atmósferas de los cuadros prerrafaelistas. Verdes, lilas, azulados… se posaban sobre los cuerpos de los pocos personajes que allí oraban. A la izquierda de un pasillo de moqueta granate con rayas doradas, dos hombres canosos con chaquetas de fuera de temporada. A la derecha, completamente de negro y sin más colorido que las distinguiese que los tonos pasteles de sus pañuelos, rezaban varias mujeres de avanzada edad y robusta figura. Tres lámparas metálicas de forma circular pendían a media altura, difuminando su amarillento fulgor en la estrecha nave central. Las paredes no dejaban hueco libre de decoración, ya fuera con maderas incrustadas o frescos geométricos, y las columnas, todas de piedra, que separaban las dos naves laterales, no podían afirmar con rotundidad no haber pertenecido a edificios más antiguos. A la derecha del iconostasio, un púlpito se alzaba sustentado por más de una decena de columnitas más esbeltas, de diferentes motivos decorativos.

Me senté en la última fila de sus bancos de madera, a la izquierda, por miedo a que hubiese cierta distinción de género, y dejé pasar el tiempo. Me quedé completamente abstraído, hasta que el flash de un turista recién llegado me sacó de mi «enmimismamiento». Era la segunda vez que me pasaba y empecé a pensar que, a lo peor, no se debía tanto a la mística como al cansancio acumulado. Tal vez debería ir pensando en retirarme.

Salí de la iglesia y me adentré por pequeños callejones irregulares, estrechos, que llevaban a otras iglesias, y a tiendecitas de objetos religiosos. La mayoría de ellas de pequeño tamaño, excepto una que se emplazaba cerca de la iglesia de San Sergio y San Baco, en una calle larga y estrecha cuyas paredes se empapelaban con estanterías de libros sobre historia egipcia, religiones y literatura local y fotografías antiguas de El Cairo, en blanco y negro. Crucé sus escaparates, por mera curiosidad, y me sorprendí al ver que aquel depósito de chatarras de todo tipo no tenía fondo. Era un local inmenso, que extendía sus baratijas hasta donde alcanzaba la vista, emulando esa mohosa y destartalada tienda donde robaban al bichito peludo protagonista de la película *Gremlins*. Allí vendían absolutamente de todo. De modo que caminé, caminé y seguí caminando almacén adentro, saltando con la vista de acá para allá, hasta que fui a topar con una sección dedicada exclusivamente a instrumentos musicales. Algunos realmente antiguos. Otros, más que antiguos, viejos. Y sobre un piano, se apilaban varios ejemplares de un instrumento musical que a mí siempre me ha apasionado, como elemento imprescindible de la música árabe: el *ney*, o flauta de caña. Se trata de una simple caña, ya empleada incluso en época faraónica como reflejan muchos murales, perforada por cinco o seis agujeros, más uno trasero para el pulgar. Es, por tanto, el precursor de las flautas dulces modernas, aunque la técnica para tocar este instrumento es algo más complicada. No pude evitar adquirir una. Una que jamás he conseguido hacer sonar. Por eso me maravilla ver a los músicos árabes, cuando eligen uno de sus *neys* y producen esos sonidos suaves, aterciopelados, casi susurrados, que suenan a cuento oriental, a beso de Sherezade, o a lamento de Boabdil.

Antes de marcharme, y ya con mi *ney* en la mano, bien embalado, me dirigí a la cercana iglesia de San Sergio y San Baco, epicentro religioso del barrio copto, al considerar que esta iglesia alberga, bajo su altar, la cueva en la que se alojó la Sagrada Familia durante su estancia en Egipto. Un hecho verdaderamente poco fiable desde el punto de vista histórico, pero que aparece relatado en el Nuevo Testamento por el Apóstol, otrora recaudador de impuestos, Matías Leví:

> *El ángel del Señor se apareció en sueños a José y le dijo: «Levántate, toma contigo al niño y a su madre y huye a Egipto; y estate allí hasta que yo te diga. Porque Herodes va a buscar al niño para matarle». Él se levantó, tomó de noche al niño y a su madre, y se retiró a Egipto; y estuvo allí hasta la muerte de Herodes [...]. Muerto Herodes, el ángel del Señor se apareció en sueños a José en Egipto y le dijo: «Levántate, toma contigo al niño y a su madre, y vete a la tierra de Israel, pues ya han muerto los que buscaban la vida del niño». Él se levantó, tomó consigo al niño y a su madre, y entró en tierra de Israel. Pero al enterarse de que Arquelao reinaba en Judea en lugar de su padre Herodes, tuvo miedo de ir allí; y, avisado en sueños, se retiró a la región de Galilea, y fue a vivir en una ciudad llamada Nazaret.*
>
> (Mt. 2, 13-23)

Más tarde, en torno al siglo sexto o séptimo, la obra apócrifa que relata la vida de Jesús previa a sus 12 años de edad, conocida como *Historia de José el Carpintero*, trata de corroborar este supuesto viaje:

> *Bajamos pues a Egipto y permanecimos un año, hasta que el cuerpo de Herodes vino a ser pasto de gusanos. (Historia de José el Carpintero, 8)*

Si este viaje existió, y si aconteció en este lugar, es imposible de demostrar. Es meramente una tradición que rodea este sagrado lugar, como lo es la casa de la Vírgen en Éfeso, o la añorada por la iglesia etíope estancia de María en la isla de Tana Kirkos, como atestiguan unas supuestas huellas que la madre del profeta dejó en la piedra al arrodillarse a orar. Pisaba fuerte la señora.

Tal vez el relato que más ha calado en el imaginario cristiano, o al menos en las mentes de millones de aficionados al belenismo, sea el también apócrifo llamado Pseudo Mateo, que dice:

Aconteció que al tercer día de camino (hacia Egipto), María se sintió fatigada por la canícula del desierto. Y viendo una palmera le dijo a José: «Quisiera descansar un poco a la sombra de ella». José a toda prisa la condujo hasta la palmera y la hizo descender del jumento. Y cuando María se sentó, miró hacia la copa de la palmera y la vio llena de frutos, y le dijo a José: «Me gustaría, si fuera posible, tomar algún fruto de esta palmera». Mas José le respondió: «Me admira el que digas esto, viendo lo alta que está la palmera, y el que pienses comer de sus frutos». «A mí me admira más la escasez de agua, pues ya se acabó la que llevábamos en los odres y no queda más para saciarnos nosotros y abrevar los jumentos». Entonces el niño Jesús, que plácidamente reposaba en el regazo de su madre, dijo a la palmera: «agáchate árbol, y con tus frutos da algún refrigerio a mi madre». Y a estas palabras inclinó la palmera su penacho hasta las plantas de María, pudiendo así recoger todo el fruto que necesitaban para saciarse.

(PsMt. 20, 1-2)

¡Ahí es nada, con apenas unos días de vida! Normal que semejantes prodigios hayan calado profundamente en las tradiciones de los cristianos egipcios, señalando sobre el mapa los emplazamientos donde estos hechos tuvieron lugar. Uno de ellos se ubica en Deir Abu Hennas, una pequeña aldeucha al sur de El Cairo, donde peregrinan los coptos cada 28 de enero para conmemorar la llegada de la Sagrada Familia. Allí han dispuesto que una pequeña colina, ya conocida como Kom Mariam, la montaña de María, fue donde la Familia se paró a reposar en su camino hacia Tell el Amarna; la otra gran cruz la colocaron en esta iglesia de El

Cairo, construida, tácitamente, sobre la que la Sagrada Familia terminó ocupando durante su estancia en Egipto.

La iglesia es de las más antiguas de la ciudad. Se alzó en el siglo IV, y desde entonces se ha destruido y reformado en incontables ocasiones. La construcción es similar a la iglesia Colgante, con planta basilical de tres naves, pero mucho más pequeñas y con mucha menos decoración. Aquí las columnas son antiguas, pero tanta destrucción y posterior restauración han dado con las paredes completamente encaladas. A la izquierda del iconostasio, en la nave izquierda, por la que se accede al templo, se encuentra la bajada a la cripta celebérrima, de unos diez metros de profundidad. Una covacha con otras columnas rescatadas y un pequeño altarcillo en el centro. En raras ocasiones se permite al visitante bajar a visitarla. Incluso, antes de las últimas rehabilitaciones, era común que se inundara durante las crecidas del Nilo.

Cuando salí del barrio copto ya empezaba a languidecer la jornada. Los cielos se tornaban mustios y violáceos más allá de la polución. Los monumentos cerraban sus puertas, y también las tiendas cristianas. Pero la vida más allá de las murallas del gueto copto seguía fulgurante. Pensé que no estaría mal cenar en algún lugar céntrico, al que pudiera llegar en metro, ya que tenía la estación de Mar Girgis a un tiro de piedra, y solamente cuatro estaciones me separaban de la estación de Sadat, en plena Plaza Tahrir. Cerca de allí está el más famoso de los restaurantes egipcios, el Felfela, y esa podía ser una buena opción. Así que pagué mi billete, accedí al andén, y me coloqué entre los hombres. Las mujeres se alineaban al otro extremo del apeadero. El convoy no tardó en llegar, y pude comprobar como las mujeres accedían a los primeros vagones, coloreados de rojo Nescafé, mientras los hombres ocupábamos el resto, la gran mayoría. Se me escapó una sonrisa, y un joven egipcio engominado y con chaqueta de cuero negro la recogió, casi leyéndome el pensamiento.

—Dicen que es porque a los hombres nos gusta tocarles el culo a las mujeres cuando hay aglomeraciones. Pero es solo mala fama. Pagamos justos por pecadores.

Recordé que, leyendo la obra del escritor Javier Reverte *Los caminos perdidos de África*, él comentaba esta misma situación, y aseguraba que eso también ocurría en el Madrid de mediados del siglo pasado.

El tren se metió en la boca del lobo, sumiéndose en la total oscuridad. El interior se alumbraba por algunos fluorescentes amarillentos, otros que titilaban luchando contra su cebador, y otros que habían sucumbido se habían vencido a la oscuridad de los túneles. En cada parada subía mucha más gente de la que bajaba, aunque la sensación nunca llegó a ser agobiante. Más bien al contrario, me resultó un servicio cómodo, limpio y bastante decente para el caos que predomina en esta gran metrópoli.

Cuando volví a salir a la superficie, en plena plaza de Tahrir, frente al edificio de la Mogamma, ya era noche cerrada. Los cientos, miles de coches que circulaban por la plaza y sus arterias, y los neones de los locales y restaurantes, alumbraban toda la gran glorieta con vivos colores. El Museo Arqueológico, al fondo, con su iluminada fachada de característico color rosado, aportaba su dosis de romanticismo al conjunto. Yo me encaminé por una de las calles principales que morían en la plaza, llamada Talaat Harb. La calle en la que se ubicaba, precisamente, el mencionado y entrañable y nada recomendable, Hotel Lotus, escondido en una boca negra de callejón que impedía apreciar el terrorífico aspecto de su ascensor de acceso. Justo frente a ese sucio tragadero de recuerdos, en la acera de enfrente, se localizaba uno de los restaurantes Felfela. Concretamente el que vendía comida rápida para llevar. Se conocía como Felfela Take Away, y tenía como plato estrella el que era, por excelencia, el rey de los menús rápidos de Egipto, el *kushari*. ¿Qué llevaba? Arroz, garbanzos, lentejas, pasta, cebolla frita y un porrón de especias variadas. Toda la mezcla se revolvía con una salsa picante de tomate, y si el cliente lo solicitaba, con carne de *shawarma*. El sabor era delicioso. El bocado era pesado. Y el precio era irrisorio. Perdí la cuenta de veces que, malviviendo en el Hotel Lotus, bajé a este restaurante a comprar un bol de esta receta para subírmelo a la azotea del hotel y dar cuenta de ello en soledad, entre basuras, antenas parabólicas y escenas costumbristas de los tejados cairotas, con una buena cerveza Stela entre las manos.

Stela es la mejor y más famosa marca de cerveza de Egipto. Existe otra que le pisa los talones, llamada Sakara, como el recinto funerario, que luce una esfinge en su etiqueta. Pero la botella verde de medio litro de Stela era la reina de las mesas y cafetines. De los que servían alcohol, al menos. Justo al lado del Felfela Take Away, haciendo esquina, estaba el Stela Bar. Cuando me llevaron allí por primera vez he de reconocer que acudí con los estándares muy altos y las esperanzas rápidamente se me vinieron abajo. El Stela Bar no era, ni por asomo, el garito oficial que uno se imagina. Era una tasca, un cuchitril oscuro, estrecho y de techo altísimo, de paredes sucias y mesas descabaladas, donde los clientes se hacinaban chocando sus sillas con los respaldos de las de los otros. No cabía un alfiler, mientras la cerveza recorría el local y hacía de las suyas. El cuarto de baño, el único que existía en el tugurio, estaba en el hueco de una escalera. Prácticamente había que agachar la cabeza para poder orinar de pie, apuntando a la taza a la vez que se hacían malabares para evitar que la abrasadora bombilla que colgaba del techo inclinado te achicharrara la frente. Sin duda, para los

Lámpara realizada con botellas de cerveza Stella

amantes de la cerveza y de los ambientes auténticos, era una de las paradas imprescindibles de la noche cairota.

Pero yo aquella noche tenía hambre, y quería darme un pequeño homenaje, así que doblé la esquina del Stela Bar para llegar al Felfela, el restaurante al uso, que estaba a la vuelta del Take Away. Un local grande, con recargada decoración y penumbra acogedora, que servía algunos de los mejores platos de la cocina tradicional egipcia. Por ejemplo, mi cena: pichón relleno, plato identificativo de El Cairo. También pedí *kushari*, claro, y un plato de *baba ganoush*, o *mutabal*, como lo llaman en Egipto. Una pasta de berenjena ahumada. Y una Stela helada. Nada más recitar mi comanda al camarero, una voz a mi espalda me reclamó en castellano.

—Perdona, ¿hablas español?

—Soy español.

—Es que hemos visto que te manejas muy bien, y queríamos preguntarte si podías ayudarnos con la carta. Nos han recomendado este lugar, y viene en todas las guías, pero no hablamos inglés, y no sabemos qué pedir.

El que hablaba era un hombre que rondaba la edad de jubilación, con bigote y pelo blanco. No tenía mucha pinta de viajero. Y su acompañante menos aún, una mujer que pasaba los cincuenta años de edad y se conservaba con una estilizada figura y una media melena canosa. Los ayudé con las explicaciones y recomendaciones, siempre bajo mi criterio y gusto gastronómico, y acabaron pidiendo lo mismo que yo. Me invitaron a unirme a su mesa, y me pareció una buena opción, comparada con la alternativa de cenar solo. Eran de Zaragoza, y llevaban una semana de viaje por Egipto, recorriendo los típicos enclaves de los paquetes turísticos más ortodoxos. Estaban encantados con el resultado de su aventura, que venía recomendada por amigos y planificada por sus hijos. Ellos eran quienes habían decidido aumentar la estancia de sus progenitores un día más en El Cairo al final del viaje. Tal vez con vistas a que dispusieran de tiempo para cargarse de regalos para la familia en los bazares y zocos del Khan el Khalili. Pero les estaba resultando un problema:

—Mañana tenemos todo el día libre y no sabemos qué hacer. Nos da cosa salir sin el guía, y tampoco sabemos qué sería recomendable conocer.

Les propuse varios planes y opciones, pero o bien ya los habían visitado o no parecían atraerles. Al final de la cena, en un gesto bastante honorable, me prohibieron sacar mi billetera, e insistieron en invitarme a cenar, en agradecimiento a la ayuda y la compañía. De modo que me dejé agasajar y les agradecí el gesto.

—Yo mañana lo voy a dedicar a visitar Sakara, Menfis y Dashur.

—En Sakara ya hemos estado. Dashur no sé lo que es.

—Me juego otra cena a que en Dashur no habéis estado. Y aunque ya os hayan llevado a conocer Sakara, allí os quedan por ver infinitos monumentos. Por ejemplo, uno de los que yo voy a visitar por primera vez, es el Serapeum, la tumba de los toros sagrados consagrados al dios Apis.

—Suena interesante —dijo la mujer, que no era ni la mitad de habladora que su marido.

—Pues si os queréis apuntar a mi excursión de mañana, para mí será un placer.

Y la parejita zaragozana se subió al carro. Acordamos lugar y hora de encuentro mientras nos servían nuestros postres.

Capítulo III: Sakara, Menfis y Dashur
La puerta falsa

Al día siguiente amanecí todavía con las pilas a medio recargar. Tanto que me quedé retozando en la blanda cama de mi habitación y se me acabaron pegando las sábanas. Había quedado temprano en recoger al matrimonio español en la recepción de su hotel y ya iba con la hora pegada. Así que cogí la mochila y salté directamente a la calle a parar un taxi, renunciando con todo el dolor de mi corazón al desayuno copioso del Mena House. En pocos minutos estaba en la recepción de su hotel, el Marriott, en la isla de Zamalek, en el centro del Nilo cairota. Pagué la carrera y me adentré en la recepción, que se ubica en la sección central del hotel, lo que una vez fue el Palacio Gezirah construido para el Khedive Isma'il Pasha, en 1869.

Pasaban diez minutos de las siete, pero no encontré a la parejita por ningún lado. Por un momento temí que, al no verme llegar a tiempo, pensaran que mi ofrecimiento de la noche anterior era un mero farol auspiciado por las Stelas y se hubieran marchado sin mí. Me pedí un té y esperé en una de las butacas, junto a la puerta principal. Y antes de que llegara mi desayuno, los maños salieron del comedor del hotel, todavía con algunos bollos en la mano.

—Perdónanos, nos hemos quedado dormidos. No estamos acostumbrados a madrugar en vacaciones.

—Pues creo que habéis equivocado vuestro destino.

Al salir a la calle, descubrí que el taxista que me había traído aún estaba esperando, tal vez a recoger algún otro turista despistado que saliese del hotel. Nosotros, por ejemplo. Acordamos con él el precio y lo contratamos para todo el día. Mis amigos volvieron a hacer gala de su terquedad y no me permitieron dividir el coste entre los tres, ya que, según ellos, iban a tener la suerte de visitar lugares que ni se imaginaban y acompañados por un egiptólogo. ¿Qué podía hacer, sino dejarme querer?

Nuestro taxi enfiló las calles de El Cairo en dirección sur, primero por el laberinto vivaracho que es la ciudad y luego por la autovía circular, el Ring Road, hasta la salida de Shabramant. Sorteados los primeros atascos, el tráfico se volvió mucho más fluido a medida que nos alejábamos del centro. Por cada esquina se podían ver pequeños tenderetes de frutas frescas como naranjas, sandías, higos chumbos o mangos. O también algún que otro puesto de pan recién horneado. A veces, entre el tráfico denso, se colaba un joven en bicicleta con una gran rejilla llena de pan ácimo, apoyada sobre su cabeza. Aunque sobresalía su carga más de un metro a cada lado de su escuálido cuerpo, mantenía un equilibrio increíble y se movía con total destreza y soltura entre coches y peatones. De hecho, nos llegó a adelantar incluso en tres ocasiones. Supongo que no era la primera vez que lo hacía, ni mucho menos.

La gente se apresuraba a sus trabajos y los niños y niñas a sus clases en el colegio. Todos los pequeños vestían uniforme azul marino, y las niñas más mayorcitas llevaban un *hiyab* blanco cubriendo su pelo. Todos portaban libros y mochilas y saludaban con enormes sonrisas al paso de nuestro vehículo.

La carretera que conduce a Sakara, y también a Mit Rahina, la antigua Menfis, discurre paralela a un antiguo canal de irrigación, equidistante a su vez al cauce del Nilo. Hubo una época, no hace muchos años, en que este canal era imprescindible para los infinitos cultivos que arropan la carretera en esta franja de tierra verde existente en la orilla occidental, la de las necrópolis. Se podía ver a niños nadando, o cruzando con barquitas que seguían de una a otra orilla cables tendidos, o jóvenes pescando con rudimentarias redes. Hoy en día, por desgracia, tiene tramos abandonados, inútiles, anegados de basura y porquería o que, incluso, se están tapando y cegando dado que ya no se usan y no implican más que peligro e insalubridad.

La parte femenina de la parejita zaragozana me pidió que cerrara mi ventanilla, que llevaba completamente bajada. Lo cierto es que un fuerte olor a estiércol y a basura quemada entraba por la ventanilla. Debían estar quemando rastrojos o algo similar, y el olor acre y rancio se colaba por la ventana del coche hasta las pituitarias de sus ocupantes. Yo ni me había percatado, supongo que acostumbrado a toda clase de fragancias en este aromático país: iba con los ojos medio entornados, disfrutando de todo lo que acontecía alrededor de nuestro fugaz paso por la realidad de los suburbios cairotas, dejando que el viento me despeinara media cabeza. Pero acepté y cerré el cristal. Nuestro taxista, al verme, hizo lo mismo. Y a los cinco minutos, cuando empezaron a caernos goterones de sudor, volvimos a abrir las ventanillas.

Llegamos a Sakara con tres claros objetivos en nuestra agenda: el complejo funerario de Zoser, la pirámide del rey Unas y, recientemente abierto de nuevo al público, el Serapeum. Mis acompañantes habían estado aquí anteriormente con su grupo, pero no habían realizado las dos últimas visitas.

—Si quieres empezamos por el Serapeum, que no lo hemos visto.

Mi recién estrenado amigo se dejó llevar por el entusiasmo. Quería abalanzarse con ansia sobre todo aquello que no había visitado antes o que no estaba incluido en su programa de touroperación.

—No tengáis prisa. Yo casi prefiero realizar una visita con orden cronológico. Estoy convencido de que lo vamos a disfrutar mucho más y entender mejor —les recomendé.

—Lo decía por aprovechar el tiempo. Como ayer ya visitamos la pirámide escalonada...

—¿Visteis el museo que se ha construido a la entrada? Hay una maqueta que reconstruye el complejo funerario del rey Zoser y ayuda muy bien a comprender la naturaleza del monumento. Y también hay una reproducción del estudio de Jean-Philippe Lauer.

Por supuesto que no. Ni habían visto el museo, ni habían oído hablar del arquitecto francés que dedicó por entero su vida al descifrado y reconstrucción de este complejo. Y a quien le debemos el conocimiento de gran parte de las manifestaciones arquitectónicas y religiosas de los comienzos de la civilización egipcia.

Entramos, al llegar al museo, en una la sala oscura en la que se extendían varias gradas de madera rodeando una maqueta blanquecina, moderna y limpia para lo que se acostumbra en Egipto. En el centro, sobresalía el bulto piramidal, escalonado a seis alturas. Y, alrededor, lo que más llamaba la atención era la gran muralla que rodeaba todo el complejo. Un muro que salía y se retranqueaba a lo largo de toda su longitud, y que comúnmente se denomina «de entrantes y salientes». Yo no tenía ninguna necesidad de dedicarle tiempo a aquella maqueta que los egipcios expusieron con orgullo, como hacen siempre, durante unos meses, para luego dejar que se abandonara a su suerte. Pero me pareció interesante para ellos mostrársela.

—Ayer nos dijeron que esa era la tumba del rey Zoser.

—Y no os engañaron. Obviamente, la pirámide escalonada es una tumba, como todas las pirámides. Pero el plan arquitectónico que aquí desarrolló el sacerdote Imhotep al servicio de su señor era mucho más que una simple tumba.

A menudo se ha hablado sobre la tumba en el Reino Antiguo con el carácter de vivienda o morada de la esencia espiritual del difunto, ya sea su *ka* o su *ba*. Ambos elementos espirituales de la existencia humana, para los antiguos egipcios, adquieren su propia realidad con la muerte (aunque el *ka* del individuo lo acompaña durante toda su vida).

El *ka* posee un significado un tanto abstracto, como «el carácter» o la fuerza universal, la «fuerza de voluntad», «vitalidad», lo que convierte en persona al ser humano. Es el motor de la existencia que reside en cada uno de los individuos. Con la muerte, el *ka* abandona el cuerpo en el que ha permanecido, pero, como fuerza, sobrevive hasta el momento en que se une de nuevo a él. Morir, para un egipcio, significaba «ir al encuentro de su *ka*», una unión que se producía en el enterramiento y que los egipcios designaban como «salida hacia su bella tumba».

El segundo elemento que forma parte del cuerpo humano y que se referencia en el momento del deceso es el *ba*. Funciona como un elemento «móvil» del fallecido. El *ba*, como elemento volátil que va y viene, suele regresar, no sólo a la tumba donde descansa el cuerpo, sino a los lugares que recorrió el difunto durante su vida. Esta movilidad, sin embargo, está limitada. Necesita su cuerpo difunto en perfecto estado, para reconocerlo o, en su defecto, una estatua del fallecido con el mismo fin. Sin él, no puede mantener su identidad y por lo tanto no podría regresar. El *ba*, móvil pero vinculado siempre al cuerpo, funciona como un elemento personal del individuo, unido intrínsecamente a su personalidad.

Éste puede ser quizás el motivo por el que, en algunas ocasiones, en las tumbas, primero reales, y luego nobiliares, se ubicaba un elemento arquitectónico que tuvo su origen aquí, en Sakara, y que se denomina «estela de puerta falsa». O, también, aparece delante de ella el llamado *serdab*, un término derivado de la palabra árabe empleada para decir «bodega» o «sótano». Este término hace referencia a una capilla en la que reposa una o más (en ocasiones decenas) estatuas del fallecido y de su familia. La única comunicación que existe entre esta cámara y el exterior es uno o dos pequeños agujeros, a través de los cuales las estatuas pueden «ver» determinados aspectos del mundo exterior, generalmente relacionados con conceptos religiosos astronómicos y, en el caso de los *serdab* reales, permitir alcanzar las ansiadas «[estrellas] que no conocen el ocaso». Pero aún podrían trazarse más paralelismos: esas pequeñas aberturas, podrían estar relacionadas con los ojos *udjet* que en ocasiones aparecen decorando los dinteles o nichos de las puertas. Éstos tendrían, por tanto, la misma funcionalidad de permitir al difunto que está detrás, ver y viajar hacia un determinado horizonte; e, igualmente, las estatuas que se ubican en el *serdab* podrían tener su reflejo en las representaciones en relieve o en bulto redondo que se localizan en los nichos centrales de algunas puertas de las dinastías IV y V. En cualquier caso, todos estos elementos nos hablan, nuevamente, de una función regeneradora del *serdab* y de la capacidad para «salir de él», garantizando una transformación hacia un ser infinito e inmortal. Así se las gastaban los antiguos egipcios, aunque a mis amigos aragoneses les costase seguirme el ritmo.

Por tanto, a pesar de que lo que le contaron a esta pareja en días anteriores era cierto, la tumba, lejos de ser únicamente un lugar de enterramiento donde se depositaba el cuerpo una vez momificado y preservado contra la corrupción, era un espacio especialmente diseñado para la regeneración de la esencia espiritual del difunto y, llegado el caso, de los miembros de su familia. Así, el fallecido podía, en este espacio, volver tras haberse convertido en un ser efectivo después de la muerte, un *aj* (ser de luz) con capacidad de actuación.

Y eso explica por qué la propia tumba en sí misma era construida, distribuida y decorada con el fin último de servir como «vivienda para el *ka*», manteniendo a la vez el cuerpo, el *ka* y el nombre de su propietario toda la eternidad, en un lugar que se convertía en primordial, no sólo a nivel físico, sino simbólico, donde dicho espacio se dividía en distintas habitaciones para distintos usos. La mayor o menor riqueza en la construcción y la decoración estaba en función de, por un lado la donación recibida por el rey (la autorización, la elección del lugar, los materiales empleados...) y, por otro, la fortuna personal del personaje enterrado y, sobre todo, su estatus. Algo que se tuvo muy en cuenta a la hora de erigir esta primera pirámide, como una acumulación de mastabas.

La estructura interna de una tumba constaba, como se ha dicho, de dos partes diferenciadas: la superestructura y la subestructura. La primera

Pirámide escalonada de Sakara hace un siglo

era el lugar donde vivía la esencia espiritual del difunto, es decir, donde se colocaba todo lo necesario para su vida en el más allá. En ella se depositaban las ofrendas y se realizaban los rituales necesarios. En la superestructura se pueden ver las capillas de ofrendas, con la puerta falsa y la decoración de ofrendas según una lista; el *serdab*, donde residía la estatua del difunto, su doble en previsión de que la momia sufriera daños y el *ba* no pudiera reconocerla, y, en ocasiones, habitaciones que servían como almacenes para proveer de alimentos físicos al difunto. En la subestructura se encontraba la sala del sarcófago, donde reposaba el cuerpo momificado. Absolutamente toda la construcción estaba sujeta a determinados cánones y ciertos elementos que resultaban imprescindibles, tanto a nivel físico, como a nivel simbólico, para funcionar como una máquina de regeneración espiritual del fallecido, manteniendo intactos su existencia, su estatus y posición. Y ese proceso de regeneración se basaba en los festivales ceremoniales realizados por parte de la monarquía durante el Reino Antiguo. Por tanto, uno de los elementos imprescindibles de esta maquinaria, es el espacio habilitado para dicho festival, como «reproducción eterna de ese lugar», y la puerta falsa como acceso a ese recinto en el que el rito religioso tiene lugar, obteniendo el objetivo perseguido.

Salimos del museo, donde creo que todo lo que habían aprendido durante su viaje se les vino abajo. Incluso alguna mueca en su rostro me hizo pensar que, por momentos, dudaban de si habría sido buena idea un unirse a mí. Yo trataba de esforzarme, hacerme entender y ser ameno, aunque, en el fondo, nadie los había obligado a venir conmigo. Ascendimos en el taxi hasta los pies del recinto de Zoser, donde se alzaba, reconstruido por Lauer, un pequeño fragmento de la muralla que lo rodeaba. Precisamente el único hueco de todos los entrantes y salientes que correspondía a la verdadera puerta de acceso. Toda una obra impresionante de anastilosis, que al viajero le permite comprender a la perfección todos los motivos y causas de este complicado edificio. Si uno se para a observarlo, claro.

En uno de los salientes, se abría una negra oquedad que daba acceso a un corredor de capillas laterales, una por cada *nomo* (provincia) en las que se dividía el Antiguo Egipto. Este tipo de decoración se conoce como «fachada de palacio» por asemejarse a lo que sería la puerta o entrada principal que se abriría en los muros que rodearon las residencias de los primeros monarcas. Por imágenes halladas sobre diversos soportes, se piensa que una estructura como ésta debería rodear la totalidad del palacio, generando lo que se ha denominado recinto con decoración de puertas falsas, o lo que es lo mismo, arquitectura de entrantes y salientes. Esto queda claro.

Arquitectónicamente es probable que este tipo de construcción responda a objetivos prácticos: un muro de adobe, material en el que se construían los paños de estas construcciones en los primeros momentos del Egipto dinástico, no se sostiene si no se ubican unos contrafuertes en su estructura a distancias relativamente cortas. No obstante, pese a que una muralla con entrantes y salientes en determinados casos puede resultar estratégicamente interesante desde el punto de vista defensivo, la funcionalidad práctica de un elemento arquitectónico como este, flanqueado por una multitud de puertas, parece no tener ninguna lógica. Si la idea que subyace a ese cierre del perímetro del palacio es la protección, no se entiende que su muro perimetral, destinado a la fortificación, sea construido en base a tantos accesos. Un muro sólido y fuerte cumpliría mejor su cometido. Por tanto, habría que buscar la verdadera explicación al origen de esta arquitectura en otro sentido diferente al de los accesos de un palacio.

Y ahí es donde radica la importancia del conjunto ceremonial de Zoser, porque donde principalmente se documenta este modelo arquitectónico, que no debería por tanto denominarse «decoración de fachada de palacio», es en los recintos ceremoniales y funerarios de las primeras dinastías y también en los sarcófagos de piedra de los primeros momentos de la formación del estado egipcio. Todo apunta a una función mágica, simbólica y religiosa que comienza a relacionar este tipo de construcción con las creencias funerarias de los primeros egipcios.

En cualquier caso, este tipo de decoración o de arquitectura fue, desde un primer momento, rápidamente asimilada, por algún motivo, al concepto de monarquía. Y es más que probable que a la monarquía en el sentido de monarquía divina. Así, aparece por ejemplo asociado simbólicamente al nombre del rey, escrito en el interior de una estructura de este tipo, conocida como *serej*.

En primer lugar, la arquitectura de entrantes y salientes se localiza en los muros que circunscriben los recintos ceremoniales reales construidos para albergar la celebración de ritos que favorezcan la existencia infinita del rey, como este en el que me encontraba con la parejita zaragozana, tremendamente aburrida a esas horas de la mañana. Por otro, se manifiesta en los cerramientos de las partes superiores de las tumbas, muchas de las cuales no fueron exclusivamente construidas para monarcas. De ahí derivaría a otras ubicaciones relacionadas con el enterramiento, como las paredes de las cámaras sepulcrales o los propios sarcófagos. Por tanto, parece que la arquitectura de nichos no fue durante mucho tiempo de uso exclusivo real, sino que pronto se dirigió a su círculo más próximo y a los personajes más influyentes de la política.

Volviendo al primero de los casos, el del recinto ceremonial, es conocido que el uso que se daba a estos lugares se centraba en la celebración del festival de regeneración divina del rey, conocido como *Heb Sed*, celebrado mientras que el rey estaba vivo y al culto funerario a su persona una vez que fallecía. El festival *Sed* es una de las celebraciones rituales más antiguas e importantes que se atestiguan en el marco de la monarquía egipcia. La finalidad de éste rito parece relacionarse directamente con la renovación de los poderes divinos que ostentaba el monarca y que lo situaban como vértice de la pirámide político social. Desde las primeras investigaciones, se llegó a la conclusión de que era celebrada con motivo del trigésimo aniversario del ascenso al trono. A raíz de este dato, comenzaron a surgir diversas teorías: que el festival se producía tras los primeros treinta años de gobierno; que tenía lugar treinta años después de la asociación del rey al trono en tanto que sucesor; o que este rito de transición se celebraba de forma fija cada treinta años. No obstante, se sabe que, al menos originalmente, esta ceremonia no se realizaba cada treinta años y que el número treinta poco o nada tenía que ver con este ritual. Algunos de los reyes de las primeras dinastías celebraron un *Heb Sed* al menos en una ocasión sin que sus reinados se prolongaran durante treinta años.

Por la documentación gráfica que se conoce sobre este ritual, se inició una fuerte creencia en la existencia de una relación directa entre este rito y la figura regeneradora del rey como dios Osiris, comenzando a sugerirse que este rito ceremonial representaba una costumbre documentada en pueblos africanos consistente en el asesinato ritual del monarca cuando éste perdía las capacidades físicas por motivos de edad o enfermedad. Así se estableció la idea general de que el festival era la versión mágica de este regicidio ritual, en la cual se habría producido la supresión del asesinato. En lugar de su muerte real, se realizaría algún tipo de rito de sacrificio sustitutorio, que el monarca llevaba a cabo tras superar una serie de pruebas y estaciones, favoreciendo la regeneración, siguiendo un arquetipo osiriano, de los poderes fácticos del monarca en este mundo y en el próximo, así como su carácter real, su divinidad y, probablemente, su virilidad en un recuerdo ritual de tiempos remotos en los que la realeza era algo temporal.

En este sentido, los recintos ceremoniales como este de Sakara fueron asimilados por los miembros de la élite egipcia como una vía para conseguir alcanzar la regeneración mágica y, por tanto, la vida eterna de sus personas y cargos. El hecho de que la muerte simbólica y la regeneración mágica del estatus de poder del rey se desarrolle dentro de esos muros con forma de entrantes y salientes, al otro lado de esos nichos que recorren el muro exterior, es decir, al otro lado de las falsas puertas, podría explicar el empeño de ubicar esta arquitectura en el segundo de sus ámbitos habituales: las tumbas.

Sin duda, el momento más importante que hay que tener en cuenta para comprobar cómo se pone de manifiesto la unión íntima entre la arquitectura de entrantes y salientes y los conceptos rituales y funerarios, es el reinado de Zoser, en la dinastía III. Aquí el complejo arquitectónico de la regeneración del estatus divino del rey quedó unido indisolublemente a la tumba real, lugar de regeneración de la vida inmortal de la esencia espiritual del rey, permitiendo la resurrección eterna de la vida y de la divinidad del rey Zoser. Casi nada. Y todo esto salió de la mollera de este tal sacerdote Imhotep.

Sin embargo, como hemos hablado anteriormente, durante las dinastías V y VI comienza el declive de ese carácter divino de la realeza, germinando sustanciales cambios sociales. El faraón como persona (que no la figura o estamento de la monarquía) ya no se muestra como el centro natural del país. Se reconsidera su papel y se comienza a otorgar a la administración gubernamental un rol cada vez más importante. El faraón cada vez se rodea de más funcionarios que, a su vez, mueven a muchos más funcionarios, aupándose hacia una proximidad a la alta esfera. Con el aumento del número de funcionarios, con nuevos títulos, la concepción centralista se irá descomponiendo. Las provincias más alejadas formarán pequeñas administraciones que acabarán por convertirse en pequeños reinos más o menos poderosos, durante lo que se denominó el Primer Periodo Intermedio, y, por lo tanto, los funcionarios dejarán de tener la necesidad de estar cerca del rey para encontrar su propia inmortalidad. Estos nobles comienzan a desligarse de la protección del rey para solventar su propio viaje al más allá. Construyen tumbas cada vez más complejas, con numerosas salas, habitaciones, generando necrópolis en sus propias regiones como Meir, Deir el-Gebrawi o Qubbet el-Hawa en Asuán, por mencionar algunas.

A partir de aquí hay un cambio en la concepción de la tumba privada, que pretenderá ir acercando a los nobles, privilegios rituales, mágicos y religiosos que antes solamente se destinaban al rey. Sus mastabas comienzan a contar con muros de entrantes y salientes, se proveen de falsas puertas, mesas y listas de ofrendas que permitirán al difunto el sustento necesario para poder vivir en el Occidente. Y dispondrán para sí mismos textos rituales para garantizar el tránsito y la transfiguración de sus espíritus. Y sin embargo, todos estos elementos son al mismo tiempo el ejemplo de lo dicho anteriormente: el cambio afecta al rey, pero no al concepto de monarquía, toda vez que la fórmula de ofrendas insiste en la participación activa del rey a través de la donación e intercesión ante los dioses para que todo lo necesario pueda llegar al difunto.

—¿Dónde has aprendido todo eso? —me interrumpió la mujer, que mostraba mucho más interés que su marido en mis explicaciones a medida que paseábamos por el recinto. Había sacado un parasol de lo más cuco, y me seguía como uno de los personajes de la película *Muerte en el Nilo* caminando detrás del fornido Hércules Poirot.

—Bueno, mis investigaciones durante el máster trataban precisamente sobre este aspecto funerario. Siempre me ha llamado mucho la atención ese elemento que, simplemente, se ha tildado de «puerta que comunica a los vivos con los muertos». ¿Cómo no va a sonar interesante algo así?

—¿Y qué conclusión sacaste? —El marido ya se había separado de nosotros para hacer fotos a un escarabajo que corría huyendo de él sobre la tórrida arena.

—Pues que la manera lógica de que los altos cargos políticos y grandes funcionarios pudieran regenerar su posición social alcanzada en vida, después de su muerte física, era utilizar elementos mágicos similares a los empleados por el faraón durante la celebración del *Heb Sed* en sus tumbas, como, por ejemplo, el nicho que representa la entrada simbólica al recinto donde el festival se celebra. Se genera, con la incorporación de este elemento, una puerta simbólica de acceso a un lugar en el que la eternidad de la posición socioeconómica del difunto se garantiza mediante la intermediación de la divinidad. Son el umbral que se ha de cruzar para iniciar un rito religioso, probablemente basado en el propio *Heb Sed* del rey, que garantice la perpetuidad del nombre y de los títulos que se dejan escritos sobre la puerta para manifestar la posición social del fallecido.

—¡Qué interesante! ¡Yo te creo!

Avanzamos por todo el recinto ceremonial de Zoser, caminamos por el patio que alberga las capillas de las divinidades de todos los *nomos* provinciales de Egipto, bordeamos la pirámide escalonada por su lado norte, asomándonos a los ojos del *serdab* del antiguo rey para observar la réplica de su efigie oteando inmortal el horizonte celeste y las estrellas a las que anhelaba unificarse, y salimos del complejo por su esquina suroeste, ascendiendo las escaleras que llevan al friso de serpientes que vigilan, desde lo alto, las fruslerías de los legos turistas que pululan, encangrejados por el sol, con más pena que gloria académica. Aparecimos frente a los restos de la pirámide de Unas, el primero en emplear textos funerarios en el interior de su mausoleo. La construcción es una gigantesca escombrera caliza, pero aún conserva su arquitectura interior, con varios almacenes, una antecámara, y la cámara funeraria donde fueron grabados los *Textos de las pirámides* y se ubicó un sarcófago de basalto donde se localizaron restos humanos momificados.

Caminando por su rampa procesional, de casi un kilómetro de distancia, se prodigan las mastabas de los miembros de la familia y de la corte del rey Unas, más cercanos a su pirámide cuanto mayor es el parentesco o relevancia del cargo: esposas, príncipes, etc...

—¿Dónde está nuestro taxi? —preguntó asustado el maño al ver que nuestra montura había desaparecido—. ¿Se ha marchado sin nosotros?

—No le conviene. Aún no ha cobrado. —Lo más probable es que se hubiese marchado al pueblo cercano a beber algo, o a realizar algún recado, o a buscar alguna nueva carrera en nuestra ausencia. De modo que continuamos a pie, orillando la pirámide, también semiderruida, de Userkaf, y la de Teti.

—En esta sí que entramos ayer —dijo la mujer—. Es muy bonita, con el techo lleno de estrellitas y un montón de escritura jeroglífica.

Teti, según el sacerdote egipcio Manetón, encomendado por los Ptolomeos para elaborar una historia de Egipto desde los tiempos más remotos hasta la conquista de Alejandro Magno, fue el iniciador de la VI dinastía. Se hizo con las riendas de las Dos Tierras ante el vacío de poder dejado por el rey Unas, que murió sin descendencia masculina. Para lograrlo, contrajo nupcias con su hija Iput, legitimando así su reinado. Los reyes egipcios, según se ha creído siempre, debían desposarse con una mujer de linaje real para ser considerados legítimos herederos.

—¿Y os fijasteis, en la visita de ayer, en la decoración de la pared de la cámara funeraria, detrás del sarcófago?

—Uy, hijo, ya no me acuerdo —se quejó mi amigo—. Si es que todas las paredes parecen iguales.

—¿Qué se supone que debíamos haber visto? —me preguntó su mujer.

—Vamos a bajar a verlo.

Descendimos el largo pasadizo que conduce a la antecámara del rey, y girando a la derecha por un chaparro hueco que obliga al visitante a troncharse el espinazo, accedimos a la cámara que conserva el negro sarcófago. El techo, vertido a dos aguas, tenía algunos de sus grandes bloques desplazados, amenazantes sobre las cabezas de los visitantes, y maltrechamente sustentados por las cementadas restauraciones de sus dos muros de descanso. Pero los otros dos muros, el que tenía el hueco de acceso, y el que se mostraba como telón de fondo al final de la sala, estaban profusamente decorados. El primero con textos, copiados de los de la pirámide de Unas y precursores de los llamados *Textos de los sarcófagos* (Reino Medio) y *Libro de los muertos* (Reino Nuevo); en cuanto al muro del fondo, invité a los aragoneses a que se acercara para ver de qué se trataba: ni más ni menos que una decoración de fachada de palacio, con sus entrantes y sus salientes. Lo que Zoser había realizado en piedra, Teti se lo había dibujado alrededor de su sarcófago, con los mismos fundamentos, esta vez a través de la magia. Y antes que Teti, sabemos que lo hizo Unas, en cuya pirámide incluso se conservan perfectamente los pigmentos que daban colorido a la decoración.

Al salir nuevamente al día, ya estábamos convertidos en verdaderas croquetas arqueológicas, bañadas primeramente en sudor y rebozadas después en polvo y arena milenarios. Tomamos un poco de aire para recuperar el resuello, pero el maño andaba de un lado para otro, nervioso y expectante. Supongo que sabiendo que todo lo que íbamos a visitar a partir de ese momento ya era completamente nuevo para ellos. A diferencia de su mujer, que había prestado atención a mis explicaciones como un escolar a principio de curso, él se perfilaba como uno de esos turistas ansiosos por fotografiar cuantos más lugares posibles mejor. Uno de esos coleccionistas de cromos que rellenan álbumes y álbumes para sembrar después la hartura entre amigos y familiares. Aunque hoy en día, para obligar a tu cuñado a seguir tus andanzas, ya existe Facebook. Recuerdo, en mis primeros viajes a Egipto, a cientos de guiris ataviados con pañuelo a la cabeza y, al hombro, videocámara de esas cuadradas de cinta VHS que parecían auténticos bazucas. Filmaban aquí y allá sin criterio alguno, creando monstruosas autoproducciones de horas y horas de duración con las que, de regreso, torturaban a sus parientes. Éste parecía uno de esos.

—¿Y todas estas casas de por aquí son tumbas de la familia de Teti?

—Estas casas son para los muertos. Son mastabas, tumbas. Y sí, pertenecían a miembros de la familia y de la corte, como hemos visto en la pirámide de Unas. Esta primera de la esquina perteneció a Mereruka, y aquella de allí a Kagemni, dos *chatys* del rey Teti.

—¡Que jodío el Teti! Enterró a sus *chatis* al lado de su tumba. Eso es que quería tenerlas a mano también en la otra vida —bramó el mañico y yo no pude evitar la risa.

—No, no, no. No te confundas. No son *chatis* en el sentido de Arturo Fernández. No eran sus *chatinas*. El *chaty*, en el Antiguo Egipto, es como se llamaba a lo que nosotros hemos traducido como visir. Era el más alto funcionario del gobierno, el primer magistrado después del faraón, la mano derecha del rey. Mereruka y Kagemni eran hombres, los hombres más importantes del reinado de Teti. Por eso están enterrados aquí, junto a su señor.

—¡Es que... cómo eres! —le increpó su mujer—. Siempre pensando en lo mismo.

Nos adentramos entre blancas dunas de arena y cascote, siguiendo descompuestas indicaciones de madera que rezaban la palabra «Serapeum». Un paisano de *galabiya* celeste nos seguía de cerca. Supuse que era el *gafir* que custodiaba las llaves del monumento que íbamos a ver, recientemente abierto al público y que prácticamente nadie visitaba.

—Amigo, ¿tienes tú la llave? —le pregunté sonriendo en mi mermado árabe.

—*Aiwa.* —Y me la mostró en su mano atada al final de una cuerda de plástico. Pero de pronto llegó por detrás otro fulano, con ropaje oscuro, pelo desgarbado y pitillo rechupeteado en el labio, montado en una *mobilette* renqueante. Recogió al maestro de llave y se marcharon sin nosotros. Cuando llegamos a la entrada del monumento ellos ya habían abierto la reja, encendido las luces y estaban preparando un té en un infiernillo portátil con una tetera ennegrecida de haber aposentado su metálico culo sobre muchas lumbres.

Nos protegimos en una sombra, a la entrada del Serapeum.

—El nombre derivaba del dios Apis...

—¿Cómo el tomate?

Ignoré el comentario que tanta gracia hizo a la parejita zaragozana. Ya estaba acostumbrado a aquella pregunta cada vez que hablaba con alguien sobre esta divinidad. Apis, como el tomate, fue una de las divinidades más longevas de la mitología egipcia. Se tiene testimonio de su culto ya desde la I dinastía, y no desapareció con el ocaso de la cultura faraónica, sino que griegos y romanos adoptaron, en cierta medida, su figura, asociada a Osiris y a sus ritos correspondientes. Pero Apis, como tal, era un toro sagrado. Un toro que representaba la forma viviente del dios creador Ptah. ¿Y quién era Ptah? Así podríamos estar horas y horas. Traté de resumirlo.

En la vida de los antiguos egipcios, que se sucedía entre afanadas labores agrícolas los más, y arduas pesquisas religiosas y políticas los menos, les llegó el día en que los sacerdotes se vieron en la obligación de explicarle a la muchedumbre quienes eran, de dónde venían y a dónde iban, con el fin de justificar por qué las cosas eran como eran y no de otra forma. Es decir, justificar la monarquía y la forma de gobierno. Ese día, los responsables de estas explicaciones, sin ciencia ni coherencia de la que echar mano, decidieron crear un punto de unión en el que se encontrara lo divino y lo humano; lo celeste, lo astral, lo mágico que viene dado, sin conocer las causas últimas, por la naturaleza, bajo la responsabilidad del rey, y por otro

Imagen de Zoser a través del Serdab

lado la figura de unos seres divinos, que vienen a simbolizar el origen de la realeza y a explicar los procesos de muerte y resurrección.

A la cabeza de esa dualidad entre el cosmos perceptible y el elenco de dioses todopoderosos, siempre se sitúa el sol como elemento destacable. Y su acto de creación lo ejerce desde lo alto de una colina primigenia, que surge del caos acuático, que es la nada previa a la creación. En realidad, un

Esta mastaba de la esquina perteneció a Mereruka (chaty del rey Teti)

símbolo del resurgir de la tierra oscurecida y fertilizada por el sedimento del Nilo, después de la retirada del agua de las crecidas anuales. Al margen de que el dios creador fuera éste o aquel y tuviera tal o cual forma, todas las historias que surgieron en el Antiguo Egipto para explicar el comienzo de todo, tenían la misma estructura: la colina inicial, el demiurgo, la creación, la muerte y la resurrección. Y no hay que olvidarse de la monarquía como motor del ciclo. Otros elementos eran el océano primordial, un cielo sostenido por el aire y un inframundo.

Siguiendo este patrón, cada templo era libre de arrimar el ascua a su sardina y plantear su propia cosmogonía a cargo de su dios tutelar. Aun así, tres fueron las cosmogonías que más relevancia alcanzaron a lo largo de la historia: la de Heliópolis, la de Hermópolis y la de Menfis.

En la cosmogonía heliopolitana, el dios creador de carácter solar se llama Atum, quien, bien masturbándose o bien escupiendo, crea el aire, encarnado en la figura de Shu, y la humedad, que es Tefnut. De la unión de estos dos dioses surge hacia abajo Geb, la tierra, y hacia arriba Nut, el cielo. Y Geb y Nut van a engendrar a los cuatro dioses que serán los herederos del trono de su padre, es decir, los primeros monarcas míticos de la tierra: Osiris, el primogénito, Seth, y las hermanas Isis y Neftis. De lo que aconteció después entre ellos, que es un guirigay de órdago a la grande, hablaré más adelante.

En la cosmogonía de Hermópolis, el dios tutelar de la creación es Thot, el ibis que encarna la sabiduría. Es él quien hace surgir de las caóticas aguas de la nada a cuatro ranas y cuatro serpientes, que en la colina dieron forma a un huevo, del que nació el sol y, con él, el universo. Por qué la labor recae en los anfibios y los reptiles es sencillo de explicar desde la contemplación de la simple naturaleza: cuando las aguas se retiraban, los primeros bichos en pulular las orillas eran culebras y batracios.

Finalmente, en la cosmogonía de Menfis, el creador es el dios Ptah que nos ha traído hasta aquí. La principal diferencia con las otras cosmogonías radica en que Ptah crea todo a partir de su palabra (y de otro elemento tan filosófico como la voluntad de su corazón). El dios ordena de viva voz, y las cosas se cumplen. Algo similar a lo que encontramos en el Génesis bíblico, con esa divinidad que crea el mundo a golpe de imperativo. Hágase aquí la luz y la luz se hace, sepárense allí las aguas y aparece la tierra firme... Nada nuevo bajo el sol. El sol creador, precisamente.

Y una de las representaciones zoomórficas del dios Ptah es el toro Apis, identificado como el heraldo de la divinidad en la tierra. Del dios Ptah en vida. Luego lo será del dios Osiris en la muerte. Por eso, el culto al toro Apis fue realmente importante en la historia de Egipto, atestiguado prácticamente desde el comienzo de la civilización faraónica. El toro en cuestión al que se veneraba era un astado de carne y hueso, que residía en el palacio de Menfis. Y cuando este cornúpeto fallecía, se le momificaba y enterraba con los honores propios de cualquier eterna providencia en el monumento que nosotros habíamos ido a visitar: el Serapeum.

Recibe su nombre de época Ptolemaica, cuando el toro Apis, como representación de Osiris, se asimila conjuntamente a este dios, dando lugar a una divinidad denominada Serapis, de la que harán buen uso los griegos para, por iconografía, asemejarla a su barbudo y anciano Zeus.

Una vez fallecido el toro sagrado, se debía de buscar por todo Egipto la reencarnación del dios, que no podía darse de cualquier manera. El nuevo bovino destinado a disfrutar las lindezas de la vida divina en el palacio debía de poseer hasta veintinueve marcas concretas que probaban la encarnación del dios. Su pelo negro zaíno, un triángulo blanco en la frente, unas alas de buitre en el lomo, un escarabajo en la lengua, y así otras tantas.

Penetramos en la tenebrosa negrura del cenotafio, que nos engulló de un bocado cuando descendimos la larga escalinata que se adentraba en la tierra, encajonada entre dos muros de piedra tallada, y atravesando una remozada puerta de arco de medio punto. Nuestras pupilas tardaron en acostumbrarse a la escasa luz del interior, a pesar de que el recinto había sido recientemente restaurado. La barnizada tarima del suelo era fiel testigo del hecho. En la misma entrada, girando a la izquierda, topamos con el primero de muchos sarcófagos mastodónticos de granito o de basalto. Tuvimos que esquivarlo para seguir avanzando por una bóveda de cañón arrebatada a la roca, iluminada con lametones de fluorescentes amarillos fregados contra las paredes de forma puntual. Y después, otra inmensa galería desde la que se ramificaban los nichos que albergaban nuevos sepulcros. Los que un día contuvieron los restos cadavéricos de los toros. Algunos estaban abiertos, otros rotos, unos malamente tallados y, curiosamente, había alguno decorado con motivos de fachada de palacio. La de entrantes y salientes.

Aproveché la coyuntura para desprenderme de mis agregados. Era la primera vez que visitaba este lugar y lejos de deshacerme en explicaciones como en las anteriores visitas, esta vez me apetecía disfrutarlo de piel para adentro. Caminé entre las tumbas, saliendo del trazado de madera y perdiéndome en cada detalle de cada piedra y de cada bloque. En cada brillante superficie de granito. En cada fino trazo arañado sobre la dura piedra para dar forma y vida a diversos signos, perfectamente ordenados. Y a las imposibles uniones entre caja y cubierta, que apenas dejan micras de separación en su unión inmaculada, a pesar de las sesenta u ochenta toneladas de peso de su anatomía.

En total casi una treintena de tumbas perfectamente esculpidas, que bordeé con paciencia y esmero, caminando por cada uno de los tres pasillos

Hendiduras que contuvieron estelas votivas dedicadas al dios Apis

que componen la distribución arquitectónica del recinto. Por las paredes se percibían las vacías hendiduras que habían contenido multitud de estelas votivas dedicadas al dios Apis, dejadas a lo largo de periodos tan dispares como los reinados de Ramsés II, Taharqa, Apries o Darío II.

Cuando emergí de nuevo a la luz desde los doce metros de profundidad del monumento, mis compañeros estaban echándose un cigarrito a la sombra, disfrutando del té de los *gafires*. El marido repasaba las fotos que había tomado, en su Nikon digital. Y se acercó para mostrarme una de ellas.

—Mira, hay un sarcófago que tiene una falsa puerta tallada. —Y me mostró la foto de uno de los sepulcros adornado con la fachada de palacio. Le sonreí, orgulloso de que mis discursos no hubieran caído en saco roto—. Pero, ¿cómo hacían para mover y transportar esos bloques de piedra? Es como en las pirámides. ¿Cómo hicieron para levantar esos bloques de granito tan inmensos?

—Ah, amigo. Esa es la pregunta del millón. Si lo supiera con certeza sería un egiptólogo famoso.

Desandamos nuestros pasos hasta llegar al parking donde nos había abandonado nuestro taxista que, preciso como caballero de palabra, se encontraba esperándonos en el mismo sitio donde nos había apeado. En cuanto nos vio aparecer arrancó el motor para encender el aire acondicionado y nos entregó a cada uno un bolsa que contenía una botella de agua, un bocadillo de *taameya* con verduras encurtidas y un plátano. Entonces supe que ese era el motivo por el que había desaparecido antes. Le agradecimos el gesto y le pedimos que nos parase a la entrada del recinto de Sakara, donde existe un coqueto restaurantito, con un gran jardín, donde yo había comido en alguna ocasión. Allí nos sentamos al fresco de la sombra de un tamarindo y cientos de palmeras para degustar el bocadillo, en los tan típicos butacones fabricados con hojas de palma secas. Nos pedimos unas cervezas bien frías y acompañamos todo con una ración de *kofta* a la brasa, que nos sirvieron en una rejillita que gravitaba sobre ardientes tizones. Y perdimos la noción del tiempo, recuperando las sales minerales perdidas, a base de lúpulos y levaduras y *shishas* de sabores de frutas, despreocupados como *fellahs* en verano.

Cuando conseguimos desprendernos de la modorra, volvimos a salir a la carretera. Pero el tiempo nos estaba comiendo por los pies, así que decidí prescindir de la visita a las ruinas de Mit Rahina, la antigua Menfis, la ciudad del «Muro blanco», la «Balanza de las Dos Tierras», la de «Belleza inmutable», la del «Templo del *ka* de Ptah»... La ciudad más importante del país y centro económico del reino, capital indiscutible de Egipto desde la I dinastía, cuando fue fundada por Menes, hasta a la VIII. El ombligo del mundo, la ciudad más poblada del planeta en el tercer milenio antes de Cristo. Y hoy no queda absolutamente nada de todo aquello. Ni el muro blanco, ni balanza alguna, ni el templo de Ptah, y sólo algún resquicio de discutible belleza en el museo al aire libre que ahora copa el lugar de Mit Rahina. Entre algunas piezas, estatuas y estelas, destacan apenas una esfinge de alabastro de cuatro metros de altura que debió de pertenecer al Gran Templo de Ptah, erigida por algún miembro de la dinastía XVIII (sus rasgos la delatan), y el gran coloso de Ramsés II que hoy se muestra, completamente indigno, tumbado panza arriba en el interior de un edificio construido a su alrededor. En su día debió de alcanzar los doce o trece metros de altura. Cuando lo encontró Giovanni Caviglia en 1820, sólo quedaban nueve.

Por el contrario, nos dirigimos directamente a la zona de Dashur, donde teníamos interés en visitar la Pirámide Roja y la Pirámide Romboidal. Estas son dos de las cuatro pirámides que erigió, durante su reinado, el faraón Esnefru, fundador de la IV dinastía, hijo de Huny, y esposo de Hetepheres, madre de Keops, cuya tumba había merodeado el día anterior. Por tanto, Esnefru es el responsable de la evolución arquitectónica de las pirámides del Reino Antiguo, ya que fue él quien experimentó los pasos que separan la pirámide escalonada de Zoser con la perfecta pirámide de caras lisas de Keops, la más grande jamás construida. Y esos experimentos los llevó a cabo de forma simultánea, culminando la obra de Huny, en Meidum, e iniciando la obra de estas dos en Dashur, además de una cuarta en Seila, que en realidad no es más que un cenotafio inacabado.

La pirámide de Meidum es un perfecto ejemplo de la técnica constructiva empleada. De ella, se conserva un esqueleto robusto, cuadrangular, del que se ha desprendido el material de recubrimiento que otorgaba el aspecto de pirámide, formando hoy en día una inmensa escombrera a los pies del monumento. La segunda, ya en Dashur, se conoce como Pirámide Acodada o Romboidal, debido a su doble inclinación en las caras del edificio. Se achaca a un cambio de planes durante el periodo de construcción, para garantizar la estabilidad de la estructura interna. Algunos investigadores opinan que el derrumbe de la cubierta de la pirámide, ocurrida durante la construcción del monumento, fue el motivo que hizo cambiar la inclinación de la pirámide romboidal, para evitar que ocurriera lo mismo. Algo que se rectificó, de entrada, en la tercera pirámide. Pero no tiene mucho sentido acabar una pirámide que se sabe errónea. Nuevamente, algunas investigaciones de carácter astronómico, realizadas por el astrofísico Juan Antonio Belmonte, han venido a apuntar nuevas motivaciones relacionadas con el calendario civil egipcio para la elaboración de estos monumentos gemelos.

La tercera pirámide es la Roja, la más grande de Dashur, y la tercera en tamaño de todo Egipto. Desde sus cimientos, se inició su construcción con la misma inclinación que tienen las caras de su vecina acodada. Lo que hace que tenga un aspecto algo más chato que sus hermanas de Guiza. Y, para deleite nuestro, era la única abierta al público para visitar su interior.

Para ello, había que comenzar ascendiendo una extenuante escalinata, improvisada en madera como un andamiaje poco fiable. En realidad, tan fiable como todos los andamios egipcios. Una vez que se alcanzaba la entrada, con el corazón en la boca y el resuello abandonado a medio camino, siete tablones más abajo, tocaba descender la misma distancia, esta vez por un angosto pasadizo inclinado de apenas un metro y poco de alto. El empinado corredor desembocaba en una cámara, estrecha, pero de increíble altura, donde se podía observar la misma técnica constructiva que en la Gran Galería de Keops: la falsa bóveda por aproximación de hileras de bloques. Algo que ya existe en la pirámide de Meidum y en la Romboidal. Y en la segunda cámara, de igual disposición y dimensiones que la primera. La diferencia entre esta y la aquella estriba en la apertura que da acceso al pasadizo que se adentra en la tripa de la construcción. En la segunda cámara se abría en la parte superior de la pared, donde la falsa bóveda convergía en su cima. Para que los viajeros podamos alcanzarla hoy en día, los egipcios habían dispuesto un nuevo maderamen de mírame y no me toques, porque como te menees más de la cuenta me vengo abajo. A cada paso que dábamos de un escalón a otro, el tablado crujía con chirriantes lamentos, como amenaza de inminente desplome si no renunciábamos a permanecer en sus plataformas. Además, a medida que nos introducíamos en el corazón de la pirámide, aumentaban en similares proporciones el cálido vapor enrarecido y el martirizante hedor a amoniaco procedente del guano de los murciélagos, que llegaba a hacer que los ojos nos lloraran y nos picaran las gargantas. Yo cubrí mi rostro con el pañuelo que llevaba al cuello, húmedo por el sudor, haciendo de filtro acuoso de impurezas. Pero ni con esas me libraba de la pestilencia. Algo que acotaba y mucho la duración de la visita a la tercera cámara.

La última estancia se disponía transversalmente a las anteriores, cruzando su bóveda en dirección este oeste, y carecía de los bloques que recubrían el suelo, desaparecidos debido a las sucesivas excavaciones en busca de nuevos pozos y pasadizos. La ausencia de inscripciones o decoraciones (como en las pirámides de Guiza) hace que, para el ojo profano, la visita sea breve. Y más si uno es susceptible al olor de las cacas de los vampiros que hicieron de esta cueva su reino. Pero al poco uno se acostumbra, si no pierde el sentido, lo que invita a observar detalles como el tallado y colocación de las piedras, con rectilíneos empalmes entre los bloques, absolutamente idénticos a los de la pirámide de Keops. Sin duda, es una visita obligada para todo viajero que se precie, pero especialmente recomendada para aquellos que se empecinan en hacer de la Gran Pirámide un todo único y absoluto.

Regresamos al Hotel Marriott cuando el firmamento egipcio ya había sucumbido a una penumbra turbia y hosca que amenazaba con tormenta calurosa. El dios Ra había comenzando a trajinar por el inframundo, peleando contra los enemigos que le querían impedir su renacimiento al alba del día siguiente, mientras nosotros echábamos cuentas con nuestro chofer, que fue generosamente recompensado por sus servicios. Mis acompañantes quisieron invitarme a cenar en su hotel, como agradecimiento por el día que habíamos pasado juntos, pero al igual que ellos, yo estaba dispuesto a

Estatua de Ramses, Jebah Pascal, 1880

Pirámide de Meidum y pirámide romboidal a principios del siglo xx

Pirámide romboidal hoy

El autor escalando la pirámide Roja de Snefru

iniciar una revolución con tal de que me permitieran darme una ducha en mi placentera habitación. Aun así, me fue imposible declinar su oferta.

—Pues vamos a fijar una hora y nos vamos a cenar luego a tu hotel. Queremos invitarte, de verdad.

—Está bien —me doblegué—. Veníos a las ocho y media. Me hospedo en el Mena House. Allí ya decidimos los planes.

Nuestro taxista me llevó de vuelta a casa. Por el camino, rompió su silencio al ver que nos encontrábamos los dos solos en el tráfico infernal de El Cairo y me sometió a un examen profundo para conocer mi vida y mis milagros. Había sospechado que yo era «doctor», por lo que estuvimos hablando de mis años en Egipto, mis participaciones en campañas arqueológicas y mis anteriores viajes. Me hizo entrega de su tarjeta de visita, brillante y colorida, impresa en un papel satinado que casi se escurría entre los dedos. Por supuesto, me obligó a prometerle que contaría con él cada vez que regresara a El Cairo. Y luego, cuando llegó el momento de bajarme del coche y despedirnos, lo tuve que jurar de nuevo. Abrazo de hermanos incluido, por supuesto.

Disfruté de mi ducha y de mi ratito de descanso, y a las ocho y media estaba ya degustando mi segunda cerveza en la recepción del hotel. El matrimonio zaragozano también fue puntual. Como era su último día de vacaciones, habían reservado sus mejores galas. Un vestido blanco y negro de tirantes dejaba a la vista las doradas piernas de la mujer, sin duda alguna gratinadas en la cubierta del crucero que los había llevado por el Nilo. El marido lucía una americana de lino en colores naturales, arrugada de haber pasado demasiados días desdeñada en el fondo de la maleta esperando su oportunidad. No habrían desentonado en alguno de los restaurantes del hotel, pero yo tenía otro plan en mente.

—Mirad, si queréis podemos cenar aquí. Hay un restaurante hindú bastante famoso. Pero yo tengo otra sugerencia. Saliendo del hotel y bajando por la Avenida de las Pirámides hasta la manzana siguiente, hay un restaurante muy curioso, con una terraza haciendo esquina que da directamente a las pirámides. Además, es conocido por el pescado y el marisco que sirven. ¿Os apetece?

—Nosotros nos dejamos guiar completamente por ti, como hicimos anoche —dijo ella rápidamente.

El restaurante se llama Christos. Lo conocí una día en casa, en Madrid, viendo por la tele un documental en el que el investigador e ingeniero Robert Bauvall, un apasionado de las pirámides y su correlación con las estrellas, traía a esta terraza a su amigo y compañero de reparto, el arquitecto Jean Pierre Houdin. Juntos fueron filmados en este restaurante, discutiendo acerca de la teoría que el francés había lanzado sobre el método de construcción de la pirámide de Keops, mientras tomaban unas limonadas. Lo mismo que pedimos nosotros aquella noche. Y para degustar, un plato de pescado y marisco, que nos sirvieron acompañado con arroz.

—Entonces, ¿os ha gustado vuestro viaje?

—Muchísimo. Me marcho con la sensación de que aún nos quedan muchas cosas por ver aquí.

—No te quepa ninguna duda. Incluso a nosotros, los arqueólogos, que hemos dedicado gran parte de nuestro trabajo en esta tierra, aún nos quedan multitud de cosas por conocer. Imagínate lo que se puede abarcar en un viaje de apenas una semana.

—Diez días.

—A mí me gustaría volver —dijo su mujer.

—¡Uf, con la de sitios que hay todavía por ver! —apostilló el maño. Y volvió a recordarme su trasfondo de turista que presume de viaje con sus amigos. Ya podía imaginármelo en el bar de debajo de su casa, con el codo apoyado en la barra: «¿Tú siete días? Nosotros estuvimos diez. Y fuimos a ver las tumbas de los toros Apis. Me acuerdo por el tomate. Y vimos las tumbas de las chatis del faraón. Y la pirámide esa... Cari, ¿cómo se llamaba la pirámide esa que olía tan mal? Bueno, una pirámide que no va a ver casi nadie. Increíble».

El autor entrando en la pirámide Roja de Dashur

Capítulo IV: El Museo y el Cairo islámico
El callejón de mis milagros

El Cairo es una señora gorda, obesa mórbida, que aunque quiera no puede moverse por las dimensiones de su propio ser. Está encarcelada en su existencia, por el simple hecho de ser quien es. Una de esas damas rezongonas y orgullosas, que simulan ser fervientes seguidoras de las tradiciones del Profeta, pero que luego gustan de emperifollarse para deleite de profanos. Como la madama de un burdel extraído de una novela de Naguib Mahfuz, con esencia de perfume barato y tabaco de *shisa*, que oculta el verdadero tufo a combinación de especias de bazar y mercado de ganado de domingo. Una ramera, como la definían los poetas otomanos, que se esconde detrás de mil caras diversas, dependiendo del distrito que la engalane: sabe lucir un cierto aire cosmopolita en el barrio de Zamalek, se tizna de tintes aristocráticos en Heliópolis o rezuma las más rancias tradiciones en el Cairo islámico... Hay mil Cairos diferentes en cada callejón sin salida, en cada avenida colapsada, en los arcenes de basura, en los arrabales miserables, en los cafés de madera desvencijada, en los lapiceros que apuntan al cielo desde las mezquitas. Hay un Cairo para cada persona, y cientos de miles de personas por cada kilómetro cuadrado de Cairo.

Pero si la gran gordinflona tiene un corazón que bombea queroseno y mugre por toda la ciudad, ese órgano es la plaza de Tahrir. La plaza de la Liberación (eso significa Tahrir), nombrada así tras la Revolución de 1952 que transformó Egipto en una república desprendiéndose de la monarquía, es el núcleo del caos urbano de la capital egipcia. Alrededor de la rotonda cierran el circo varios edificios relevantes, como el Museo Egipcio, la Mogamma (la gran sede administrativa del gobierno de la nación), la sede de la Liga Árabe, el Hotel Nilo Ritz-Carlton o el viejo campus de la Universidad Americana de El Cairo. También se aparece, en la esquina noroeste del recinto, el fantasma de lo que en su día fue la sede del Partido Nacional Democrático, la formación política del depuesto presidente Hosni Mubarak. El 28 de enero de 2011, durante las revueltas producidas en la plaza, ardió en su totalidad, poniendo en peligro la seguridad del edificio contiguo, el Museo de El Cairo.

Dos minutos pasaban de las seis y media de la mañana cuando acabé de apurar mi café en una coqueta cafetería en los alrededores de la plaza. Un local de los que se asientan sin pena ni gloria en la fisonomía de la ciudad, preocupados de emular el estilo (y los precios) de cadenas internacionales como Starbuck's y similares. Pero yo tenía que hacer tiempo, aunque a las siete menos cuarto ya estaba deambulando entre las negras cancelas forjadas que protegen el Museo, y el puñado de camionetas de la policía que lo escoltaban durante aquellos convulsos días posteriores a la revolución. El

Vista antigua de la ciudadela de El Cairo

Museo no abría sus puertas hasta las nueve de la mañana, pero otro de los exclusivos papelitos que había negociado para este viaje tan especial con el SCA me permitía acceder dos horas antes de su apertura oficial, para disfrutar así de la serenidad de un paseo privado por la historia de la cuna de la civilización.

No era normal que un fulano se presentara en solitario a esas alturas de la recién estrenada mañana con ánimo de colarse en el edificio. ¡No son horas! Algo que quedó patente en el trasiego de los policías del control de entrada en torno a mi persona, que esperaba inmutable sentadita en un banquito de piedra. Permisos, carnets, entradas, fotocopias, cartas de recomendación... cualquier papel les interesa y todos los fotocopian. Una copia para cada uno, no vaya a ser que luego la burocracia dictamine que este o aquel cometieron un error. En ocasiones llegué a pensar que si Egipto se había convertido en un desierto, fue realmente por el desperdicio de papel que impera en el país. Quince minutos después me permitían el acceso por los tornos de entrada. Sabía yo que era mejor llegar un cuarto de hora antes.

El Museo de El Cairo es un depósito de delicias pétreas. Por fuera, su fachada neoclásica y su arquitectura rosada ocultan lo que es en realidad en su interior: un bonito barracón en el que se apilan más de ciento treinta mil piezas arqueológicas. Su fundación se remonta al año 1902, aunque el germen del proyecto ya lo había sembrado el arqueólogo Auguste Mariette en 1858. Por entonces el francés era director del relativamente moderno Servicio de Antigüedades. Para custodiar las piezas procedentes de las excavaciones, preparó un museo en el barrio de Bulaq, cerca de la orilla del Nilo. Pero durante una crecida el edificio se inundó, lo que llevó a la construcción del actual. El nuevo museo sufrió otra inundación en 1922, pero esta vez no de agua, sino de piezas procedentes del descubrimiento de la tumba de Tutankamon en Luxor. Y, prácticamente desde ese momento, le vino pequeño a la egiptología como almacén de antigüedades. Sin duda, Mariette fue un visionario que supo predecir lo que se les venía encima. En un encuentro con Sa'id Pasha, *valí* de Egipto y Sudán por aquellos días, supo convencerlo de la necesidad de invertir en un lugar para custodiar y exponer las piezas:

Nos incumbe velar con cuidado por los monumentos ¿En quinientos años, Egipto estará aún en condiciones de mostrar éstos a los eruditos que lo visiten tal como los vemos hoy?

Cuando falleció en 1881 víctima de la diabetes, los egipcios le erigieron un mausoleo junto a la entrada del nuevo Museo, desde donde da la bienvenida a todos los turistas que hoy reparan en la estatua del egiptólogo. En las postrimerías de 1887, se podía ver como «*a manera de guardianes del monumento se alzan las estatuas de un Ramsés II, mientras que a sus pies yacen cuatro pequeñas esfinges, las mismas que delataron al finado la situación del Serapeum; dan sombra al conjunto palmeras y laureles-rosa*». Hoy sólo quedan las palmeras. ¿Y qué otra decoración podría tener su sarcófago de níveo mármol? Pues la de una fachada de entrantes y salientes, réplica de los que él mismo descubrió en el Serapeum de Sakara.

Pero antes de que Mariette decidiera poner la primera piedra del edificio, ya se habían dado algunos pasitos que abrieron el camino del museo. El primero, probablemente, hay que agradecérselo a Mohammed Ali, que

Sede incendiada del Partido Nacional Democrático

Museo de El Cairo, 1920

Ídem

decidió poner fin al metódico y repetitivo saqueo que sufrían los monumentos de su país. Eso fue lo que condujo a la creación del Servicio de Antigüedades y al acopio de material arqueológico en la capital. Acopio que se produjo en oscuros almacenes, sin garantía alguna de salubridad para las piezas, hasta que Mariette puso sobre la mesa los planos de su museo. En 1858 se estableció el Servicio de Antigüedades de forma oficial con el firme propósito de velar por la seguridad de los bienes muebles e inmuebles de los faraones. Los mismos que comenzaban a alimentar de forma indiscriminada las colecciones egipcias de los museos de Londres, Paris o Turín.

El edificio es una obra de dos pisos e inabordables sótanos. En su parte visible se elevan dos alturas que albergan más de un centenar de salas dispuestas alrededor de un patio central techado, a la sazón una gran sala más del complejo. Todas ellas, aunque puedan parecer muchas en número, están plagadas de armarios preñados de utensilios domésticos, telas, armas, vestiduras, adornos, joyas, pelucas, afeites, estatuas y el etcétera más amplio que el vocablo permita interpretar. Todas traídas en marzo de 1902 (las que ya habían sido descubiertas por entonces; las que no, se sumarían luego) bajo la supervisión de Gastón Maspero. Este egiptólogo francés, miembro de la Misión Francesa (el futuro Instituto Francés de Arqueología Oriental), amigo de Amelia Edwards, y gran impulsor de los trabajos de Flinders Petrie, estuvo al frente del Servicio de Antigüedades tras la muerte de Mariette. A él se debe la disposición cronológica de las piezas exhibidas en el Museo, distribución que permanece hasta el día de hoy. Al menos en la planta inferior, ya que la superior se dedica por entero al vasto tesoro procedente de la tumba de Tutankamon, que Howard Carter descubrió en 1922, y al hallado por Pierre Montet en 1939 en la necrópolis real de Tanis.

Aunque estas dos excavaciones (sobre todo la primera) dieron fama internacional al Museo, las piezas no han dejado de gotear como lágrima de estalactita en el ultimo siglo, por lo que el gobierno egipcio decidió disponer otros museos auxiliares en Luxor o en Asuán, para liberar espacio en el viejo Bulaq. Pero el de El Cairo sigue siendo el imprescindible para todo viajero que se precie.

Visitar el Museo de El Cairo es una batalla librada por guerreros de muy variada preparación intelectual. El interesado que quiere disfrutar de los detalles y dedicar a cada pieza el tiempo que cree que merece, debe emprenderla a codazos y empujones con barrigudos alemanes que destilan vapores de Stela, americanos fornidos entrenados en el más salvaje futbol americano, grupos de franceses o italianos que se apiñan en torno al altavocito de su guía o se aferran, como si se les fuera a desprender la oreja, al auricular de turno, y a japoneses que, desprovistos de su cámara fotográfica por normativa del lugar, se agitan nerviosos y sin razón de existencia de una sala a otra como un gato en un taller. Los españoles, en cambio, dan menos guerra. Los españoles son los que pasan en grupo, con las manos en la espalda, asintiendo con la cabeza y arqueando las comisuras de los labios, pero sin detenerse en pieza alguna hasta que se chocan con el cartel de «salida». Incluso alguno, llegado a ese punto, exhala un orgulloso «¡Visto!» y se queda tan pichi. Por eso, recrearse en la soledad de los pasillos del Museo, a las siete y poco de la mañana, era un autentico regalo. Saltaba de una pieza a otra, cual cabritilla enamorada, feliz porque nadie estorbaba, escupía o insultaba con su indiferencia los objetos que se desparramaban para mí y sólo para mí. Y para el guardián que me seguía escondido entre las estatuas, creyendo que no había reparado en él. He de confesar que me sentí avergonzado, por desear que nadie más compartiera aquel momento. Era el señor Scrooge de la egiptología y no había fantasma navideño que me consiguiera sacar de mi egoísta disfrute.

El museo se articuló en un recorrido lineal, cronológico, que se inicia inmaculado en la planta baja y que, al llegar al final de su recorrido, cuando se adentra en los restos arqueológicos del Reino Nuevo, sucumbe al caos.

Para ser coherentes, habría que reconocer que todo el museo en sí mismo es caótico, pero en esa cualidad radica su encanto. Es un gran almacén de antigüedades en el que se agolpan objetos, estatuas, pinturas, relieves, sarcófagos, artefactos y utensilios, apilados en innumerables estanterías, vitrinas y poyetes, con proporciones similares al hangar que guardaba el Arca de Indiana Jones.

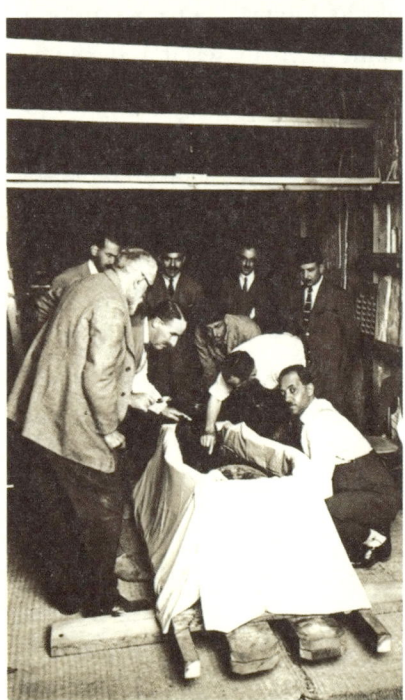

Página anterior y esta, Howard Carter descubre la tumba de Tutankamon

Página anterior y esta, Howard Carter descubre la tumba de Tutankamon

No desaproveché la ocasión, y al principio me detuve con parsimonia en cada pieza estudiada, en cada ítem imprescindible de esta colección. Eran objetos sobradamente conocidos para mí y para cualquiera. Para mí, supongo que más, ya que desde las primeras lecciones en la universidad me habían bombardeado con sus imágenes. Pero al poco tiempo me vi descubriendo otras piezas, las colocadas en los rincones, en las esquinas, y aparcadas en segunda fila, que eran auténticas joyas cargadas de detalles que desentramar.

Cuando llegó la hora de abrir las puertas del museo para que irrumpiera la horda veraneante de excursionistas, yo apenas había doblado la primera esquina. Había dedicado mi tiempo sagrado y varias páginas de mi libreta tan solo a la parte del Reino Antiguo. Más concretamente a las decenas de estelas de falsa puerta. Así que apreté el paso, tratando de mantener mi escapada del pelotón. Pero la masa sudorosa me alcanzó a la altura de la estatua negra de grandes pies del rey Mentuhotep II. Reino Medio. Me quedaba por delante más de la mitad del museo. ¡Qué mal había organizado mi preciado tesoro!

La segunda planta del museo me llamaba menos. Ya había transitado incontables veces las vitrinas del ajuar del rey niño, y había comparado sus lindezas con otras más toscas pertenecientes a Psusenes y otros reyes de la dinastía Tanita. Me dediqué a pasear por el pasillo central, que se abre como un atrio a la planta baja. Allí se elevan altas vitrinas mugrientas, de madera carcomida, rebosantes de minúsculos objetos de todos los tintes y raleas. Una estampa más propia de un gabinete de curiosidad del xix que de un museo de prestigio internacional. ¡Y ojalá nunca pierda esa esencia!

Pasado el medio día me rendí. Volví a guardar mi cuaderno de cuero en el bolsillo y enfilé la salida. La luz del sol justiciero me cegó, y remarcó una enorme silueta negra en el eje central de mi foco visual. Una mole carbonizada de atezadas troneras y aparatos de aire acondicionado derretidos era lo único que quedaba del otrora edificio que albergaba la sede del Partido Nacional Democrático que, hasta el 11 de febrero de 2011, dirigía el presidente Hosni Mubarak. Durante la crisis política en Egipto de 2011, que los egipcios llamaron Revolución Blanca o Revolución de los Jóvenes, el edificio fue incendiado durante una de las protestas que se concentraron en la plaza de Tahrir. Recuerdo aquella mañana, que era fría en Madrid. Con impotencia, desde el salón de casa, yo trataba de seguir las noticias a través de agencias internacionales, para saber si se llegaría a producir lo que medio planeta temía: que el fuego pudiera afectar al Museo de El Cairo. Por suerte, no fue así.

Salí a la calle y enfilé hacia la orilla del Nilo, donde la brisa mínimamente húmeda refrescaba un poco más el rostro. No había mucho tráfico. Lo cual no significa que no hubiera un inabarcable embotellamiento. Pero más fluido de lo habitual. Mucha gente caminaba por la *corniche*, a la sombra de los árboles. Algunas parejas se sentaban en bancos a la orilla del Nilo mientras sus pequeños jugaban en parques. Grupos de amigos paseaban, algunos cogidos de la mano, entre risas y música que salía de sus teléfonos móviles. Y me percaté de que era viernes y por eso la gente andaba vestida, como nosotros decimos, «de domingo». De modo que decidí parar un taxi y pedirle que me llevara al Cairo islámico.

No es que haya un Cairo que no sea islámico (a excepción del mencionado barrio copto). Pero se ha brindado este apelativo a una parte del casco histórico de la ciudad, que se remonta a tiempos medievales. Es un laberinto de callejuelas y callejones salpicados de filigranas islámicas, apretujados entre casas de estilo árabe que se vencen inclinadas sobre el asfalto, y que por sus ventanucos y por las aberturas de sus puertas desprenden aromas a perfume, especias y tabaco de shisha de frutas. Es el espíritu del verdadero Cairo, la parte espiritual que se libera del cuerpo material de la vieja ciudad.

Esta parte de la ciudad se corresponde con el antiguo poblado de Khan el Khalili, que hoy nombra al famoso mercado que hace las delicias de los turistas en sus últimas horas de viaje. Un mercado que en su fachada alberga toda clase de tenderetes que ofrecen baratijas chinas, pero que custodian una trastienda mucho más interesante y auténtica, trufada de desconocidos monumentos, madrasas y mezquitas, palacios y fortalezas, patios y casas señoriales, etcétera. Un muestrario de estilos y complejos que abarcan el estilo bizantino, la conquista musulmana o el imperio otomano.

Pedí a mi poco parlanchín conductor que me llevara hasta la mezquita de Ibn Tulun. Pero con buen criterio me indicó que era la hora del rezo y que la mezquita iba a estar cerrada y llena de gente. Así que decidí adelantar el almuerzo y bajar a la mezquita un poco más tarde. Variamos entonces nuestro rumbo hacia el parque de Al Azhar, el nuevo pulmón verde de El Cairo gracias a la gentileza de la Fundación del Aga Khan. Es un parque de más de 30 hectáreas que se alza sobre los restos de un antiguo vertedero de basuras, que fue recuperado por el Aga Khan Trust for Culture, una agencia del Aga Khan Development Network enfocada en la revitalización de las comunidades del Mundo Islámico. Un moderno oasis de flores, plantas aromáticas, árboles frutales y elevadas palmeras (reales y falsas), en medio del caos. Mezcla a la perfección elementos prototípicos de jardines islámicos y el más selecto diseño urbano, con paseos de mármol y caliza, rodeando huertos, canales y fuentes, enmarcados con terrazas al aire libre. La más importante, se abre sobre un lago artificial que ofrece una vista de los minaretes del viejo Cairo recortados contra el cielo inabarcable del horizonte egipcio, solamente superable por el que se tiene desde lo alto de la ciudadela.

Me apoderé de una mesa en el restaurante que se ubica en esta exquisita terraza. Un joven atento dispuso una enorme sombrilla para que me alcanzara una sombra que refrescara un poco mi estancia y me tomó nota de la comida y, más importante aún, de la fresca bebida. Y así eché el rato a la espera de que pasaran las peores horas de calor para bajar a las callejuelas que me llevarían entre las mezquitas.

La mezquita de Ibn Tulun es la más antigua y grande de todas las que todavía, a día de hoy, conserva El Cairo. Fue construida entre los años 876 y 879 por orden del gobernador Ahmed Ibn Tulun, que le cedió su nombre al edificio. Cuando la mezquita fue erigida, durante la dominación abásida de Egipto, se intentó conferirle un carácter ceremonial, como un centro religioso de especial calado. De hecho, para su construcción fue elegido un emplazamiento que místicamente se asociaba con un hipotético lugar de descanso del Arca de Noé tras la retirada de las aguas del diluvio. Uno de muchos, más allá del Ararat. Éste se llama Gebel Yashkur, la colina del agradecimiento.

La mezquita emula el estilo arquitectónico de la que fue erigida unos veinte años antes en Samarra, en Iraq. Un gran complejo cuadrangular de pesadas líneas verticales, que enmarca con frescas salas soportaladas por arcos a caballo entre los apuntados y los de herradura, un gran patio. Y en el centro del patio un *sabil* para que los fieles puedan realizar sus abluciones previas a la oración. Esta fuente es más moderna, ya que fue levantada a finales del siglo XIII por orden del sultán Lajin.

Pero lo más interesante y significativo de la mezquita de Ibn Tulun es su minarete. Copiando también al de Samarra, tiene forma helicoidal con una escalera exterior envolvente. Pero aquí, en Egipto, hoy en día poco importa si se copió a tal o cual abasida de no sé donde. Aquí en Egipto tienen su propia leyenda, que cuenta el origen del peculiar minarete. Dicen que el Ibn Tulun, descansando con sus oficiales, trató de poner remedio a un mal que tenía en un dedo. Puede que tuviera un corte, o alguna molestia, por lo que decidió coger una venda y empezó a envolverse el dedo. Cuando los soldados se quedaron mirándolo, Ibn Tulun no quiso que su poderosa imagen se viese debilitada ante sus oficiales por un rasguño o una astilla. Así que les consiguió colar la milonga de que había tenido una idea y estaba diseñando el estilo que quería para el minarete de su mezquita. En realizad el minarete se construyó en 1296 y por ello se trata de una estructura independiente a la mezquita, aunque alberga estas características arquitectónicas tan singulares.

El minarete del Toulon que se levanta en la pared exterior del circuito, tiene una apariencia singular, debido a la escalera que se enrolla a su alrededor desde el exterior. Se dice que su forma novedosa se originó en los hábitos ausentes de su fundador, y una observación de su Visir. Lo habían descubierto abstraído enrollando un pedazo de pergamino en forma de espiral; y habiendo comentado que: «Era una lástima que su majestad no tuviera mejor empleo», el rey, para excusarse, respondió: «Nada más lejos de tal trivialidad, he estado pensando que un minarete erigido sobre este principio tendría muchas ventajas; Incluso llegaría hasta lo más alto de él montando a mi caballo. Deseo que el minarete de mi nueva mezquita se construya de la misma forma».

Así lo narraba, en cambio, John Murray en 1868 en su *Handbook for Travellers in Egypt*. Lo cierto es que pocos viajeros se ponían de acuerdo en el origen. Pero para calamidad del pobre Tulun, cuando el río suena...

Cuando llegué, el calor todavía doblegaba a los valientes y eran muy pocos los que deambulaban por la mezquita. El patio estaba desierto. No lo pisaban ni las palomas. Y a la sombra de los arcos dormitaban gatos y fulanos, tumbados sobre las ásperas alfombras que tapizaban el suelo. Paseé tranquilamente por la cuadratura de su planta y acabé recostado también junto a una columna en el lugar donde más se notaba la corriente. La brisa cálida me traía rezos susurrados de alguien a quien no alcanzaba a ver. Y como si de un viaje astral se tratara, me desprendí de mí mismo y me pude ver, dormitando, a la sombra de los arcos suníes, en un viaje que me alejaba en vertical. Era un remanso de paz y de silencio en mitad del ajetreado Cairo. Al otro lado de los muros la vorágine humana hervía (literalmente por el calor) en sus devenires rutinarios. Y yo dormitaba fresco y seco, recopilando momentos anteriores en esta mezquita. La había visitado con amigos, con clientes, con compañeros e, incluso, con una deleble excompañera. Como debe corresponder a una vida de aventuras, no todos los recuerdos que sobrevenían eran buenos.

Una paloma se posó sobre una de las lámparas de cristal que colgaban del techo, a modo de pebetero. La lámpara emitió un chirrido que me sacó de mi sopor. Cuando abrí el ojo la paloma ya no estaba y la lámpara oscilaba levemente sobre un fondo luminoso que enmarcaba la figura retorcida del minarete. Por segunda o tercera vez en mi todavía breve viaje había sucumbido al calor y el cansancio, así que me enfadé conmigo mismo y me obligué a moverme. Es más, me obligué a ascender la espiralada escalinata del minarete para volver a atisbar El Cairo en las alturas. Y lo hice. Subir y atisbar, ambas cosas. Atisbar la realidad de El Cairo desde el cielo, que es, en realidad, duplicar la vida que se ve a pie de calle. No voy a reincidir en la descripción de las basuras, las antenas parabólicas y las escenas costumbristas de las azoteas. Lo que me llamó la atención fue la obra de arquitectura que dos cairotas desarrollaban, entre un mar de parabólicas, sobre una azotea que, a su vez, se elevaba sobre una primera azotea. Y en esa segunda, ellos habían levantado una estructura metálica de dos plan-

Minarete de Tulum

tas, la segunda con forma de chamizo metálico con terraza y barandilla incluida. Con una escala de madera que temblaba como una gelatina en la falla de San Andrés a cada pisotón, levantaban más chapas metálicas de color azul con rombos amarillos para cerrar la planta baja. No tengo ni idea del uso que pensaban darle a semejante desafío vertical. Desde su distancia, me vieron asomado al minarete, atendiendo a sus obras cual jubilado castrense, y me saludaron con la mano. Así que aproveché para preguntarles a grito pelado:

—¿Por qué?

—¡*Mafish musquela!* —fue toda su respuesta sonriente. No había por qué preocuparse.

El autor contemplando El Cairo

El sol ya iba alargando las sombras de edificios y palmeras hasta hacerlas chocar unas con otras, ofreciendo más resguardo. Paré nuevamente un taxi para que me llevara a la entrada del bazar Khan el Khalili, en la plaza de la mezquita de Husein. Quería terminar la tarde, a la caída de la noche, paseando por una de mis calles favoritas en esta ciudad: Sharia el Moez. Ma'ad al Moez al Din Allah, que da nombre a esta larga y estrecha calle, fue el cuarto califa fatimí que gobernó, en el siglo X, la región de Ifriqiya (actual Túnez) con capital en Kairouan y que, después, conquistó Egipto. Hoy es una de las arterias principales del famoso zoco, que se aleja perpendicularmente a los focos más turísticos hacia espacios mucho más románticos que rememoran esas callejuelas que pueblan las novelas de Mahfuz. De la calle Moez nacen innumerables callejones en los que uno puede imaginarse, durante su paseo, a la bella Hamida flirteando con diferentes hombres buscando salir del ambiente de pobreza en que vive, a Radwan Husaini abrazando o saludando escrupulosamente a sus convecinos, o a Jaada salir corriendo de una panadería bajo las amenazas y gritos de su esposa Husniya. Todo es un retrato costumbrista como en las páginas del premio Nobel. Sólo que es real. Una calle real en la que yo también he vivido mis momentos personales. Sharia al Moez es, de todas las calles de El Cairo, el callejón de mis milagros.

Descubrí este lugar gracias a la misma mujer que me subió, por primera vez, al minarete de la mezquita de Ibn Tulun. No era la mujer más sincera ni la más leal, aunque sí era una mujer aventurera. Obviamente no incumbe su nombre. Nos conocimos sobreviviendo en mal pagadas excavaciones arqueológicas madrileñas, vendiendo nuestros conocimientos históricos por cuatro perras en trabajos de poco rédito, descompensando nuestras rodillas peladas por la arena con los beneficios de las empresas que nos empleaban. De aquellas catas surgió algo que pudo ser y luego no fue y dio al traste con el intento. Cada uno por su lado. Sólo que el lado de ella, de toda la inmensidad del planeta, tuvo que ser precisamente y sin venir a cuento el mismo que el mío. Como si se creyera Ilsa Lund apareciendo en el *Café Americano* de Rick que era mi Cairo. Para cuando nos reencontramos en los minaretes y callejones de la ciudad, nuestra amistad era tan ruinosa como el patrimonio del país que nos juntó por última vez. Esa fue, precisamente, la ocasión en la que paseé hasta el final de la calle Sharía el Moez por vez primera. Pero no por eso guardo un recuerdo amargo. Esta calle me ha servido para vivir muchas otras cosas después de aquel día. Y cada vez que camino por ella, rejuvenezco.

Sharia el Moez es un progresivo viaje en el tiempo, a través de joyerías que pretenden atraer al turista que busca escarabajos baratos y cartuchos; luego gana autenticidad con trasteros que se dedican a las antigüedades; después se agolpan las tiendas de pipas de agua, las famosas *shishas*; por último, aparecen bares y cafés y pastelerías que ya se pierden y se diluyen con el Cairo que no tiene pretensiones viajeras. Aunque la calle no tiene el tirón mediático de templos y pirámides, para mí es una de las joyas imprescindibles de la capital. Sobre todo a la caída de la noche. Es entonces, en el crepúsculo, cuando se impregna de una vida y un ambiente que delata su esencia histórica. Alumbrada por modernas luces que, como todo en Egipto, a veces funcionan y otras no, el paseante descubre la influencia de los mamelucos en el palacio Barquq o en el complejo de la madrasa de Naser Ibn Qalawon. En la calle también se encuentran la

Umm Kulthum, la «Gran señora de la canción árabe»

gran mezquita de Al Hakim y la de Al Aqmar. Y en el camino de una a otra, singulares edificios como la Casa Al Suheimi o las llamadas sabil kuttab, fuentes y escuelas. Destaca, por su belleza, la de estilo otomano construido por el arquitecto Katkhuda, que bifurca la calle en uno de sus rincones más bellos. Ni este ni muchos otros edificios perdieron ocasión de vestir sus fachadas con mármoles, azulejos vidriados, maderas polícromas o metales como el cobre. Hasta hoy, en esta calle, aún pueden verse locales que se dedican al trabajo del cobre, y que exhiben ante sus puertas desde pequeños platos labrados, hasta grandes *yamur* para coronar minaretes y cupulillas. El cobre fue, durante años, la seña de identidad de esta calle.

Flirtee con varios locales y varios cafés. Uno de ellos tenía en su terraza exterior una escultura a tamaño natural de la cantante egipcia Umm Kulthum, la «Gran señora de la canción árabe» que en los años 50 revolucionó el panorama musical egipcio y mundial con sus temas melódicos. A un volumen atronador se escuchaban los acordes de su tema más famoso, *Enta omri*, que duraba casi una hora, como si de una opereta se tratara. Fue, sin duda, una mujer muy respetada. Cuando falleció en los años 70 por un fallo renal que no pudo ser tratado ni por médicos americanos, todo Egipto quedó conmocionado. Su muerte provocó suicidios y episodios de histeria colectiva. A su funeral asistieron más de cuatro millones de personas que acabaron secuestrando el ataúd de la cantante para llevarlo a una mezquita que, según se decía, era su favorita. Allí lo tuvieron para velarlo hasta que finalmente fue sepultada en loor de multitudes y con honores de jefe de Estado en la célebre Ciudad de los Muertos.

Había varias cosas que deseaba comprar y, si bien no me gusta cargar con peso al principio de los viajes, tengo también claro que si veo algo que me gusta hago imperar el «no dejes para mañana lo que puedas regatear hoy». Y yo sabía que tenía que llevarme, de esta calle, una *shisha* y un buen backgammon. Y para mi suerte encontré una tienda que me vendía ambas cosas. Tan sólo había que bajar tres escalones que se adentraban en un localito abigarrado de madera excesivamente barnizada y piezas descompuestas de pipas. Es el mejor lugar para comprar una de ellas, ya que se pueden comprar todos sus componentes por separado, eligiendo no solamente colores, sino también materiales, calidades y precios. Lo primero que elegí fue una buena base, de gran tamaño y vidrio de color azulado. Después el cuerpo, aunque éste no lo elegí yo. Mi dependiente supo perfectamente qué piezas seleccionar. No había hablado en ningún momento, salvo un rápido *ualeikum salam* que respondió a mi saludo. Era joven, serio y no muy despierto. Pero parece que de *shishas* entendía. Yo había echado el ojo a uno de los cuerpos metálicos que parecía en bastante buena condición. Pero él me negó la mayor. Al parecer, quería que el mío tuviera una válvula mejor. Y lo montó entero, pieza por pieza, desde la bolita de la presión hasta el plato de las cenizas. Luego me eligió una cazoleta cerámica y me regaló otra igual. Y finalmente elegimos dos mangueras, una decorativa, también en color azul, y una de mayor calidad, para ser empleada si se le diera uso real a la pipa. Montó la pieza entera, le colocó gomas nuevas para comprobar que todo funcionaba. Sacó carbón, pinzas, tabaco... y cuando lo tuvo todo la volvió a desarmar, la empaquetó pieza por pieza, y me cobró menos de ocho euros.

—Me gusta mucho tu tienda...

—Aún no es mía, señor. Esta tienda es de mi padre.

—¿Y por qué dices aún?

—Porque mi hermano y yo la heredaremos pronto.

—¿Pronto?

—Sí, señor. Mi padre está bastante enfermo. Tiene cáncer.

—No me digas que es de pulmón por fumar *shisha*.

—No, señor. La *shisha* no es mala. El agua filtra todo lo malo. Lo malo es fumar cigarrillos. Pero el cáncer de mi padre es de otra cosa. —No entendí bien el término, pero se señaló la zona del bajo vientre.

—Lo siento mucho...

—Hamid.

—Lo siento mucho, Hamid. Espero que pueda recuperarse. ¿Y te gusta vender *shishas*?

—Mucho. Es una tradición familiar. No sabemos hacer otra cosa. Mi abuelo también heredó esta tienda de su padre. Aunque yo no le conocí. Mi hermano mayor trabaja en un taller donde fabrican algunas de las piezas. Y yo me quedé atendiendo a los clientes.

—¿Turistas como yo?

—No, señor. Los turistas no llegan hasta aquí. Compran sus *shishas* de adorno en Gohar al Kaed o en las tiendas cerca del Fishawi. La mayoría no funcionan. Nosotros vendemos *shishas* para que la gente las pueda usar.

—¿Hace mucho que te dedicas a esto? Eres muy joven.

—Siempre he estado en la tienda, desde pequeño. Me venía con mi padre y estudiaba aquí con él. Hacía las tareas de la escuela y luego jugaba en la calle con algunos amigos. Pero desde que le diagnosticaron el cáncer me he encargado yo de la tienda y mi hermano de traer dinero. Mi hermano se fue a la fábrica y dejó la universidad para poder hacer frente a los gastos de los médicos.

—¿Sois dos hermanos?

—Y una hermana mediana de 19 años. Pero ella estudia para ser abogada y ninguno queremos que deje de estudiar.

—Entonces, la *shisha* que yo me llevo debe de ser buena.

—La mejor —dijo, y cuando parecía que se le iba a escapar la primera mueca o atisbo de sonrisa, volvió a enyesar su enjuto rostro y no se inmutó.

—¿Y cuanto me cobrarías por un juego de backgammon, Hamid?

El muchacho dejó las bolsas con las piezas embaladas de mi pipa en el suelo, salió a la puerta de la callé, silbó a alguien y le dijo algo con un gesto. Señaló a un lado y a otro, dio un par de gritos y volvió a entrar.

—No tengo muchas *tawlas* —*Tawla* es como llaman en Egipto al juego del backgammon—. Pero las que tengo son muy buenas. Y grandes.

Y grande era, desde luego. Sacó una enorme caja de color negro con brillantes incrustaciones nacaradas. Tenía una importante capa de polvo por encima, pero con un trapo húmedo volvió a transmitir brillo al barniz de la madera. Era tan reluciente como las estanterías.

Al poco tiempo, antes de empezar a regatear el precio, entró por la puerta otro joven, con una bandeja de cobre, vecino sin duda, y varios vasos de té humeante. Lo dejó en el mostrador, junto con una cajita de cartón que contenía piezas blancas y negras para el juego del backgammon, y dos pares de gruesos dados, y volvió a salir.

—¿Cuánto azúcar, señor? —me preguntó cucharilla en mano.

—Cuatro.

—Pague lo que quiera por la *tawla* —me dijo. Su voz se perdía en el tintineo de la cucharilla chocando contra el cristal.

—No sé cuánto vale.

—Deme otros ocho euros. —Y no quise regatear. No tenía ni idea de si valía eso o me estaba engañando. No sabía si imaginarme a su padre enfermo en casa sobre la cama y su hermano sufriendo en una fábrica tras haber abandonado los estudios, o si ambos estarían tapándose la boca en la trastienda para que no se les escapara una risa. Pero la verdad es que me dio igual. Ocho euros encajaba en mi presupuesto y no tenía motivos para dudar de este muchacho. Bueno, salvo años y años de bregar con los egipcios en lo referente a las compras y conocer todas sus argucias y estrategias. Pero si me la iban a colar una vez más, me daba igual. Al menos el chaval había sido amable. Si me estaba engañando, bien podría dedicarse al mundo de las telenovelas egipcias, porque actuar sabía un rato largo.

—Está bien. Pero vengo a recogerlo todo luego, porque voy a pasear hasta el final de la calle y no quiero ir cargado.

—Entonces págueme usted cuando venga a recogerlo. Yo se lo tendré todo preparado.

Volví a poner pie en los adoquines de la calle. Motocicletas, carros e incluso algún coche iban esquivando a los transeúntes como yo. Para que pasara un pequeño camioncillo casi tuve que meterme en una tienda de antigüedades. Una cacharrería. Pero, de casualidad, vi en su escaparate una estilográfica Parker 51 de color turquesa. El dueño de la tienda estaba sentado en un café de la acera de enfrente. Un hombre delgado y desgarbado, de mediana edad, que llevaba una camisa verde y unos pantalones color teja dos tallas más grandes que él, sujetos con unos tirantes negros. Se levantó y vino corriendo a abrir la puerta.

—Estamos haciendo todo lo posible para que prohíban a los coches entrar en esta calle. Antes esta zona se cerraba y no podían entrar nada más que los que vivimos o trabajamos aquí. Es que la calle es muy estrecha y hay mucha gente siempre caminando. No es cómodo.

—No si pasan camiones como ese.

—Ese camión es el que recoge la basura —dijo sacando la pluma del escaparate. ¿Cómo se puede tener un ojo semejante para la venta? Los egipcios son impresionantes. Te leen la mente. Te distraen hablando de una cosa, pero saben perfectamente en lo que uno se está fijando—. ¿Le gusta la pluma? Es una antigüedad.

Casi después de una hora, tres tés y media vida compartida en anécdotas con aquel delgaducho vendedor de mediana edad, salía de su tienda de trastos viejos con la pluma en el bolsillo. Enfilé hacia el final de la calle cuando ya era noche más que cerrada y los edificios se iluminaban en colores cálidos desde focos incrustados en el suelo. Me descalcé a la entrada de la mezquita de Al Anwar. El mármol blanco de su patio estaba fresco al contacto con mis sudorosas plantas. Me refresqué en su fuente, en el medio del patio, y paseé por sus rincones. Me guiaba más por la inercia que por el interés, pues la verdad es que ya estaba cansado después de una jornada tan larga que comenzó casi de madrugada. Volví a por mis zapatos, previa propina y regresé a la tienda de Hamid. Tenía todas las bolsas preparadas y las piezas empaquetadas, con una especie de ventanita transparente de papel celo para que viera que estaba todo y que no me había dado el cambiazo en ninguna pieza. Me regaló más gomas y juntas para la pipa, y más tabaco y más carbón. Y me marché dejando atrás las palabras de amor de Umm Kulthum con la certeza de que Hamid no me había engañado, de que la *shisha* funcionaría perfectamente y de que su padre iba a morir pronto.

Tumba de Khnumhotep II, acuarela de David Roberts, 1938

Capítulo V: De Sakara a Minia
El francotirador

Minya no es, ni por asomo, uno de los reclamos turísticos más importantes de Egipto. De hecho, lleva décadas fuera de los recorridos y circuitos habituales. Es el epicentro de lo que se denomina Egipto Medio, esa franja que se prolonga desde las necrópolis al sur de El Cairo o el acceso al oasis de El Fayum, hasta la ciudad de Luxor, la antigua Tebas. El paso fluvial de esta región, tal y como lo realizara Amelia Edwards en el siglo XIX, fue prohibido por las autoridades gubernamentales en el año 1992, debido a problemas de seguridad tras el ataque a un convoy de turistas que viajaban hacia Luxor, y por los repetidos disparos que realizaban algunos insurgentes desde las orillas a los barcos que navegaban este tramo del Nilo. El presidente Mubarak tomó la decisión, y de esta forma el Egipto Medio quedó blindado para turistas, salvo que se obtuviera un permiso especial de la policía para recorrer, por carretera, este tramo del país como yo lo estaba haciendo aquella mañana temprano.

Ya tuve ocasión de realizar este viaje, por tierra, claro, a finales del verano de 2011, apenas unos meses después de la revolución egipcia que destituyó, precisamente, al presidente Hosni Mubarak. Aquella revuelta, enmarcada dentro de la denominada Primavera Árabe, fue la conocida y ya mencionada Revolución de los Jóvenes o la Revolución Blanca. Los egipcios son muy dados a los nombres titánicos para designar sus hazañas más sonadas. No es que se prodiguen en este tipo de acontecimientos históricos, pero cuando lo hacen, tratan de dejar huella brindando nomenclaturas solemnes a sus hitos: la Revolución Blanca, el Viernes de la Ira, el Día de la Lealtad, la Jornada de Despedida... todos son acontecimientos que tuvieron lugar durante aquella Revolución de 2011. Lo bueno es que por aquellos días Egipto estaba vacío de visitantes de chancleta y *aftersun*. Uno podía recorrer los monumentos completamente en soledad, y en silencio.

Yo trabajaba como acompañante de un grupo de valientes españoles, de esos que no abundan, enviados por una agencia de viajes de lujo. Lo que en el mundillo se conoce como un *tour leader*. No era un grupo muy numeroso, apenas llegaba a la decena de personas. Pero eran todos gente muy interesante y muy interesada, ansiosos de conocer en profundidad la cultura del Antiguo Egipto. Transmitirles todo el contenido y la más rigurosa información era mi cometido. Pero también me ocupaba de cuestiones más mundanas, relacionadas con la logística del viaje.

Nuestro planteamiento de entonces era muy parecido al que desarrollaba yo en este viaje de ahora: habíamos estado unos días en la capital, como comienzo de nuestro periplo, y nuestra siguiente meta era adentrarnos en el Egipto Medio, con los permisos pertinentes y la consiguiente escolta policial, que seguía, precedía, e incluso se nos colaba en el interior de nuestro pequeño autobús.

Llegamos a Minya rayando el ocaso, después de haber realizado algunas visitas por el camino. Estábamos cansados y, mentiría si lo niego, algo tensos por lo poco habitual del viaje. Nos alojamos en el histórico hotel Siva Nefertiti, antiguamente conocido como Mercure, prácticamente el único decente de la ciudad. Decente si nos planteamos el concepto de la decencia hotelera desde los exigentes cánones del turismo occidental de lujo. Se levantaba como un cuadrangular bloque de cemento en la *corniche*, la calle principal que recorre la orilla del río. Su fachada se ordenaba en peripuestos balconcillos cerrados, como rectángulos rehundidos en la cara delantera del edificio, dándole al hotel un aspecto de retrógrada colmena alzada sobre la estructura metálica de su recepción. Así era su fachada. La parte trasera no importaba, porque nadie iba a ver Minya desde atrás. Allí sólo había una ciudad egipcia más, con sus cables, sus tuberías, sus ajados aparatos de aire acondicionado, sus gatos hiperactivos y su mucha inmundicia arrastrada por el viento y los años. El hotel rezumaba un airecillo setentero tanto por fuera como en el interior, con un pequeño lobby decorado con algunos sofás de escay maltrechos y sillas que acumulaban mugre ante la falta de traseros internacionales que se aposentaran en ellas. Tan solo había un mostrador de madera laminada y dos jóvenes de camisa impecable, bien abotonada hasta el último ojal, y excelentes modales. Un tercero, un pequeño mozo, se deshacía en agrupar las maletas que traíamos con nosotros y pintarles con tiza el número de habitación que ya teníamos asignada de antemano: éramos el único grupo que se hospedaba en el hotel.

Mis viajeros entregaron sus pasaportes para que pudieran ser fotocopiados y adjuntados a la ficha de cada cliente y, exhaustos, se dirigieron a sus habitaciones a la espera de que les fueran trayendo sus maletas y les llegara un merecido descanso como recompensa a su jornada egiptológica. Yo me quedé hasta que todos se hubieron marchado, para asegurarme de que todas sus habitaciones estaban correctas, en orden. Salí a la calle a que mi amigo Badri, el guía turístico con el que siempre he trabajado, se fumara su correspondiente cigarro. Lo hicimos en compañía de los dos empleados de la recepción y alguno de los policías que habían escoltado nuestro trayecto. Hablaban y bromeaban entre ellos, se reían, y yo miraba a unos y otros con cara de lelo y sonriendo como ellos para no sentirme desplazado. Badri sujetaba con sus gruesos labios el cigarrillo mientras hablaba. El cigarro bailaba arriba y abajo y el humo rodeaba su redonda nariz y empañaba los gruesos cristales de sus gafas. Yo no entendía ni papa de lo que manejaban. De modo que acabé por desistir, y a los pocos minutos, viendo que ninguno de los clientes bajaba a quejarse de esta toalla o aquella sábana, me subí a mi habitación para darme una ducha y descansar yo también. Me despedí de Badri hasta la hora de la cena y saludé al resto de congregados antes de marcharme.

La elemental estancia de paredes avainilladas, no sabría decir si por elección de estilo o por dejadez, me aportó ese placentero relax que brinda el llegar a casa tras una larga jornada de trabajo. No era mi casa, claro está, pero la sensación, como sucedáneo, era la más parecida. Abrí la maleta sobre una mesita coja que estorbaba la salida al balcón. Las cortinas estaban corridas para evitar que miradas curiosas indagaran en la distancia las privacidades de los aguerridos guiris. Me desvestí, y abrí el grifo para dejar que corriera un poco de agua fresca que desempolvara la bañera antes de refrescar mi cuerpo. Pero no me dio tiempo a tanto. El teléfono de la mesilla comenzó a sonar. Al levantarlo, la voz de uno de los recepcionistas me solicitaba que bajara nuevamente a la recepción lo antes posible.

Temiendo que algún cliente hubiera tenido algún percance, volví a vestirme con las ropas teñidas de sudor reseco y arena espolvoreada que traía puestas y bajé a la mayor brevedad que me permitieron mis cansadas piernas. Pero al llegar a la recepción no había cliente alguno. Había, eso sí, policías y dos hombres que llevaban ropa de paisano. De paisano egipcio, con pantalones chinos de color arena uno y vaqueros el otro. El de los jeans era más joven, más alto, más desgarbado y más peripuesto. Con el pelo engominado hacia atrás. El otro tenía bigote, algo más mayor, más achaparrado y algo barrigudo. Los botones de su camisa reclamaban exhaustos un poco más de flexibilidad a la tela. En el centro de la frente lucía la señal de haber pasado muchas horas de rezo en la mezquita. Y en las manos tenía mi pasaporte, mientras su compañero repasaba los del resto del grupo.

Sentados en los sillones de plástico de la recepción también había dos asiáticos, en pijama. O en chándal. Uno de ellos tenía un ordenador portátil cerrado sobre la mesita de cristal.

Pregunté qué ocurría y no recibí más respuesta que un «espere un minuto, por favor». Pero en lo que duraba ese minuto volvió a aparecer Badri, que también había sido requerido. Mi amigo egipcio sí comenzó a dialogar con ellos, que con escuetas frases y miradas de reojo que me taladraban, era capaz de ir desgranando algo de lo que estaba pasando. Al final, le pidieron que se hiciera a un lado para poder hablar conmigo, en un impecable inglés.

—Usted es Francisco Vivas. Y es el responsable del grupo.

—Sí, así es.

—Y trabaja usted para una agencia española.

—Correcto. ¿Hay algún problema?

—¿Todos sus viajeros son españoles?

—Pues hasta donde yo sé, creo que sí. Me parece que hay una mujer que tiene doble nacionalidad, pero no sé si viaja con su pasaporte español o con el otro. —En ese momento su compañero le pasó un pasaporte que no era español. Por lo que deduje que mi clienta viajaba haciendo uso de su otra ciudadanía también europea.

—¿A qué se dedican los miembros del grupo?

—Pues no tengo ni idea. No es un dato que preguntemos a los viajeros cuando contratan el viaje. Sé que uno de ellos trabaja en una empresa de servicios, porque lo hemos comentado en alguna ocasión. Pero el resto... lo desconozco.

—¿Alguno es militar?

—Pues tal vez. Pero no lo sé. Ya digo que no conozco sus profesiones.

Se giró para decirle algo al más joven. Me dio las gracias y me pidió que me sentara. Badri se acercó nuevamente a hablar con ellos. Trataba de recortarle un poco de tensión al momento, con alguna broma que fui capaz de deducir en su sonrisa, pero el resto de los presentes no se inmutaban. En la calle, pude ver a través de los cristales, había más policías. O tal vez militares, que vestían uniforme de color beige. Los *walkie talkies* chasqueaban y pitaban. Todos estaban conectados. Badri llamó mi atención y me hizo un gesto con la mano para que me acercara de nuevo a ellos.

—Tenemos que llamar a las habitaciones y pedirles a todos que bajen a la recepción. Quieren registrar el hotel.

—¿Ha ocurrido algo?

—No me lo han contado, pero están un poco nerviosos. Mejor que vean que nosotros sólo somos turistas. Que hagan lo que tengan que hacer. Y mejor que estemos todos aquí juntos.

Comencé a llamar por teléfono a cada habitación, pidiendo a todos los clientes que bajaran a la recepción de nuevo. Algunos pensaban que era para recoger el pasaporte. Otros me indicaron que estaban en la ducha. Con la más educada de las insistencias, conseguí convencer a todos de que fueran bajando. Mientras tanto, algunos militares habían cogido llaves de la recepción y comenzaban a subir a las plantas superiores.

—¿Qué está pasando, Badri?

Entonces mi amigo pudo contarme algo.

—Al parecer han visto a alguien en el hotel.

—¿A alguien? ¿A quién?

—No lo sé. En el hotel solo estamos nosotros, los del grupo, y esos dos japoneses que son ingenieros y trabajan en el proyecto de un nuevo puente aquí en la provincia. Pero dicen que en uno de los balcones han visto a alguien sospechoso.

Tuvimos que interrumpir la conversación porque el militar de los pantalones vaqueros volvió a llamar a mi amigo. Estuvieron charlando, o más bien interrogando y respondiendo a las preguntas que le iban haciendo. Hasta que, de nuevo, Badri me llamó. Algunos clientes aparecieron por las puertas del ascensor, y se sorprendieron al ver a los militares en el hotel.

—¿Pasa algo, Tito?

—Nada grave. Estoy en ello. Ahora os cuento.

Entonces Badri me transmitió nuevamente algunos detalles y también algunos razonamientos que rondaban las cabezas de aquellos señores. Al parecer, hasta donde le habían contado a él, estos dos personajes que parecían escapados de una mala película policíaca eran miembros de la escolta de algún fulano de las inmediaciones. Por lo que pude entender, era un juez, o un fiscal, o algo semejante. Y parece ser que ese señor vivía en uno de los edificios contiguos a nuestro hotel. Resulta que estaba plácidamente este caballero en el comedor de su casa, dispuesto a empezar a cenar con su esposa e hijos, cuando vieron cómo alguien les apuntaba con un arma desde uno de los balcones del hotel Siva Nefertiti. El nuestro. Y a partir de ahí cundió el caos, porque en el hotel había un francotirador.

Pude imaginarme al personaje, que resultó ser finalmente un juez involucrado en la causa abierta contra el expresidente Mubarak, aterrorizado en su propio hogar. Debió apagar las luces y, cuerpo a tierra, habría corrido a poner a sus hijos a buen recaudo, tal vez todos agachados, debajo de la mesa y lejos de las ventanas. Después, habría avisado a su cuerpo de seguridad. Y estos habrían abordado, con presencia militar, el hotel donde se apostaba el francotirador. Hotel en el que solamente se habían registrado dos japoneses que llevaban varios días debatiendo sobre dónde levantar su viaducto y un grupo de españoles que acababa de llegar de El Cairo, no se sabía bien por qué motivo ni con qué intención. La escena era de película.

—¿Y están buscando al francotirador? ¿Está en el hotel?

—Eso es lo que quieren averiguar.

Un par de viajeros, los que habían aparecido por el ascensor, se habían arremolinado a nuestro alrededor, para enterarse de lo que estaba ocurriendo. Mientras, los policías iban y venían y no parecían dar con nadie sospechoso. Entonces el regordete del bigote preguntó por una de las habitaciones, porque necesitaban entrar y no tenían llave de esa puerta.

—Pero si esa es mi habitación —dijo uno de mis viajeros. Y todos nos quedamos mirándolo con mueca torcida. Algunos con extrañeza. Otros con desconfianza. Y otros lo habríamos estrangulado en el acto—. Está mi mujer en la cama, que se ha duchado y como no anda bien del estómago ha dicho que no iba a bajar a cenar.

—Pues tienen que entrar. Porque dicen que en ese balcón es donde han visto al francotirador.

—¿A qué francotirador? En el balcón no hay nadie. Bueno, estaba yo fumando mientras mi mujer estaba en el baño.

El francotirador había confesado. Lo primero que hicieron fue registrarle de arriba abajo. Y al vaciar los bolsillos sobre el mostrador, entre el paquete de tabaco, el mechero, la llave de la habitación, unos chicles y las entradas de los monumentos que habíamos visitado a lo largo de aquella jornada, había un puntero laser de los que venden los niños en las calles del Khan el Khalili. El emboscado tirador había confesado y había aparecido el arma del delito.

Esta vez mi viaje resultaba más tranquilo, al menos por el momento, a esas tempranas horas de la mañana en las que recorría la orilla oriental con rumbo sur. Viajaba en un coche privado, con un conductor de confianza que me habían concertado mis viejos amigos de El Cairo, aquellos con los que organizaba, desde hace años, toda la logística necesaria para moverme por el país, ya fuera en solitario como era el caso, o acompañado. El trayecto se hacía inacabable y pesado y el paisaje era realmente monótono. La carretera principal discurría por la bancada oriental del Nilo, por lo que todo cuanto se atisbaba era desierto y pedregal. Solamente el tramo entre Meidum y Beni Shuef, a la altura del Fayum donde la carretera transcurría más cercana al río, podía apreciarse algo del verdor contrahecho y trucado desde el pasado remoto.

Mediaban las diez de la mañana cuando cruzamos el Nilo a la altura de Beni Mazar para cambiar de orilla hacia Minya. El puente más cercano a la ciudad era este de Ras Ghareb que se atirantaba con hierro y hormigón para cruzar el gran río. El siguiente puente no lo encontraríamos hasta

Assiut, por lo que era mejor desviarse a carreteras secundarias del West Bank a esta altura. Lo que me llevó hasta Minya a través de verdes sembrados de caña de azúcar y palmeras datileras.

Minya me saludó con la displicencia esperada. Seguía siendo una ciudad sin carisma ni reputación. Su *corniche* actuaba de calle principal con apatía. Minya no esperaba la visita de nadie. Si El Cairo lo he comparado con una anciana exprostituta oronda e hipócrita, Minya es la antítesis social de esa dama de fatua fachada. Minya era como una vieja de ambiente rural, enferma de síndrome de Diógenes, conocedora de que entre su acumulada inmundicia debe de habitar algún artilugio interesante. Pero a ella le da igual. De modo que yo respondí esta vez con el mismo desaire y pasé de largo, hacia las áridas escarpaduras de Beni Hassan. Allí me aguardaba una pequeña colección de coquetas tumbas abortadas de roca de la cadena montañosa al este del río. La mayoría tienen una disposición similar, con una parte escarbada en piedra y una sala grande con columnas y paneles en las paredes que recitan las bonanzas, más que las desgracias, de sus eternos moradores. Todos ellos gobernadores de esta provincia en algún momento del Reino Medio, superada la crisis provocada por otros personajes de su rango y caladura social a finales de la época de las pirámides.

Desviamos el camino por una pista de tierra que moría junto a una edificación de caliza, dos palmeras moribundas y un sicomoro. Un fulanito me extendió la entrada rasgada por una esquina para que la conservara y nos encaminó hacia una larguísima escalinata. Se encaramaba hasta mitad del risco para dar acceso a la terraza donde se abrían las tumbas visitables, del total de treinta y nueve hipogeos que pueblan esta necrópolis. Yo tenía especial interés en uno de ellos: el de Khnumhotep II, monarca de la dinastía XII, donde además de temas de la vida agrícola y escenas de artesanos del vidrio, orfebres, etcétera, aparece una caravana de personajes ataviados con telas nada habituales en el armario egipcio. Estampados geométricos, rayas acanaladas y haciendo aguas, tonos rojizos y azulados, para vestir a hombres barbados y mujeres con gruesas botas, que desfilan porteando pollinos y gacelas y churumbeles encerrados en las alforjas. Pareciera que estuvieran realizando un largo viaje. Y sin duda, lo estaban haciendo. Se trata de la imagen que la egiptología ha catalogado, tradicionalmente,

Tumba de Khnumhotep II

Gafir, guardián de la tumba de Khnumhotep II

como el primer ejemplo de la entrada de pueblos asiáticos, protosemitas, en las tierras de Egipto.

A resguardo de la sombra, bajo las dos columnas pétreas que porticaban la entrada de la tumba, dormitaba un *gafir* en posición fetal sobre unos cartones. Se había desparramado en el mismo enclave dónde David Roberts había retratado, en su acuarela de 1838, a los personajes que cumplían, más de un siglo después, los mismos roles y funciones. Solamente habían borrado de la pintura el rebaño de abúlicas cabras de tonos rojizos. El egipcio respondió a mi saludo con un brinco de resorte mecánico y sacó el llavero que custodiaba la ganzúa mágica. Abrió una gran reja (que también había aparecido después de que desaparecieran las cabras de Roberts) y me dio acceso, con un gentil «*marhaba, doctor*». Vestía una *galabiya* gris, almidonada hasta el acartonamiento y, sobre la cabeza, un largo *sash* de un color cielo tan penetrante como sus ojos. Eran dos ventanas de luz sobre su mostacho prusiano, cenizo como la vestimenta. Y en pugna con la dualidad cromática de tonos fríos, su piel de bronce y sus labios amoratados contextualizaban una de las miradas mas misericordes que me he cruzado en mi vida. Le habían cincelado la paciencia en el rostro.

Saqué una libreta y me senté en el suelo, con un lapicero en la mano, para copiar aquellos dibujos. No tenía necesidad alguna, estas imágenes están reproducidas hasta la consunción en redes y bibliografías. Pero no todo lo que hago en mis viajes lo hago por necesidad. El *gafir* se sentó a mi lado. Puedo garantizar que, cosa poco habitual, él olía mejor que yo, a jazmín y menta. Y escudriñaba cada trazo que yo plasmaba en la hoja. Si levantaba la cabeza del dibujo y le miraba, arqueaba la boca y asentía con aprobación. Qué gran tipo.

Mientras echaba el rato dibujando, más por matar el tiempo sentado a la fresca que por otra cosa, rememoré los pasajes de la Biblia que reinterpretaban, negro sobre amarillo de papiro o piel de cabra, los momentos en los que el pueblo cananeo se introdujo en Egipto. El Antiguo Testamento da un buen ejemplo de las relaciones comerciales que existían en este periodo entre la región del corredor Sirio Palestino y la tierra negra, en el capítulo de José, el intérprete de sueños vendido por sus hermanos como esclavo por perrunas envidias:

Y se sentaron a comer pan; y alzando los ojos miraron, y he aquí una compañía de ismaelitas que venía de Galaad, y sus camellos traían aromas, bálsamo y mirra, e iban a llevarlo a Egipto. Entonces Judá dijo a sus hermanos: «¿Qué provecho hay en que matemos a nuestro hermano y encubramos su muerte? Venid, y vendámosle a los ismaelitas, y no sea nuestra mano sobre él; porque él es nuestro hermano, nuestra propia carne». Y sus hermanos convinieron con él. Y cuando pasaban los madianitas mercaderes, sacaron ellos a José de la cisterna, y le trajeron arriba, y le vendieron a los ismaelitas por veinte piezas de plata. Y llevaron a José a Egipto. [....] Y los madianitas lo vendieron en Egipto a Putifar, oficial de Faraón, capitán de la guardia.

La historia es sobradamente conocida y todos hemos visto alguna versión del cuento llevaba al cine: José no se deja amilanar por las insinuaciones libidinosas de la mujer de Putifar, a quien la historia del arte ha vuelto cada vez más que golfa, de Murillo a Tintoretto. Como castigo, José es acusado empleando el «no quieres caldo, pues toma dos tazas», y acaba dando con los huesos en una celda por querer meterle mano a quien había rehusado tocar. La historia es larga y bonita, en prisión comienza a interpretar los sueños de unos y de otros, un copero por aquí, un panadero por allá, hasta que llega a oídos del faraón, quien lo manda llamar para que le arranque la congoja generada por una pesadilla recurrente que le asalta cada noche. Lo de las siete vacas gordas y las siete vacas flacas y las espigas resecas.

El sueño del Faraón es uno solo. Dios ha dado a conocer al Faraón lo que va a hacer. Las siete vacas hermosas son siete años, y las siete espigas hermosas son siete años de riqueza y abundancia. Las siete vacas flacas y malas que subían detrás de las otras son otros siete años, y las siete espigas secas y quemadas del viento solano son siete años de hambre. Es lo que he dicho al Faraón, que Dios le ha mostrado lo que hará. Vendrán siete años de gran abundancia en toda la tierra de Egipto, y detrás de ellos vendrán siete años de escasez, que harán que se olvide toda la abundancia en la tierra de

Egipto, y el hambre consumirá la tierra. No se conocerá la abundancia en la tierra a causa de la escasez, porque ésta será muy grande. Cuanto a la repetición del sueño a Faraón por dos veces, es que el suceso está firmemente decretado por Dios y que Dios se apresurará a hacerlo. Ahora, pues, busque el Faraón un hombre inteligente y sabio, y póngalo al frente de la tierra de Egipto. Nombre el Faraón intendentes, que visiten la tierra y recojan el quinto de la cosecha de la tierra de Egipto en los años de abundancia; reúnan el producto de los años buenos que van a venir, y hagan acopio de trigo a disposición del Faraón, para mantenimiento de las ciudades, y consérvenlo para que sirva a la tierra de reserva para los siete años de hambre que vendrán sobre Egipto, y no perezca de hambre la tierra.

¿Y qué mejor hombre para depositar la confianza del rey que aquel que las ha visto venir? Así José se convierte en un jerifalte del estado faraónico, hasta el punto de que, cuando sus hermanos, cananeos errantes que se mueven de aquí para allá buscando pastos para el ganado (y el de aquí es muy fértil, pues corresponde al delta del Nilo), no son capaces de reconocer a su propio hermano cuando es éste quien les da la bienvenida a la tierra que ahora gobierna. Como toda historia bonita digna de ser contada a los niños, José perdona a sus hermanos y les pide que vayan a por su padre, Jacob, para que vengan a Egipto, que aquí serán bienvenidos.

Mi portaminas bosquejaba la historia de mi cabeza sobre el papel, a través de los relieves de aquella tumba. ¿Serían aquellos personajes ataviados con ropas cananeas y barbas pobladas los hermanos de José peregrinando a Egipto? La verdad es que poco importa, porque, como la mayoría de los relatos bíblicos, lo que realmente subyace es el mensaje. Y al contrastar las fuentes arqueológicas que Egipto nos ha brindado con la Biblia, encontramos que hubo un momento en el que el pueblo hebreo (o protohebreo) fue invitado a entrar en Egipto. O al menos no se le impidió la entrada. De modo que llegaron a ser tan abundantes en número, que generaron la segunda gran crisis de la historia del Antiguo Egipto. Lo que se ha llamado la invasión de los *hicsos*. Los pueblos extranjeros.

A partir de aquí la película cambia considerablemente entre la Biblia y los hallazgos arqueológicos. Que no hubo un personaje llamado Moisés que pidiera al faraón de turno que dejara ir a su pueblo, esclavizado después de haber sido tan amigos en tiempos de José. Y que más bien lo que debió de suceder fue lo contrario.

En los registros epigráficos egipcios existe un papiro que relata una conocida leyenda. Al parecer, uno de los reyes de la dinastía xv, la familia gobernante de hicsos afincada en el delta, envió una embajada a Tebas, bastión de los egipcios de pura cepa, para exigirle al rey Seqenenra que sacrificase a los hipopótamos sagrados que habitaban en el lago del templo; pues en la mitad de la noche, con los bramidos que lanzaban, no dejaban pegar ojo al rey hicso, llamado para más jodienda, Apofis, como el demonio egipcio archienemigo del dios Ra. No sabemos si la exigencia era textual y el tal Apofis era un cachondo, o si se trataba de una metáfora que hacía alusión a lo que podía ser la forja de una rebelión, por lo que «aconsejaba» al rey tebano a que pusiera fin a esos alborotadores. Poco le importó el juego de palabras a Seqenenra, que la tomó por afrenta personal y no dudó en declarar la guerra a los invasores.

Poco más sabemos de los actos de Sequenenra, salvo lo que nos cuenta su momia, hoy expuesta en el Museo de El Cairo, con varios agujeros en la cabeza, todos ellos mortales de necesidad. Lo que sabemos es que aquello que el padre comenzó, lo acabaron los dos hijos del rey, primero el mayor, Kamose, y después el menor, Ahmose, que finalmente conseguiría expulsar a los *hicsos* de Egipto. Como digo, una película muy diferente a la que cuenta la Biblia.

Pero los hechos son los hechos, y la arqueología, como ciencia que es, debe remitirse a ellos. Aquí hay colillas, aquí han fumado. Desde esta perspectiva arqueológica, todo apunta a que el faraón que desencadenó el éxodo de población semita de Egipto hacia lo que sería más tarde Israel no fue ni Ramsés II ni Yul Brinner, sino Ahmose, reunificador de Egipto, fundador de la dinastía xviii y del Reino Nuevo. Y no porque quisiera que los hebreos se quedaran. Luego, la otra parte, la vencida, se encargó de generar su propio mito fundacional dando la vuelta a la tortilla, y no cabe duda de que se basaron, a su vez, en fuentes y escritos egipcios. Un claro ejemplo es el mencionado Papiro Westcar, un texto que desarrolla un conjunto de cinco cuentos relacionados directamente con la magia.

Fue adquirido en 1825 por el aventurero británico Henry Westcar y desde 1866 se ha ido conservando en diferentes museos. Actualmente está en el Museo Egipcio de Berlín.

La tercera de las historias que recopila, narra la intervención de un mago al servicio del rey Esnefru, fundador de la IV dinastía (aunque el relato probablemente se originara en el Reino Medio y el papiro se redactara en la época, precisamente, de los *hicsos*). El rey estaba aburrido en su palacio, por lo que decide reunir a su consejo para que le propongan alguna actividad interesante. Uno de sus sacerdotes le propone reunir a veinte jóvenes vírgenes, hemos de entender que de buen porte, para salir a navegar con ellas por los canales privados. Esnefru, que tonto no debía ser, ordena llamar a veinte hermosas remeras, y salen al aire libre a disfrutar del buen tiempo y el contoneo de los juveniles y lozanos cuerpos de las bailarinas. Pero una de las mujeres pierde un amuleto: un pendiente con forma de pez de turquesa, tan importante y valioso para ella que ni siquiera la insistencia del monarca le hace olvidarse de su joya y volver al jolgorio, chafando así la fiesta del monarca. El rey hace llamar a uno de sus magos para solventar el entuerto y el sacerdote-mago resuelve la situación de una forma bastante peculiar: separando las aguas para cruzar, a pie, el fondo del cauce hasta dar con el pendiente. Y una vez rescatado el abalorio, las aguas volvieron a su cauce. ¿Es o no es mesiánico este texto?

Muy cerca de la necrópolis de Beni Hassan, a apenas unos kilómetros, la famosa reina Hatshepsut, de la dinastía XVIII, vino o mandó venir para que se construyera un pequeño templete, en apariencia inacabado, en esta remota región del Egipto Medio. Ella, que era heredera indiscutible de los linajes ancestrales de la estirpe faraónica más pura, descendiente de aquellos reyes tebanos que heredaron la tierra negra y consiguieron unificar Egipto, se llegó hasta este lugar para dejar constancia de un par de cosas. La primera, su fervor religioso por toda aquella divinidad que se enraizara de alguna manera con la divina vaca Hathor. Esto es algo que cualquier viajero aprende y aprecia en su famoso templo de Luxor, en Deir el Bahari. Pero no fue aquella la única obra dedicada a divinidades que se relacionaran con ese carácter regenerador y divinizante de la diosa vaca. En este emplazamiento, ordenó erigir, o mejor dicho, excavar, porque se trata de un *speos*, un templo dedicado al culto de la diosa Pakhet.

Pakhet es una deidad de las más desconocidas en el plantel de representaciones divinas egipcias. Aunque aparece mencionada en los *Textos de las pirámides*, no es hasta el Reino Medio que no cobra cierta relevancia, sobre todo en este entorno local que yo andaba visitando aquella tarde. Luego cobró mayor importancia, en las dinastías XVIII y luego XIX. Y puede que gran parte de culpa la tenga Hatshepsut y su pequeño templo de Beni Hassan. Todo ello va aportando algo de luz al hecho de que esta reina decidiera dar un paseo tan lejos de la Tebas capital, para honrar una divinidad menor. Si no fuera por el hecho de que Pakhet está estrechamente vinculada a la ceremonia de la coronación, y eso interesaba a la reina que se proclamó rey.

Cubierto de polvo como la primera vez que entré en aquel hotel, realicé mi registro en la recepción del Siva Nefertiti. Los sillones y las sillas seguían exactamente donde las dejé. Habían tenido el detalle de no tocar nada. Era como la típica estampa del cuarto del niño desaparecido en las películas americanas de bajo presupuesto: todo estaba tal y como yo lo dejé el día que me fui. El muchacho me entregó la llave de mi habitación, y subieron todo mi equipaje. Me quedé bebiendo algo frío, porque la sed me agarrotaba la garganta. O porque, en el fondo, me daba miedo ir a la habitación y que algún servicio secreto me reclamara por teléfono antes de meterme en la ducha. Así que, tal vez, lo mejor para darles esquinazo sería marcharme sin más. Cinco manzanas más abajo, hacia el sur, en la misma calle, debería de haber un Kentucky Fried Chicken. Un KFC como los llaman ahora. Uno en el que servían, además del pollo característico de la marca, unos bocadillos de gambas muy picantes, al gusto de los miembros de la seguridad, o de la policía secreta, o del cuerpo que fuera al que pertenecían aquellos dos personajes, el del mostacho y el engominado, que me tuvieron en vilo unas horas que se me hicieron eternas. Luego acabamos riéndonos y cenando juntos bocadillos de gambas picantes de KFC. No se me ocurría mejor plan para esa noche que rememorar aquella cena y aquella escena. Pero esta vez cené solo y sin amenazas.

Capítulo VI: De Minia a Siut
Las tierras del hereje

Dormí fatal aquella noche. Las gambas picantes del KFC estuvieron toda la noche de parranda por mis intestinos hasta que decidieron abandonarme y buscarse la vida por su cuenta. El resultado fue que no me levanté muy católico. Y la mañana me acompañaba. Apenas despuntaba el sol en el horizonte, dando las primeras pinceladas rosáceas, y yo ya llevaba más de una hora con los ojos como platos buscando formas reconocibles en los manchurrones del techo. Me puse en marcha. Tenía que llegar al lugar desde el que podría cruzar el Nilo, en algún punto antes de llegar a Deir Mawass, para alcanzar las ruinas de la ciudad del faraón hereje Akhenatón. Ni por asomo iba a desayunar.

Al legar al embarcadero, la inmensa quietud del lugar, sin un alma a la vista, daba a entender que había madrugado en exceso. Vi una garita de guardia, que pronto sería ocupada por un policía turístico. Me saludó amable, como disculpándose por el retraso. Yo hice lo propio. Y con su mano me señaló algún punto indeterminado de la otra orilla.

—Amarna —me dijo.

—¿Dónde? —Yo solamente veía un secarral interminable, y apenas distinguía el horizonte montañoso entre la neblina que levanta el río y los espejismos que el calor iba dibujando sobre la arena.

—Amarna —repitió. Y comprendí que no iba a decirme absolutamente nada más. Y aunque me lo hubiera explicado, habría sido muy complicado que pudiera verlo, porque Tell el Amarna era un extenso páramo en el que, en otros tiempos, se había erigido la gran ciudad solar del rey Akhenatón, emigrado desde Tebas. Pero ya no era absolutamente más que un erial. Atrás quedaban los blancos muros de sus palacios, las rectilíneas callejuelas de su inusual trazado urbano, y sus tumbas, escondidas en las inmediaciones, apenas daban testimonio de un puñado de seguidores que se mostraron fieles a los planteamientos políticos de su señor, hasta el último momento.

Porque nadie debe llamarse a engaño: la reforma del famoso rey hereje fue, en realidad, una maniobra política. Los textos relatan que el que por entonces todavía era Amenhotep IV había decidido abandonar Tebas y crear una nueva ciudad, más pura, que fuese la residencia de esa nueva divinidad (en realidad no era tal), el disco solar Atón, que englobaba las bondades de todas las demás divinidades y representaciones sagradas egipcianas, y que tenía en él, y solo en él, al representante legítimo en la tierra. Por eso se vino a este desamparado lugar, a medio camino entre la dos capitales por excelencia, Menfis y Tebas, para tenerlo todo a tiro de piedra pero no estar, en realidad, en ningún lado.

El origen de todo este embolado hay que situarlo a finales de la primera mitad de la dinastía XVIII. Con la temprana muerte de Tutmosis II, sin un heredero legítimo varón, al trono del país, su esposa, hermanastra, y descendiente lineal de la estirpe de Ahmose, que había librado a Egipto de los invasores asiáticos y había reunificado el imperio, decidió proclamarse rey del Alto y Bajo Egipto, contradiciendo el orden de la Maat. Obviamente, eso no podría haberlo hecho si no contara con el apoyo del clero y del ejército. Teniendo en cuenta que el segundo era pagado por el primero, el clero de Amón jugó un papel realmente importante en el reinado de aquella mujer que se proclamó rey, Hatshepsut, y que tanto carácter llegó a demostrar.

Personajes relevantes de aquel momento, como Senenmut, o Hapuseneb, vinculados al clero de la divinidad tebana, hicieron que la familia real se viese fuertemente vinculada, cuando no supeditada, a los designios de un clero que se enriquecía y fortalecía por momentos en todo el país. Hasta que, probablemente, pasada la época de bonanza de Tutmosis III, y llegado al punto de gobierno casi pacifista de su hijo y su nieto, la familia real decidió emprender un pequeño giro hacia la izquierda, que lo alejase de la influencia religiosa. Si bien esos movimientos ya empezaron con personajes como Tutmosis IV, primero de los reyes que comenzó a

Policía turístico

Plano de Tell el Amarna

alejarse perceptiblemente de los todopoderosos sacerdotes de Amón, estableciendo como alternativa el culto solar, fue el gran Amenhotep III quien dio el porrazo sobre la mesa y gritó aquello de «aquí estoy yo». Aconsejado por figuras pertenecientes a una nobleza poderosa, fue entramando un proceso político que ha dejado pistas y evidencias por muchos lugares de Tebas, como Karnak, por ejemplo. Pero además de contar con un selecto grupo de poderosos a su favor, debió de tener un gran apoyo también en su familia política. Amenhotep III tomó por Gran Esposa Real a una mujer asiática, de nombre Tiyi, hija de los poderosos Yuya y Tuya. Éstos tenían además otro hijo, a la postre cuñado de Amenhotep III, llamado Ay. Y ya sabemos todos lo pesado que puede llegar a ser un cuñado cuando algo se le mete en la cabeza.

Yuya, Tuya, Tiyi o Ay es evidente que no son nombres teóforos egipcios, sino que apuntan, de nuevo, a la entrada de sangre extranjera en la familia real. No en vano, la celebérrima Nefertiti, que terminará desposando al hijo de Amenhotep III, Akhenatón, lleva por nombre «La belleza que ha llegado». Y la belleza extranjera y su marido, un hombre extraño donde los haya habido en la historia faraónica, debieron de ser, tal vez de forma precipitada y desastrosa, quienes dieron el empujón final a la política solar, en detrimento de la amoniana de Tebas. Ahora, muy bien no debió de salirles el tiro, por dos motivos: el primero, porque su reinado, en realidad, duró dos telediarios, y el de quienes les siguieron no llegó a uno; y en segundo lugar, porque se tuvieron que marchar a construir la bella ciudad de su preciado disco solar donde el viento da la vuelta y vuelve.

Lo interesante para conocer Akhetatón, la ciudad del «Horizonte de Atón», que eso significa su nombre, es pasear por las lindes y confines del terreno que ocupaba la ciudad. Allí, en diversos lugares, se conservan estelas fronterizas que relataban los motivos por los que Akhenatón había elegido ese emplazamiento, ya que no pertenecía a ningún dios anteriormente. Y con razón. Aunque luego se han querido explicar los motivos aludiendo siempre a cuestiones de topografía sagrada, siempre muy recurrentes en estos casos. Pero las razones por las que el rey hereje había decidido emprender la obra de aquella nueva metrópoli son sobradamente evidentes: el que fuera

Amenhotep, que significa «Amón está satisfecho», tuvo que hacer frente a una férrea oposición a sus planteamientos políticos y religiosos por el clero de Tebas. Y, en el quinto año de su reinado, no le quedó más remedio que partir con viento, probablemente no muy fresco, hacia otro lugar, al que ya llegaría convertido en Akhenatón, el «Espíritu luminoso de Atón».

Poco duró su placentera vida, con sus amigos más fieles, en aquella ciudad. A su muerte, sobrevino uno de los periodos más discutidos y desconocidos de la historia de Egipto: aparecieron dos reyes de los que no se conoce apenas más que su nombre, que son Neferneferuatón y Semenejkara. Las sospechas del propietario del primer nombre recaen sobre Nefertiti, que

Estela fronteriza que relata los motivos por los que Akhenaton eligió el emplazamiento de Akhetaton

actuaría con ese título como corregente de su esposo; al poco tiempo, a la muerte de Akhenatón y poco después, acaba por desaparecer el nombre de Neferneferuatón y es sustituido por el de Semenejkara, de quien se sabe todavía menos. La egiptología amarniense está trufada de teorías sobre su personalidad, que ahora serían imposibles de abordar.

Sea como fuere, quien llegó al gobierno de Egipto fue un chavalín de dieciocho años que, sin comerlo ni beberlo, se vio en medio de un proceso de reforma, de recuperación de los valores tradicionales y que fue utilizado para encauzar nuevamente el rumbo hacia los designios tebanos del dios Amón. No en vano, se cambió su nombre original, Tutankhaton, «Imagen viva de Atón», por Tutankhamon, lo propio con el dios carnero Amón.

El joven Tut fue en realidad, mal que nos pese, un mindundi en el panorama de la historia egipcia. Reinó apenas una década, y murió siendo joven y sin descendencia conocida. Lo cual llevó al poder al que, probablemente, fue desde el primer momento uno de los artífices de todo este fregado que representa el final de la dinastía xviii, la prensa rosa de la egiptología: ¡el cuñado!

Ay se hizo con el trono de Egipto, no sabría decir si por herencia legítima (se desposó con la Gran Viuda Real de Tutankhamon) o porque ya no quedaba nadie más con vida en la película. El caso es que pese a todos sus esfuerzos, el éxito no le duró más de cuatro años. Quien sabe si debido a que el clero de Amón le esperaba cada noche con el garrote detrás de la puerta, por miedo a que se desmadrase nuevamente. Y a su muerte, quien se hizo con el gobierno fue un general del ejército llamado Horemheb, que tuvo por delante la ingente tarea de fregar lo pisado y poner paz en la casa. Casi nada.

Para muchos la época de Amarna es una pasión inenarrable. Egiptólogos como Cyril Aldred, Donald Redford o Nicholas Reeves tienen obras impresionantes sobre este periodo y sus protagonistas. Para otros, Amarna es un campo de recreo en el que conjurar sus ideas peregrinas sobre pinitos egiptológicos, teorías bíblicas o, incluso, visitas de habitantes de otras latitudes galácticas. A mí, la verdad, nunca ha sido un terreno que me haya despertado especial interés. No mayor del que me despierta un personaje más de la historia de Egipto que, como todos, hizo lo que pudo por dejar su granito de arena en la historia.

Capítulo VII: De Siut a Abidos
El diwan

Como era de esperar, el tren no llegaría a Luxor a su hora. *Egyptian time*, repetía en mi cabeza, mientras me imaginaba anónimas sonrisas melladas o con dientes oscurecidos por el té. El reloj pasaba (y mucho) de las nueve y media de la mañana cuando me dirigí al coche bar, con bruscos trompicones. Éramos relativamente pocas las personas que habitábamos aquel vagón a la hora del desayuno —aunque el mío me lo habían servido en mi propia cabina—: una mujer gruesa vestida completamente de negro se camuflaba entre varias bolsas de gran tamaño en un butacón del fondo; un par de hombres, con trajes informales, charlaban distendidamente. Tal vez de sus negocios. O incluso puede que se tratara de dos guías turísticos que iban al encuentro de nuevos grupos extranjeros a los que aleccionar sobre la historia de su país. Y finalmente yo, con mi petate bajo las piernas.

Era bien entrada la mañana cuando llegué a Luxor. Me apeé del vagón, contento por volver a verme en esta ciudad en la que tantos buenos recuerdos para el alma había acumulado. Eché un vistazo a mi alrededor. El apeadero rebosaba efervescencia por un gentío de viajeros tan atípicos como curiosos. Todo era exactamente como lo recordaba de otras veces que me había detenido en esta estación: puestos de frutos secos a lo largo del andén, ofreciendo una retahíla de colores pardos a la luz de los inútiles fluorescentes; también grandes bandejas de dulces típicos que empalagaban la mirada; cámaras frigoríficas que vendían toda clase de refrescos; y un sin fin de personajes que dejaban transcurrir su tiempo, sentados al amparo de un té o de las *shishas* que perfumaban el aire con aromas de mil frutas, mientras veían deambular a los pasajeros que subían y bajaban de los trenes que se detenían en la terminal. Estaba, de nuevo, como en casa.

Caminé decidido hacia la salida, siguiendo al hombre que, con firmeza, se había apoderado de mi maleta haciendo las veces de mozo de carga, a cambio del suculento *bakshish* que me pediría tras llegar al exterior y ayudarme a localizar un taxi. Yo trataba de seguir su paso para no perderlo de vista: obviamente, no me fiaba de este hombre ni de ningún otro. Y mientras iba gruñendo entre dientes semejante desconfianza a la carrera, aparecieron entre el público de la estación, entre la bruma humana

Rais Samir

que hacía las veces de vapor de locomotora decimonónica en las películas de Hollywood, un par de rostros familiarmente conocidos, de esos en los que uno sí que confía y confiará siempre ciegamente. Entre el grueso de extras y figurantes que abarrotaban el andén, surgieron algunos de los protagonistas de mis días en esta tierra: mi amigo Mahmoud y su primo Samir. Y no estaban solos: detrás de ellos, Hammed y Mohammed ya corrían a la captura de mi autoproclamado maletero para hacerse cargo de mi equipaje.

Samir Ahmed había sido el *rais* del equipo con el que yo trabajé, durante un par de años, en las excavaciones llevadas a cabo en Asuán. *Rais* es un título, casi honorífico, que en Egipto y otros países de sociedad islámica se atribuye a determinados personajes que alcanzan una diferenciación social o económica. En este caso, Samir era algo parecido a un jefe o encargado de la supervisión del trabajo de los hombres contratados por el proyecto. Un hombre de edad menos avanzada de lo que su curtido aspecto delataba,

Mahmoud

de tez serena y rostro apacible, y unos ojos sinceros con quien se gana su afecto a la vez que rudos con aquellos que desafían su autoridad o criterio. Siempre lo había conocido con una vara de palmera en la mano, como si del cetro de poder de un antiguo capataz de faraón se tratara. Y siempre con una inmaculada *galabiyya saidi* y un turbante de extrema elegancia; por otro lado, Mahmoud Khadari era amigo mío por los mismos motivos: durante un par de campañas compartimos trabajo, confidencias, momentos de gran satisfacción personal y muchos otros de rabia o tristeza contenida. Una amistad que nació entre los muros oscuros de una tumba del Reino Medio y que se iba cubriendo del polvo y la ceniza que juntos excavábamos en aquel hipogeo. Mahmoud era un hombre noble, con un alto concepto del honor. De silueta desgarbada y extremadamente delgado, su aspecto físico engañaba y no auguraba la fortaleza física y mental que escondía en su espíritu. Lo que definiría sin duda a un líder nato. Y por encima de todo, ambos eran buenos amigos. Como también Mohammed o Hammed, dos miembros más del equipo con el que trabajé asiduamente en la septentrional ciudad del granito.

Y ahora estaban aquí, una vez más, enarbolando la bondad de este pueblo, que nunca dejaba de sorprenderme. Con poco, conseguí atar los cabos de la trama sucedida: cuando salí de El Cairo, por la tarde, algún estratega de las relaciones personales debió de avisar a sus compañeros de la región tebana para ponerles sobre aviso de mi llegada. Y sin dudarlo un momento, todos se juntaron de nuevo, recorrieron el trayecto que separa su ciudad, Qift, donde ellos viven, de la conocida Luxor y se presentaron en el andén para darme la bienvenida. La cual reflejaron físicamente en largos y sentidos abrazos.

Juntos nos encaminamos hacia el exterior, donde nos aguardaban dos taxis ya debidamente prevenidos. Uno de ellos era un conocido de mis camaradas, quienes hicieron ostentación de la universal y cosmopolita sentencia que alude a los amigos de mis amigos. Cargamos las bolsas y mochilas en la baca del vehículo y nos dividimos entre los dos coches. Mahmoud y Samir me acompañaron en el taxi de su paisano al hotel que tenía reservado. Por el camino, me preguntaban cuántos días me iba a quedar, cuál era mi programa de visitas y cuáles mis intenciones y otras cosas por el estilo. Total, para nada, porque haciendo caso omiso de todo lo que yo respondía, me comunicaron que a la mañana siguiente, temprano, mi nuevo taxista personal, el mismo que ahora nos trasladaba por las abarrotadas callejuelas tebanas, pasaría a recogerme para llevarme a Qift, donde me invitaban a comer y a pasar el día. Por supuesto, no intenté negarme, no sólo porque sería inútil y resultaría altamente descortés, sino porque además la idea me pareció estupenda. Ya estaba echada la jornada.

Tras una tarde de toma de contacto, una placentera noche de descanso completo y un desayuno que me supo a gloria bendita, a base de mermelada de higo y limonada y el subsecuente *shai*, me encontré con mi taxista en la puerta del hotel. Había sido puntual como un reloj suizo, algo nada habitual en los egipcios. Es curioso cómo esta gente es capaz de aplicarse cuando los roles cambian y el trabajo se apoya en principios diferentes al del vil metal como única ganancia. Al verme, abandonó la lectura del periódico que apoyaba sobre el volante y salió del vehículo para abrirme la puerta. Cuando lo saludé y le di los buenos días, reparé en que la noche anterior nadie me dijo cuál era su nombre, así que cortésmente lo saludé como *mister* y le adjudiqué el apodo con dejes irónicos. Pareció agradarle, aunque su rictus facial y su distinguido porte, más propios de un mayordomo inglés que de un taxista egipcio, le impidieron forzar ninguna mueca desmedida. Vestía como un verdadero chófer, con un impecablemente planchado traje de hilo color marrón teja claro, una camisa color beige y una ancha corbata negra. Si no fuera por las modernas gafas, usur-

«Mister», el chofer

padas de algún catálogo oficial de Dolce & Gabbana, por el corte de su cara, su frente excesivamente despejada y su mostacho bien recortado, podría jurar que me encontraba ante una réplica africana del Fredo Corleone de las películas de *El Padrino*.

La ciudad de Qift no está muy lejos, a medio camino entre Luxor y la ciudad de Qena, algo más al norte, en la ruta hacia Dendera. El trayecto no tendría por qué hacerse pesado ni complicado. Además, el vehículo contaba con aire acondicionado y alguna que otra comodidad añadida. Sin embargo, los controles policiales que nos fuimos topando por el camino, en una carretera que habitualmente un occidental no transitaba en un vehículo particular acompañado de un egipcio, ralentizó muchísimo el trayecto. Por desgracia, la corrupción que caracterizaba a la policía en este país quedó de manifiesto en cada cruce. Nos detenían una y otra vez y mi conductor, paciente y sin perder la compostura, explicaba reiteradamente quién era yo, a dónde iba y quién me esperaba al llegar allí. Todo ello acompañado con una fotocopia del manuscrito redactado por el Dr. Mohammed el Bialy, por entonces Director del Servicio de Antigüedades de Asuán y Nubia, así como de otro documento firmado por el Dr. Moustafa Waziri, al mismo tiempo Supervisor del West Bank de Tebas, que me daba acceso a todos los monumentos bajo su jurisdicción. Pero el único papel que estos agentes entendían era el que mi amigo, el *mister*, extraía disimuladamente de su pantalón y, con un rápido gesto, introducía en el bolsillo del agente o lo depositaba sobre su mano en un discreto apretón de manos. Y así, repitiendo esta estrategia ruinosa una vez tras otra, fue como conseguimos seguir adelante y avanzar hacia nuestro destino. Eso sí, sin poder evitar que la jugada se repitiera varias veces, por mucho que yo me empeñaba en alzar la voz y despotricar, enarbolando mis permisos y documentos. Era, solamente, una propina.

La actual ciudad egipcia de Qift se llamaba Gebtu en época faraónica. Fue una capital provincial de estratégica posición de cara a las rutas comerciales que se abrían hacia el mar Rojo. Hoy en día, es un pequeño poblado de edificios de esqueleto de hormigón y músculos de ladrillo, sin epidermis, y con sus huesos asomando metálicamente hacia las alturas, pidiendo futuro. Un futuro que juega por las calles de la ciudad, con balones sin piel, como las casas. Algún día estos jóvenes contraerán matrimonio y sus familiares alzarán entonces los pilares de las casas en una nueva planta. El arranque de ese futuro es siempre visible en los tejados del Alto Egipto.

Mis amigos habían salido a recibirme al cruce principal, como una pequeña gran parada de personajes autóctonos al más puro estilo de Luis García Berlanga: algunos me conocían; otros conocían a quienes me conocían a mí; y otros simplemente habían acudido interesados, al no tener mejor cosa que hacer, para informarse de quién era ese personaje que todos esperan. A ellos había que añadir la chiquillería bulliciosa que deambulaba en derredor, ajena a la vez que divertida, y unos cuantos policías en el mencionado cruce esperando para obrar como ellos sabían. Esta vez fue Mahmoud quien solucionó discretamente el asunto, casi antes de que yo me bajara del coche.

A quienes me habían recibido el día anterior en Luxor se unían hoy más compañeros de trabajo de las excavaciones en Asuán: Sarsur, por ejemplo, o el hermano mayor de Mahmoud que, por suerte, era profesor y hablaba un impecable inglés. Seguido por un enjambre de niños descalzos y de moquera colgante avancé siguiendo a mis anfitriones hacia su casa, atravesando varias callejuelas de suelo terroso. Algunas mujeres se asomaban desde sus ventanales para averiguar a qué se debía tanto bullicio en una ciudad que, hasta ese momento, tenía pinta de ser la más tranquila al sur del delta. Por fin llegamos a casa de Mahmoud, donde me presentaron al resto de·la familia: la esposa del hermano mayor, su hija, y la madre de ambos, viuda. Una mujer de mirada limpia, con unos pequeños ojos casi negros siempre velados por una lágrima rompiente, y un enjuto cuerpo encorvado ya en un ángulo agudo dictado más por la vida que por el tiempo.

Pasamos a una pequeña salita, donde varias sillas rodeaban una mesa central. Presidía la estancia de color azul celeste, la foto de un personaje ataviado como todos mis acompañantes, con pulcra *galabiyya* (de las de fiestas de guardar) y un pañuelo en la cabeza. Era el difunto padre de familia. El único que desentonaba era yo, pero no por mucho tiempo. Pronto mi amigo Mahmoud me mostró una sorpresa que tenían preparada y me ofreció una vestimenta apropiada para la ocasión: *galabiyya* azul de lana, un *shash* blanco para la cabeza y una bufanda al más puro estilo alto egipcio. Enseguida afirmaron que parecía plenamente un *qiftaui* más (de hecho les encantaba llamarme por ese apelativo) pero por las risas de los niños, que se asomaban desde la calle por la ventana y la puerta, me consideré más bien como un monillo de feria.

La mañana se nos pasó entre vasos de limonada, té, humo de *shishas*, charlas, risas, bromas, concursos de fuerza y chistes ligeramente verdes que los egipcios gustaban de contar haciéndose al mismo tiempo los ruborizados. Justo antes de darnos a la suculenta comida que me habían

Sobremesa en Qeft

prometido y para que las mujeres pudieran pasar a la sala y disponer las viandas, me llevaron a casa de Samir, para presentarme igualmente a su familia. Su mujer, madre de dos niñas y un pequeño varón, aún conservaba la vivacidad de los ojos de las jóvenes mujeres egipcias. Su madre, hermana de la de Mahmoud, se conservaba mejor que aquella. Era una mujer sonriente y amable, incapaz de controlar una risa estridente que se le escapaba cada vez que yo dejaba caer alguna broma o alguna mueca a los más pequeños. Sus nietos habían copiado el sonido de su risa, o lo habían heredado involuntariamente.

Tras otro par de tés, me comunicaron que había alguien interesado en conocerme en el centro y que nos aguardaban a todos en el *diwan* de la ciudad. Subimos en el coche del hermano de Mahmoud, un elegante Daewoo de color oscuro que recorrió las calles arenosas bajo las miradas de respeto de mayores y jóvenes, que tenían en alta consideración el esfuerzo y nivel cultural del profesor. Y porque, como descubriría a continuación, su influencia entre los cargos de gobierno de la ciudad era bastante grande.

Un *diwan* es un órgano gubernamental de carácter civil propio de sociedades islámicas, sobre todo a nivel municipal. Es una suerte de consejo de representantes del pueblo, donde se toman decisiones de índole jurídica y legal bajo el consejo y la supervisión de los ancianos más sabios. Uno de ellos, quien lo lideraba en la ciudad de Qift, un hombre bajito y con cara de pocos amigos, de talla más ancha que alta y fuerte mandíbula, era quién me está esperando.

Este *diwan* en sí era un edificio céntrico que se abría en la esquina de una plaza tan polvorienta como el resto de la ciudad. Atravesando un alargado patio con un techadizo se accedía a unas escaleras completamente cubiertas de alfombras desgastadas. Rápidamente entendí que tenía que descalzarme para acceder al salón principal, donde todos los sabios de la ciudad estaban reunidos, como celebrando un pleno, esperando mi llegada. El ambiente en el interior estaba cargado, olía a incienso, al humo de las pipas y al sudor de los presentes. Sin duda, la primera impresión que me produjo era que alguien había exagerado, pasando mi titulación de fruslería a eminencia de la Historia, como si fuese un académico. Pero preferí dejarlo pasar antes que embarcarme en una complicada y larga explicación. No iba a conseguir absolutamente nada y, al fin y al cabo, ya conocía a los egipcios: tras unas fotos de grupo todo habría terminado. Aunque eso suponga otras dos o tres infusiones del lugar y largas charlas sobre la política occidental y el concepto de paz en el Islam.

Curiosamente, quien menos habló fue el líder, que por lo que me habían contado ejercía un cargo equivalente al de senador, en el gobierno central, en El Cairo. Incluso se me dio a entender que había cambiado su agenda para poder estar aquel día allí y conocerme. Lo dudé mucho, pero se lo agradecí como si para mí hubiera sido un gesto que marcara un antes y un después en mi existencia. Sin embargo, la grandilocuencia de mis gestos no lo inmutó ni un ápice, por más que me levantaba y me inclinaba cada vez que me dirigía a él. Se limitó a pasar una a una las cuentas de su *misbaha*, un objeto similar a un rosario, de uso tradicional entre los fieles de la religión islámica. Materialmente se parece a un pequeño collar de treinta y tres cuentas unidas entre sí por un hilo, sobre el que corren con facilidad. El *misbaha* termina con un adorno o bien con tres o cuatro cuentas alargadas. Teóricamente debe estar formado por noventa y nueve cuentas, o por cien incluso. Para hacerlo más liviano y llevadero se redujo a un tercio, quedando la obligación de repetirlo tres veces para completar el número exacto de noventa y nueve. Este número, más bien simbólico, significa los noventa y nueve nombres o atributos divinos, además del mismo nombre de Dios. Por tanto, el fiel musulmán al desgranar tres veces su rosario invoca, oral o mentalmente, a Alá.

Finalmente el hombrecillo se levantó de un pequeño salto. Se acercó, me dio la mano y, en árabe, me agradeció la visita, me hizo saber la ilusión que le provocaba el conocerme después de lo que le habían hablado de mí. Deduje que la reunión se había terminado, no sin que antes me solicitara un abrazo y la consabida sesión de fotos los dos juntos en el exterior. Fue una charla protocolaria. Pese a que, en un gesto emotivo y habiendo reparado en que me había llamado la atención su forma de orar con el pequeño rosario, me cogió la mano y, sobre mi palma, colocó su *misbaha*. Con sus dedos cerró los míos y, en español, me dijo:

—Regalo.

De vuelta en casa de Mahmoud, la mesita central que había sustentado los tés que nos tomamos por la mañana había desaparecido. En cambio, el suelo estaba completamente alfombrado y cubierto por esterillas, con multitud de cojines repartidos contra las paredes. Todo indicaba que el almuerzo sería según la tradición árabe de comer sentados en el suelo y sin cubiertos. De modo que me ubiqué en una de las esquinas y me apoderé de cuantos cojines tuve a mi alcance para estar más cómodo. Realmente, no es la postura que más me atraiga para comer.

En pocos minutos, comenzó ante mis ojos un desfile de platos repletos de productos típicos de la cocina *saidi*, orquestado por el hermano de Mahmoud. La procesión gastronómica, como si de una escena de una película de animación de Walt Disney se tratara, parecía no tener nunca fin, acumulando los platos en el mantel del suelo hasta rellenar cualquier espacio vacío: pichones, dos grandes patos asados, macarrones, *tahina* (salsa de sésamo), *baba ganoush* (pasta de berenjena ahumada), *taboule* (una ensalada a base de cilantro), *molokheya* (una especie de sopa viscosa elaborada con diferentes hierbas a la que, en ocasiones, se le añade carne de pollo, conejo y diversas especias), *kofta* (pequeñas croquetas de carne), cordero, pollo, patatas y así una larguísima lista. Los aromas se mezclaban en la habitación y abrían el apetito de cualquiera.

Pero por encima de la calidad y sabor de los platos que estábamos comiendo, lo que me conmovió profundamente fue el derroche que estas familias habían realizado para poderme ofrecer semejante banquete. Era obvio que seríamos incapaces de dar cuenta siquiera de la mitad de lo que habían preparado y servido, aunque luego muchos de sus convecinos y familiares ayudaran con todo lo que sobrara. Pero no podía dejar de imaginarme a la mujer anciana que había conocido a mi llegada, junto a su hija y demás acompañantes, cocinando durante todo el día para que el banquete estuviera dispuesto y perfecto. Y sin duda lo habían conseguido. Ni siquiera en las bodas a las que he sido invitado en el tiempo que he vivido en Egipto he sido testigo de un dispendio culinario semejante. La prodigalidad de mis amigos no dejaba de emocionarme, tratándose de gente tan modesta y humilde.

En algún momento de la sobremesa conseguí evadirme de mi realidad occidental. Casi logré que mi alma se desnudase de la lana de la *galabiyya* que la cubría y sobrevolé, como en un viaje astral, la sala en la que me encontraba reunido entre amigos. Decía el escritor francés Jean Baptiste Alphonse Karr, que los amigos no son otra cosa que una familia cuyos individuos se eligen a voluntad. Yo añadiría que, en otras ocasiones, son ellos quienes te eligen a ti para que formes parte de su familia. Y la sensación era la de compartir con todos aquellos hombres un nexo consanguíneo que nos remontaba, a todos, a un milenario origen común.

La vida en el exterior se iba tornando púrpura a medida que caía la tarde. Me preparé para partir, agradeciendo a las señoras de la casa su gentileza. Todas estaban en otra sala, un sencillo dormitorio que albergaba dos camas y un televisor que retransmitía telenovelas egipcias. La madre de Mahmoud ya estaba tumbada, dejando de manifiesto que había sido un largo día de trabajo para ella y que la había dejado exhausta. Me sentí culpable y no supe cómo compensar semejante muestra de afecto y respeto, pero al mismo tiempo me sentía privilegiado. Y sobre todo, me sentía querido.

En la calle, mi conductor ya me estaba esperando.

—*Are you ready, mister?* —Por primera vez sonrió ampliamente. Me despedí de todos con sinceros abrazos. Es una de las partes más emotivas que tienen los viajes: siempre llega el momento de decir adiós. O al menos, hasta pronto. Porque, pese a que uno muchas veces se despide de la gente que conoce por los caminos del mundo con la convicción de que nunca los volveré a encontrar, con otras personas sucede lo contrario. Esa gente es la que te hace comprender que la verdadera esencia de un viaje no es ir a un lugar, sino regresar a él.

No nos hemos vuelto a ver desde aquel día.

Todavía.

Capítulo VIII: De Abidos a Dendera
Haced esto en conmemoración mía

Despuntaba el alba y yo me levanté con ella, viajando en el tiempo como si me transportara a una vida anterior o paralela, perteneciente a la era de los faraones, en que me convertía en un penitente de los miles que cada año peregrinaban hasta la ciudad de Abidos: la noche anterior, antes de despedirnos, pensé que los buenos servicios prestados por *Mister* (en realidad se llamaba Faruk) lo posicionaban como buen candidato para llevarme, por carretera, a la ciudad de Abidos, hacia el norte. Y él aceptó con orgullo y casi hasta obediencia.

Abidos fue la ciudad donde se asentaron los gobernantes del periodo protodinástico, y donde aún se conservan sus emplazamientos, su templo arcaico y algunas de sus tumbas, consideradas las más antiguas de la historia política de Egipto. Un lugar mágicamente sobrecogedor, elegido por algún motivo que todavía escapa a la comprensión y conocimiento de los egiptólogos. Desde los primeros tiempos, Abidos se convirtió en el más importante centro de culto, primero del dios local con cabeza de chacal Jentyamentiu (como lo fueron primordialmente las divinidades vinculadas con los cambios de la naturaleza humana, al igual que Upuaut o Anubis), y más tarde de Osiris, a partir del final del Reino Antiguo. Es probable que este lugar se erigiera como primera necrópolis de Egipto por ser el lugar donde, míticamente, se encontraba el lugar del enterramiento de esta importante divinidad. Aunque recientemente se han propuesto también razones astronómicas: Abidos es, en latitud norte, el primer lugar de Egipto en el que la constelación funeraria de Meskhetyw (el carro de nuestra Osa Mayor) era completamente circumpolar.

El coche de Míster Farouk avanzaba por la carretera que atravesaba el desierto, acercándose en ocasiones a la orilla del Nilo para luego abandonarlo desierto adentro. Al volver a encontrar el gran caudal, nuestro vehículo bordeaba las colinas y acantilados de Nag Hammadi, un pueblo situado en la ribera del río, llamado Jenoboskion en la antigüedad. Allí, en el año 320, san Pacomio fundó el primer monasterio cristiano del que se tienen referencias. Sin embargo, no es por esto por lo que el nombre de Nag Hammadi ha pasado a la historia, sino por otro descubrimiento: una fresca mañana de 1945, dos campesinos altoegipcios caminaban por entre las oquedades de las paredes de sus cortantes rocosos. Al igual que ocurriera con el famoso pastorcillo de Qumrán, a orillas del mar Muerto, estos dos buenos *saidis* localizaron, en el interior de una cavidad, una serie de vasijas cerámicas selladas. Al abrirlas, descubrieron a la humanidad un total de trece manuscritos que habían permanecido ocultos en la gruta durante casi mil seiscientos años, escondidos por los monjes del cercano monasterio cuando la posesión de estos escritos fue declarada una herejía.

Probablemente todos ellos eran manuscritos copiados por los monjes del monasterio de san Pacomio en torno al año 367, en la casi recién estrenada lengua copta, traducidos directamente del griego. Contenían esas escrituras unos cincuenta y dos tratados gnósticos, pero también tres obras pertenecientes al *Corpus hermeticum* y una traducción parcial de *La República* de Platón. No obstante, la obra más famosa hallada entre estos manuscritos era el *Evangelio de Tomás*, un evangelio apócrifo que contenía ciento catorce dichos atribuidos a Jesús de Nazaret, del cual, los códices de Nag Hammadi contienen la única copia completa.

Controles policiales, puentes militares, visitas a vomitivos cuartos de baño, paradas para estirar las piernas e incluso la visita a una alfarería amenizaron mi trayecto hasta llegar al templo de Seti I en Abidos. Una gran masa arquitectónica de corte marcadamente cuadrangular y geométrico protagonizaba la fachada de este importante y peculiar templo. Fue comenzada su construcción en el primer año del reinado de Seti I, faraón de la dinastía xix y padre del famoso Ramsés II, que finalizó la construcción de este templo y del suyo propio.

Entre el templo y mi persona se interpuso rápidamente una nube de niños que corrían a venderme algo que traían en sus manos. Eran pequeñas cestitas y lazos trenzados con vegetales secos y pajitas. Muy apropiado para el lugar que celebraba la regeneración del vergel que era el valle del Nilo. Les compré dos o tres, a un precio ridículo y las guardé como recuerdo. Ellos, como era de esperar, no desistieron con esta venta y me siguieron hasta la entrada del templo, que parecía estar vacío de turistas. Me sentía como un flautista en Hamelin, arrastrando una muchachada bulliciosa y jovial. Finalmente accedí al templo y todos se quedaron mirándome, como pensando para sus adentros: «Tranquilo, tienes que volver a salir por aquí».

El templo, conservado de forma prodigiosa, tenía varias peculiaridades. La primera de ellas era la cantidad de capillas dedicadas a divinidades diferentes. Siete en total, a saber: Ptah, Ra-Horajty, Amón-Ra, Osiris, Isis y Horus, dejando la séptima para la veneración del propio rey; la segunda de las peculiaridades era la disposición de su planta, ya que no era un templo longitudinal, sino que se construyó con forma angulada, como si fuera una gran ele. Esto puede ser debido a dos motivos también, explicaciones ambas muy discutidas por los estudiosos. Unos dicen que se construyó así para contar con los dos ejes principales de la cosmogonía egipcia: el este-oeste del sol y el norte-sur del río; otros, en cambio, afirman que si el templo no se pudo terminar de construir longitudinalmente, es porque acabaría chocando con otra construcción que hay en la parte trasera del templo: la tumba del dios Osiris, u Osireion.

Una vez que se atravesaba el patio y el peristilo de pilares cuadrangulares, se accedía a un universo tenebroso, oscuro, con un ambiente cargado de suciedad iluminado solamente por las pequeñas bombillas que nada podían hacer frente a algunos esporádicos rayos de sol, filtrados por los pequeños ventanales conservados en el remontado techo. Aperturas cuadradas de escasos centímetros que fabricaban rayos luminosos perfectamente definidos que alumbraban el polvo del ambiente, creando auténticas lanzas de luz que se estrellaban contra la piedra del suelo o contra algún que otro visitante que se colocaba bajo ellos para llevarse la foto más mistérica de sus vacaciones.

Templo de Seti I en Abidós

El autor en el templo de Seti I en Abidós

Pasé bajo los relieves de los helicópteros, submarinos y ovnis que tan buenas y entretenidas tardes han hecho pasar a los «piramidiotas» que defienden, a capa y espada, que allí está la evidencia de la llegada de seres atemporales a las ingenierías civiles de los faraones. Ni caso. Más allá, comenzaba un intrincado laberinto de salas que conducían a otras cámaras, pasillos, pequeños escalones que hacían avanzar hasta llegar a capillas sin salida. O al menos, sin salida real y física, puesto que contaban con complejas estelas que asemejan puertas falsas dobles. El extremo izquierdo de su columnata conducía a un pasillo, conocido como la sala de los ancestros. En su pared, podía apreciarse un relieve en el que aparecía Seti I mostrando a su hijo Ramsés II, todavía joven, una completa lista con los nombres de los setenta y seis reyes que les precedieron en el trono de las Dos Tierras (suprimiendo a Hatshepsut y otras reinas anteriores y a los monarcas de la época de Amarna, como bien sabemos; Akhenatón, Smenkare, Tutankhamon y Ay; por considerarlos indignos).

Desde esta sala surgía otro pasadizo ascendente, que conducía al exterior del templo por su parte posterior. Directamente a los restos del Osireion, la conocida como tumba del dios Osiris, un cenotafio que el faraón Seti I mandó construir siguiendo la prolongación del eje longitudinal del templo que acababa de visitar. No obstante, existen quienes difieren de esta cronología, y afirman que puede tratarse de una construcción más antigua. La tipología arquitectónica, sus elementos y los materiales empleados (grandes bloques de granito) guardan semejanza con el templo del valle de la pirámide de Kefrén, en Guiza, por lo que hay quienes han sugerido que puede tratarse de un edificio de este periodo que pudiera haber sido reutilizado. En cualquier caso, la decoración que se conservaba tanto en los muros como en el techo, se debían principalmente a Merenptah, hijo de Ramsés II, destacando las escenas del *Libro de las puertas*, un texto religioso típico de las tumbas reales de la dinastía XIX.

Era una edificación carente de superestructura por motivos de la edad, aunque pudo estar formada por un túmulo sobre el que habría plantados diversos árboles y plantas y otros símbolos vegetales asociados al dios Osiris. Todo indicaba que esta construcción buscaba identificar simbólicamente la *Duat*, el mundo subterráneo, con las aguas del caótico *Nun*, una especie de océano primigenio que vendría a simbolizar la nada inicial en el pensamiento egipcio, y, frente a ellas, la colina primordial sobre la que nacería el dios sol Atum-Ra, con la victoria de la creación según la mitología egipcia.

Resultaba prácticamente imposible acceder, debido a que la subida del nivel freático había inundado todo el interior del monumento subterráneo. Tan solo existían unas escaleras de entrada que conducían hasta otras modernas fabricadas en madera centenaria que también se habían cerrado al público visitante. Por mera seguridad, supongo. Sólo pude asomarme y contemplar la vida que aún subyacía en su interior, representada por algunos peces de gran tamaño. Nadaban aquí y allá, persiguiéndose unos a otros bordeando cada resquicio y jugueteando alrededor de los grandes pilares cuadrados, ajenos a la antigüedad de su estanque y la sacralidad de las aguas que filtraban por sus branquias. Algo que no los distinguía mucho de los *fellahs* que nadaban por la superficie en el otro mar, el de arena.

Saqué el bloc de notas, sentado sobre una de las rocas, y dibujando aquel lugar sagrado me vino a la mente una pregunta a simple vista absurda: ¿si

Restos de Osireion inundado por aguas subetrráneas

esas aguas que anegaban el Osireion eran aguas subterráneas, de dónde habían venido todos esos peces que las habitaban?

No obstante, no era esa la verdadera duda que me inquietó al pensar en los conceptos religiosos que implicaba ese lugar, ese templo, ese cenotafio y todo lo que conlleva el estudio de Abidos. Había mucho más en toda la historia de la religión allí condensada. Me vinieron a la mente recuerdos de la infancia, de mis días en aquel colegio religioso que inició mi formación, de las misas festivas de miércoles de ceniza o de Navidad con los Padres Pasionistas, y acabé recordando aquellas palabras que, tarde o temprano, todo asistente a misa católica acababa escuchando:

Y mientras comían, Jesús tomó el pan y lo bendijo, y lo partió y se lo dio a sus discípulos, y dijo: «Tomad y comed; esto es mi cuerpo». Y tomando la copa, y habiendo dado gracias, les dio, diciendo: «Bebed de ella todos; porque esto es mi sangre del nuevo pacto, que es derramada por muchos para remisión de los pecados. Y os digo que desde ahora no beberé más de este fruto de la vid, hasta aquel día en que lo beba de nuevo con vosotros en el reino de mi Padre».

La comunión cristiana. Carne y sangre de la divinidad, compartida por todos los fieles. Algo que, he de reconocer, tenía tan sumamente interiorizado desde la infancia, como un legado educativo —o aunque solamente fuera de escucharlo en bodas, bautizos y comuniones de primos y allegados—, que semejante acto no me había llamado la atención en absoluto, ni me había movido un ápice a reflexión. Hasta aquel día, allí sentado en las escaleras de acceso a la tumba del dios Osiris, cuando muchas lecturas pasadas cobraron forma.

Es curioso cómo la religión arraiga en el subconsciente, casi como cultura, como tradición, sin que reparemos en ella. La nuestra, la de nuestros mayores. Porque si vamos a cualquier sala de cine a ver una de esas buenísimas películas históricas que ya no se estilan, o si se prefiere leer un buen libro de los que se estilan, tristemente, muchísimo menos... si se hojean las polvorientas páginas perdidas de la historia y retrocedemos, como se dice épicamente, hasta la noche de los tiempos, entonces sí que nos encontraríamos con dantescas escenas de muerte, destrucción, canibalismo, antropofagia y un sin fin de rituales trágicos y tétricos, todos al servicio de tal o cual divinidad de la antigüedad. Actos crueles y sangrientos, que amenizan a la vez que amenazan nuestra inteligencia y comprensión desde la página o la pantalla. Es entonces cuando no falta, en alguna butaca cercana del cine, una señora mayor que exclama eso de «¡Qué salvajada, Dios mío!» sin saber, eso sí, que al hacerlo, incurre, grosso modo, en una curiosa contradicción. Una que puede nacer de allí mismo, de Abidos.

La explicación a esta afirmación no es para nada sencilla y no quedaría exenta de contradicciones y réplicas. Es ciertamente sinuoso el camino a seguir en busca del hilo conductor de todos estos ritos y tradiciones míticas y religiosas de la más pagana antigüedad con los quehaceres oficiantes de nuestras religiones contemporáneas, allá donde lo hay realmente. Pero si hasta algún lugar nos conduce dicho hilo es a la naturaleza física de esta tierra, a veces inhóspita, otras tantas amable y generosa, en la que les tocó a los egipcios desenvolverse, evolucionar y madurar como seres humanos. Si regresamos a esas películas que comentaba antes, de forma introductoria, más tarde o más temprano escucharemos, independientemente del capital que se hayan ingresado los guionistas, frases del estilo: «El dios tal reclama sangre» o «La diosa cual exige un sacrificio». Y así se obraba, pues los dioses lo ordenaban y los fieles obedecían.

¿Qué queda de todo aquello en nosotros mismos? ¿Qué poso religioso, mágico, ritual ha sobrevivido hasta el presente? La religión en sí no es otra cosa que el motor principal que constituye, en todo pueblo y cultura, una faceta primordial de su pensamiento y desarrollo, de su evolución y de su interacción social. Y dicha descripción nos viene legada desde cualquier rincón del planeta, aunque yo me encontraba sentado en las escaleras de acceso del que pudo haber sido un importante punto de partida. Es innegable que Egipto podría ser elegido como uno de los prototipos más demostrativos de la anterior afirmación: si hay algo que conforme su política, su geografía, su cultura o sus valores sociales girará en torno a su concepto religioso. Y si hay algo que defina su concepto religioso, eso será el orden natural y cíclico de la naturaleza y la vida misma, confiriendo así una especie de círculo vicioso que relaciona la naturaleza con la religión y viceversa. Y lo hace de forma firme y férrea. Las divinidades egipcias superaron incluso la vida de su imperio y perpetuaron sus principios en las conciencias de otras sociedades como la helenística, la romana o incluso la cristiana, cuando sus templos ya habían sido clausurados y sus sacerdotes yacían bajo gruesas capas de arena y olvido.

En cualquier caso, creo que estaría cometiendo un gran error desde el inicio si seleccionara el Imperio Egipcio como punto de partida. Cuando la civilización egipcia parece despuntar en los albores de la historia, allá a comienzos del tercer milenio antes de la era cristiana, multitud de nombres de dioses ya eran conocidos, así como sus ritos o lugares de culto. Debería retroceder aun a tiempos más oscuros para descubrir lo que nos desvela la arqueología, esto es, que ya en la prehistoria de la geografía egipcia los individuos tomaban medidas pertinentes para conservar los cadáveres de sus difuntos, dotarlos de un enterramiento o prepararles un ajuar compuesto por comidas, vestidos y otros enseres, precisamente aquí, en Abidos. Por muy tosco que todo ello fuese, aunque se limitase a una vieja esterilla usada como lecho y un cuenco cerámico al lado, aquellos gestos mostraban su aporte de espiritualidad. Entendiendo que la esencia última de las ancestrales creencias de esas personas era la renovación eterna de su calidad de seres vivos, es decir, la resurrección que debe sobrevenir después de la muerte.

Pero si esta es la consecuencia, para remontarse al verdadero principio habría que buscar la causa en la que los hombres encuentran esta garantía de vida eterna. Y no es otra que la observación sistemática de la naturaleza propia que les rodea y los fenómenos que, cíclica e inexplicablemente se desarrollan: en el cielo se suceden el día y la noche, los astros se turnan de forma perenne, la tierra rebrota anualmente y los animales mantienen un ciclo vital que no parece tener fin. Si algún concepto surge de todo esto es el de eternidad, y si algo va ligado a la eternidad es la idea de la existencia invisible de una fuerza sobrenatural que rige y controla todos estos prodigios. Desde de aquí, aunque no podamos decir que ha nacido la religión, sí comenzamos a observar cómo el hombre va a moverse con la clara intención de ganarse el beneficio del favor que todo ello puede proporcionar, ya sea a través del culto a esa fuerza misteriosa o participando de ella con distintos rituales que irán apareciendo en la imaginería colectiva de las diferentes culturas y sociedades. Este sí puede servir como punto de partida, como tronco del que van a nacer todas las religiones del Próximo Oriente, cada cual con sus propias características y evolución, atravesando distintas facetas evolutivas.

Por supuesto, sé que no estoy exento de críticas al afirmar que las civilizaciones antiguas no eran capaces de comprender los complejos misterios de la naturaleza y que por ello se limitaron a divinizarlos. No es algo tan simple y tan sencillo. Es obvio que una civilización como la egipcia, capaz de desarrollar un calendario astronómico que prácticamente usamos aún hoy en día, o de legar en sus papiros unos conocimientos médicos y anatómicos tan avanzados, no debe ser menospreciada en algo tan relevante como era su compleja visión religiosa. Pero es innegable que la esencia divina misma de sus dioses, esa que es individual e indudablemente única, como se deja entrever en tantas inscripciones y textos sapienciales, brota de la influencia y la interacción que el egipcio desarrollaba con su entorno natural y geográfico. A veces, dicha esencia radicaba en el sol o en la bóveda celeste, otras en la tierra o en la crecida fertilizadora del Nilo, o en la *mrt-sgr*, la montaña sagrada de occidente que acogía los cuerpos de los difuntos para toda la eternidad.

Sin embargo, y retomando mi disertación sentado en las escalerillas que descendían a las grutas y criptas de la supuesta tumba del dios Osiris, sí que parece haber una lógica común en el devenir de este desarrollo religioso en las civilizaciones de la antigüedad. Voy a ir por partes.

Sin ánimo de resultar simplista, no es descabellado pensar que las personas de la Antigüedad se preguntaran acerca de su naturaleza misma y de su razón de ser. Individuos con una herramienta y un contexto, como pueden ser su cuerpo físico y su entorno natural, colocados sin saber cómo ni por qué en este escenario para representar el papel de su existencia. Una existencia que, al igual que todo lo que observan en la naturaleza que les rodea, tiene una caducidad. El hombre, del mismo modo que las plantas, los animales, el sol y todos los demás astros, llega un momento en el que ha de morir. Pero si todos estos elementos gozan de una resurrección, si ese ciclo vital de la naturaleza hace que los vegetales rebroten al año siguiente, que los animales regresen de su migración, que el sol vuelva a nacer al alba o que la luna, después de menguar hasta desaparecer, vuelva a crecer, entonces el hombre, como elemento destacado de esta creación, debería gozar de los mismos privilegios.

Esto es lo que, a grosso modo, vendría a definir al animismo. El principio general del animismo radica en la creencia de la existencia de una fuerza vital sustancial y primordial, presente en todos los seres animados y en la interrelación entre el mundo de los vivos y el mundo en el que renacen esas entidades espirituales después de morir, a través de la mediación de una divinidad, suprema e inaccesible. Sus orígenes son tan imprecisos como lo son los de la misma humanidad, pero parece innegable que la religión del Antiguo Egipto está fundada sobre estos principios en apariencia básicos.

Lo que sí es innegable, en este punto, es que la naturaleza juega uno de los papeles más importantes en el nacimiento de las religiones, conformándose la simbiosis entre ambas, religión y naturaleza, en un método de interrelación ordenada y productiva entre el hombre y su colectivo social y las variables medioambientales que los rodean, de fundamental relevancia para su desarrollo y manutención, antes incluso de que surjan las primeras jerarquías sociales o sistemas de gobierno. Pero si bien la naturaleza es uno de los clavos de amarre más férreos para atar el hilo del que estoy tirando, uno de los problemas más grandes es quedarme reducido a una actitud muy limitada, que al hacer hincapié en estos elementos estrictamente culturales, descuide otros, como la enorme creatividad que van a fomentar características particulares e identidades personales, como se aprecia perfectamente en el desarrollo de las creencias funerarias del Antiguo Egipto.

Desde el primer momento en el que las tribus protoegipcias que habitaban las regiones del Nilo concibieron sus primeras ideas acerca de divinidades invisibles e intangibles, encarnadas en los accidentes del terreno y en las fuerzas de la naturaleza, en los ciclos vitales de su entorno y en el caminar inmortal de los astros por el cielo, tuvieron necesidad de rendir culto a esas fuerzas desconocidas para ser partícipes de sus prodigios y gozar de su protección y benevolencia. Y dicho culto necesitaba un símbolo, un elemento visible que representase a la divinidad para llevar a cabo los determinados ritos, aumentando de esta forma la complejidad propia del concepto religioso. En el Egipto predinástico comenzaron a aparecer objetos transportables, armas, banderolas o insignias diversas, pilares o formas vegetales, árboles, etcétera, todos ellos fetiches que serán elementos claves de este nuevo paso en la historia de la religión y cuya elección nunca sería fortuita. Siempre responderían a una necesidad práctica relacionada con aquellos elementos característicos de la divinidad a la que representaban.

Este mismo principio básico será lo que conduzca a la divinización también de determinados animales como reflejo de las diferentes virtudes divinas. Los egipcios sacralizaron a sus bestias por representar teofanías, es decir, distintas manifestaciones de lo divino. Al igual que ocurría con un determinado tótem o fetiche, un animal representaba elementos más relevantes que su propia naturaleza animal. La importancia radicaba en sus características esenciales en relación a los atributos de una determinada divinidad o a un concepto concreto de la unicidad divina. De este modo, el halcón se identificaba con el sol, puesto que al igual que este astro, surcaba raudo el cielo; la vaca será símbolo de fertilidad y de protección, al representar esta faceta en el cuidado de sus crías. Son receptáculo de la esencia divina, por lo que es comprensible que el asombro y la admiración del hombre hacia los fenómenos naturales lo llevaran en la época histórica a deificarlos, y, con la consiguiente proximidad al hombre, a antropomorfizarlos.

Aquí es donde entra en juego el nacimiento del concepto estatal en el Antiguo Egipto, con la aparición de las primeras figuras reinantes, íntimamente ligadas a una fuerte carga religiosa. Estos gobernadores, precursores de los grandes faraones, van a requerir y poseer una legitimación divina para ejercer el gobierno. Aparecerán mitos de creación del mundo, de la humanidad, de los hombres y por ende, de los gobernadores que los rijan. Se relacionarán sus cargos con importantes divinidades de su plantel mítico y, por tanto, estas divinidades han de tener una apariencia lo más humana posible, sin que por ello tengan que perder atributos más arcaicos y profundamente arraigados en la cultura religiosa del pueblo.

De esta asociación de ideas entre la pluralidad divina y la urgencia política de que las mismas se encarnen en seres vivientes, humanos y perecederos, con un nombre, un rostro, una imagen que reflejar en los templos y a la que venerar según los determinados ritos de un incipiente clero, surge la necesidad de que los dioses se unan para continuar con su propia existencia, originando así familias de dioses, diferentes en cada localidad y más tarde, en los centros urbanos, mitos complejos y diferentes sistemas cosmogónicos, de donde, erróneamente, se ha llegado a pensar en un amplio politeísmo como característica general de la religión egipcia.

Algunas de estas cosmogonías, nacidas en tiempos tan antiguos que ya aparecen perfectamente asociadas a las creencias populares egipcias al principio de su andadura como territorio unificado, en torno al tercer milenio antes de Cristo, como demuestran los *Textos de las pirámides*, van a contener, entre sus divinidades, algunos de los personajes que serán recogidos por culturas y creencias posteriores y que perdurarán en la iconografía y el imaginario colectivo más allá de la existencia del imperio que les dio forma. Es el caso de figuras como Isis, Horus, u Osiris, que desarrollan a la perfección sus mitos sobre las paredes del templo de Edfú. Este mito, si bien va a sufrir posteriormente reelaboraciones, reinterpretaciones e importantes transformaciones, va a significar el germen y el origen vivo de muchas de las características de otros relevantes símbolos de las religiones posteriores. El mito osiríaco, al que Abidos rinde culto eterno, es el nexo de unión entre los dos alejados puntos que pretendía unir sentado sobre aquel escalón: por un lado, es uno de los fragmentos más antiguos que recogen la experiencia de una pasión, que conduce inexorablemente a la muerte y a la posterior resurrección en un mundo espiritual y eterno. Pero además es una clara metáfora bien expuesta y comprendida del ciclo vegetal que ha dado origen a tantos y tantos mitos en las religiones paganas de la Antigüedad.

Con la regeneración divina del cuerpo momificado del dios Osiris y el nacimiento milagroso de su primogénito y vengador Horus, se conforma la reproducción del ciclo biológico, en cuyo fundamento se van a asentar principios básicos de la religión, la sociedad y la cultura egipcia: la perpetuidad del orden cósmico, la regeneración ecológica y eterna de la vida:

Osiris es, por encima de otras características oscuras o ctónicas, un dios de la vegetación; muere cuando Egipto se ve sobresaltado con la inundación, tras la estación más seca, y resucita tras las crecidas del Nilo. Durante la primera, se entendía que sobrevenía el «caos» que representaba el triunfo de Seth, el desorden que reinaba al principio de los tiempos (antes de la monarquía egipcia, por ejemplo). Pero la tierra fértil que había sucumbido bajo las aguas, regresaba cuando éstas se retiraban, provocando de nuevo el nacimiento de las cosechas, que se identificaba con el momento en el que Isis resucitaba el cadáver de su esposo haciendo retornar el orden establecido.

La cuestión final es cómo caló el personaje osiríaco en las raíces de religiones posteriores que pasaron por la geografía egipcia. Llegado el momento en el que las dinastías que se sucedieron sobre el trono del país de las dos tierras tuvieron sangre extranjera, se produjo una contaminación cultural y religiosa en una doble dirección, dándose una expansión de ciertos cultos y ritos hacia determinados dioses, más allá de las que hasta la fecha habían sido las delimitadas fronteras de Egipto. Entre ellos, uno de los pueblos más relevantes en esta aculturación fueron los griegos, quienes asimilaron algunos de los dioses egipcios con los suyos propios, sobre todo después del paso de Alejandro Magno por el país y la formación de la dinastía de gobernantes helenos en el Nilo: los Lágidas. Los dioses Serapis e Isis son quizá los dos ejemplos más claros de esta expansión. La diosa es claramente conocida y apenas sufre reinterpretaciones como diosa madre, pero Serapis es una divinidad que se inserta en el panteón griego en época Ptolemaica, si bien recoge una realidad anterior, fruto de la identificación entre el dios Osiris y el toro Apis, venerado como vimos en Sakara. Fue el gobernador Ptolomeo I quien seleccionó esta divinidad como un dios oficial que sirviese tanto para la población egipcia como para la griega, con la intención de acercar las posturas de las dos vertientes religiosas que habitaban el país, sincretizando divinidades autóctonas con iconografías de corte helenístico. Sin embargo, esta asimilación de divinidades se remonta al Menfis del Reino Nuevo, donde el toro Apis, a su muerte, se convertía en Asarapis. No es extraña esta identificación; cabe recordar que uno de los epítetos para el dios Osiris era el de «Toro del Oeste», del mismo modo que la figura taurina de Apis, tras su muerte, se relacionaba con Osiris en el momento de su resurrección. En ese renacer divino se renovaban los conceptos de fertilidad agrícola, de alternancia eterna entre vida y muerte, recogidos por dioses griegos tales como Zeus, Asclepio, o sobre todo, Dioniso. Precisamente esta última divinidad se va a equiparar, en muchos aspectos, a la de Osiris, viendo aumentar su crecimiento e importancia en el periodo desde la llegada de Alejandro Magno, y posteriormente con Ptolomeo IV Filopátor, hasta Ptolomeo XII Auletes, que portará en su titulatura el nombre de «Neos Dionisos», escrito en jeroglíficos como «joven Osiris» en los muros del pilono del templo de Horus en Edfú.

Dionisos (posteriormente Baco para los romanos) era, igualmente, un dios vegetal que, como ocurría con Osiris, moría y renacía. Quizá la más extendida de sus leyendas sea la que narra cómo Dionisos nacía por segunda vez del muslo de su padre, Zeus. Sin embargo, existe una segunda historia, tal vez imbuida de elementos egiptizantes, que pone en clara relación algunos aspectos de su desarrollo con aquellos que caracterizan la historia mítica de la pasión, muerte y resurrección de Osiris; en ella, Dionisos era también hijo de Zeus, pero gestado por Perséfone, la reina del inframundo. La celosa Hera intentó acabar con la vida de su hijastro, enviando a los Titanes a asesinarlo y desmembrarlo. Cuando Zeus logró ahuyentar a los gigantes con su poder, estos ya habían asesinado a la criatura y la habían devorado en un sangriento festín de carne y sangre humana. Todo, excepto su corazón, que según las fuentes que se consulten, fue rescatado por Atenea, Rea o Deméter. Zeus usó el corazón para hacer renacer al niño en el vientre de una mujer mortal, Sémele: de ahí que se llame a Dionisos «el dos veces nacido».

Pese a que la segunda guarda un paralelismo mucho más amplio con la historia del desmembramiento de Osiris y la recuperación de su cuerpo, incluido su falso falo, para su posible resurrección como Osiris en el mundo de los muertos y encarnado en Horus como regente del mundo de los vivos, ambas versiones de la historia giran en torno al renacimiento como principal motivo de adoración en las religiones mistéricas. Es indudable que este relato pasó a ser usado en ciertos ambientes religiosos de carácter esotérico o mistérico en época griega, como los movimientos órficos, al igual que muchos otros de origen igualmente pagano, y posteriormente en época romana, como por ejemplo, el de Mitra.

Sin darme cuenta, el tiempo corría más rápido de lo que la historia parecía augurar. Una cálida brisa secaba constantemente el agua de mis acuarelas sobre el papel, arruinando una obra ya de por sí deficiente. Mi conductor comenzó a gritarme desde lejos, preocupado porque aún quedaba mucho camino por recorrer en mi viaje planificado. Si él supiera...

Me levanté y le hice gestos con la mano para que entendiera que ya había terminado mi visita y que regresábamos al coche, mientras guardaba los pinceles. Pero quedaba una cuestión para finalizar el último paso de mi peregrinaje por la historia de la religión que me había regalado esa mañana en ese incomparable contexto: ¿en qué medida es posible que partes concretas, o retazos, de esta mitología osiríaco-dionisíaca fuesen más tarde incorporados al cristianismo? No cabe duda, es obvio, que existen muchas similitudes entre las leyendas de Osiris-Dionisos y la figura divina de Jesús de Nazaret: no solamente que ambos naciesen de una mujer mortal, engendrados de forma mistérica por una divinidad muy superior, o que ambos hayan fallecido en una angustiosa y sangrienta pasión y vencido posteriormente a la muerte en una milagrosa y mágica resurrección, sino que además pueden sumarse otros pequeños detalles extraídos de esta y de otras tradiciones paganas, como la importancia del vino como sangre, el pan como carne o la transformación de las aguas, etcétera.

Algunos textos clásicos, en torno al siglo v, recogen obras dedicadas a la vida de ambas divinidades, y a mostrar sus curiosos parentescos. En las Dionisíacas, Nono de Panópolis, poeta griego nacido en la ciudad del mismo nombre, la antigua ciudad egipcia de Akhmin, en el nomo tebano, por entonces ya parte del Imperio Romano de Oriente, describió algunos de estos interesantes paralelos. Nociones básicas importadas de este paganismo, donde la participación en el rito mistérico de la resurrección cíclica de la vida y de la naturaleza del dios se realiza mediante la teofagia, comer y beber «la carne» y «la sangre» del dios, que van a marcar de forma clara la comunión del cristianismo en ese banquete previo a la pasión de Jesús que tuvo lugar junto a los discípulos que después difundirían su palabra.

No quiero lanzar ninguna sentencia demasiado severa como colofón a mi razonamiento. No es mi voluntad, en ningún caso, paganizar un acto tan profundamente sagrado como lo es la comunión cristiana, tildándola de vago rito mágico y mistérico mediante el cual no se celebra otra cosa que no sea el renacer del ciclo ecológico de la naturaleza. Es también posible que estas similitudes entre el cristianismo y las religiones anteriores sean exclusivamente representaciones de los mismos arquetipos religiosos comunes a todas aquellas creencias basadas en la resurrección. Cada religión conlleva una serie de necesidades que la distancian, y mucho, de asimilarse con la otra. Ni siquiera pretendo dar a entender que Osiris fuese el primer dios salvador de la historia de las religiones y que todas las demás tomaron, de una forma u otra, este esquema de dioses salvadores comunes que mueren y resucitan. Pero sí que apuntaba, como única intención, al volver la vista atrás, a regresar por ese hilo que ha dejado en el camino la historia desde sus comienzos, desde esa extraña construcción subterránea que era el Osireion, con la clara intención de preguntarme acerca de todos estos sacramentos que nuestras religiones de hoy en día comparten con algunas de las de la antigüedad. Sacramentos ostensiblemente fundados en una dependencia del cultivo estacional de vegetales, y en un mantenimiento equilibrado y estable del ganado, o lo que es lo mismo, un orden y un control en la relación entre el ser humano y el medio ambiente que le rodea y le proporciona lo necesario para vivir y desarrollarse, adoptando como rituales de comunión con las divinidades que representan esos misterios cíclicos y eternos de la naturaleza los referentes a la ingesta de alimentos como símbolo de la imagen viva de esas entidades.

Mi conductor me sujetó la puerta del coche, como si se tratara de un chófer profesional. Entré y volví a sumergirme en el calor asfixiante de su tapicería, que vencía al seco frescor ruidoso del aire acondicionado. Los niños, que habían llegado corriendo, se arremolinaron nuevamente en torno a mi ventanilla tratando de venderme más lacitos hechos con pajitas. Yo sonreí, pero no estaba dispuesto a llevarme ninguno más. Tras ellos, como telón de fondo, casi como si fuera el escenario de una historia que aún no había terminado, pude ver de nuevo antes de marcharme la fachada del templo.

El coche se puso en marcha y mi amigo, manejando el vehículo con una mano, me ofreció con la otra una bolsa blanca de plástico que contenía algo caliente. Era mediodía, la hora de comer, y se había tomado la molestia de acercarse a comprar unos bocadillos de *taameya*. No pude evitar una sonrisilla.

—Míster, tenemos el pan. Sólo nos falta el vino.

Llegamos a Dendera en muy poco tiempo. O eso me pareció a mí, entre cabezada y cabezada. Trataba de hacerme el digno ante mi conductor, pero me fue imposible evitar los estertores que quebraban mis cervicales cada vez que perdía la conciencia y la cabeza se me iba para donde marcaba la gravedad o el ángulo del camino.

El templo de la diosa Hathor aguardaba completamente desierto, flagrante como lo había descrito Champollion en 1828:

Templo de la diosa Hathor en los años 20

Los templos finalmente aparecieron (en el desierto) ante nosotros. No trataré de describir la impresión que nos causaron el gran propileo y, especialmente, el pórtico del gran templo. Se pueden medir fácilmente, pero dar una idea de ellos es imposible. Son gracia y majestad reunidos en el más alto grado.

Ni un solo visitante se veía merodear, ni por fuera de su recinto, ni en el interior. Al cruzar su umbral escoltado por los capiteles con forma de la diosa vaca, me vi avasallado por la riqueza cromática que era perceptible en las acuarelas de David Roberts. Sus techos, que desplegaban mistéricos secretos celestiales y profusas interpretaciones astronómicas, vertían tintes turquesas y plateados sobre el visitante que, embobado, los contemplaba desde abajo incapaz de hacerlo con la boca cerrada. Allí aparecía la diosa Nut, ocupando todos los rincones del arquitrabe más oculto, mientras divinidades lunares paseaban bajo su manto hasta llegar al plenilunio, que protegía un ojo *udyat* en el que la divinidad crecía y se desarrollaba.

No era ni el único ni el más famoso de los techos astronómicos que existían en el templo. Por encima de todos, el lector conocerá al llamado Zodíaco de Dendera, hoy expuesto en el Museo del Louvre. La historia es muy interesante:

Durante la campaña napoleónica en Egipto, Vivant Denon dibujó el zodiaco circular y los rectangulares. En 1802, tras la expedición napoleónica, Denon publicó varios grabados del techo del templo en su Voyage dans la Basse et la Haute Egypte. *Éstos suscitaron una gran controversia en torno a la fecha del zodiaco, que iba desde miles de años hasta unos siglos y si era un planisferio o una representación astrológica. Louis Charles Antoine Desaix, también miembro de la expedición, decidió enviar el relieve a Francia y así, en 1820, el distribuidor de antigüedades Sébastien-Louis Saulnier encargó a Jean Baptiste Leloraine, un maestro albañil, extraer el zodiaco circular usando herramientas especialmente diseñadas para esa labor. La pieza finalmente llegó en 1821 a París y al año siguiente fue instalada por Luis XVIII en la Biblioteca Real. En 1964, se trasladó de la Biblioteca nacional al Museo del Louvre.*

Detalle de los techos del templo de la diosa Hathor

Interior del templo de Hathor

Ídem

Los antiguos egipcios, hay que matizar, no conocían la astrología. Al menos no en el sentido amplio de pseudociencia destinada a predecir acontecimientos futuros a través de la observación de los movimientos astrales, como la que encontramos en Mesopotamia y posteriormente sí en el Egipto ptolemaico, gracias a la influencia griega. Para los egipcios la astronomía forma parte el conocimiento del cosmos, siendo parte de una interpretación de los eventos celestes dentro del contexto de la teología egipcia. Se empleaba especialmente para contabilizar el tiempo y comprender los ciclos universales y sus efectos en el mundo terrenal.

Era indescriptible la sensación de caminar, a solas, por las salas del templo. Desde sus santuarios, ascendiendo hasta la terraza por su enroscada escalinata, oscura y lúgubre, por la que me acompañaban divinidades y sacerdotes que procesionaban a mi paso desde los fríos muros, portando estandartes, objetos rituales y a la propia divinidad, que en determinadas épocas del año ascendía hasta lo alto del templo para regenerar su energía, bañada por los rayos solares. Luego, el descenso lo realizaba por una rampa perfectamente rectilínea y longitudinal, muestra de su renovada vitalidad.

Al regresar a la planta baja, me salió al encuentro uno de los *gafires* que custodiaban el lugar. Me cogió de la mano y me condujo a uno de los santuarios. Allí, en el suelo, levantó un gran tablero que dejó al descubierto un pequeño socavón, del que partían unos antiquísimos escalones de madera hacia un pasadizo oscuro. Me indicó que bajara y se llevó el dedo a los labios, como queriendo indicar que lo que íbamos a hacer era secreto y prohibido. ¡Qué propio en un templo como aquel!

La catacumba apenas permitía ponerse de pie, y se disponía hacía izquierda y derecha. Yo conocía aquel lugar, así que giré hacia la izquierda, porque sabía lo que aquel paisano quería enseñarme. Y, efectivamente, me llevó hasta el final, para mostrarme las archiconocidas bombillas de Dendera.

Así es como se conocen una serie de representaciones bastante curiosas que muestran una especie de óvalo, de cuyo extremo parte un filamento. Los avispados pseudocientíficos han afirmado, en activa y en pasiva, que se trata de bombillas conectadas a un transformador eléctrico. También podían haber dicho que eran berenjenas de Almagro conectadas a un radiocasete, porque la forma es la misma. Pero la existencia de una pequeña serpiente en el interior del óvalo les da la pauta para señalar su filamento incandescente.

En realidad, aquella serpiente es el germen de una divinidad llamada Harsomtus, al «Horus unificador de las Dos Tierras», que adopta diversas formas en las representaciones, y una de ellas es la de serpiente emergiendo de un capullo de loto. No de una berenjena. Y mucho menos de una bombilla.

Al volver al nivel superior, al del templo, nada me libró de tener que soltarle al caballero de triste *galabiya* una propina a la altura del secreto que había compartido conmigo. Así es Egipto.

Salí al exterior, ya caminando al encuentro de mi conductor. El día había sido largo y aún quedaba un trecho hasta regresar a Luxor. Me estaba quedando sin fuerzas. Así que me desvié para comprar algo de bebida fresca. Había, en el destartalado y casi abandonado centro de visitantes, una nevera colocada a la vista de los transeúntes descarriados. Me aproximé para comprar algún bote. Me los vendió un joven risueño. Su hijo, que tenía unos ojos grises y brillantes como el azogue, jugaba con unas ramitas sentado en el suelo. No tendría más de tres años.

—Hola.

No se inmutó.

—¿Qué tal? —insistí con esa voz ridícula que ponemos los adultos cuando queremos comunicarnos con los niños—. ¿Cómo te llamas?

Levantó la cabeza. Sonrió. Y siguió jugando.

—Yo me llamo Tito. ¿Y tú?

Y entonces su padre lo cogió en brazos y me indicó, con señas, que su hijo, y también él, eran sordomudos. ¡Qué deliciosa serendipia! Una familia afásica al frente del templo que contuvo algunos de los secretos astronómicos más importantes del Antiguo Egipto. Me fui tranquilo sabiendo que los secretos estaban a salvo.

Capítulo IX: Tebas oriental y Karnak
La lágrima del camello de los Reyes Magos

A estas alturas de viaje, tanto al viajero como al valiente lector le han debido de quedar claros algunos conceptos característicos del Antiguo Egipto. Pero uno de ellos destaca por encima de todos. Egipto y la dualidad. Egipto y las dos vidas que habrían de vivir sus habitantes. La mortal, la perecedera, la que terminaba con los estertores de la muerte, y la vida verdadera, la que se abría más allá de las puertas que flanqueaban el inframundo, sobre agua abundante y a través de verdes campos de cañas, juncos y grano en los que apenas era necesario el trabajo. Así era como los egipcios se imaginaban su paraíso particular, los «Campos de Iaru», una extensa campiña que asemejaba las grandes zonas fértiles de Egipto, a la que tenían acceso aquellos difuntos que habían sido justos en su vida terrenal. Un prototipo del Jardín del Edén de las religiones monoteístas.

Pero hasta que llegaba esa vida eterna, todos, hombres y dioses, habitaban este mundo alojados en sus casas unos y en grandes y majestuosos templos los segundos. Estas construcciones destinadas a alojar a los inmortales eran edificadas en piedra duradera, imperecedera, a fin de convertirse en moradas indestructibles. Y a fe que lo consiguieron, puesto que la mayoría de los restos que aún se conservan hoy en día pertenecen a los templos que edificaron hace miles de años.

Por supuesto, la arquitectura de las casas de los dioses se basaba en estrictas reglas canónicas que seguían unos patrones concretos, con una finalidad innata. Todo templo erigido en Egipto poseía una serie de partes en las que se dividía el ritmo del culto diario. La entrada al recinto se hacía atravesando los denominados pilonos, dos grandes muros monumentales de forma troncocónica a ambos lados de una puerta central. Las paredes contenían aberturas desde las que se sujetaban enormes mástiles de los que pendían banderolas, flámulas y veletas que representaban la presencia del dios. Ante estos pilonos y sus banderas divinas solían alzarse altísimos obeliscos monolíticos o colosales estatuas que representaban al rey, como imagen viviente de la divinidad; atravesando los muros se accede a un patio, construido de forma descubierta. Se rodeaba de columnas e imágenes de las divinidades y la adoración a las mismas, ya fuera con estatuas o en los propios relieves de los muros; a continuación, atravesando una nueva puerta, se accede a una sala hipóstila. Se trata de una cámara repleta de columnas altas y gruesas que formaban un bosque de piedra sosteniendo una cubierta arquitrabada que apenas dejaba entrar atisbos de luz por algunas aberturas y oquedades. A medida que se profundizaba en la longitud del templo, la oscuridad se iba haciendo más espesa, al tiempo que el suelo ascendía en altura y el techo descendía. Finalmente, se llegaba a las dependencias del dios, los santuarios o capillas en las que se situaban la barca empleada en las procesiones, cuando la imagen del dios salía del templo y un tabernáculo realizado en piedra, granito o madera. Este *naos* era la parte más importante del templo, la morada real del dios, identificado con su estatua.

Este sistema de construcción, cada vez más privado y restringido, se ha interpretado como una representación del cosmos egipcio: el eje principal es el recorrido del sol, pero también una identificación del Nilo, en una dualidad compartida de forma sincrética. Por eso los pilonos tienen la forma de las montañas por las que asoma el sol al alba, pero también las cordilleras laterales que encajonan el valle del río; y a ambas orillas, se alzan columnas con capiteles en forma de plantas acuáticas típicas de los márgenes y riberas: lotos, papiros, palmeras... La construcción es más abierta en la zona más pública, la mejor conocida por los egipcios, pero a medida que se remonta el cauce hacia el lugar inhóspito del que llega el agua, la crecida y la vida, donde habitan los dioses, todo se vuelve oscuro. Es el lugar donde el cielo converge en la tierra en un horizonte desconocido, desde donde las divinidades obran sus actos. Y allí, en lo desconocido, en esa convergencia misteriosa, es donde se halla la morada del dios.

Si hay algún templo en todo Egipto en el que pueda apreciarse perfectamente esta disposición constructiva, es el templo dedicado al dios Horus, en Edfú. Pero no hay que olvidar que su morfología responde a la época ptolemaica. Otros templos más antiguos, si bien mantienen esas circunscripciones arquitectónicas, se vieron altamente afectados a lo largo de la historia, pervirtiendo así la imagen arquetípica que aparece en libros de historia y manuales de arte egipcio.

El templo egipcio siempre se construía de adentro hacia fuera. Se ubicaba el santuario, se planificaba, alineando cuerdas y objetos astronómicos, la disposición precisa de sus paramentos. Y entonces se comenzaba a construir desde la parte más sagrada hacia el exterior. Es por eso que en los dos templos principales de la ciudad de Luxor el visitante se encuentra con diferentes estadios de su construcción.

Karnak y su acceso habían cambiado mucho desde las primeras veces que tuve oportunidad de recorrer su vía de acceso principal, la que se abría hacia un pequeño embarcadero. Es un hecho, por ejemplo, que ese embarcadero no era visible hasta el año 2006, cuando se puso en marcha un importante proyecto de desarrollo de la zona entre los templos de Karnak y el Nilo. Por desgracia, como ocurre siempre que de arqueología se trata, rescatar estratos antiguos supuso la destrucción de todas las estructuras construidas en esa zona de entrada al templo: las casas de la aldea de Karnak, el pueblo francés, la del SCA, numerosas tiendas, y lo que más me apenó a mí, la que fuera vivienda de Georges Legrain y su esposa, que erigieron, siendo el inspector de trabajos en Karnak, una fabulosa casita rosada frente al yacimiento en 1897. Ahora se abría ante mí una inmensa pradera de granito industrial, con lamparillas incrustadas en el pavimento conformando, casi, la pista de aterrizaje para los «extraterrestres» que construyeron las pirámides. Horrendo. Pero espacioso y luminoso, que es lo que se busca en toda arquitectura zen que se precie. Nada que ver con lo que vieron mis curtidos viajeros a los que yo trataba de emular:

Pronto, según el barco avanza, una estructura masiva y sin ventanas que parece (¡que el cielo nos guarde!) un fuerte nuevo o una prisión, se yergue por encima de las palmeras hacia la izquierda. Esto, nos dicen que es uno de los pilonos de Karnak; [...] La parte superior de otro pilono; la estilizada cúspide de un obelisco; una columnata de pilares gigantes medio enterrados en el suelo.

De todo aquello que describía Amelia Edwards, se podían recuperar con la vista los aspectos superiores, los que ya rozaban el cielo en el siglo XIX. Por el contrario, los que estaban por el suelo o cubiertos de tierra, por mucho encanto que ofrecieran al visitante decimonónico que bordeaba las ruinas a lomos de un burrito, ya eran un circuito establecido para turistas al que solo le faltaba la línea amarilla pintada en el suelo que marque la dirección.

Ese primer pilono que asustó a la británica era, en realidad, el último pilono erigido en el templo. De adentro hacia fuera, recuerdo. Inacabado, anepigráfico, se elevaba tras atravesar una avenida de esfinges criocéfalas que representaban al dios Amón, el señor de la casa. Aquel pilono, por su parte trasera, una vez que se accedía al primer patio del recinto, mostraba un elemento arquitectónico muy interesante: los restos en adobe de la que fue, otrora, la rampa empleada para la construcción. Servía para elevar los bloques de piedra. Si bien es cierto que entre este pilono, probablemente edificado en la dinastía XXX y las primeras construcciones del Egipto faraónico distaba la friolera de más de 2 500 años, no dejaba de ser una evidencia de las técnicas constructivas. Además, en la columnata que se levantaba detrás de esos restos, aparecían columnas perfectamente levantadas, pero que aún no habían sido pulidas ni desbastadas, y por tanto no tenían la forma de columna con capiteles vegetales que es habitual en los templos egipcios. Eran simplemente una acumulación de bloques amorfos, divinamente nivelados, pero que no conformaban la columna que todos esperaríamos encontrar ¿Por qué? Porque los egipcios construían (obvio) de abajo a arriba, pero decoraban de arriba abajo.

Karnak requería tiempo y exigía que el visitante se involucrase. No es un templo, es una ciudad sagrada. Son los dominios del dios Amón, que llegó a convertirse en divinidad principal del estado egipcio. Desde este lugar surgieron muchos de los pensamientos que provocarían el auge o la decadencia de la civilización del Nilo. Por ejemplo, la reforma religiosa

Turistas de picnic en Karnak c 1900

Columna del rey Taharqa

de Amarna, de época de Akhenatón, es probable que tuviera, en este territorio, su inicio, en tiempos de Amenhotep III (como poco) y su final, en época de Tutankhamon y Horemheb.

Amenhotep III es productor de la gran sala hipóstila que se abre tras el segundo pilono y la gran columna del rey Taharqa. Amenhotep III y otros reyes que llegaron justo después para mayor gloria del dios de lo oculto y desconocido. Por ejemplo, Horemheb, que puso paz en las aguas turbulentas que le precedieron. Nada menos que ciento treinta y cuatro desmesuradas columnas que hacen pensar en el bueno de Amenhotep III y sus amigotes cuchicheando el famoso «dime de qué presumes y te diré de qué careces». De hecho, las doce columnas centrales son todavía más anchas y más altas, llegando a una altura de veintitrés metros y un diámetro de tres metros y sesenta centímetros, que generan claristorios tan altos como la diferencia de altura.

La cuestión es que ese mismo rey, Amenhotep III, aparentemente firme defensor del culto amoniano, un buen día, harto de tragar carros y carretas también amonianas, debió dar un golpe en la mesa y... vamos, la historia que ya he contado. No voy a repetirla. Pero cuando la conté más atrás, hice mención a un escarabajo de la discordia que existe en el templo de Karnak.

Caminé para encontrarme con él, dejando atrás los obeliscos de Hatshepsut y Tutmosis III, que también se las debieron de traer con el «yo más», «no yo más», «no yo más» para ver quien lo tenía más grande. El obelisco. Y, acercándome hacia el lago sagrado del templo, me topé con lo que esperaba, y eso que aún mucho turista no había a aquella hora. Pero los que había conformaban hordas becerriles de enchepados en chancletas, atomatados por el sol, con sus gorrillas y sus mochiletas dando vueltas alrededor del celebérrimo escarabajo. «Hay que dar no sé cuantas vueltas» les decía un guía; «hay que mirar al lago y poner la mano en el corazón», les decía otro. Y allí todos obedecían la voz de su amo con tal de que se cumpliera el sueño que estaban pidiendo. Lo triste es que no eran conscientes de la relevancia histórica de aquel objeto.

El escarabajo era una importante divinidad en el antiguo Egipto. Se llamaba Jeper, o Jepri. ¿Era más importante que el Sol, que el dios Ra?

Bueno... vamos a simplificarlo. Es que era el dios Ra. ¿Cómo puede ser? ¡Ah, amigo! ¡Las bondades del sincretismo religioso! Los egipcios tenían diferentes formas de representar un mismo concepto divino. Lo que Erik Hornung denominó *el uno y los múltiples*. El dios sol era Ra, pero era Ra cuando estaba en su zenit, en lo alto de la bóveda celeste, dándose su divino paseo diario. Cuando llegaba el ocaso, Ra moría, y se identificaba de otra forma diferente, como una divinidad con cabeza de halcón que portaba el disco solar en su cabeza. ¿Pero el halcón no era el dios Horus? Sí, claro, lo era. Por eso, Ra, al morir en los confines occidentales, recibía el nombre de Ra Horakhty, o lo que es lo mismo, Ra como Horus en el horizonte. Y desde el ocaso, hasta que el dios Ra volvía a nacer a la mañana siguiente, atravesaba las penurias del inframundo, el *Am Duat,* haciendo frente a peligrosos enemigos, entre los que destacaba la serpiente Apofis. Vencido ese demonio, el sol volvía a nacer por el horizonte oriental. Y entonces era cuando entraba en juego Jepri, el dios escarabajo. Al igual que el pequeño insecto, el escarabajo pelotero, arrastraba su bolita de estiércol de su madriguera y empuja la esfera al exterior con sus patitas, los egipcios concebían que tras el horizonte habría un escarabajo que empujaba la gran bola de fuego que es el sol nuevamente al exterior, por encima del horizonte, para que volviera a ascender en las alturas celestes, a lo largo del cuerpo de la diosa celeste, Nut. Ya hablaremos más calmadamente de algunas cosmogonías egipcias, como la heliopolitana, en la que nos volveremos a encontrar con algunos de estos personajes. La cuestión que ahora interesaba era que Jepri era un dios solar, y que Amenhotep III había colocado aquel escarabajo solar en medio de la casa del dios Amón, sin pedir permiso al anfitrión. Un golpe de mano en toda regla. De hecho, en su pedestal, sobre la estela que relata lo acontecido, se aprecian marcas de haber intentado quebrar aquel monolito para quitarlo de en medio. Probablemente por parte de los sacerdotes de Amón. Y aquellos zopencos estaban dando vueltas a su alrededor sin enterarse de la misa la media.

Junto al lago se desparramaban las mesitas de una cafetería adaptada al cansancio del turista. Me senté en una de ellas a tomar una Orangina fría, y observar si alguno de esos mequetrefes se mareaba de tanto dar vueltas y se caía a las aguas del lago infestado de verdín. No hubo suerte. Yo repuse líquidos y continué mi visita hacia la parte trasera y más profunda del templo, el llamado Akhmenu, que tampoco es que sea una de las zonas mejor conocidas del complejo.

El Akhmenu fue un templo erigido dentro del recinto de Amón por el rey Tutmosis III, para celebrar su festival *Hed Sed* de regeneración. Aquel que tenía su origen, o mejor dicho, aquel cuyas construcciones para tal efecto encontrábamos ya en la dinastía III en Sakara. Era impresionante cómo conservaba aún la decoración y policromía de sus columnas, con fustes rojos como la sangre, techos cobalto con miles de estrellas doradas, y líneas vegetales amarillas y turquesas que delimitaban sus capiteles. Uno podía volver a confirmar, en lugares como este, que los templos egipcios fueron realmente horteras el día que se inauguraron. Pero cada color tenía su significado y su simbología religiosa.

Caminando hacia el santuario del Akhmenu se hayan los zócalos y cimientos de la sala conocida como el jardín botánico. Se llama así porque lo que perdura de sus muros muestra ejemplos de flora y fauna exótica que el rey Tutmosis III, o alguien cercano a él, observó y documentó, probablemente durante sus campañas militares en Siria y Palestina. Una joya para algunas tesis doctorales sobre plantas y aves en el Antiguo Egipto.

Karnak, Ipetisut como lo llamaban los antiguos habitantes de las merindades del Nilo, era una auténtica lasaña de estratos arqueológicos. Era el mayor hito arquitectónico de la historia faraónica (con permiso de las pirámides en lo que a dimensiones se refiere) en cuanto a perduración temporal se trataba. Era la culminación del trabajo de generaciones y generaciones de devotos sirvientes de las divinidades locales, que fueron engrandeciendo sus moradas sagradas hasta alcanzar un recinto de más de cien hectáreas. El más selecto de los lugares (así se podría traducir su nombre jeroglífico) se vio enriquecido con nuevas capillas y templos dedicados a la divinidad principal, Amón, pero también a su esposa Mut, al hijo de la pareja, Khonsu, o a otras divinidades tutelares de ciudad, como Montu, que se vio, el pobre, desplazado por la grandiosidad de Amón.

Obviamente, no todos esos templos y capillas se conservaban indemnes al paso del tiempo o la actividad humana. Muchas de las construcciones

Lago sagrado de Karnak

El templo de Amon en Karnak, Lehnert&Landrock

antiguas se «reciclaban», a fin de ubicar otras nuevas, manteniendo el recinto como un ente vivo que crecía con el paso de los años. Algunas de esas construcciones y piezas recuperadas durante tantos años de excavaciones arqueológicas conformaron lo que se dio en llamar Museo al Aire Libre de Karnak. Ubicado en su esquina suroeste, según se entra a la izquierda, detrás de las columnas del primer patio, el visitante podía acceder, con un ticket adicional, para contemplar verdaderas piezas imprescindibles para la comprensión de la historia tebana. Karnak es así: requiere, como mínimo, que se le dedique medio día para recorrer sus incontables recintos; y requiere más de una vida para llegar a comprenderlos.

Allí, en ese museo, se exponen, por ejemplo, muchas de las estatuas de la diosa Sekhmet que fueron halladas en el subsuelo del vecino templo de Luxor. Al igual que Hathor, Sekhmet era una de las hijas del dios Ra. Pero si la diosa con forma de vaca representaba la bondad, el amor, la belleza y el lado amable de la vida, Sekhmet era símbolo de lo contrario: el poder destructivo del sol, el fuego con el que derrotaba a sus opositores, causando espanto y respeto tanto en este mundo de humanos como en el oscuro *Am Duat*, donde cada noche vencía a la malvada serpiente Apofis. Además, su relación con el sol es evidente también en su forma leonina, animal completamente identificado como solar en el Antiguo Egipto. Si la famosa esfinge de Guiza tiene esa forma, no es por casualidad.

La diosa Sekhmet es protagonista de una de las tradiciones mitológicas más interesantes de los egipcios: el mito de la diosa lejana. Como he comentado, el talante calmado y benéfico de Ra es Hathor, la amable diosa con cuernos y orejas de vaca. Sin embargo, cuando se enfurece, la mala leche y la violencia del dios solar se identifica con la transformación de Hathor en Sekhmet, la terrible diosa leona. En este mito, que procede, entre otros lugares, de la tumba de Seti I en el Valle de los Reyes, nos relata el siguiente enredo: el buen demiurgo heliopolitano, tras haber creado el mundo, el cielo, el aire, los bichos y todo cosa buena, creó a la humanidad empleando sus propias lágrimas. Pero como el hombre, a diferencia del resto de lo creado, no era tan bueno como cabría esperar, se dejó vencer por la avaricia y la ignominia, y conspiró contra su creador. Enterado Ra de las intenciones de los hombres, envió a su hija Sekhmet para que los aniquilara a todos, uno por uno, persiguiendo a cada ser humano hasta los confines de la tierra. De su tierra, evidentemente. La leona, embriagada por tal mandato de violencia y destrucción, se dio al homicidio con inquina y ojeriza. Nunca mejor dicho, ya que el Ojo de Ra representa, precisamente, esta dualidad entre Hathor y Sekhmet. Pero fue tal el nivel de desangramiento que acometió la diosa que hasta el propio Ra se horrorizó ante la escabechina. Y como la actitud de la niña se le había ido de las manos, necesitó del consejo y ayuda del resto de los dioses para tramar un plan que pusiera fin a su pataleta psicopática. Así, con pérfida nocturnidad, los enviados de Ra recogieron tintes rojizos y *hennas* de las orillas del Nilo y lo mezclaron con una desmedida cantidad de cerveza, invento egipcio donde los haya. El resultado, una pócima rojiza, similar a la sangre, fue vertido en las aguas del Nilo. Cuando la diosa despertó, aún llevada por la sed de sangre, se encontró con la fresca sangría a su disposición, y se enganchó la melopea más grande que vieron los siglos. Los demás dioses comenzaron a tocar sistros y otros instrumentos para apaciguar a la leona y que pudiera dormir la moña, salvando así a la humanidad de la aniquilación total. La música (y la birra) amansa a las fieras. Por cierto, puede que la gran carga oral de este cuento que teñía de rojo las aguas del Nilo hasta hacer parecer que fuera sangre, hubiera servido como germen de la primera de las famosas plagas bíblicas.

Mientras caminaba hacia el lugar del museo, una señora japonesa ataviada con enorme pamela y mascarilla de papel me adelantó a la carrera. Bregaba como alma que lleva el diablo, todo lo rápido que le permitían sus cortas piernecitas, hacia los baños habilitados para el visitante. La carrera denotaba que la necesidad fisiológica anunciaba catástrofe. Y cuando se detuvo en la puerta a la espera de que el egipcio que allí se apostaba le facilitara papel higiénico quedó clara la naturaleza de la necesidad fisiológica que le apremiaba. No hace falta poseer el MIR para diagnosticar la diarrea del turista. La escena fue graciosa (supongo que no tanto para la nipona) ya que el egipcio le había facilitado un cuadradito de papel, y ella pedía más. El egipcio no entendía para qué podía querer más papel y ella se desesperaba en su emergencia, tratando de explicarse. Cuando a uno le apremia la gastroenteritis a las puertas del intestino, en lo último que piensa es en si el Profeta dijo o dejó de decir que había que usar la mano izquierda para sujetar el pene al orinar o para limpiarse las partes pudendas después de pasar por caja. Así funciona en los países musulmanes: el papel higiénico en los baños no abunda y, de haberlo, tiene una función desecante y no, digámoslo así, «rebañante». Para ello existe, junto a (o dentro de) la taza, una manguerilla que lanza un chorro y, en el mejor de los casos, una comunitaria pastilla de jabón. Una mezcla que recuerda ese elemento en peligro de extinción de nuestros cuartos de baño que es el maravilloso y denostado bidé. El viejo amigo que, pese a que muchos lo usen para enjuagarse los pies, para que orine el pequeño de la casa o para acumular la ropa interior usada, sirve nada más y nada menos que para limpiarse el culo. Pobre japonesa. Deseé que fuera diestra en el arte del origami.

Una de las piezas más interesantes que había sido reconstruida en el Museo al Aire Libre de Karnak era la llamada Capilla Roja de Hatshepsut. Una especie de pabellón longitudinal con entrada en la parte delantera y salida en la trasera, concebido como un lugar de paso. Se destinaba al descanso de la barca sagrada de la divinidad durante las diferentes procesiones. Por ejemplo, durante el Festival de Ipet u Opet, en el que salía Amón-Ra de Karnak, acompañado por su esposa la diosa Mut y el hijo de ambos para pasar unos días, cual familia dominguera, en el Templo de Luxor. La capilla fue encontrada por el francés Henrie Chevrier en el 1927 dentro del tercer pilono del templo. No era inusual que algunos reyes desmontaran construcciones anteriores, sobre todo las pertenecientes a reyes que fueron poco diplomáticos o «maatmente» incorrectos, y reutilizaran sus bloques como relleno de nuevas construcciones. Fue reconstruido en este lugar y puesto a disposición de quien quisiera conocerlo y estudiarlo.

Nunca me había encontrado con nadie allí, en las pocas ocasiones que lo había visitado. Sin embargo, cuando llegué, había un grupo de unas treinta o cuarenta personas, en fila india, entrando por la parte delantera y saliendo por detrás, como si hicieran una peregrinación. Ascendían la breve escalinata, ceniza como el zócalo del templete, para atravesar la primera puerta. En una especie de primera antesala existía algo parecido a una jardinera de granito, como una palangana o abrevadero que, en su día, debió de contener lechugas como elemento ritual. Los visionarios que estaban entrando en la capilla, imbuidos de éxtasis místico, se colocaban, de pie, en postura osiríaca, dentro de la jardinera. Uno a uno, dedicaban unos minutos a rezar, entre dientes alguna plegaria extraña. Salían por el otro lado exultantes y emocionados. Ni se percataban de que yo paseaba a su alrededor, más fascinado por la pantomima que por la arqueología.

—¿Qué están haciendo? —le pregunté, con fingida cordialidad, a uno de los que ya había atravesado el túnel de lavado espiritual.

—Reiki. Nos estamos recargando de energía universal —me dijo una francesa que se había peinado en 1982. Todavía olía a laca.

—¿Y por qué en esta capilla?

—Porque Hatshepsut fue una gran reina. Ella mandó construir esta capilla para que la barca del dios Amón y ella misma se pudieran cargar con la energía vital del universo, y así transmitirla a su pueblo. Pasaba por esos lugares emplazados en el eje de la capilla y se impregnaba con la fuerza cósmica.

—¡Qué interesante! ¿Vienen ustedes en grupo o por su cuenta?

—No, en grupo. El viaje lo organiza... —Y me dijo el nombre del fulanito que dirigía la orquesta galáctica. Estaba a la salida de la capilla, por la parte trasera, abrazando a todo el que salía ya rejuvenecido de energía—. Es egiptólogo. Y sabe muchísimo sobre las energía de los templos egipcios. —Yo no lo conocía.

—¿Y os ha explicado por qué había que colocarse en esa especie de habitáculo de piedra para recibir la energía?

—Sí, claro. Era el lugar donde se colocaba la reina para recibir la energía.

—¡Qué bueno! ¡No tenía ni idea!

Ni el guía que los ilustraba tampoco, por supuesto. Aquella jardinera, en sus laterales, se decoraba con la representación de varias lechugas. La lechuga era un vegetal muy relacionado con la potencia sexual y regeneradora en el Antiguo Egipto, sí, pero no vinculada a ninguna fuerza cósmica, sino al elemento dual masculino y femenino de la reacción. El hecho de que, al romper el tallo de la lechuga, mane un líquido lechoso, se identificó como el semen del dios Amón-Min (una versión sexualizada de Amón). Teológicamente, la lechuga tenía más relación con el acto sexual creador de los dioses que con otra cosa. Y Hatshepsut nunca se subió en el parterre de las lechugas para ducharse con el poder de las estrellas.

De Karnak al templo de Luxor hay un trecho nada desdeñable. En tiempos de los grandes monarcas que portaron las dos coronas, los templos estaban unidos por una prolongada avenida, flanqueada con esfinges. Algunas de ellas aún se conservan a la entrada del templo. Decidí tomar un taxi al salir del recinto del gran templo de Amón, y lo conseguí a los pocos minutos de caminar hacia la ciudad. Así, en apenas un ratito, había llegado a los pies de la mezquita del Sheikh Abu Haggag, emplazada sobre los capiteles del patio que Ramsés II levantó en el templo de Luxor. Datada en torno al siglo xiii (aunque hay quien defiende que su minarete puede retrocederse hasta el xi), el Servicio de Antigüedades no se ha planteado nunca, ni por asomo, eliminar este edificio en beneficio del templo. La propia mezquita es patrimonio histórico. Y también Yousef Ibn Abdel-Raheem, conocido como Abu el-Haggag, que aunque nacido en Bagdad, es santo patrón de la ciudad; en su interior se conserva su pequeña tumba.

La plazoleta ajardinada que se abría como corazón de la ciudad, en un cruce de caminos que flanqueaba el templo, y con la entrada del *souk*, el mercado, al otro, no registraba más actividad a esta hora del mediodía que la necesaria. Decidí que, para almorzar, estaría bien encontrar algún restaurante en este entorno desde el que disfrutar de la vista del templo. En la esquina con Mohamed Farid se elevaba un decrépito edificio, que disponía de una terraza, decorada con las célebres telas egipcias empleadas para las carpas improvisadas de los funerales o los matrimonios: unas estampadas telas con motivos geométricos y florales, y vivos colores azul marino, rojo, naranja y verde. Disfruté de su cerveza fría, de su *kofta*, de su arroz, de sus patatas fritas, su *tahina* y, sobre todo, sus ventiladores del techo. Entre té y té dejé que fuera avanzando el día, porque prisa no tenía ninguna por regresar a la tórrida tarde luxoreña. Finalmente me decidí por emplear los minutos en la visita del Museo Arqueológico de Luxor, uno de los dos interesantes que posee la ciudad (el otro es el Museo de la Momificación, ubicado en la orilla del río). Así aprovecharía para ver la pieza expuesta procedente de la excavación española dirigida por José Manuel Galán: la Tabla del Aprendiz, llamada así por tratarse, como el propio Galán explicó, de «*un "pizarrín de escuela", en el que un alumno ha realizado un ejercicio práctico de escritura y de dibujo, siguiendo el modelo previamente escrito y dibujado por el maestro. La tabla se colocaría en horizontal sobre el faldellín que cubriría las piernas cruzadas de un escriba sentado sobre una estera, mientras éste sostenía en una mano un estuche de madera con dos orificios para la tinta negra y la tinta roja, y con la otra manejaba un pincel de caña*». Lo excepcional de la pieza es la representación figurativa de una de sus caras: «*El dibujo ensayado representa a una figura humana de pie, en este caso un rey, identificado como tal por ir tocado con un nemes ceñido a la cabeza mediante una diadema rematada por una cobra-uraeus en la frente. La peculiaridad del dibujo reside en que se trata de la única ocasión en la que el rostro de un rey de Egipto ha sido representado de frente y no de perfil, como convencionalmente los artistas egipcios representaban, salvo contadas excepciones, el rostro humano. La explicación más plausible para esta excepción es que se trata del estudio previo a la talla de una escultura, pues es entonces cuando el artista, a diferencia del relieve o la pintura, se ha de enfrentar ineludiblemente a la representación del rostro humano de frente*».

El museo era oscuro, fresco, bien organizado aunque el recorrido serpenteaba por varias salas. Las piezas, la mayoría de ellas, eran tan excepcionales como cabría esperar de la que fue capital importante del imperio, y sede de los más profundos trabajos arqueológicos. Completaban el edificio una tiendecilla de suvenires y una pequeña librería desangelada. Desangelada, pero me despertó el gusanillo. Como siempre hay una forma mejor de gastar el tiempo y aún era pronto, regresé a la plaza a ojear libros a la librería Aboudi Book Shop.

Aboudi era una centenaria librería, clásica entre los amantes de la egiptología. Comenzó con un local en los bajos del Hotel Winter Palace. Luego se trasladó al emplazamiento que yo estaba visitando, en la plaza del templo, junto al McDonald's de la ciudad. Aunque había perdido el encanto añejo y abandonado del antiguo local, disponía de grandes estanterías corridas por todas las paredes, colmadas de volúmenes redactados por algunos de los mejores egiptólogos de todos los tiempos. A lo largo de mis viajes por Egipto, supongo que más de una juerga se han debido de correr a mi salud gracias a la insolente cantidad de libras egipcias que me he dejado allí.

El templo de Luxor hay que visitarlo al atardecer. Ese es mi consejo siempre. De las muchas veces que lo he visitado, la mayoría de ellas he procurado acceder a la caída de la tarde y permitir que el ocaso me alcanzase entre sus pilonos, bajo su desfraternizado obelisco, frente a sus esfinges supervivientes, o junto a los colosos del Ozymandias del soneto de Percy Bysshe Shelley:

I met a traveller from an antique land
Who said: Two vast and trunkless legs of stone
Stand in the desert. Near them, on the sand,
Half sunk, a shattered visage lies, whose frown,
And wrinkled lip, and sneer of cold command,
Tell that its sculptor well those passions read
Which yet survive, stamped on these lifeless things,
The hand that mocked them, and the heart that fed:
And on the pedestal these words appear:
«My name is Ozymandias, king of kings:
Look on my works, ye Mighty, and despair!»
Nothing beside remains. Round the decay
Of that colossal wreck, boundless and bare
The lone and level sands stretch far away.

Conocí a un viajero de una tierra antigua
que dijo: Dos enormes piernas pétreas, sin su tronco
se yerguen en el desierto. A su lado, en la arena,
semihundido, yace un rostro hecho pedazos, cuyo ceño
y mueca en la boca, y desdén de frío dominio,
cuentan que su escultor comprendió bien esas pasiones
las cuales aún sobreviven, grabadas en estos inertes objetos,
a las manos que las tallaron y al corazón que las alimentó.
Y en el pedestal se leen estas palabras:
«Mi nombre es Ozymandias, rey de reyes:
¡Contemplad mis obras, poderosos, y desesperad!».

Nada queda a su lado. Alrededor de la decadencia
de estas colosales ruinas, infinitas y desnudas
se extienden, a lo lejos, las solitarias y llanas arenas.

Era uno de los nombres de Ramsés II, uno de los grandes protagonistas de la reminiscencia constructiva que el viajero se encontraba al acceder al monumento. El otro gran nombre al que se debe la morfología actual del templo era Amenhotep III. Atravesada su larga sala columnada y su patio solar, en el que se hallaron tantas estatuas de la diosa leona Sekhmet, el viajero avispado podía dar a parar con su dolorido y sudoroso cuerpo a una pequeña sala, a la izquierda del santuario, en la que muy pocos reparaban. Más que nada porque no tenía, a simple vista, nada de especial. Tres grandes columnas soportaban una techumbre ya pagana y sucedánea. Pero su pared, la decoración de su pared, era lo realmente interesante, pues allí aparecía, como una copia de la que Hatshepsut desarrolló en las paredes de su templo funerario en Deir el Bahari, la teogamia divina del rey Amenhotep III.

Sobre el concepto de la teogamia profundizaré más adelante. Baste explicar, por el momento, el concepto sagrado que define esta unión entre un ser divino, un dios, Amón en este caso, con una mujer mortal. Como fruto de esta relación que implica la teogamia nacerá siempre un niño de naturaleza también sagrada, que resulta ser hijo carnal del mismísimo dios que había embarazado a la madre tomando espiritualmente posesión y forma del cuerpo de su esposo, el rey. De este modo, un niño nacido de una mujer mortal, por obra de la divinidad, se alzaba como un ser de naturaleza divina, el mismo dios hecho carne y heredero generalmente del trono de la tierra de Egipto por el derecho que le concedía la paternidad carnal del más poderoso de los seres, el dios omnipotente. ¿Recuerda a algo? Pues ese fue uno de los motivos argumentados por Amenhotep III para, en su caso, explicar su naturaleza divina y espantar la influencia del clero de su palacio.

Cayó la noche mientras yo me paseaba por las representaciones de aquella sala. Las luces anaranjadas del templo se iban encendiendo, desacompasadas, luchando con tintes cálidos sobre la piedra contra el púrpura del horizonte. En algún rincón desentonaba un fluorescente de fría luz blanquecina, como recuerdo de la incuria peregrina de los egipcios y como insulto a la regia efigie de la construcción, que se resignaba silente a la estulticia de sus cuidadores.

El muro mostraba, en viñetas, como si fuera un comic para el ojo avezado que supiera interpretarlo, los diferentes pasos del mágico alumbramiento: primero el dios se mostraba entristecido porque la estirpe divina de su legado se estaba diluyendo; luego, tomaba la decisión de engendrar un nuevo rey, fruto directo de su semilla; en el centro, en el lugar más importante, dios y reina acometían un simbólico acto sexual en el que entrelazaban sus piernas, ante el auspicio y beneplácito de una cohorte de otras divinidades; y así, en otros lugares, ya se apreciaba a la reina con un vientre prominentemente embarazado; en una esquina, el dios Khnum, alfarero, modelaba sobre su torno con el vívido limo del fértil Nilo las efigies del que sería el cuerpo de futuro niño y su *ka*, su doble espiritual. Barro somos y en barro nos convertiremos. Bueno, vale, polvo. Pero, ¿qué es el polvo si se le añade agua? Finalmente, el niño divino nacía y el orgulloso padre se lo mostraba, como un juguete nuevo, a toda la corte sobrehumana que velaba o tomaba parte del bienestar de Egipto.

La noche de Luxor siempre era fresca. La brisa del río sacudía los cuerpos más agarrotados. Los caleseros se empecinaban en llevarlo a uno para un lado y para otro. Pero el bazar de la ciudad, una enorme calle asfaltada no hace más de una década, era completamente peatonal, como muchos otros. Ya no tenía el encanto de sus toldos destartalados y sus charcos a la puerta de cada tenderete. Muchas tiendas habían cambiado sus mostradores de madera desvencijada por escaparates de vidrio, que luego tapaban, habitualmente, con sus trapos y baratijas. Pero aun así, seguía siendo encantador. La tienda de un cristiano copto que vendía cajitas de maderas nacaradas se adosaba a la de especias de un musulmán abigarrado que se sedimentaba en su invisible sillita. Un joven, de penetrantes ojos verdes como el jade de las esculturas que vendía, bromeaba con el tendero de enfrente, que se sentaba con elegancia, cruzando las piernas, mostrando sus impolutos calcetines grises de rombos por encima del pantalón de hilo, mientras sujetaba en sus manos el periódico que sus convecinos no le dejaban leer con sus chistes y chascarrillos. Más allá, una cafetería servía bebidas calientes en una pequeña plazoleta. Y fuera del mercado, muy cerca ya de la librería de Aboudi, se aposentaba la tiendecita de un viejo amigo, al que siempre he conocido detrás de su puestecillo en el que vendía toda clase de minerales y piedras talladas y pulidas. Era un hombre desgarbado, muy alto, con una cara alargada, akhenatoniana, y una nariz afilada por la que le resbalaban siempre unas gruesas gafas oscuras de pasta. Cada dos por tres tenía que colocárselas con el dedo, y a menudo torcía el gesto arrugando la nariz para tratar de sujetarlas. A su lado, su oxímoron físico trataba de vender a todo el que pasaba camisetas con enseñas propias de turistas. Bajito, regordete, calvo en planta como un monje franciscano, gritaba al comprobar que era español:

—Tienda pequeña, precios pequeños. Tienda pequeña, precios pequeños.

A diferencia del mercader colindante, este hombrecillo jamás se aprendió mi nombre. Muchas veces ni siquiera me reconocía. Pero el hombre de las piedras sí. Aunque he de reconocer que yo tampoco me aprendí nunca los suyos. En una ocasión, viajando a Luxor con amigos, se nos ocurrió una brillante fábula al amparo de las brillantes piedras de aquel amigo. Ágatas, aguamarinas, cornalinas, granates, jaspes, ojos de tigre, ámbares y amatistas se amontonaban, cromáticamente la mayor de las veces, en cajitas de madera protegidas con algodones. De cada piedra contaba con tallas de diversas formas: círculos, corazones, almendrados y bellas lágrimas. Dos piedras, de las que desconocía sus nombres hasta que el ilustrado gemólogo tebano me indicó que era aventurina azul y aventurina dorada, eran similares en brillo y textura, pues irradiaban pequeños destellos como si contuvieran purpurina: una era negra como la noche estrellada. La otra era puramente arena compactada y barnizada. Y las dos tenían forma de lágrima. Así que no dudamos en comprarlas, sabiendo que la vida, tarde o temprano, nos daría la oportunidad de hacer uso de nuestra historia con algún sobrino: guardada dentro de un cofrecito con incrustaciones de nácar de la tienda de aquel agradable copto, regalamos la lágrima dorada al sobrino en cuestión, narrándole el encuentro que, en Oriente, habíamos tenido con el camello de uno de los Reyes Magos. El camello —mágico también, faltaría más—, nos había dicho que su alteza estaba muy ocupado, pero que sabía perfectamente de las bonanzas de aquel niño español, y lo tenía muy en cuenta. Preguntó también el camello por qué el niño no había viajado conmigo hasta allí, a lo que yo repuse que aún era demasiado pequeño. Y el camello se puso tan triste al escucharlo que se le escapó una lágrima, también mágica. Y la lágrima cayó en la arena, como en la canción de Peret, quedando petrificada para siempre:

—Toma —dijo el camello—. Llévale esta lágrima mía. Es mágica y estará siempre vinculada a él, porque se me ha escapado pensando en él. Ha de cuidarla para siempre, porque es mágica. Si alguna vez se porta mal, o no termina los deberes, o no recoge su cuarto, o se porta mal a pesar de las indicaciones de papá y mamá, el Rey Mago y yo lo sabremos, y él sabrá que lo sabremos porque la lágrima se volverá de color negro. Y mientras sea una lágrima negra, no recibirá ningún regalo en Navidad.

Pero la lágrima de mi camello sigue esperando.

Capítulo X: Los templos de Tebas occidental
Llorando por la aurora

Había algo en Egipto a lo que no terminaba (ni terminaré) nunca de acostumbrarme: en ese país es prácticamente imposible despertarse antes de que lo haga el sol. Aquí no hay Dios alguno que te ayude por mucho que madrugues. No es de extrañar que los antiguos habitantes de estas latitudes pensaran que, con su aparición, regresaba la vida a la tierra, porque dudo mucho que haya ningún ser vivo capaz de madrugar tanto. En otoño, amanece en torno a las cinco de la mañana. Claro que también es prácticamente imposible irse a dormir antes que el mismo astro muera en el horizonte.

Cuando desperté, las cortinas eran incapaces de aplacar la estridente y afilada luz del alba. Los brazos solares, esos que en los frisos amárnicos caían del cielo portando los símbolos vitales, me alcanzaron sin ningún tipo de compasión. Traían consigo los comunes y habituales sonidos egipcios, generados en su mayoría por el tráfico. Luxor no es El Cairo, pero bien podría funcionar como una pequeña maqueta sonora a escala.

Me puse en marcha, camino del ferri que cruza el Nilo en esta ciudad. A diferencia de Asuán, donde las islas abundaban y obligaban a disponer de varios ferris que realizan trayectos diversos, en Luxor solamente existía una opción. La embarcación era mucho más grande que las famosas *motor boats* de la ciudad meridional, aunque aquí también existen a disposición del turista que no quiera esperar el horario ininterrumpido del transporte público. La proa terminaba en una graciosa forma de haz de papiros. Trataba de emular un barco milenario realizado con materiales vegetales, pero más bien tenía uno la sensación de subir a una atracción de parque temático o de estar en una viñeta de Astérix. Si no fuera, claro está, por los rostros que me rodeaban aguardando su turno para embarcar. Contaban decenas de historias personales que poco o nada tenían que ver con las fantasías y los comics.

Otra diferencia con los ferris de Asuán es que aquí los hombres y las mujeres se mezclan indistintamente dentro de la embarcación. Obviamente, el tamaño influye: en aquellas pequeñas lanchas, con su casco dividido en dos espacios, la parte delantera quedaba siempre reservada al género femenino, mientras que la trasera, junto al motor y al piloto, más amplia, se llenaba siempre de hombres. Da igual que solamente viaje una mujer y detrás decenas de caballeros. Cada cual ocupa respetuosamente su lugar, aunque en ocasiones la embarcación zozobre por su parte trasera, corriendo grave peligro de inundarse. Reconozco que más de una vez pasé miedo, viendo cómo el equilibrio de estas barcuchas dependía de la ubicación fluctuante de unos cuantos seres humanos haciendo las veces de contrapeso.

Antes de subir al transbordador había que atravesar una pesada plataforma metálica en la que se disponía una mesita invadida por el óxido y otros achaques de la edad de los metales. Sobre la mesita había una caja de cartón dividido en compartimentos manufacturados con cinta adhesiva ya rendida al calor y a la luz. Detrás, en una especie de cabina, un anciano ataviado con la tradicional *galabiyya saidi* cobraba el precio del trayecto. A su alrededor se sentaban otras tres personas, de las que desconozco su función y el objeto de su presencia. Más allá de la charla, supongo que hacían mucho más efectivo el trabajo del cobro, debido a su permanente supervisión del trueque monetario. No veo necesarias ocho manos para devolver el cambio, consistente, como mucho, en algunos billetes raídos, sucios y desgastados. Como todos los billetes egipcios.

Por ser extranjero, pagué una libra por el viaje de ida. Accedí al barco y subí la escalera que conduce a la segunda planta, una cubierta en la que se disponen bancos de madera alineados a cada lado, como en la nave central de cualquier ermita de pueblo. Los más jóvenes ceden los asientos y se suben a las barandillas laterales o de popa. Yo hice lo propio, y me hice un hueco en la parte trasera del barco mientras esperábamos a que zarpara.

Sobre las aguas del Nilo el tiempo se detiene. La temperatura del ambiente relaja su crudeza y una brisa fresca envuelve por completo. La humedad se instala en cada poro de la piel provocando una sensación de rejuvenecimiento. El gran canal eterno (así lo llamaban los habitantes de Kemet, *iterw*) abraza al mortal haciéndolo consciente de su naturaleza efímera. Me sentía al mismo tiempo afortunado y miserable. No era absolutamente nada al lado de la perpetuidad de este cauce glorificado. Y, sin embargo, salpicaba con su fresca divinidad, impregnando de eternidad todo aquello que mojaba. Hay algo tan sereno y beatífico en su ausente transcurrir, que penetra el alma. Pocos lugares que yo humildemente conozca son capaces de ofrecer esta contradicción de sensaciones. La nada flotando sobre el todo.

Me asomé para ver el agua. Era oscura, a ratos de tono verde oscuro, otras veces de un gris celeste de tormenta, donde moraban infinitamente los dioses. Estaba lejos, mucho más lejos de su superficie que cuando lo cruzaba en las motoras de Asuán. Pero esta distancia me llevó a pensar en la que tendría de profundidad. Qué tesoros no reposarán eternamente bajo el lodo fértil de su fondo, como testigos ahogados de la historia. El Nilo ha sido el renglón sobre el que se escribían las grandes hazañas de la temprana humanidad. Y como trama secundaria, el devenir diario de hombres ya olvidados, aquellos que nunca pudieron tallar sus nombres y rostros en la piedra. Estas personas pescaban, comerciaban, se comunicaban, se unían o se descentraban con esta agua y su actividad fue granjeando en sus orillas asentamientos, poblaciones, luego ciudades, templos, puertos y capitales que culminaron en un imperio. Y de todo ello el Nilo fue la arteria fundamental y crítica, motor de la existencia y del desarrollo de la civilización. Con su extraño ciclo y aparato, anegaba anualmente la tierra para devolverle la fertilidad, la vida. Este prodigio era considerado obra del dios Hapy, la personificación divina del río. Se representaba bajo forma humana como un hombre de caracteres físicos andróginos: mostraba exuberantes pechos femeninos, flácidos como los de una madre que aún amamanta y nutre a su hijo. También con una prominente barriga, propia de una mujer embarazada, símbolo por excelencia de la fecundidad. Sobre la cabeza, papiros y otras plantas que reivindicaban la plétora y sobreabundancia de sus orillas. Habitaba en el lejano sur, más allá de la isla de Philae y de Elefantina, y lo hacía entre dos colinas, conocidas como Mu-Hapy y Qer-Hapy. En la cavidad rocosa donde se escondía, almacenaba de forma precavida el agua que era capaz de recoger y, una vez al año, la liberaba, provocando la inundación que traía el fertilizante natural para la tierra.

El vuelo liviano y espantado de una garza que se despegó del agua me sacó de mi abstracción. Trazó un par de líneas rectas y se posó sobre la punta de un mástil que afloraba del agua. Lo hizo con elegancia y una ligereza que casi consternaba. Era completamente ajena a cualquier sensación, pese a que el río que me había abstraído era su hábitat cotidiano. El bullicio de la gente que se levantaba y removía me indicó que habíamos llegado a la otra orilla, la occidental, la de los muertos, casi sin que yo me percatara. En este lapsus entre mis sueños y la realidad, y con la colaboración involuntaria de la garza, llegué a comprender un sentimiento propio de los egipcios, pero ajeno a nuestra mentalidad: me sentía tan vivo en el Nilo que casi daría igual estar muerto. Mecido durante el transcurso me había despojado de la vileza y de la necesidad incluso de satisfacer ningún deseo. Se puede alcanzar la felicidad sin tener nada: debe ser esa la sensación que otorga la plenitud, y tiene algo que ver con la satisfacción de la vida que sólo se alcanza con la antesala de la muerte. Entiendo ahora perfectamente que la línea que separaba ambas realidades ontológicas fuese, en este contexto natural extremo y salvaje, tan difuminada e intangible.

Antes de salir del barco aguardé a que desapareciera el remolino de gente que se agolpaba a la salida. Sin esperar a que el ferri se hubiera detenido, algunos ya saltaban la distancia que los separaba de la orilla, urgidos por algún apremio. No había, como en ningún otro aspecto del Egipto actual, ni orden ni criterio: los ancianos empujaban haciendo valer su senectud; los chiquillos hacían gala de su agilidad y se lanzaban desde las barandillas de la cubierta; y las mujeres, sencillamente, hacían lo que podían. Yo me esperé, más resignado que cortés. ¿Qué prisa había por salir de un barco que ni se estaba hundiendo ni se quemaba? Si lo que me aguardaba en tierra (aparte de un sol de justicia pese a la hora tan temprana de la mañana) eran restos arqueológicos que habían sobrevivido al paso inexorable de unos cuantos milenios, supuse que sabrían esperarme unos minutos más.

Remonté la pasarela que unía la plataforma del ferri con la *corniche* occidental y llegué a una moderna plazoleta, decorada con jardines excepcionalmente verdes para la temperatura y la necedad del clima. Este lugar es relativamente joven: años atrás conocí aquí mismo lo que era la antigua parada de taxis colectivos que se levantaba en este lugar. Se trataba de un erial polvoriento lleno de vehículos desvencijados que portaban una caja trasera cuadrangular que hacía las veces de transporte comunal. Aún hoy en día siguen en funcionamiento, pero preferí obviarlos, como así también a otros taxistas más convencionales que me ofrecieron sus servicios. Me apetecía caminar, al menos por un rato. Así que tomé la calle principal que conduce hacia los yacimientos arqueológicos y a lo que un día fue el poblado de Qurna. Tanto es así, que de ahí toma esta avenida su nombre: Al Qurna Road. Al menos hasta el cruce con el canal más grande e importante del West Bank, donde se aloja uno de los puntos de control de la policía. Al final, para evitarme explicaciones y problemas en el cruce, decidí tomar un taxi. Y en apenas unos minutos, me encontraba en un parking, sorteando algunos autobuses (pocos aún, debido a la hora) y grupos de turistas, para encontrarme ante los majestuosos titanes de piedra conocidos como Colosos de Memnón.

Estas estatuas gigantescas representan, en realidad, dos figuras sedentes del rey de la dinastía xviii, Amenhotep III. Sus alrededores de veinte metros de altura dan una idea de la magnitud que debió de tener el templo ante cuya fachada fueron erigidos. Sin ninguna duda, el templo más vasto y monumental de cuantos se construyeron en la antigua Tebas. El fiel reflejo de la época más gloriosa de la historia de Egipto o, cuanto menos, de su Reino Nuevo. En un primer momento, las dos figuras se tallaron en un solo bloque de piedra, concretamente una cuarcita roja extraída de las canteras cercanas a la ciudad de El Cairo. De esta magna guisa, como si de una hazaña desmedida se tratara, ambas estatuas fueron arrastradas, flotando sobre la superficie del Nilo, hasta este lugar en el que me encontraba, a más de setecientos kilómetros de distancia del emplazamiento original. Hizo falta unir hasta ocho embarcaciones para soportar cada una de las estatuas, que pesarían en torno a las mil toneladas. Dicho así, parece una empresa a todas luces imposible. Sin embargo, los colosos se alzan aún hoy en día en Tebas, ajenos e impertérritos a la génesis de su parto y portando a sus espaldas, en la inscripción real del pilar dorsal, el texto que recoge el nombre de su autor: el ingeniero, arquitecto y sacerdote, hombre de confianza del rey Amenhotep, conocido a través de la historia como Amenhotep «hijo de Hapu». Según este escrito, fue este singular y relevante personaje quien se ocupó de que fueran transportadas desde Heliópolis, cerca de El Cairo, hasta la capital del sur, Tebas.

Durante mucho tiempo, las figuras que tenía delante se asimilaron con el personaje mitológico de Memnón, del que aún conservan el nombre por el que se las conoce. Según narra el segundo poema del llamado «ciclo troyano», conocido como la Etiópida y atribuido a Arctino de Mileto, Memnón fue un rey de Etiopía, hijo de Titono y de Eos, la diosa de la aurora. Participó activamente en la famosa guerra de Troya, defendiendo la ciudad del ataque de los griegos y perdiendo la vida en un enfrentamiento con el mismísimo Aquiles.

La historia cuenta cómo una de estas dos figuras de Memnón, concretamente la de la derecha, lloraba al alba emitiendo un sonido similar al de un largo y sordo quejido. Decíase que se trataba del llanto del héroe, convertido por Zeus en inmortal tras su muerte, al ver cada mañana el nacimiento de su madre, el clarear del alba. Pero la realidad es que el fenómeno se producía al vibrar el aire de la mañana, unido al calentamiento de la piedra, en una grieta concreta que atravesaba la estatua. Dicha fractura se formó en torno al año 27 d. C., cuando, debido a un terremoto, se desmoronó la parte superior de la estatua. Desde ese momento, el canto agónico del hijo de la aurora inmortalizado en piedra se extendió por todos los rincones del mundo conocido, y de cada confín venían peregrinos y viajeros de lo más selecto o extravagante a admirar el prodigio. A los pies de las estatuas, sus podios aún conservan algunas inscripciones con las impresiones de estos expedicionarios del pasado. En su obra *A través de Egipto*, el diplomático español Eduardo Toda da cuenta de algunas de ellas, entre las que destaca, la de un prefecto egipcio, tocayo mío por partida doble, que dejó grabada en la piedra la inscripción:

Tito Flavio Titiano, prefecto de Egipto, oyó a Memnón a 13 de las calendas de Abril, bajo el consulado de Vero Ambíbulo.

Colosos de Memnón, Francis Firth, 1858

Colosos de Memnón

O la de un tal Trebula, que en un alarde de amor filial sintió revivir en su corazón los tiernos afectos de la infancia al escuchar la voz de aquella divinidad:

Oyendo la voz sagrada de Memnón, he pensado en ti ¡oh madre mía! Y he deseado que tú puedas también oírla.

Un desparrame de lacrimoso romanticismo de los turistas romanos. Hasta que a principios del siglo III d. C., el emperador romano Septimio Severo visitó Egipto, donde rindió homenaje al cuerpo de Alejandro Magno y remontó el Nilo hasta Tebas. Como el resto de visitantes, quedó maravillado por el espectáculo del coloso al amanecer. Y decidió, como gesto de buena voluntad o como ofrenda, invertir capital de Roma en la restauración y mantenimiento de la deformada figura, poniendo fin con ello, sin quererlo, al llanto del dios mitológico que tanta notoriedad y gloria había conseguido.

Mientras caminaba alrededor de los gigantes observando por enésima vez su magnitud, rememoré la historia de su pasado y pensé en cuántos amaneceres habría llorado la piedra el paso de la humanidad frente a ella. Cuántas auroras habría presenciado de forma impasible, inconmovible desde que se silenciaron sus sonoras lágrimas. Cuántas noches, estrellas, lunas... Y una sonrisa me brotó en las comisuras de los labios: porque noches, al menos una, este gigante la ha compartido conmigo. De esta misma figura, la situada más al norte, la que antaño plañía infantilmente, conservo yo una curiosa anécdota que viene a mi mente cada vez que salen a relucir, en alguna conversación, estas figuras. Como si fuésemos dos viejos amigos que han compartido más de una crápula juerga.

Durante una de las campañas arqueológicas en las que yo trabajaba en Luxor (de las que más adelante hablaré), en esta misma orilla, no muy lejos de dónde me encontraba, sucedió que me vi obligado a pasar parte de una fría noche de noviembre acurrucado entre los pies del coloso.

Los miembros de la misión italiana que excavaba la tumba del noble Harwa, cerca de Deir el Bahari, organizaban una fiesta en su hotel habitual. Habían invitado al resto de misiones extrajeras que, por entonces, se hallaban trabajando en el lugar, entre los que estábamos nosotros los españoles. Acudimos a una cena organizada de forma informal en la azotea del clásico Hotel Marsam, ubicado no lejos de los colosos, fuera del recinto del yacimiento. En este caso, cuando uso el adjetivo clásico para definir este hotel, recomiendo que se entienda en el más literal de los sentidos: una construcción antigua, levantada en madera y adobe, con no más lujos y comodidades de los que pueda ofrecer la vivienda habitual de cualquier lugareño de la vecina Qurna. Pero entre los arqueólogos internacionales es famoso por su precio y su solera como residencia de investigadores. De hecho, el Hotel Marsam, antes de transformarse en el negocio de la familia del legendario Abu el-Qasam, había sido la primera ubicación del edificio de la Epigraphic Survey del Instituto Oriental de la Universidad de Chicago, fundada en 1924. Por entonces, algunos de quienes lo usaban eran los italianos, que aquella noche habían atiborrado su tejado de pasta, pizza y demás *delicatessen* transalpinas.

La noche festiva avanzaba y allí arriba, al amparo de la cúpula estrellada y de los cánticos de un grupo de investigadores eslovenos, íbamos quedando únicamente los más jóvenes. Hasta que llegó la hora de retirarse prudentemente, un poco obligados por la embriaguez, para descansar, pese a que al día siguiente era viernes, jornada festiva en los países musulmanes. Abandoné el hotel a una avanzada hora de la madrugada egipcia que jamás había conocido, creo yo, a un extranjero caminando por los caminos y cultivos que rodeaban a los colosos de piedra. Un silencio abrumador reinaba hasta el infinito y, sin embargo, me encontraba rodeado de todos los rumores que mi cabeza generaba al imaginar cuantas cosas temían los antiguos egipcios de la noche, cuando su principal divinidad, el Sol, se veía vencido y dejaba paso a las tinieblas mientras luchaba y peleaba su renacimiento. Que me llamen miedica si quieren, pero la madrugada oscura en la orilla de los muertos sobrecoge, por no decir que acojona. Ya me imaginaba yo decenas de chacales entre las dunas, serpientes deslizándose a mis pies entre las rocas, aves nocturnas ululando entre las ramas de las palmeras, perros hambrientos ladrándome a la vuelta de cada tronco y demás malignidades noctívagas de la naturaleza. Vale que iba ligeramente contento, insisto. Pero este último de los recelos mencionados no brotaba de mi asustadiza imaginación, sino de la más cruda de las realidades: en poco tiempo, y mientras avanzaba por entre los restos del yacimiento del templo del rey que mandó erigir los colosos nominalmente usurpados, comenzaron a aparecer un buen puñado de perros que esgrimían sus caninos haciéndome entender que había entorpecido su cacería nocturna de roedores, gatos o basura inerte variada y abandonada. No sabía si seguir mi paso de forma calmada, si echar a correr o si pronunciar algún extraño conjuro que transformara el ánimo de los animales. Lo único evidente en aquella situación de nocturnidad era mi soledad y mi canguelo. Por fin, a paso lento, perseguido por los chuchos y cercado de gruñidos, alcancé las enormes estatuas de piedra, que me ofrecieron la altura justa para escapar de los famélicos canes.

Más de dos, o tal vez tres horas, estuve allí, encaramado al pedestal del trono de Amenhotep III, esperando a que los tusos se cansaran y se marcharan. Tuve incluso que miccionar (y no me congratulo de ello) desde lo alto del trono del faraón. Maldije la ausencia de los policías que ya antes tantas veces había maldecido por estar en todas partes y a todas horas. Desde mi privilegiada posición, a los pies del rey, como el invitado que estorba en el *ménage à trois* del rey entre sus mujeres la reina Mutemuia y la esposa Tiyi, alcanzaba a ver la garita negra metálica sobre la que dormitaba la policía turística durante el día. Pero a estas horas no había allí más alma que la de aquellos perros, si es que los perros sarnosos tienen alma.

El cielo comenzó a abandonar el negro más profundo para tornarse de un cobarde y tímido azul y un apagado malva en el horizonte. Volvía a renacer la aurora que tanto añoraba Memnón en su antigüedad y allí el único que lloraba como una nena de parvulario no era Memnón, sino yo, que quería largarme ya a mi cama a dormir la mona. Al poco, los animales comenzaron a marcharse, como amaestrados, casi en fila (salvo uno que se había quedado dormido hacía ya tiempo de tanto saltar tratando de alcanzar los pies del rey de la antigüedad) y me atreví a abandonar al faraón protector y emprender el camino a casa. Pasaban las cinco de la mañana cuando llegué, lo que me granjeó entre mis compañeros de expedición una inefable fama de juerguista. Más aun cuando encontré la puerta cerrada a cal y canto y tuve que saltar la tapia de la casa con más astucia e ingenio que agilidad: primero lo intenté desde las ramas de un endeble sicomoro; luego, decidí subirme a la mampostería de un frágil gallinero que había construido nuestro vecino. Iluso de mí, sobrestimé la gracilidad de mi figura, y el gallinero se hundió, yo me di la costalada de rigor y las gallinas saltaron despavoridas, alertando a media orilla occidental de mis desvaríos etílicos. Nunca supe decidir qué habría sido más deshonroso, si quedarme con la etiqueta de calavera cierrabares o haber narrado la verdadera naturaleza de mi tardanza.

Al sur del templo de Amenhotep III se encuentran las ruinas del templo de Ramsés III, en Medinet Habu, y las menos importantes de Tutmosis II y Ramsés IV. Incluso el mencionado arquitecto Amenhotep Hijo de Hapu tiene en las inmediaciones su propio templo de culto. Al norte, una procesión de recintos de culto funerario hacen lo propio para la memoria de reyes como Merenptah, hijo de Ramsés II, Siptah, Tawseret, el propio Ramsés II con su Ramesseum, Amenhotep II, Tutmosis III (que excava y estudia el equipo español dirigido por la sevillana Myriam Seco), Amenhotep I o Seti I. También los templos del área de Deir el Bahari, en el circo rocoso de la montaña, donde se alzan los de Hatshepsut, otro de Tutmosis III y el más antiguo, el perteneciente al rey Mentuhotep II Nebhepetra, enclavado en la cronología del Reino Medio.

Es demasiado extensa la descripción, siquiera sumaria y breve, de los monumentos egipcios esparcidos por la ribera izquierda del Nilo en la región tebana, para poder encerrarla en un solo capítulo de este libro. Aun aquí, al reseñar los principales templos y las tumbas, faltará el espacio que requiere la importancia de aquellas construcciones, unidas a la historia por indisoluble lazo, pues son los testimonios en que se funda y apoya la autenticidad de los anales de Tebas.

Puedo escribirlo en negrita, y subrayarlo si se prefiere, pero no por ello se verá más clara la realidad de la bancada occidental de Luxor que en las palabras de Eduardo Toda. Yo decidí centrar mi visita, primeramente, en los templos funerarios, dejando para los días siguientes las tumbas.

A los pies de los colosos de Amenhotep III, detuve en el arcén uno de esos pequeños y divertidos taxis colectivos. Un joven que viajaba en la cabina con otras dos o tres mil personas, se bajó para cobrarme una libra y me indicó que me acomodase en un hueco de la cuadrada caja que remolcaba. Si en la cabina viajaban dos mil, en la caja eran millones. Un muchacho iba en la parte exterior, asido a la primera barra metálica que había localizado, y con un pie en un estribo. Yo no iba muy lejos, así que lo imité: planté la pierna donde vi que había algo que sostuviera mi peso, me agarré a la especie de baca que sobresalía y, con gesto aguerrido, entorné los ojos a contra brisa cual modelo de anuncio de Marlboro esperando a que el viento hiciera bailar mi flequillo y mi foulard. Pero al primer traque-

Recinto de culto funerario de Ramsés II

teo de la arrancada quedó patente mi ineficacia. Otras personas que iban sentadas en el interior me echaron rápidamente mano a las carnes, con miedo a que pudiera caerme por el camino, y comenzaron a reírse. Yo no tuve más remedio que cambiar el gesto por uno que decía: «Madre mía, no me soltéis que no llego vivo». Al final todos nos reímos. Ellos de mí y yo con ellos. ¿Qué podía hacer si no?

Pasamos ante las ruinas de templos anegados de arena, otros que parecían museos al aire libre, otros que levantaban humaredas de polvo porque alguien estaba en esos momentos trabajando en ellos, y otros que apenas se intuían si no fuera porque un cartel los anunciaba. También bordeamos decenas de fabricas de cachivaches de alabastro, a pleno rendimiento para los turistas, ansiosos de que algún autobús parase ante su puerta y descargara media centena de guiris lechosos de protección solar y con pamela de paja. Eran buenos tiempos para el turismo. El equivalente de principios del siglo XXI a las hordas de viajeros que traía en época victoriana la empresa de Thomas Cook. Nada nuevo bajo el dios sol.

El autor en el circo rocoso de Deir el Bahari

Al llegar al cruce donde la carretera se bifurca, me bajé y caminé por la carretera que lleva a Deir el Bahari. Iba a ser mi primera visita del día: los templos de Montuhotep II y de Hatshepsut. Porque la pequeña construcción de Tutmosis III, asentada entre los dos templos grandes, no solamente no es visitable. Es que apenas queda nada en pie de sus paredes.

Montuhotep II fue el rey que, tras la crisis del llamado Primer Periodo Intermedio, consiguió reunificar el país. Prácticamente podría decirse que con su reinado comienza el periodo de tiempo conocido como Reino Medio, ese periodo que transcurre hasta que de nuevo la unidad de todo Egipto se va al garete con la llegada de los Hicsos, el pueblo hebreo del que ya hemos hablado en capítulos anteriores. El bueno de Mentuhotep decidió edificar un templo, tal vez también tumba, en este enclave de la orilla occidental de Tebas. En el circo rocoso de Deir el Bahari, bajo la solemne presencia de la montaña tebana, sagrada en los pensamientos de los antiguos egipcios. Más aun entre los egipcios oriundos de esta región que acabaría por convertirse en capital del imperio.

Su templo se planificó como un gran patio, de dimensiones rectangulares (aunque enclavado en un perímetro asimétrico y desinforme que, tal vez, responda a criterios astronómicos) y un espacio elevado en una terraza que contenía una construcción de planta cuadrada, sustentada por multitud de columnas. Y en el centro, los egiptólogos todavía debaten sobre si se elevaba un promontorio a imagen de la colina primigenia del dios Atum o si, por el contrario, se habría elevado una pequeña pirámide. Todo esto en referencia a la parte exenta del monumento. Porque luego cuenta también con dos pasadizos de gran profundidad que se adentran en la tierra y en el vientre rocoso de la montaña.

En el año 2006 yo tuve acceso a uno de esos pasadizos. El que se abre en la parte posterior de la construcción elevada. Se nos concedió permiso para visitarlo, con fines académicos, a los miembros del equipo arqueológico en el que yo trabajaba por aquel entonces. La excusa que se alegó era su supuesta similitud con el monumento funerario catalogado como TT353, perteneciente al arquitecto Senenmut, que nosotros estábamos investigando en el mismo área de Deir el Bahari. Tras algunos trámites y papeleos, un día nos encaminamos con varios inspectores del Servicio de Antigüedades y decenas y decenas de cable de tendido eléctrico, al que enchufamos una bombilla, hasta la puerta del pasadizo que lleva a no sabíamos muy bien dónde. Aquella mañana todo era expectación y emoción. Todo el mundo se sentía como un aguerrido expedicionario, esperando adentrarse en un templo inexplorado. La adrenalina (y en algunos también la testosterona) bullía a flor de piel. Dos *gafires,* que habían viajado desde los tiempos de la Egypt Exploration Fund, ataviados enteramente como *felahs* anclados en el túnel del tiempo, abrieron el portón, despejándolo primero de basura, luego de piedras que cerraban la oquedad, y finalmente rompiendo el sello de plomo y abriendo la reja. El interior, oscuro como el culo de la tetera de un beduíno, apestaba a rancio. Papeles, plásticos y otras basuras se apilaban contra las paredes del estrecho pasadizo. Había bloques de piedra que obstaculizaban el camino. Y entre medias, huevos de serpiente eclosionados indicaban que no éramos los únicos que merodeaban aquellas frescas oscuridades. Ese fue el inicial motivo por el que desertaron los primeros valientes. El grupo de exploradores que se adentraba en el tubo de piedra se iba reduciendo. Luego vendrían otros motivos como el calor, la claustrofobia, la falta de aire y el canguelo puro y duro. No vamos a engañar a nadie. Al final, quienes llegamos hasta las profundidades de aquel corredor, auténtica garganta en la montaña, fuimos tres personas. Nos encontramos con bloques de granito que habían sido introducidos a esa profundidad para sujetar la estructura abovedada del tubo. Primero reforzando paredes. Luego disponiendo piezas talladas a modo de falsa bóveda. Y aun así, en algún momento de la historia, algún investigador que nos habría precedido, quien sabe si Howard Carter o algún otro ilustre, había dispuesto vigas y traveseras de madera para frenar el corrimiento de los bloques. Maderos que estaban combados por la presión y el tiempo, como si de pajitas de beber batidos y zumos se tratara. La inestabilidad, sinceramente, no tranquilizaba en absoluto. Cuanto menos tiempo pasáramos allí abajo, por muy emocionante que fuese, mejor que mejor.

El final de la construcción llegaba a un abrupto pozo. Era peliagudo asomarse a él. Abajo, se elevaba una capilla fabricada con granito rojo. Había sido introducida allí dentro, pieza por pieza, y montada directamente en aquel agujero oscuro que se abría en lo más profundo de la montaña con fines oscuros y aún desconocidos. Seguramente apuntaban a la consecución *ad eternum* del título de Rey del Bajo Egipto para el autor de tan magna obra. Una de esas abstractas y reivindicativas cuestiones de los egipcios a través del simbolismo y la magia. Donde nosotros apenas nos alumbrábamos con una bombilla y los flashes de las cámaras, no puedo imaginar como se las debieron de ingeniar quienes trabajaran en su construcción a principios del tercer milenio antes de Cristo.

A Deir el Bahari los visitantes acceden en un infantil trenecito de vagones metálicos, que los acerca, al amparo de una capciosa y fraudulenta sombra, hasta la misma entrada del templo aterrazado de la reina Hatshepsut. Conducidas por guías de axila alzada, las recuas trajinan por los senderos delimitados, que van del trenecito a la cafetería y de ahí al templo. Visita rápida que no le merme a la caterva tiempo de sol y piscina, haciendo que pasen desapercibidos para sus ojos los inabarcables cientos de monumentos que les rodean y les miran, ausentes, desde las necrópolis de El Assasif, El Khokha o Dra Abu el Naga.

Uno de esos monumentos, sumergido en una cantera, y enterrado bajo una absurda especie de caseta alpina fruto de una negligente intervención de protección y restauración que yo siempre critiqué, se encuentra el mencionado monumento TT353 de Senenmut. Aquel en el que yo tuve el enorme privilegio de poder actuar y desarrollar conocimientos e inexperiencia, en igual medida. Llegué a su puerta un 13 de noviembre de 2003 como un pardillo recién licenciado. Mi condición de becario y mi emoción desbordada me impedía albergar algún otro sentimiento que no fuera excitación. ¡Qué cándido e ingenuo fui en el desvirgar de la arqueología egipcia!

Me acerqué hasta el borde de la hondonada para asomarme y mostrar mis respetos. Junto a mí se alzaba un enorme cartelón metálico que daba fe del paso de una misión arqueológica por aquellos lares. Ilustraba el trabajo con una planta y un alzado del monumento, así como una representación de la decoración existente en el techo de su cámara principal: uno de los más famosos techos astronómicos del Antiguo Egipto. Y dicen que uno de los más antiguos de la humanidad, si no el que más.

Un poco más allá aparecían, a medio camino entre el arriba y el abajo, unos pocos muros de piedra, de apenas tres o cuatro hiladas desgajadas, que pretendían conformar un habitáculo cuadrangular. Al menos el arranque del mismo. Era otra de las áreas cuya reexcavación y limpieza fue responsabilidad de quien escribe, allá en los albores del nuevo milenio. Digo reexcavación, porque esa área fue ya estudiada por egiptólogos más sabios, más listos, más profesionales y hasta más guapos que yo, por los años veinte, en la década dorada de la egiptología. Venían desde el Museo Metropolitano de Nueva York para ofrecernos a todos un vasto conocimiento sobre los templos de Deir el Bahari. Y aún a ellos les debemos los más interesantes trabajos y publicaciones del entorno, con permiso de la misión polaca.

El autor en el monumento TT353 de Senenmut

Esos muros fueron catalogados por estas personas como una «casa de piedra» de función desconocida. Sin embargo, otro cartelito contemporáneo a nuestra labor, también metálico, aunque de menor tamaño, defendía en un escueto texto que esa «casa de piedra» era, nada más y nada menos, que un taller de pelucas perteneciente a la época de Tutmosis III. Dicho cartelito se basaba, supuestamente, en la aparición de semillas perforadas de la planta *Balanites aegyptiaca*, mechones de pelo, amuletos, numerosos cordones vegetales trenzados, así como abundantes restos de bandas de lino de muy buena calidad, otros materiales en todo semejantes a los descubiertos por el Profesor Michalowski en 1974 en lo que se ha documentado como un taller de pelucas aparecido entre los restos del templo funerario de Thutmosis III en Deir El Bahari. Y el cartelito se ilustraba con nuevas grafías, al igual que el anterior. En este caso con un dibujo arqueológico que mostraba la planta de la construcción, de la «casa de piedra», del «taller de pelucas». Dicho dibujito, que se exponía a la vista de todo viajero y curioso era, aunque no lo dijera, obra de este apasionado arqueólogo que todo lo daba en aquellos días. Por suerte no ponía mi nombre, porque yo no compartí jamás la teoría peregrina del «taller de pelucas». Acuerdos firmados de confidencialidad me impiden exponer motivos y argumentos de mis opiniones. Pero cajas de cerillas conmemorativas de la guerra de Yom Kipur, alguna chapa de Pepsi y carnets de estudiantes neozelandeses, todos ellos fechados en la década de los 70, me aportaron alguna que otra pista para dudar del descubrimiento. Por suerte, el sol había hecho justicia, y había achicharrado la superficie de aquel cartel que ya apenas era visible. Era tan solo una chapa negruzca en la que simplemente destacaban, como en los colosos y los obeliscos de los templos, las blancas cagadas de las aves que sabían que algo no iba bien. Es la venganza de la naturaleza. Gustave Flaubert, que viajó por el Nilo a finales de 1849 y principios de 1850 junto a su amigo el fotógrafo Maxime Du Camp, escribió en una de sus cartas remitidas a Louis Bouilhet.

A menudo se ve un gran obelisco muy recto con una larga mancha blanca que desciende como un paño en toda su longitud, más amplia en la cima, estrechándose a medida que desciende. Son los buitres, que van ahí a lanzar sus excrementos desde hace siglos. El efecto es muy hermoso, y curiosamente «simbólico». La naturaleza le dice a los monumentos egipcios: ¿Me rechazáis, la semilla del liquen no crece sobre vosotros? Muy bien, pues cagaré sobre vuestro cuerpo.

Pues con el cartelito de marras, algo similar.

De todos los templos funerarios que se alzan en la orilla occidental tebana, sin duda alguna el más majestuoso es el *Djeser-Djeseru* de la reina Hatshepsut. Sí, vale que se inspiró, arquitectónica, ritual y religiosamente, en lo que había elaborado Mentuhotep II quinientos y pico años antes. Pero su disposición aterrazada, casi piramidal, en tres pisos que se estilizan en el plano vertical a través de un baile acompasado de líneas verticales, confiere al conjunto una limpieza de líneas que atrapa desde el primer atisbo la mirada del espectador más inexperto. Su eje articula simétricamente la atención del peregrino, captando la del subconsciente. Y al mismo tiempo, como escondidos a simple vista, alberga incontables símbolos y misterios que incluso los más eruditos estudiosos aún se afanan es desgranar: cultos solares por aquí, divinidades bovinas que se atisban por allá, juegos de orografías sagradas, símbolos religiosos que conducen a pretéritos ritos de regeneración, de coronación, de eternidad... Los templos de Deir el Bahari son el tablero de un juego que todavía no hemos llegado a comprender, porque alguien nos ha escondido el librito de las instrucciones.

Me adentré en su patio, llevado como en volandas por el sobrecogimiento (que no puedo nunca evitar a pesar de haber convivido con este templo largas temporadas) y el asfixiante calor que en este circo rocoso se condensa con maldad. El patio me recibió ofreciendo los ruinosos cadáveres de estanques y jardines. Incluidos los tocones de dos sicomoros traídos de tierras lejanas en África, símbolo de la divinidad Hathor que, aunque habitualmente se representa como una vaca, encuentra también reflejo en estos árboles sagrados. Ascendí por su rampa hasta el segundo de los planos. En el camino me fije en una figura delgada, casi hasta rozar la momificación, que barría las escaleras con una hoja de palma. Su cráneo expuesto, más que su rostro, tenía un prominente aunque delgado mentón, que confería a su rostro un perfil de duna dorada. De su vestimenta afloraban dos manos huesudas y, por abajo, unas sandalias desvencijadas que el polvo cubría como a los bruñidos pies. Las muñecas tintineaban con ligereza al movimiento de la improvisada escoba, como lo hacen los azahares o las hojas coloridas de las buganvillas cuando sopla el viento. Y su rostro me lanzaba miradas curiosas entre escobazo y escobazo.

—¿Naga? —De golpe me vino su nombre y su recuerdo—. ¿Abu Naga?

Él me sonreía sin hacer mucho gesto. Siempre fue hombre de exiguo diálogo y moderado talante. Abu Naga recorría cada mañana la necrópolis con una tetera humeante y varios vasos de vidrio y cucharillas. Era nuestro hacedor de tés. Era un alivio en la jornada de trabajo. Y era un personaje siempre sonriente que nunca devolvía una palabra pero jamás regateó una sonrisa. Y las seguía regalando.

—¡Abu Naga!

—*Aiwa, doctor*—. No podía creerlo. Abu Naga sabía hablar. Lo había descubierto varios años después de conocernos. Y se abalanzó para darme un gran abrazo. Fue como un curso intensivo de anatomía. Noté todos sus huesos bajo la *galabiya* y el aliento de su sonrisa refrescando mi sudado cuello. Es impresionante lo diferente que es la cultura del contacto físico en la cultura egipcia. Un amigo te expresa mucho más con un abrazo, un beso, o un paseo cogidos de la mano, que con infinitas palabras. Cogidos por el hombro subimos hasta guarecernos a la sombra de los colosos de la dueña del templo. Al instante aparecieron otros viejos amigos y conocidos con los que compartí aquellos días de trabajo. Todos ellos eran *gafires*, guardianes de los monumentos. Y entonces pensé en la ilusión que me haría reencontrarme con algunos de los compañeros egipcios que excavaban con nosotros: Hassan y su despigmentada cara de pillo, Ahmed y su extraordinaria fuerza para levantar piedras, como una reencarnación de Belzoni, o el otro Ahmed, el benjamín del grupo, un nervio eléctrico que se ganó, a pulso, el apodo de «el Calandraca», que a buen seguro todavía conservaba por la zona de Qurna.

Naga desapareció durante unos minutos, apenas lo justo para cumplir con su imperecedera labor, como si no hacerlo fuera a infringir el orden cósmico y la Maat que ha impregnado estas rocas desde hace miles de años. Apareció con la tetera abollada, los vasos resonando al ritmo de sus cristales y el cascabeleo de las cucharillas. Preparó el té mientras los demás se afanaban en colocarme el pañuelo, que siempre llevo al cuello, en la cabeza, como mandan los cánones de la buena turbantería egipcia. Y me preguntaron por todos aquellos que un día pasaron por allí, para que yo les dijera que apenas sí mantengo relación con un par de ellos. Me fascina cómo la amistad puede permanecer inmutable a miles de kilómetros y a años de distancia y, sin embargo, se disuelve en los ámbitos más cercanos. O a lo mejor esa es precisamente la causa.

Dos o tres vasos de té después, me despedí de ellos para abandonar Deir el Bahari, siempre con la convicción de que no tardaría en volver. Y de que, con la misma seguridad, ellos seguirían andando por aquí. Caminé para alejarme de las ruinas, flanqueando tumbas como la del alcalde Montuhemhat y muchas otras, mientras el trenecito de los guiris me adelantaba una y otra vez. Algunos me miraban como pensando que yo era un friki alocado que quería hacerme el interesante; otros lanzaban miradas más benignas, pen-

Ramasseum, Tebas, Francis Firth, 1857

sando que avanzar dentro o fuera de aquel tren definía la manida y absurda lucha por diferenciar a un viajero de un turista. Yo era ajeno, y seguía avanzando porque no tenía más ansia que llegar a la altura del templo de Ramsés II, que es donde se levantaba el que, por entonces, era el único establecimiento de toda la necrópolis que servía cerveza fría: el Birra House. Aunque yo siempre he pensado que, estando al lado del Ramesseum, habría enfocado el marketing llamando a mi negocio «Birramesseum».

Me senté a la sombra de sus palmeras, en su fresco jardín, me tomé un par de Stelas congeladas, mientras comía carne, patatas fritas, ensaladas y *tahina*. Y me recosté en una de sus amplias bancadas de madera viendo pasar egipcios en moto, taxis y gatos por la cercana carretera. Absolutamente nada más ocurría o podía ocurrir en el jardín del Birra House. Pero tampoco hacía falta nada más para recuperar la energía y las sales minerales perdidas y desparramadas por los templos. Lo cual no significa que el sopor y la pereza no impidan que uno tenga ganas de abandonar el paraíso para volver a torrarse por la escarpada colina tebana, en busca de nuevos templos que visitar. Pero había que rentabilizar tiempo y esfuerzo, así que me marché caminando hacia el sur, siguiendo el camino.

Los caminos en la orilla occidental de Tebas, una vez que se ha abandonado la zona de cultivos, que es la habitada, y que da paso a esa inmensa región arqueológica, no tiene pérdida. Todos conducen a algún yacimiento, a algún templo, o a alguna necrópolis o tumba particular. Yo elegí dirigirme a Deir el Medina.

La ciudad de Deir el Medina («El convento de la ciudad» si lo traducimos del árabe) es una preciosa excepción que viene a confirmar la regla de que el Antiguo Egipto no nos ha legado evidencias materiales de la vida entre las clases sociales más desafortunadas. Todo son ostentosas tumbas, majestuosos templos, ciclópeas efigies de monarcas y un etcétera que tampoco es que vaya mucho más allá. Y los de abajo, los «nadie» como los llamaba Eduardo Galeano, han quedado relegados al eterno olvido. Pero Deir el Medina es una breve reivindicación de una parte de aquellos trabajadores.

No nos engañemos. Tampoco es que sirva como prototipo. Los trabajadores que vivían entre los muros de la ciudad de Deir el Medina eran, podemos decirlo así, verdaderamente privilegiados. No les faltaba absolu-

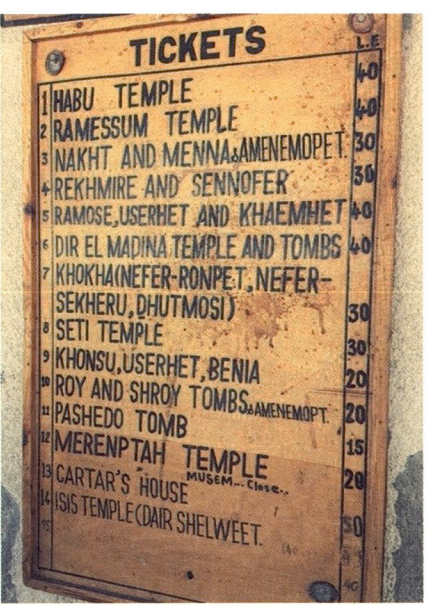

Cartel de las oficinas del Servicio de
Antigüedades

tamente de nada: vivienda, protección, salubridad, alimentos, agua potable traída a diario desde el Nilo y, lo que es más importante aun, una garantía de vida eterna. Porque el mayor pago y recompensa que recibía un habitante de este poblado era un espacio para construir su propia tumba, su particular morada para la eternidad.

Llegué hasta sus muros caminando, después de comprar la pertinente entrada en las ventanillas de las oficinas del Servicio de Antigüedades, no muy lejos de los Colosos de Memnón. Llegué caminando porque esperar la parada de un taxi por este camino es casi absurdo: muy poca gente visita Deir el Medina. Y quien lo hace viene preparado y armado de transporte propio. Yo caminaba, aunque no me importó en absoluto.

A la entrada del yacimiento hay un tenderete, un pequeño cobertizo que alberga maquetas del poblado, de la disposición de cómo eran las viviendas y, para mí, lo que es un verdadero placer, un viejo estante lleno de publicaciones a la venta. La mayoría de ellas publicadas por el IFAO, el Instituto Francés de Arqueología Oriental, que durante muchos años tuvo la potestad arqueológica de este yacimiento. No es que los libros fueran baratos, pero cuando uno tiene tanta joya junta ante los ojos, tampoco le parecen caros.

Retomando el concepto de la excepcionalidad del lugar, hay que celebrar la fortuna de que, al menos, un yacimiento de esta magnitud nos permita aproximarnos al conocimiento, por muy breve y minúsculamente tergiversado que sea, del trabajador egipcio durante el Reino Nuevo. De los muros y otros enclaves de Deir el Medina han salido a la luz datos que nos facilitan informaciones valiosísimas sobre los diferentes gremios artesanales que acometían los trabajos en el interior de las tumbas de sus reyes, en el afamado valle de las tumbas de los mismos. Canteros, escultores, pintores, escribas, carpinteros y ebanistas, orfebres... todos ellos, así como sus familias, vivían hacinados entre los muros de la ciudad, a lo largo de sus estrechos callejones, provistos de viviendas privadas que se solapaban unas con otras, y todo aquello que pudieran necesitar. Una vida que era, al mismo tiempo, un castigo y un privilegio, pues no abandonaban este lugar si no era para salir a trabajar. Y el secretismo de dichos trabajos se pagaba con la libertad.

Pero el mayor regalo que Deir el Medina ha entregado a la egiptología no reside en dichos muros y viviendas, ni en las tumbas de sus habitantes. Ni siquiera en el pequeño templo que disponía la ciudad. El mayor tesoro procede, nada más y nada menos, que de un inmenso basurero. Un abisal socavón en el desierto, que inicialmente tuvo como finalidad localizar una veta húmeda que abasteciera a la ciudad, terminó convertido, tras el fracaso de la empresa, en el mayor cubo de basura que ha conocido la historia egipcia. En su interior, aparecieron miles de *ostraca*, término griego con el que se conoce a los pequeños trozos cerámicos o, en mayor medida, lascas de blanca piedra caliza, que se utilizaban a modo de bloc de notas para intercambiar apuntes y escritos: desde la lista de la compra, cartas de amor y cuentas hasta quejas y peticiones de justicia, que nos han permitido conocer el día a día de los habitantes del poblado. Cómo pensaban, qué les preocupaba, cómo se organizaban, qué problemas les sobrevenían y cómo y a través de qué organismos se resolvían.

El habitante de Deir el Medina, además de excavar hipogeos en la roca caliza del Valle de los Reyes, disponía de un pequeño emplazamiento en la ladera para construir su propio enterramiento. Hipogeos que luego pintaban y embellecían, a su gusto, disponiendo del acceso a unos elementos rituales y unas prerrogativas mágicas que no estaban a la mano de cualquier mortal.

En el tiempo en el que yo había tomado respiro a la sombra y había ojeado algunas de las publicaciones francesas, eligiendo cuál me iba a llevar esta vez, un pequeño grupo de turistas había llegado en una pequeña furgoneta. No eran más de cinco. Habían saltado a la carrera y habían ascendido jadeando las escaleras hasta la entrada de las primeras tumbas, las que se abren al público visitante, pertenecientes a Sennedjem e Inherkhau. Por su acento profundo y sus orondos contornos y sonrosados mofletes, delataron su procedencia americana. Eran yanquis de hamburguesa y *apple pie*. Visitaron los dos hipogeos, peleando contra los angostos y ceñidos muros del acceso, que fueron barnizando con su sudor. Regresaron a la superficie a los pocos minutos con cara de henchida satisfacción. Pero con eso tuvieron suficiente y rehusaron a recorrer el resto del yacimiento. A pleno sol, que locura. Regresaron a su furgón y desaparecieron. Todo ello, en el tiempo en el que yo decidía que libro iba a comprar. La situación me recordó las quejas que vertía Fernando Estrada en su amena obra sobre los ciudadanos de Deir el Medina, titulada *Los obreros de la muerte*: «*Coloristas y vociferantes, avanzan aferrados a sus aparatos fotográficos, efímeros ojos y cerebros de plástico y cristal, que son la garantía única del viaje, el objetivo principal. Hay que enfocar, disparar y enlatar todo lo que se pueda y en el mínimo tiempo posible; de lo contrario ¿quién se va a creer que han estado, al fin, en Egipto?*».

Inherkhau ostentaba una destacada posición entre los obreros. No era un simple artesano, ya que poseía el título de «Capataz del Señor de las Dos Tierras en el lugar de la verdad». «El Lugar de la Verdad» es como llamaban los egipcios al Valle de los Reyes. Inherkhau vivió y trabajó en tiempos de Ramsés III y Ramsés IV, en la ya avanzada dinastía XX. En Tebas, el trabajo que se debía de acometer por una persona en la tumba del rey era, generalmente, supervisado por dos responsables, uno de los cuales estaba al frente de los trabajos en el lado izquierdo de la tumba y el otro de la parte derecha. Estos cargos de responsabilidad, salvo que fueran designados por un visir, acababan siendo hereditarios, ya que el hijo crecía al amparo de la formación de su padre, perfeccionando sus capacidades de generación en generación. Es el caso de Inherkhau, de quien sabemos que su bisabuelo obtuvo el puesto de capataz durante el reinado de Ramsés II. La familia prosperó en esta posición. De modo que Inherkhau no tuvo mucha opción: se unió a la fuerza en las obras como un trabajador ordinario, pero cuando comenzó a rondar nuestra mayoría de edad se convirtió en ayudante de su padre. Y después en capataz.

La relevancia de su cargo en vida y su capacidad artística y arquitectónica quedaron también plasmados en la muerte. Su tumba en Deir el Medina, que todavía olía al protector solar de los americanos y a chicle de menta cuando yo me adentré en sus estrechas entrañas, asombraba por sus perfectas decoraciones y sus dibujos ricos y refinados. Representaba, en dos pequeños habitáculos que apenas me permitían ponerme de pie, lo mejor de la obra artística de la dinastía xx, aunque sólo fuera porque es la única tumba en esta necrópolis que conocemos para esa cronología.

Sennedjnem, en cambio, trabajó tiempo antes que su vecino de cementerio. Él desarrolló su trabajo con los reyes Seti I y su hijo, Ramsés II, durante la dinastía xix. Sabemos que también fue un funcionario de alto rango con la tarea de supervisar la necrópolis real tebana como lo demuestran las escenas y textos de su tumba. Allí aparece nombrado como Servidor en el Lugar de la Verdad. En otra escena de su diminuta tumba, que también parecía haber terminado de pintarse y decorarse ayer por la tarde, aparecía el difunto artesano siendo momificado por un sacerdote que portaba la máscara funeraria el dios Anubis. Esa efigie de negro rostro canino preparando la momia para su viaje a la eternidad, siempre me ha parecido una de las estampas más bellas que nos ha legado el antiguo Egipto. La teoría dice que en el interior de estos monumentos no se puede hacer uso de la cámara fotográfica. Pero no dice nada sobre el uso de los lapiceros y acuarelas.

La tarde se iba consumiendo y la jornada iba pesando sobre los hombros y en las corvas de las piernas. El sofocante calor de luz brillante iba cediendo espacios a las sombras que se comenzaban a alargar a los pies de la montaña tebana. Y los naranjas del paisaje se iban oscureciendo y tostando. Regresé sobre mis pasos buscando desviarme hacia el camino que, entre canales y cosechas, conduce al poblado de Medinet Habu, que esconde a la vista entre palmeras el gran templo funerario de Ramsés III. Una mole erigida a imitación del Ramesseum, por el rey que en todo trató de emular a su antepasado de la dinastía xix. Allá donde el segundo se enfrentaba a los Hititas en Qadesh, el tercero les daba lo suyo a las diferentes tribus que conformaban los llamados Pueblos del Mar. Poco más lo diferenciaba de la disposición arquitectónica del otro templo más viejo que refrescaba la cerveza para los sedientos. Salvo, acaso, las capillas de Amenirdis I, Shepenupet II y Nitocris I, las cuales tenían el título de Divinas Adoratrices de

Amón durante la dinastía xxv. Y el gran portón de acceso al recinto, que lejos de emular a los consabidos pilonos egipcios, Ramsés III ordenó erigir a modo de fortaleza asiática. Una elevada torre que, de hecho, se conoce con el nombre hebreo que significa eso precisamente: un *migdol*. Varios libros del Antiguo Testamento dan fe de la presencia de este tipo de obras en el Alto Egipto. Y el de Ramsés III es uno de los mejor conservados.

Pero mi verdadera motivación para acabar la jornada en este lugar no eran los templos ni las ruinas, sino la mejor limonada del mundo. Ningún viajero debería renuncia a probar esta delicia, preparada con todo el esmero que es capaz de aportar una extensa familia que ha vivido y habitado desde hace décadas la esquinita que se alza frente al *migdol* de Ramsés II. Un espacio amplio, diáfano salvo por una columna azulada, plagado de bancadas de madera y pétreos almohadones para que el inexistente turista descubra los retratos de los antepasados colgados de las paredes, viejos mapas y diagramas de la National Geographic y un par de maquinas refrigeradoras que jadean a través de sus ventiladores. Por ningún lado se anuncia la limonada. Es un secreto a voces. Una fórmula mágica que se prepara por las mujeres en los estómagos de la vivienda, en las cocinas inaccesibles para el varón, en los laboratorios de dulzura y acidez, detrás de unas enormes jaulas que acogen a estilizados halcones y búhos que parecen posar para el turista que recae perdido por estas latitudes, como jeroglíficos que hubieran cobrado vida y se hayan escapado de la roca del templo vecino.

Esta limonada detiene el tiempo. Rodeado de gatos, casitas con patios, terrazas y palmeras, grandes y escuálidos bueyes tumbados a la sombra en las riberas del canal y niños que juguetean por la calle, el viajero se ve transportado a la época dorada de las exploraciones por el Nilo. Sólo hace falta alejarse un poco de las grandes fábricas de alabastro diseñadas para el visitante de tour operador. Solo hace falta perderse para encontrarse.

El autor disfrutando de una limonada

Capítulo XI: Las necrópolis de Tebas
La mano fría en la madrugada

A estas alturas de mi estancia en Luxor, comenzaban a hacerse pesadas las primeras luces de la mañana. No por su gradiente luz de alma renacida, ni por sus sonidos de modernidad anquilosada. Ni siquiera por sus olores a estiércol humedecido por el rocío o a tierra removida y polvorienta. Las mañanas comenzaban a ser cargantes por las digestiones a las que me sometía el chef de mi hotelito, el Nile Valley. Y no aguantaba mas *foul*, más té, más *falafel* egipcio y más platanitos.

—¿Tenéis café? —reclamé aquella mañana.

—*Turkish coffee.*

—*American coffee.*

—Nescafé —comenzó a regatearme el camarero.

—Me vale. —Lo que fuera con tal de cambiar la rutina.

—¿Es usted americano? —me preguntó un grueso egipcio que se estaba embutiendo en su amplio estómago un profundo plato de habas calientes. Con pan. A primera vista, dudé que el almuerzo pudiera llegarle al estómago. Llevaba un cinturón tan ceñido que le dividía su masa en dos partes, como la nebulosa resultante de la estrella gigante que explota en la silenciosa inmensidad del espacio. En este caso, aquel hombre era una gigante roja. Y sudorosa.

—¿Qué le hace pensar que soy americano? ¿Tengo pinta de americano?

—Por el café que ha pedido —me miró de arriba abajo—. ¿Mexicano?

—Ahí va usted acercando más el tiro. Pero aún le queda cruzar el charco. Pido café americano porque el café, si es muy fuerte, no me gusta. Y además, no debería tomarlo. Que luego me sube la tensión.

—¿Entonces por qué lo pide?

—Porque me temo que el té Arosa me gusta demasiado. Y no quiero acabar con los dientes negros.

Y entonces se carcajeó durante un largo rato mostrándome sus dientes. Creo, por lo que pude atisbar en su fauces, que me había entendido a la perfección. Se tomó su vasito de té de un solo trago y los posos quedaron desparramados por la pared de la mitad del vidrio.

—¿Es su primera vez en Egipto?

—Para nada. He perdido ya la cuenta.

—¿Ah, sí? ¿Viene a menudo?

—Vengo siempre que puedo. De viaje, a trabajar o a investigar.

—¿A qué se dedica usted? —Había captado su atención, parece ser. O aquella mañana se había levantado parlanchín. En ese momento el camarero le repuso el té y le trajo una enorme *shisha* de color verde que humeaba y aromatizaba todo el entorno, a pesar de que estábamos al aire libre en la fresca y techada terraza del edificio. El hombre ni siquiera agradeció el gesto y el muchacho se marcho, compuesto, por donde había venido. Y, puesto que no le había visto pedirla, supuse que aquel cebado individuo debía ser miembro del personal del hotel. Si no el dueño, que es lo que resultó ser. Así que obvié mi relación con el turismo para evitarme una charla sobre las bondades de su alojamiento para todo tipo de turistas.

—Soy egiptólogo. De hecho, estuve viviendo y trabajando aquí. En el West Bank. En esta misma calle, un poco más arriba. A la altura del *shaduf* que hay junto a la fábrica de papiros.

—¿Usted es de los españoles que trabajaban con Naga?

—Eso me temo, sí. ¿Conoce usted a Naga?

—Claro que sí. Es muy amigo mío. —Este otro Naga, diferente a nuestro querido proveedor de tés que he mencionado en el capítulo anterior, era el intendente de una misión arqueológica en la que yo trabajé aquí en Luxor. Una especie de «conseguidor» de cosas. Desde encargarse de proveer la casa de comida hasta encontrar, regatear y adquirir cualquier producto que se necesitara, por muy peregrino que pareciera. Todo se encontraba en Egipto. Y si no se encontraba, se fabricaba, o se ingeniaba y apañaba un sucedáneo que sirviera a tal efecto y función. Así se las gastaban.

—Pues hace un montón de tiempo que no hablo con él. Me haría mucha ilusión verlo —me sinceré.

—No se preocupe, yo le llamo. Y esta noche le digo que se pase por aquí.

—Claro que sí, que venga a la hora de la cena y nos tomamos un café, aunque sea turco.

—¡O americano! —Y volvió a lucir su dentadura.

Tebas es, quizás, el emplazamiento arqueológico más grande de Egipto. Su necrópolis, al menos, ha provisto a los museos de medio mundo con objetos de incalculable valor, procedentes a partes iguales, o tal vez no, tanto de excavaciones oficiales desde finales del xviii como de expolios, robos y saqueos. Y creo que no me equivocaría si dijera que es el mayor yacimiento arqueológico del mundo. Imposible de abarcar en un solo viaje. Digo más: pese a que esta necrópolis es muy bien conocida —por los científicos me refiero, porque los turistas son capaces de pasar sobre una tumba de la dinastía xviii sin saber que bajo sus pies se aloja un tesoro—, nuestro conocimiento de su historia es frágil, parcheado y remendado en función de pequeños atisbos de ingenio y pensamiento brindados por un muro aquí, un techo allí, una momia de más allá o, con suerte, un monumento funerario más completo que nos brinda un capítulo algo más largo que leer e interpretar. La necrópolis tebana es todavía un lugar que alberga mil cuestiones que abordar y analizar, proveyendo aún con inagotables recursos los departamentos de egiptología del mundo entero.

En el mes de febrero de 1886 el mundo conocería el descubrimiento de la primera tumba tebana. Y, como tal, se catalogó con el título de Tumba Tebana. TT1. Se trataba de la tumba de Sennedjem, en la necrópolis de la ciudad obrera de Deir el Medina que se citó anteriormente. En el descubrimiento de dicha tumba participó el mencionado español Eduardo Toda y Güell. El relato del descubrimiento se encuentra en la monografía dedicada al mismo, en la serie Estudios Egiptológicos, y en el Capítulo xxv de *A través del Egipto*:

A las cinco de la tarde del día 1° de febrero de 1886, en el momento de volver de una excursión a las ruinas de Karnak hecha con los miembros de la misión citada, se nos presentó en Luxor un beduino de aspecto miserable, enrojecido por el sol y mal cubierto el cuerpo por rota camisa de sucio percal blanco. Venía a participarnos el descubrimiento que pocas horas antes había hecho en la necrópolis tebana, de un sepulcro intacto y cerrado aún por la misma puerta de madera que en dintel de la cámara pusieron los antiguos egipcios al dejar en su recinto el último cadáver.

Eduardo Toda era arqueólogo, aunque muchos de los que por entonces participaban de estas campañas no lo eran. Y aunque siempre se le haya atribuido a Matthew Flinders Petrie la aplicación de una metodología científica a la egiptología, Toda ya trató de conservar y preservar, como restaurador y artista que era, todo aquello que fue hallado en el interior del intacto sepulcro del obrero egipcio.

Procedimos con método, disponiendo en primer lugar que los empleados egipcios del museo (del Bulaq) y los beduinos de Gurnah trasladaran todos los cadáveres, muebles y ofrendas del sepulcro, a nuestro buque anclado en Luxor. Así salieron de nuevo a la luz del día aquellos despojos de la muerte, encerrados durante más de treinta siglos en la sombra del olvido; y por más que nuestra atención procuró rodearlos de todos los posibles cuidados en su travesía por el desierto y la llanura tebana, no pudimos evitar que la natural incuria de los indígenas hiciera perder unos y estropeara otros.

De modo que parece ser que, al final, no lo logró con la pulcritud que cabría esperar.

En el otro extremo del arco arqueológico temporal se encuentra la TT415. Así es: cuatrocientas quince tumbas se conocen hasta la fecha en la necrópolis de Luxor, sin contar las de reyes, reinas y príncipes que pueblan el Valle de los Reyes, el Valle Occidental y el Valle de las Reinas. Cuatrocientos quince enterramientos, el último de las cuales pertenecía a un tal Amenhotep, sacerdote médico en tiempos de Ramsés III.

La primera y más grande de las colinas cementerio que el viajero se topa en la orilla occidental es la de Sheikh Abd el Gurnah. Gurnah, para los amigos, que a lo largo de la historia han sido numerosos. Fue durante muchos años famosa por su pequeño poblado de coquetas casitas de adobe que escalaban su inclinada superficie generando una bella estampa de muretes encalados, azulados o, sencillamente, de ladrillo cocido. Salpicaban la montaña aquí y allá, dejando ver en su parte superior los ventanales y cortados de acceso a los monumentos de época funeraria. Pero, claro, solamente los de arriba. Porque todas aquellas tumbas que se localizaban en la falda de la montaña estaban completamente cubiertas por estas casas. Y sus habitantes, que siempre han tenido fama de pillos, eran conscientes de que vivían sobre monumentos milenarios, con suerte atestados de valiosos objetos arqueológicos.

La más famosa de las familias de Gurnah a lo largo de la historia posiblemente sea la familia Abd el Rasul. Dos hermanos, Ahmet y Mohammed, allá por el año 1871, localizaron un profundo pozo de más de diez metros. Al aventurarse en su interior, conocedores del suelo que pisaban (el pozo estaba muy cerca de Deir el Bahari), se toparon con una enorme colección de restos faraónicos que a día de hoy no solamente decoran las salas del Museo de El Cairo, sino que reposan en la sala de las momias reales. Faraones como Seti I o Ramsés II, entre muchos otros, estaban aquí escondidos, lejos de sus tumbas, probablemente ocultados por sacerdotes de la antigüedad, para garantizar que nadie hiciera con ellos, precisamente, lo que los hermanos Abd el Rasul estaban haciendo: saquearlos.

En aquellos años del *boom* de la egiptomanía por Europa, la proliferación de piezas de exquisita factura e innegable relevancia puso sobre aviso y en alerta a las autoridades del Servicio de Antigüedades. Gaston Maspero, por entonces Director del Servicio, y muy amigo de Eduardo Toda, viajó a Luxor para investigar lo que estaba ocurriendo. Y no tardó en dar con la familia que estaba en el epicentro de tanta venta clandestina. Unos meses en prisión hizo que, finalmente, uno de los hermanos se fuera de la lengua y acabara conduciendo al francés hasta el escondite donde aguardaban los tesoros, poniendo fin al lucrativo negocio de la familia de saqueadores que, por supuesto, acabaron trabajando como asesores en las excavaciones. En el momento de mi viaje, he de decir que el Sayed Abd El Rasul, tataranieto de uno de los famosos hermanos, regentaba el hotel Marsam que había

Eduardo Toda y Güell, vestido como una momia. Museo de Bulaq, El Cairo, c 1886

Eduardo Toda y Güell con el grupo italiano de Gaston Maspero, c 1886

embriagado mis noches de egiptólogo y provocado mis parrandas nocturnas con los colosos de Memnón.

Pero la casa de sus ancestros ya no estaba donde yo la conocí en 2003. En el año 2007 el gobierno egipcio decidió desmantelar todo el poblado y derribar las casas, realojando a sus propietarios en nuevas y mas modernas construcciones sobre suelo virgen, si es que eso existe en la tierra de Egipto. La Nueva Gurnah se encuentra varios kilómetros al norte del yacimiento, lejos de agujeros susceptibles y fortuitos encontronazos con las reliquias del pasado. Donde un día se alzó la bulliciosa urbe de barro, ahora hay cascotes, alguna que otra ruina que se ha preservado como absurdo reflejo de lo que fue, en un quiero y no puedo museístico que no alcanzaba a interpretar, y los emplazamientos barridos y limpiados de posibles nuevos enterramientos que esperan a futuros egiptólogos que les hinquen el diente.

La entrada a los hipogeos de Gurnah que había conocido años atrás tenía un embrujo mucho más atrayente que lo que me encontré aquella mañana. Accesos a renombradas e importantes tumbas del Reino Nuevo, como la de Ramose, antiguamente se hacían deambulando previamente por callejones polvorientos, esquivando niños descalzos que, en los ratos sin escuela, vagaban alternando sus juegos infantiles con la caza del guiri descarriado que les pudiera comprar alguna baratija. Y entre puertas de colores y burros aparcados en doble fila, existían verdaderas joyas del mundo de la artesanía local, como el taller de relieves que existía ante la mencionada tumba de Ramose. Allí despachaba un hombrecillo afable que daba forma a lechosas lascas de caliza para convertirlas en réplicas maravillosas de afamados relieves procedentes de los hipogeos de la necrópolis. Con inagotable paciencia y la maña del escrupuloso menestral que se deja la vista en los ínfimos detalles, iba tallando con destornilladores de relojero las enjutas de las pelucas, los adornos de los brazaletes y las grecas de los vestidos de los personajes que imitaba en sus obras, con la misma precisión con la que se podían encontrar en sus emplazamientos originales. El visitante se perdía durante un buen rato vagabundeando con la mirada por un amplio periodo cronológico de la historia faraónica, la que se recogía en las obras de las baldas y estanterías de la sala que le servía como tenducho. Él trabajaba al aire libre, a pie de calle, en un sombrajo de cañas y con un cigarrillo siempre consumido entre los labios, ya que los dedos, alargados y precisos como herramientas de cirujano, operaban la piedra para devolverle vida. Pero ya no existía nada de aquello, y las calizas debieron de mudarse a nuevos y modernos emplazamientos.

Aquella tarde del ascenso a la TT55, la primera que quería visitar, estaba yerma y desangelada, huérfana de niñas que vendieran muñecas de trapo, de cabras y borricos, privada de vejetes disfrutando de sus *shishas* a la sombra y de vida cotidiana. Ésta había quedado ya únicamente relegada a los relieves interiores de los monumentos.

Ramose era uno de los peces gordos del país a finales de la dinastía XVIII. Un gerifalte de antaño que diría Valle-Inclán. Visir, alcalde, supervisor de los trabajos, supervisor también de los sacerdotes y hasta juez, son algunos de los cargos que aparecían en su currículo. Entre los títulos honoríficos suena muy romántico el de «hacedor de verdades y enemigo de los engaños». Un tipo importante, lo cual quedaba evidenciado en su enorme tumba. Solamente la primera sala, la principal, contaba con cuarenta y dos columnas.

Lo impresionante de la visita al complejo de Ramose recalaba en sus relieves. La caliza de sus muros era de una calidad insuperable, por lo que sus paredes, nubladas de hermosos bajorrelieves, mostraban un nivel de detalle tal que pareciera que la piedra se hubiera fraguado con molde, al antojo de los escultores, y no al contrario. Las finas y translúcidas telas, los detalles de la ebanistería en los muebles, la orfebrería, los peinados, incluso las comisuras de los labios parecían ser hechos de vello y terciopelo. Y todo el con-

Artesano de réplicas de relieves de hipogeos de la necrópolis

junto principal se conservaba con una albina claridad tan luminosa que no cabría en la cabeza de nadie que el monumento pudiera estar inacabado. Tan solo los perfiles apuntados de *kohol* en los ojos y las delicadas cejas de cada individuo habían sido perfiladas con intenso negro.

En otra pared, que sí había recibido color, se representaba el desfile funerario del difunto, con un séquito que portaba los materiales del ajuar y un nutrido grupo de plañideras, jóvenes y adultas, que alzan las manos buscando respuesta a la eterna pregunta de la humanidad, o se tapan el rostro a fin de enjugar las lágrimas provocadas por la pérdida de tan importante personaje.

Si la tumba de Ramose era imprescindible en cualquier visita calmada por la excelencia de sus relieves, la de Rekhmire, catalogada con la sigla TT100, lo era por sus pinturas.

He hecho uso del adjetivo calmado para describir mi visita, porque cualquier conocedor de las necrópolis civiles de Tebas sabrá que la prisa no es compatible con estos lares y jamás recompensa al visitante. Es preferible explorar pocas en profundidad que muchas sin detenimiento. Y si el viajero escoge los monumentos con criterio (artístico, cronológico, arquitectónico...) no solamente disfrutará mucho más de su paseo, sino que será capaz de discernir una interesante evolución en los criterios funerarios del Reino Nuevo que ayudarán a la comprensión de las mentalidades religiosas.

Rekhmire llegó a ser visir del Alto Egipto, alcalde de Tebas y poseedor también de una hoja de servicios que habría necesitado de varias plantaciones de papiro para poder escribirse. Otro personaje partícipe de la confianza y autoridad del rey, que gozó de la potestad de construir un cenotafio de ingente magnitud. Su interior, con todas las paredes profusamente decoradas de vivos colores, es un catálogo magnífico de los quehaceres cotidianos de la gente del Nilo. Por sus muros desfilan africanos portando animales exóticos y colmillos de marfil, escultores que tallan enormes colosos de piedra y doradas esfinges, agricultores aventando grano y ganaderos acarreando granos y animales, alfareros, cazadores, fabricantes de cerveza, carpinteros, orfebres y forjadores, aguadores... Se diría que ningún oficio se escapó de tener su pequeño rincón en este túmulo.

Más allá, aparece el difunto recibiendo todo el proceso del rito funerario, con su cortejo, su música, sus lamentos y sus quebrantos propios del duelo.

La tercera de las tumbas que aquella mañana visité en Sheikh Abd el Gurnah pertenecía a un personaje medianamente más modesto. Se llamaba Sennefer, y en los días de su vida fue alcalde de la capital del reino y supervisor del jardín del dios Amón. Eso sí, descendía de una familia rica e influyente. Aun así, su tumba, catalogada como TT96, no fue construida en el mejor de los emplazamientos de la colina. Se abría unos metros más arriba de la Rekhmire, en la parte alta de la colina. Allí, los estratos de roca eran duros y poco maleables, por lo que sus paredes y, sobre todo, el techo,

Interior de la tumba de Rekhmire TT100

acabaron por mostrar una superficie imperfecta e irregular que debió de llevar a los arquitectos y artesanos por un agrio camino de inconvenientes. Pero sus imperfecciones fueron, a la postre, su mayor virtud. Donde debía de alzarse una cubierta rectilínea que acogiera los tradicionales decorados geométricos, aquí parecía que se hubiese instalado una pérgola de largas y coloridas telas, amarradas a postes imaginarios que no permitían tensar las lonas en su totalidad. Junto a los paños, aparece un fresco emparrado que pareciera acercarse y alejarse, en un perfecto efecto tridimensional, de la cabeza del visitante. Así de bien supieron explotarse los recursos arquitectónicos y geológicos del agujero, para generar un espacio diminuto, pero fresco y vivaracho hasta el punto de que el visitante olvida por completo que esto es, en realidad, una tumba.

Ídem

Más al norte aparecían dos nuevos espacios, pertenecientes también a la parte del cementerio dedicada a tumbas de personajes civiles: la primera era El Khokha, y más al norte, lindando ya con Deir el Bahari, se encuentra El Assassif, donde se alza la TT71, uno de los monumentos adscritos al Mayordomo de Amón (entre otro porrón de cargos) Sennemut, íntimo de la reina proclamada rey, Hatshepsut. Este monumento, y este personaje, fue mi llave a la egiptología y la causa de mis desvelos doctorales.

Gurnah, Khokha y Assassif se emplazan, las tres, al sur del eje principal de Deir el Bahari. Al norte de esta línea se alza, en otra colina, la necrópolis de Dra Abu el Naga. Allí se desarrollaba, por ejemplo, el célebre proyecto arqueológico español del CSIC, en las tumbas de Djehuty y de Hery, entre otras que fueron haciendo aparición en los años que duraba la investigación.

También en Dra Abu el Naga estaba el túmulo que excavaba la Universitá degli Studi di Pisa, donde tuve, en mis años mozos, el gran placer de especializar mis estudios. Muy cerca de este yacimiento visité dos pequeñas tumbas que también estaban abiertas al público aquella mañana, y que me pillaban de camino al Valle de los Reyes, que era donde encaminaba mis pasos. Estas tumbas pertenecieron a dos personajes alejados en el tiempo, pero cercanos en el apelativo: Roy y Shuroy.

La de Roy, TT255, consistía en un minúsculo habitáculo que me obligó a entrar encorvado para no rozar la testa contra el techado geométrico de vivos colores rojos, blancos y amarillos. No pude evitar pensar cuánto tardarían las calabazas de los turistas en arruinar las decoraciones, a base de golpear con la sudorosa testuz. El propietario, el tal Roy, fue escriba real y mayordomo de la heredad del rey Horemheb, último monarca de la dinastía XVIII. Su reducido espacio y la disposición estilística del conjunto recordaba a las viejas estancias de casa de pueblo andaluz, de esas sin ventanas, que luego se decoraban con vetustos papeles pintados que la humedad y el moho despegaba como queriendo desprenderse de la vestimenta atroz, vencida por la moda y el paso del tiempo. Pero aquí no había papel impreso, sino garabatos diseminados con religioso criterio por el desplegable panel que registraba el funeral de Roy.

La última tumba que visité en la cara oriental de la montaña de Tebas fue la vecina, perteneciente a Shuroy, un portador de braseros del templo de Karnak, que debió de vivir en algún momento de la dinastía XIX. Su tumba es un cuchitril mal decorado, que no deja de tener su encanto. A diferencia de la que había visitado en primer lugar, la titánica y fascinante tumba de Ramose, esta dejaba patente la pertenencia a un personaje de poca ralea, que aun así, no había querido renunciar a su porcentaje de vida eterna.

Y al salir de nuevo al exterior, mareado por tanta subida y bajada y habiendo caminado la totalidad de la longitud del cementerio, me percaté de lo ruinoso que era visitar estos monumentos, teniendo que soltar *backsish* a cada personaje que me cruzaba y por cualquier motivo. Además, había cometido un error enorme al no proveerme previamente de agua, y ya no podría adquirirla hasta la entrada al Valle de los Reyes. Pensé en coger un taxi, pero había perdido mi oportunidad al entrar en esa tierra de nadie, extendida entre un yacimiento turístico y otro. De modo que no quedaba más remedio que caminar entre peñascos y acantilados por el sendero que conduce al Lugar de la Verdad.

Bueno. Eso, o darse la vuelta y regresar a un lugar fresco donde poder tomar una cerveza bien fría. No es que fuera una disyuntiva complicada, pero en esas me debatía yo cuando sonó mi teléfono móvil, mostrando un largo número que comenzaba con el prefijo número veinte. Alguien me llamaba desde Egipto.

—¿Sí?

—¿Tito?

—Sí.

—¡Tito!

—Podemos estar así todo el día. ¿Quién eres?

—¿Dónde estás? Soy Naga.

—Naga. Amigo. ¡Qué ilusión! Voy camino del Birra House —mentí, pero mi mente había tomado la decisión en el mismo instante que se había encontrado con una excusa en el horizonte—. ¿Te vienes? ¿Tomamos algo? Me apetece verte.

Cuando llegué al bar, el sudor que bañaba mi espalda ya se colaba, flan-queando la goma del pantalón, por los bajos fondos. Pensé, al pedir mi primera cerveza sin apenas haberme sentado o haber dado las buenas tardes, que si se celebrara un concurso de camisetas mojadas, aquella primera cerveza debería salirme gratis. A la vuelta de la esquina, tomando un té que hervía y que sujetaba en equilibrio con los dedos índice y pulgar de su mano izquierda, estaba mi grueso anfitrión de la mañana. Y a su lado, elegantemente sentado, con sus piernas de mantis religiosa bien cruzadas, siempre luciendo un impecable pantalón y una desgalichada camisa sometida al cinturón de cuero negro, estaba mi amigo Naga. Iba ataviado con una chaqueta de cuero negra. Sus manos afiladas sujetaban la boquilla del narguile entre sus labios oscuros, mientras que sus otros dedos, largos y tallados en vara de abedul, movían las fichas de un backgammon por el tablero.

En cuanto me vio, levantó sus casi dos metros de altura y, como un gigante espigado al que solamente es posible intuir de frente, porque de perfil se desvanece, se acercó hacia mí con grandes zancadas, los brazos abiertos para fundirse conmigo y mi sudor. Solamente repetía, con voz tierna y cariñosa, mi nombre una y otra vez. La escena debió de ser similar a la de Sloth, el deforme gigantón de *Los Goonies*, abrazando a Gordi.

Naga y yo nos conocimos en el otoño del año 2003. Yo llegaba a Egipto vinculado a un proyecto de conservación que se desarrollaba en Luxor. Era un recién licenciado soñando con desarrollar mi potencial profesional en las áridas tierras de los faraones, como el mismísimo Howard Carter. Había superado lo que «a priori» se me vendió como una selección de personal cualificado y había terminado como arqueólogo, interviniendo en una serie de monumentos que, años más tarde, derivarían en el origen de mi tesis doctoral.

Naga era, como ya he mencionado, el intendente que se encargaba de la logística de aquellas campañas arqueológicas. Para el responsable del proyecto supongo que sería un empleado más, un asalariado que, a cambio de un estipendio pactado, desempeñaría sus funciones. Y lo hacía, he de decir, con una diligencia poco habitual entre los egipcios. Pero para mí fue como un primer hermano mayor en esta tierra que tanto conocía sobre el papel pero tan poco aún sobre el terreno. Antes de cruzar mi camino con Badri, Naga fue mi tutor y hombre de confianza, mi amigo. Y por ello le guardo un enorme e infinito cariño.

Su amigo, el dueño del hotel, enseguida me tendió un vaso de té. De sus compulsivos tés. Pero Naga se echó a reír y, negando con su larguirucha mano en un gesto que cortaba el aire con infinita elegancia, pidió dos Stelas bien frías.

—¿Qué tal se duerme en el hotel de mi amigo? ¿Te han visitado por las noches?

Lejos de lo que el lector pueda imaginar, no había ninguna intención picante en la cuestión que me formulaba mi amigo. La clase de visita nocturna a la que él se refería era bien distinta. Aquello a lo que Naga aludía sucedió en noviembre de 2003. Acabábamos de conocernos, apenas si teníamos alguna confianza. Yo era, como he dicho, un becario inexperto en un interesante proyecto. Me acompañaban en la andadura algunos personajes de tinte neocolonialista, algunos verdaderos profesionales de sus gremios y sectores, y una simpática mujer de mi profesión. Habíamos iniciado los trabajos unas pocas jornadas antes de aquella noche en la que todos nos disponíamos a cenar. Sobre la mesa se habían dispuesto platos,

El autor con su amigo Naga

245

copas, cubiertos y otro menaje, como si fuese a celebrarse algo. Y, de hecho, sobre la mesa, había más platos que comensales, sobrando un cubierto completo. Al sentarnos a la mesa, cuando el cocinero, que se llamaba Nubi, sirvió sus siempre deliciosas viandas, algunos nos percatamos de que sobraba un plato. Y al no estar Naga en la mesa, dedujimos que algún asunto lo habría obligado a retirarse justo antes de empezar a cenar.

El menú de aquella noche consistía en sopa de tomate, bien cargada de pimienta negra como le gustaba cocinar a Nubi, y coliflor frita con limón, acompañada de *yaryir*, una planta de sabor amargo parecida a la rúcula silvestre a la que los egipcios achacan cierto poder afrodisíaco. Después de la cena, se despejó la gran mesa del comedor para que sirviera también como lugar de trabajo donde desplegar un gran mapa topográfico de la necrópolis tebana y poder realizar unas observaciones y mediciones, en base a los trabajos de los alemanes. Pero ni siquiera dio tiempo a extender el mapa. Las luces de toda la casa se desvanecieron de golpe y todo quedó sumergido en una palpable negrura que no permitía intuir ni formas ni colores.

Yo tenía en la mano, porque acababa de descargar la tarjeta fotográfica de mi cámara en el ordenador, mi máquina de fotos. De modo que fui enfocando con la función automática del objetivo, a fin de que la pequeña luz blanca que cerraba las pupilas para evitar el efecto de los ojos rojos nos permitiera ir ubicándonos y llegar al cuadro de luces para comprobar si había saltado el diferencial. Unos minutos después y tras haber disparado accidentalmente alguna que otra foto, comprobamos que así era: el diferencial estaba bajado y al subirlo la luz se hizo de nuevo como en el Génesis bíblico.

Podría pensarse que aquel suceso nada tuvo de extraordinario, y de hecho así fue. Tampoco tenía nada de extraordinario que los dos perros guardianes que custodiaban la entrada de la casa, cada uno de ellos con su caseta a cada lado de la entrada, se estuvieran desgañitando a ladrar desde el momento que se había ido la luz. Ellos, que apenas se levantaban del suelo si no era salvo cuando te veían con comida en la mano. Y además, ladraban subidos en los tejados de sus casetas, tan cerca de la puerta como les permitían sus collares y cadenas, y mirando hacia el interior de la casa. No se trataba de que un gato hubiera pasado por delante de la finca. Ladraban hacia el interior.

Pero, como digo, nada vimos de extraordinario en lo ocurrido al irnos a dormir aquella noche. Lo de los perros era más molesto que extraño. Cada mochuelo se retiró a su olivo y el mío era individual y privado. Yo dormía solo en una habitación que había junto al salón, muy cerca de la mesa de trabajo. La estancia, de hecho, no era un dormitorio, sino que se había improvisado con una cortina verde que lo separaba del resto del salón y no con una puerta. Los trabajos arqueológicos de campo tienen estas cosas en materia de intimidad. En aquel cubículo se me había improvisado un jergón plegable de campaña, de esos de somier de muelles y colchón extraplano que permite que los alambres se tatúen en la piel. Pero con dos buenos almohadones y una sábana limpia yo era el rey del mambo en aquel momento. Total, estaba cumpliendo un sueño a mis veinticuatro añitos. Al menos hasta las tres o las cuatro de la mañana, cuando algo me sobresaltó rompiendo ese sueño, el metafórico y el literal.

Me desperté porque el colchón se había hundido. Tanto que mi cuerpo rodó y, del golpe, desperté sobresaltado. Me había chocado contra la pared. Aquel invento improvisado de muelles y alambres había cedido bajo mi peso, que no era poco. Eso fue lo primero que pensé, avergonzado antes de tiempo. Porque, además, al dar la luz e incorporarme, pude comprobar el hueco que el colchón formaba junto a la pared a la que la cama estaba pegada. Y de repente, cuando iba a mirar qué había fallado, el colchón se levantó y volvió a su posición normal. Como si algo o alguien estuviese sentado en la cama hundiendo el borde de la misma bajo el peso de su cuerpo y, de repente, se hubiera levantado. Aquello ya no tenía ningún sentido. Pero aun así, traté de comprobar que el somier no estaba roto. Levanté el colchón y fue en ese momento cuando toda mi lógica y mi poco juicio se vinieron a tierra. Porque una gélida mano invisible me cogió por el hombro derecho y me presionó hacia abajo.

No me pregunte el lector qué fue aquello. No sé lo que ocurrió. Es obvio que el más escéptico en lides paranormales me dirá que aquello fue la mezcla de la sugestión y una corriente de aire frío. Y no niego que tenga razón. Y el más creyente (que no crédulo) en cuestiones esotéricas podría argumentar que aquella era la mano del mismísimo *ka* de Ramsés II que venía a arroparme y darme el beso de buenas noches. Y, por mucho que me duela, tampoco podría negarle la mayor. Porque, como digo, no tengo ni idea de qué fue aquello. Sólo sé que las corrientes frías de aire no tienen cinco dedos y que yo, al sentirlos en mi espalda, abandoné todo y salí corriendo a encerrarme en el cuarto de baño, que era la única habitación que contaba con cerrojo. Como si los entes sobrenaturales que le despiertan a uno por la noche no supieran, etéreos como son ellos, atravesar paredes de azulejo.

Allí encerrado amanecí para sorpresa del personal, que quedó maravillado de mi capacidad para madrugar. Me había dado tiempo a ducharme varias veces y estar más que peinado y arreglado cuando empecé a escuchar bullicio al otro lado de la puerta. Disimulé con una actuación meritoria de galardones para no destapar mi espanto, turbación y falta de osadía. ¡A ver con qué cara de pánfilo le contaba yo a la gente que aquella noche el Coco había venido a visitarme! De modo que no abrí la boca y lo dejé estar, como si no hubiera pasado nada. Allí desayunamos con total normalidad y nos marchamos al tajo como era costumbre, para echar la jornada, que siempre terminaba a medio día, cuando el calor comenzaba a apretar y se hacía insoportable.

Al llegar de nuevo a la casa, después de comer, la primera acción que marcaba la agenda de trabajo de gabinete era descargar, en el equipo informático, las fotografías realizadas durante la jornada, para ir archivándolas en el respectivo diario fotográfico. Y al volcar las fotos y comprobar las primeras imágenes sobrevino una sorpresa. Obviamente, eran aquellas que se habían realizado la noche anterior, cuando la casa se quedó a oscuras y tuvimos que caminar a golpe de flash buscando la forma de dar con el cuadro general de luces. El caso es que uno de esos flashazos revelaba una inquietante forma, tal vez provocada por la luz, por un reflejo o por las dichosas fuerzas del averno que estaban de visita. Porque allí se intuía perfectamente una figura humana con sus ojitos, su nariz, su boquita. Solamente le faltaba su camisita y su canesú. Un torso que sobrevolaba a los presentes, que con caras aburridas esperaban sumidos en la oscuridad a que regresara la electricidad, mirando con cara atolondrada la lucecita de la cámara, igual que los conejos miran las luces de los coches en la carretera antes de ser atropellados. Allí estaba aquello, mirando por encima del hombro, como diciendo aquí estoy yo porque ya he llegado.

Como es lógico, la foto despertó desconcierto en unos y risotadas en otros. Al menos aquel día. Porque a la siguiente noche, cuando los perros volvieron a comenzar su concierto de aullidos y ululares, ya nadie reía tanto. Se nos aconsejó no hablar mucho del tema, para evitar supersticiones, tanto en locales como entre nosotros mismos, y evitar que se contagiara alguna clase de histeria que nos jugara malas pasadas debido a la sugestión. Y así lo hicimos, obviando los sonidos raros y las corrientes caprichosas.

Hasta que a los pocos días, mientras almorzábamos en aquella mesa, un miembro del equipo se quedó blanco como el arroz que estaba tomando y pidió que le hiciéramos rápidamente una foto. Nada más tomar la imagen (con otra cámara que no era la mía) se levantó abandonando su manduca para volcarse por entero en el ordenador. Y allí, en aquella imagen, volvía a aparecer la luminosidad caprichosa y peregrina de la primera noche.

Cuando se le preguntó a aquel compañero qué era lo que le había llevado a ordenarnos tomar la foto, qué era lo que había sentido, no titubeó ni un momento.

—He sentido una corriente helada. Y una mano fría que se posaba en mi espalda.

—¿Una mano fría en la espalda? ¿Cómo en el hombro? —Pregunté yo saliendo por completo de mi papel de aguerrido expedicionario que no le temía a nada.

—Sí. Eso justo.

—Vale. Pues que sepáis que yo no vuelvo a dormir solo en esa habitación. Porque eso me pasó a mí la otra noche y por eso amanecí en el cuarto de baño. —Y sin importarme lo más mínimo dejar con tres palmos de narices al personal presente, cogí mi colchoneta y la llevé al dormitorio más grande, donde compartí suelo y sueño con otros dos compañeros del equipo a fin de no volver a recibir aquella molesta visita nocturna.

A partir de entonces, lo que comenzó como una recomendación se convirtió en una prohibición. Una de muchas. No se podía, bajo ningún concepto, hablar de aquella cuestión. Éramos profesionales, científicos, gente seria. Y no les faltaba razón a los ordenantes, obviamente. Pero el ser humano también es curioso y no se suele contentar. Yo, al menos, no. De modo que, sin quererlo, acabé metiendo a Naga en este ajo. Porque era la única persona a la que le podía enseñar la foto y preguntarle qué era aquello. De modo que lo hice en privado en cuanto tuve ocasión de enseñarle las fotografías. Y su respuesta llegó sin titubear, con una gran sonrisa. Una todo lo grande que le permitía su boca de piñón, como siempre solía responder Naga con su voz aflautada.

—Eso es un *afrit*.

—¿Un qué?

—Un *afrit*. Un genio. Un espíritu del desierto.

Jamás en mi vida había oído mencionar esa palabra. Sí había oído hablar de creencias en el mundo musulmán, en ángeles y demonios. Incluso en la facultad había conocido a los genios del mundo árabe, denominados como *yinns*. Estos seres espirituales siguen estando muy presentes en las áreas rurales de algunos países islámicos y es muy frecuente su aparición en la literatura popular. Pero no pensé que en Egipto se creyera todavía en esta clase de supercherías. Y mucho menos que nos íbamos a acabar topando con uno de ellos.

—¿Qué son, Naga? Porque yo no creo en fantasmas.

—No son fantasmas. Bueno, algunos pueden ser espíritus de gente que vivió aquí hace tiempo. Otros son espíritus que ya existían antes. Pero no son malos, no hay que tenerles miedo.

—Eso lo dices porque a ti no han venido a despertarte por la noche.

—No. No han venido ellos —me dijo expresando su lógica—. Eres tú el que ha venido. Ellos ya estaban aquí. Llevan aquí muchos siglos. Recuerda que esta casa está construida sobre la necrópolis. —La vivienda se erigía muy cerca de los colosos de Memnón—. Eres tú quien ha venido a su casa.

—Pero, ¿qué quieren? Me parece muy fuerte estar hablando de esto, Naga.

—No quieren nada. No tengas miedo. Si vienen es porque alguien los ha llamado.

—Pues eso no me tranquiliza en absoluto.

Un *afrit* viene a ser una especie de ser espiritual de la mitología popular árabe. Generalmente se consideran genios del desierto, dotados de un gran poder que los capacita para acometer tanto acciones benignas como malignas, con lo que presentan un carácter dual que no comparten los otros genios. Como me había contado Naga, no todos son fantasmas de pretéritos seres humanos. Algunos, según la tradición árabe, fueron creados directamente en el inicio del mundo por el mismísimo Alah. Eso los convierte en una especie de ángeles, superiores a la raza humana porque, a diferencia de los viles mortales que fueron fabricados como muñequitos de barro, ellos provenían «del mismísimo vaho de Dios».

El más célebre entre todos ellos es Iblís, «El Mentiroso», al que se nombra varias veces en los relatos de *Las mil y una noches*, que en nuestra tradición judeocristiana conocemos con el nombre de Satán. Este ser se convirtió en *afrit* cuando se negó a postrarse frente a Adán cuando la divinidad se lo ordenó, porque consideraba al hombre un ser inferior, por haber sido creado de la tierra y no de la luz, como dice el Coráú.

> *Entonces, cuando el Creador lo creó y le dio forma, Él ordenó a los ángeles postrarse ante Adán; y se postraron, pero no Iblís. (Alah) Dijo: «¿Qué te retiene de postrarte cuando te lo ordeno?». Él contestó: «No es mejor que yo: Tú me creaste del fuego, y a él lo creaste de la arcilla».*
>
> Corán, 7:10-12

En otra ocasión, al amparo de esas partidas de dominó que nunca jamás conseguí ganarle a Naga, me contó una historia que había sucedido una noche, también mientras nosotros estábamos ya alojados en la casa. Él llegaba a última hora del día, noche ya casi cerrada, con la furgoneta cargada de verduras y frutas y cajas de botellas de agua mineral que había comprado para nosotros. Entraba con el vehículo por el camino que conducía a aquella propiedad que ocupábamos, a la orilla de un canal de irrigación, entre palmeras y campos de caña de azúcar. Aquel camino no contaba con ninguna iluminación desde el momento que se desviaba de la calle principal de El Gezirah, que así es como se llamaba esa parte del Luxor occidental. La única luz que había en un buen tramo a la redonda era la bombilla de nuestra puerta. Y allí agazapado, cuando llegó él aquel día, se encontró a un niño pequeño llorando a moco tendido, acurrucado bajo el farolillo como si fuera una polilla atolondrada por la luz.

Naga lo recogió y le preguntó qué le había sucedido. Y el niño respondió que volvía a su casa, en una aldea cercana siguiendo nuestro camino, montado en su pollino, cuando un *afrit* comenzó a perseguirlo y a atosigarlo. Tanto le dio la tabarra que al final el borrico se asustó, el niño se cayó de su grupa y el animal salió corriendo. El pequeño se asustó de manera tal que se refugió bajo la única luz que encontró, esperando que aquel genio bromista no lo molestara ante tanta claridad. Y allí esperó a que alguien lo socorriera.

Jamás volví a sacar el tema de aquellas fotografías. Nunca lo comenté con nadie. Aún conservo una de ellas, la que salió de mi cámara. Pero nunca la he compartido más allá de mi círculo familiar. El trabajo avanzó y, aunque en ocasiones sucedían cosas raras, nadie volvió a hablar de aquello. Uno de los perros murió una noche, supongo que por el cansancio provocado por ladrar cada madrugada en vez de dormir como hacen los perros buenos. Otra noche nos despertamos todos sobresaltados por un tremendo estallido, un golpe contra la puerta de madera que cerraba la vivienda que, en un primer momento, nos hizo pensar que un vehículo se había salido del camino y había impactado contra la casa. Pero allí no había absolutamente nada salvo todos nosotros en pijama. Y nadie pareció darle importancia. O al menos no públicamente, porque por cauces más privados, los comentarios volaban.

Una mañana, trabajando con Ahmed «el Calandraca», se acercó a mí a la hora del fatur y, apretando sus manos con nerviosismo, me preguntó:

—Tito... tú... ¿qué opinas de los guardianes de las tumbas?

—Que son todos unos listillos y unos aprovechados, y que abusan del turista para sacarle todo el *backsish* que pueden —dije con cara seria mientras le daba un bocado a mi bocata.

—No. No me refiero a los *gafires* —me corrigió—. Me refiero a... los guardianes de las tumbas. Ya sabes...

—Pues no, no sé a qué te refieres.

—¿Tú no crees en los guardianes de las tumbas? —Su rostro de pícaro diablillo, de niño travieso y picias, que siempre estaba ideando alguna maldad, mutó en cierta preocupación. Y recordé que él era gurnahui, y por entonces vivía, con su familia, en aquellas casas que ya no existían, en la colina del cementerio—. Mi padre dice que debemos honrar a los antepasados. Porque si no, podemos enfadar a los guardianes de las tumbas.

Y entonces me tiré de cabeza a la piscina, sabiendo que nadie escuchaba nuestra conversación.

—¿Te refieres a los *afrit*? —Y Ahmed comenzó a sonreír.

—¡Entonces sí crees en ellos!

—Bueno. Digamos que ellos creen en mí.

—No lo entiendo —dijo recuperando el gesto torcido.

—Ya, Calandraca, yo tampoco lo entiendo. Pero tal vez debamos hacer caso a tu padre.

Unos años después regresé a aquella casa en el marco del mismo trabajo. En esa nueva ocasión compartía habitación con un fotógrafo sudamericano que, a la postre, acabaría convirtiéndose en mi compadre y compañero de fatigas. La habitación era aquella cuyo frío suelo de terrazo había cobijado mis pavores años atrás. Pero por entonces estábamos los dos solos sin tener que compartirla, por el momento, con nadie más.

Una noche se nos invitó a mi compadre sudamericano y a mí a salir, casi de madrugada, al aeropuerto de Luxor, para recibir a nuevos miembros del equipo que llegaban desde España. Declinamos la oferta a fin de quedarnos trabajando y avanzando algunas tareas que llevábamos atrasadas. De modo que los demás se marcharon y nos dejaron solitos en la casa, en nuestro cuarto, con la luz del techo como única lámpara prendida, cada uno con su portátil, y escuchando, lo recuerdo vívidamente, canciones del grupo La Vela Puerca.

En un momento concreto, alguien cruzó por delante de la puerta de nuestra habitación. Ambos levantamos la cabeza al mismo tiempo. El vano de la puerta se situaba justo frente a mí, y a mi acompañante le pillaba a la izquierda. Pero él también lo vio. Porque levantó la cabeza al mismo tiempo que yo, miró hacia la puerta que seguía mostrando la más profunda oscuridad que había fuera, y luego me miró.

—¿Ya volvieron?

—Imposible. No hace ni veinte minutos que se han marchado.

—¿Y? ¿Se quedó alguien? ¿No se fueron todos?

—Pues yo juraría que se han ido todos. ¿Quién se va a quedar aquí sin decir nada?

—Y además, si se quedó alguien, ¿qué hizo? ¿Se quedó haciendo el pelotudo a oscuras?

—¿Pero tú has visto algo?

—Y sí... claro. ¿Vos no viste pasar a alguien?

—Sí... —titubeé—. Será Farraq. —Farraq era el cuidador de la casa, el portero, que vivía en una cabaña anexa al terreno.

—¿Y qué hace Farraq caminando a oscuras por el pasillo?

—Deberíamos salir a ver quién es.

—Vos delante —me dijo mientras él buscaba algo entre sus mochilas. Cogió su cámara de fotos y me siguió. Encendimos la luz del pasillo y allí no había nadie. Avanzamos hacia la cocina, que estaba justo frente a nuestro dormitorio, encendimos la luz, y allí no había nadie. Y giramos hacia el salón, el famoso salón de la mesa y las fotografías del pasado, encendimos la luz, y allí no había nadie. Pero mi compadre sudamericano comenzó a disparar fotografías en todas direcciones, con el modo ráfaga conectado.

—¿Qué haces? —le pregunté.

—Nada. Una cosa. Vos no lo creerás, pero ya me han pasado cosas raras acá. Tengo alguna fotografía en esta casa que es bastante peculiar, ¿sabés?

Aquella noche los fantasmas del pasado, literalmente, volvieron a parecer, y lo hicieron en tropel.

—¿Te sorprendería si te dijera que sí me lo creo?

Cuando hubimos comprobado que nadie se había colado en la casa, regresamos a nuestros equipos informáticos para descargar las fotografías. Había disparado decenas de ellas, y en ninguna aparecía nada. Me enseñó, no obstante, muchas otras que tenía en su computadora. Allí volvían a aparecer luces, sombras y figuras parcialmente reconocibles. La más impactante era una foto de grupo en la que aparecía una persona que, obviamente, no pertenecía al grupo, aunque parecía posar a su lado. La única peculiaridad era que, a la altura de la cintura del misterioso invitado, su cuerpo se esfumaba y ya no tenía piernas donde deberían aparecer éstas. Ese material habría hecho las delicias de algunos programas sensacionalistas del misterio televisivo.

Al poco tiempo llegaron los demás, los que habían ido al aeropuerto y las nuevas incorporaciones del equipo. Y tras los saludos de rigor y los blíster de jamón serrano recién desembalados, mi compadre sudamericano y yo decidimos contarles lo que nos había ocurrido. Pero no conseguimos más que llevarnos una buena bronca. Porque se suponía que nos habíamos quedado para avanzar trabajo y no para jugar a los fantasmitas por toda la casa. Y entonces comprendimos que habíamos errado al compartir lo ocurrido con los demás en lugar de guardárnoslo para nosotros solos. De modo que pedimos disculpas, entonamos a capela un *mea culpa* y nos fuimos a la cama, que ya era una hora excesivamente avanzada.

Y no pasaron ni cinco minutos cuando alguien tocó nuestra puerta. Mentalmente debimos echarnos a pares o nones quién era el valiente que abría, pero no hizo falta levantarse, porque la puerta se abrió sola y quienes aparecieron al otro lado fueron algunos de nuestros compañeros de trabajo. En silencio, los tres recién llegados entraron a nuestro dormitorio y nos pidieron que les contáramos lo que nos había sucedido. Así que, con reticencias, les contamos nuestra experiencia con aquella figura blanca que había cruzado ante nuestra puerta para luego desvanecerse.

Para nuestra sorpresa, resultó que cada uno de ellos tenía sus propias historias. Todos habían experimentado, el algún momento, un suceso extraño en algún lugar de aquella casa. Yo compartí mi famosa noche de la mano fría en el hombro, que uno de ellos ya conocía. Y lo más impactante fue ver como uno de nosotros, un tío hecho y derecho, se desmoronaba casi entre lágrimas al compartir su relato:

—Yo llevo años callándome las cosas que aquí me han pasado. He estado varias campañas durmiendo en el sofá-cama de ese salón, y no podéis imaginaros la de veces que me he despertado porque escuchaba ruidos a mi alrededor. Como si fueran pasos que se acercaban hacia la cama. Ruidos que venían del pasillo, del lugar donde vosotros decís que habéis visto esta noche pasar esa figura —Los demás le escuchábamos con atención—. Una noche, esos pasos me despertaron, como muchas otras veces; pero a los pies de la cama había una figura blanca. Y desde entonces no he querido dormir ahí. Pero nunca se lo había contado a nadie.

A día de hoy, que sigo siendo completamente incrédulo en materia de parapsicología, todavía se me ponen los pelitos del brazo como escarpias al recordarlo. No creo en esas cuestiones y, como científico, no puedo prejuzgar nada que no pueda comprobar empíricamente. Pero si alguna vez me volviera a cruzar en mi vida con un *afrit*, le preguntaré en *galego*. Porque algo me dice que, como las meigas, haberlos, haylos.

Naga pagó las cervezas y la comida, y yo acordé que le devolvería el gesto por la noche cuando nos encontráramos en la terraza de mi hotel. Le pedí a mi anfitrión que nos preparara algo ligero, que no tuviera mucho que ver con el desayuno. Y, por favor, que no hubiera té. Así que me prometió que habría *shisha* y zumos. No sonaba mal.

Cogí mi pañuelo y me lancé nuevamente a la solanera. Quería que me diera tiempo a visitar algunas tumbas del Valle de los Reyes antes de que lo cerraran. Pero Naga me hizo ver que no llegaría a tiempo, ni siquiera aunque él me acercara en su coche. El Valle debería esperar. Así que cambié radicalmente los planes y regresé con ellos al hotel, a darme una buena ducha, leer un rato, descansar, y tal vez acercarme a la otra orilla para volver a fisgonear nuevamente entre los libros de El Aboudi, si me daba tiempo. Pero la cama me atrapó nada más llegar y cuando quise darme cuenta ya era la hora de cenar. Acudió Naga, mi amigo el hostelero, los zumos, las *shishas* y sí, también el té, que fue consumido por galones. Y bien entrada la madrugada me retiré a mis aposentos con la sensación de tener ya los dientes podridos.

La gran montaña occidental de la vieja Tebas regenta, con piramidal efigie, algunos de los ocasos solares más bellos del país de los faraones. Y es perpetua espectadora de los ortos y amaneceres, desde que el mundo es mundo y los viejos habitantes de Kemet llegaron a sus tierras. Se alza, como una cadena constante, desde los refugios de Malkata, en cuya falda Amenhotep III planificó su palacio, hasta más allá donde la vista se pierde, hacia el norte, girando en la acusada curva que el Nilo describe en Qena. Su robusta estructura culmina en un pico que se alza hacia el cielo, conocido con el nombre de Qurn, el «cuerno», que a su vez da nombre al mencionado poblado de su ladera, Qurnah o Gurnah. De sur a norte, aloja las necrópolis reales y las de los nobles, desde Biban el Harim, al Valle de las Reinas, pasando por el Valleel de los Reyes y Occidental o de los Monos.

De las ruinas de la ciudad de los obreros, Deir el Medina, que se esconde tras un pequeño promontorio, nace, cerca de la tumba de Sennedjem, un camino que asciende hacia la cumbre, empinado, serpenteante como la divinidad Meretseger que daba nombre a la montaña. Aquella mañana yo me había propuesto escalarlo hasta su cúspide y otear, desde lo más alto del Qurn, la dualidad geológica e hidrográfica de Luxor y su topografía, a vista de pájaro.

Del camino se levantaba, con cada paso, una pequeña nube de polvo blanco que se adhería con entusiasmo a mis botas y pantalones. No habían dado en mi reloj ni tan siquiera las ocho de la mañana, pero ya notaba recios goterones descolgándose por mi frente, mis gafas de sol y, finalmente, mi nariz. Resbalaban hasta precipitarse para chocar contra el suelo o, en ocasiones, en mis zapatos, generando en pequeños círculos un salado barrillo al contacto con el polvo acumulado. Eso, y no otra cosa, es lo que tiene el desierto para ofrecer en lo referente al plano material: arena y grava. Pero si cambiamos al plano espiritual, el desierto, por muy cercano que esté de la civilización, es un regalo inmenso de modestia. Javier Reverte, en sus paseos por el norte del continente africano, escribía:

Sentí que no era nadie. Porque el desierto te disuelve, deshace tu identidad, te sumerge en el vacío sideral de territorios sin apariencia de vida y carentes de alegría, y allí sientes que eres poco más que un humilde grano de arena o un pedrusco sin aliento. Y quizá por ello, aquel día volví el cuerpo hacia una pared de roca enrojecida por el sol bravo y fotografié mi sombra sobre la piedra.

Recordando aquel pasaje que abría uno de los libros del periodista madrileño, saqué la cámara y, buscando el mejor momento en el que mi pañuelo se viera levitado por el viento, disparé el obturador. Y seguí avanzando por el camino hacia la cima, parando cada cierto tiempo a recuperar resuello, con la excusa del paisaje.

Sombra del autor

Familia en sus asnos

En una de estas me crucé con una familia: un hombre que bajaba por el camino a lomos de un asno, seguido por sus dos hijos montados, cada uno, en su respectivo pollino. Al llegar a mi altura, sonrientes saludaron, primero el padre, que iba al frente, luego el hijo mayor, y el más pequeño, que viajaba el último, apenas hizo un ademán con la cabeza, llevado por la vergüenza que otorga la infancia. Se ofrecieron a alquilarme el medio de transporte, que rechacé, y se marcharon lozanos y orgullosos, tal vez por el hecho de tener una montura para cada uno y no tener que enfrentarse al común cuento que aparece en las tradiciones musulmanas sobre el padre, el hijo y el burrito. Esa historia fue recogida en la literatura castellana medieval a través de la obra de Don Juan Manuel, príncipe de Villena y nieto del rey Fernando III de Castilla, titulada *El Conde Lucanor*. Esta novelita recoge, en uno de sus capítulos, una serie de fábulas y cuentos moralizantes tomados de varias fuentes, como Esopo y otros clásicos, así como de cuentos tradicionales árabes, entre ellos este del burrito y la familia, atribuido inicialmente a la literatura relacionada con el buen personaje de Nasrudín.

Para quien no la conozca, la historia cuenta los desvaídos mentales de un padre que, al acudir al trabajo con su hijo y su pollino, no sabe cómo proceder con su montura, pues si ambos caminan a pie, aquellos con quienes se cruzan en el camino los tachan de idiotas por no aprovecharse del animal; si montan ambos a la vez, los acusan de crueles por sobrecargar al burro; si sólo viaja el padre le llaman insensible por permitir que la joven criatura viaje a pie mientras él se ayuda del animal, y cuando lo hacen al contrario ponen en tela de juicio la educación del niño por permitir que su padre, más anciano y venerable, sea el que vaya andando. Patronio, sabio consejero del Conde, en el segundo de los cuentos de la obra le narra esta historia, y concluye diciendo:

Y a vos, Conde Lucanor, pues me pedís consejo para eso que deseáis hacer, temiendo que os critiquen por ello y que igualmente os critiquen si no lo hacéis, yo os recomiendo que, antes de comenzarlo, miréis el daño o provecho que os puede causar, que no os confiéis sólo a vuestro juicio y que no os dejéis engañar por la fuerza de vuestro deseo, sino que os dejéis aconsejar

por quienes sean inteligentes, leales y capaces de guardar un secreto. Pero, si
no encontráis tal consejero, no debéis precipitaros nunca en lo que hayáis de
hacer y dejad que pasen al menos un día y una noche, si son cosas que pue-
den posponerse. Si seguís estas recomendaciones en todos vuestros asuntos y
después los encontráis útiles y provechosos para vos, os aconsejo que nunca
dejéis de hacerlos por miedo a las críticas de la gente.

Pues esta familia lo había resuelto saliendo por la tangente: un borrico para cada uno y tan felices. Ellos para abajo y yo para arriba.

Al poco rato de caminar llegué hasta las ruinas de unas construcciones muy similares a las que aparecen en el poblado de Deir el Medina, pues, en realidad, el origen en el mismo: se trata de cabañas donde se alojaban los obreros que, divididos en turnos de trabajo, viajaban desde la ciudad hasta el valle donde se encontraban las tumbas. En ocasiones descansaban o reposaban en estas cabañas, a medio camino, en la cresta de la montaña. Desde esta encrucijada, el camino se dividía, bajando uno por la vertiente occidental de la montaña hacia el Valle de los Reyes, y avanzando otro aun más hacia el norte, que bordeaba Deir el Bahari desde lo alto del acantilado para descender luego hacia el río por las necrópolis de Dra Abu el Naga. Yo lo recorrí hasta el final, para tomar alguna imagen desde lo alto, pero en lugar de descender volví sobre mis pasos hasta el cruce. Allí se abría una tercera opción, la que entonces tomé, que no era otra que seguir ascendiendo hasta salvar un farallón vertical, último obstáculo hasta la cima, desde la que se divisa, con poderosa magia, la inmensa realidad de la historia tebana a lo largo de los siglos: la tierra negra; el falto de aliento desierto rojo en su pugna rectilínea con el verde; los templos funerarios, único recuerdo de los reyes que dominaron este imperio...

Hacia el sur se desplegaba el mal llamado Valle de las Reinas. Mal llamado porque allí solamente se enterraron reinas de la dinastía XIX. De otras familias reales de este periodo de la historia de Egipto solamente hay enterramientos de infantes y príncipes, muertos todos siendo aún niños que nunca alcanzaron la edad de retirarse la coleta lateral de sus cabecitas. Hacia el norte, en cambio, encaminé mi descenso para llegar, como alguna que otra vez, no las más sino las menos, hasta el Valle de los

Reyes no por su acceso principal, sino cabritilleando por las lomas que lo circunvalan y encajonan. Pero antes di buena cuenta del bocadillo que conformaba el almuerzo para aquel día de caminata. Ya pasaba holgadamente el mediodía, había pateado la montaña arriba y abajo por su vertiente este, y comencé a descolgarme hacia el otro lado buscando las tumbas reales.

Desde la parte más profunda del valle, cuando la alcancé, volví la mirada hacia las alturas que me habían recibido apenas un par de horas antes. Pude observar la majestuosidad de la pirámide natural que debieron de contemplar los reyes de la antigüedad para emular, al cobijo de su triangular perfil, los enterramientos de los sagrados reyes dioses del pasado. Por cada pequeño rincón fueron eligiendo el mejor emplazamiento para su eterna morada, quién sabe atendiendo a qué criterios y razones. Algunas serían astronómicas; otras, mágicas. Algunas, es probable, ni siquiera fueron elegidas. Y otras los salvaron de un saqueo casi seguro, como fue el caso del famoso enterramiento de Tutankhamon ante el que me senté a descansar a la sombra.

Frente a la tumba del joven rey, la KV62, se había levantado un chamizo de madera y una gradería para cobijar a las hordas de turistas descontrolados que llegaban al valle emulando a los Howard Carter, George Herbert Carnarvon, Theodore Davis, Edward Ayrton, Harold Jones, Harry Burton o Arthur Weigall, por mencionar algunos. Aunque lo más probable es que el visitante no conozca a ninguno de ellos. Los dos primeros, a lo sumo, y podemos darnos con un canto en los dientes. Desde allí observé los caminos que se abrían hacia unas y otras tumbas, decidiendo cual visitar aquel día. Tutmosis III siempre había sido mi favorita; la comenzada por la reina Tasert y terminada por su sucesor Setnakh, otra que yo siempre he recomendado, ofrece la posibilidad de observar el proceso constructivo y decorativo que seguían los trabajadores que venían, a diario, por el mismo camino que había realizado yo aquel día, desde el otro lado de la montaña: primero el tallado de la roca viva; luego el enyesado, el alisado y la preparación de los paramentos; la disposición de las decoraciones siguiendo un patronaje cuadriculado; el bocetado en pintura roja, la corrección en pintura negra; el tallado; el policromado. Y la muerte para toda la eternidad.

Detalle del techo de la tumba Psammis (Seti I)

Me decanté finalmente, en los albores de mi tesis doctoral como me encontraba en aquellos días, por visitar algunas de las tumbas de periodo ramésida. Porque son esas tumbas las que muestran los mejores ejemplos de techos astronómicos conocidos en Egipto, salvando el ejemplo, pionero, del monumento TT353 de Senenmut, aquel que me había traído tantas noches de desvelo tratando de no pensar en la mano helada de la madrugada. Ramsés VII, Ramsés IX, y lo que es mejor, Seti I, una verdadera maravilla del arte funerario egipcio, que aún conserva con viveza los colores y texturas de sus pinturas en los paramentos y en el majestuoso techo astronómico de su cámara funeraria. Descubierta por Belzoni en 1819, el viajero John Fuller hablaba así de ella en ese mismo año:

De lejos, el más interesante de estos sepulcros es la llamada Tumba de Psammis (Seti I), que había sido recientemente abierta por Belzoni, y se describe plenamente en su trabajo. No habiendo estado nunca expuesta al aire o a otros daños, las pinturas están en perfecto estado de preservación, y sus colores son tan brillantes como el primer día que fueron pintados. Otra cámara parece haber quedado sin terminar, ya que las figuras permanecen aún en su bosquejo; Pero es algo tan fresco, que parece como si el artista acabara de abandonar su trabajo y estuviera a punto de regresar para completarlo.

Aunque no de forma equiparable a las pinturas de la tumba de Nefertari, en el valle de las Reinas. La primera vez que tuve ocasión de entrar en aquel túmulo, con un permiso especial del SCA, reconozco que no pude contener las lágrimas. Era, de lejos, el lugar más bello que he visitado nunca. En cada trazo y en cada ligera pincelada y en cada imagen inmóvil habita el espíritu anclado del aliento del artista, del sacerdote, o de la mismísima reina. Si Stendhal hubiera visitado Tebas en 1817, el síndrome por estrés del viajero no se denominaría síndrome de Florencia.

Capítulo XII: De Luxor a Asuán
Unas pocas millas Nilo abajo

Tras pasar unos deliciosos días en Luxor, abandoné la antigua capital del Reino Nuevo para dirigirme, directamente, al sur del país. Y lo hice, nuevamente, en tren, y no navegando el río como lo había hecho Amelia Edwards. Eso decidí dejarlo para el final del viaje, porque mi intención era (lo había pensado sobre la marcha) tratar de embarcarme en una *dahabiya* y no en un crucero. Y una *dahabiya* siempre se mueve mejor, los viajeros victorianos así lo atestiguan, a favor de la corriente del río, que no en su contra.

Apenas había dado mi primer paso por las calles de Asuán al salir de la estación de tren y ya tenía decenas de «amigos» persiguiéndome a lo largo de toda su *corniche*. Por supuesto, no me conocían de nada, pero me trataban como si llevaran esperando mi llegada toda una vida. Una vida dedicada, por entero, a convencerme para que cruzara a la otra orilla con ellos en su lancha motora o en su faluca (otros dicen feluca o falúa).

—¿Para qué quiero yo ir a la otra orilla? —les pregunté. Podría tener mil motivos, pero todos ellos les traían sin cuidado. O, al menos, lo disimulaban levantando los hombros.

Las falucas son las embarcaciones más tradicionales del Nilo y, si en alguna ciudad flotan con más profusión, es sin duda aquí, en Asuán. Se trata de pequeños barcos veleros con un gran aparejo afilado de forma casi triangular sujeto a un mástil que rasga los cielos mientras corta las tranquilas aguas del río, inclinando su popa de forma, en ocasiones, vertiginosa. En realidad, la propia palabra lo describe: su nombre procede del árabe *faluka*, que significa «pequeño barco». Pese a que se utilizaban con fines comerciales destinadas a la pesca, hoy en día han quedado relegadas exclusivamente a un uso turístico. Se han visto superadas por los mencionados grandes cruceros a motor que transportan y alojan a los turistas y por las pequeñas lanchas motoras (*motor boats* las llaman ellos) que cumplen con los cometidos más funcionales de los habitantes de las orillas.

Los primeros, esos grandes hoteles flotantes tan cómodos y prácticos, habían supuesto una revolución para el paisaje del mítico río. Y sin embargo, la fuerza de la naturaleza era aquí tan poderosa que ni el avance de la tecnología había conseguido robarle un ápice de ese encanto romántico decimonónico que debieron encontrarse en sus travesías personajes que ya hemos citado, de pasada, como Agatha Christie o Amelia Edwards.

—*Mister, mister! Motor boat?* Buen precio. ¿Español? *Welcome to Alaska.*
—Otra de esas frases hechas que terminan por hacerle más gracia a quien la pronuncia que al turista, salvo a algún que otro idiota rubio de ojos claros que aún mira estas tierras con aires de superioridad colonialista. A esos descarriados todavía les hace gracia un juego de palabras tan simple. Yo me río también, pero más por la felicidad de este egipcio mellado y bonachón que se troncha con su propio chascarrillo. Lo que sí me hizo gracia, en una ocasión, fue ver escrita esa frasecita en la puerta de un frigorífico, aquí mismo, en Asuán. Al parecer se trata de una especie de consigna publicitaria de la marca de electrodomésticos en cuestión, y podemos poner así

Sudan, crucero de Cook&Son

fin al misterio de una frase hartamente repetida en la literatura de viajes que atraviesa esta ciudad.

—Faluca mucho más barato, amigo. Una hora, sólo veinte libras, una hora —me gritaba otro mucho más anciano, arrugado y afable. No sé cómo ese enjuto anciano podría maniobrar una embarcación. Apenas tenía fuerzas para erguir su propia espalda. O puede que no la pilotara él, sino algún familiar más joven. El caso es que un paseo al más puro estilo de la travesía de Amelia Edwars había comenzado a asomar por mi imaginación de forma sugerente, fruto del cual apareció la idea de la *dahabiya*. Pero una cosa no ha de ser excluyente de ninguna otra. Solo que en mi caso, tendría que ser ya, sí o sí, Nilo abajo. Primero unas pocas millas en faluca. Luego ya negociaríamos la *dahabiya*. Y conocía en Asuán a algunas de las personas apropiadas para contratar estos servicios.

Si uno trata de buscar sus propias soluciones en este tipo de aventuras nunca se va a encontrar con facilidades por parte de las autoridades egipcias. Navegar por el Nilo no es una actividad libre, como no es libre absolutamente nada en este país autodenominado republicano y democrático. Pero esto no quiere decir, en absoluto, que la tarea sea imposible. Nada es imposible en Egipto. En mi caso, contaba con la ayuda de unos amigos y conocidos del poblado nubio de la orilla oeste de Asuán. O lo que es lo mismo, el poblado de Garb Aswan, que viene a significar precisamente eso: Asuán Oeste.

En aquel poblado es donde conviví con el pueblo nubio a lo largo de algunas campañas arqueológicas, durante mi participación en un proyecto arqueológico de la Universidad de Jaén, en la necrópolis faraónica que se localiza en la cercana colina aneja a este pueblo, conocida como Qubbet el-Hawa. Mi intención era visitar nuevamente esas tumbas en algún momento de mi viaje y rememorar viejos recuerdos, pero decidí dejarlo para más adelante.

Mi amistad con el *omda*, una especie de jefe local cuya relevancia y mando entre los nubios de la aldea le llega por herencia más que por mérito, se remontaba al año 2009. Llegué a Asuán una fresca noche de octubre, cargado con mi maleta y todo mi equipo de arqueología, como solía ser habitual cuando me sumaba, con plena ilusión, a un proyecto de estas características. Mohammed Orabi, ese era su nombre, me aguardaba en un pequeño embarcadero perteneciente a uno de los diversos, aunque escasos, bares flotantes de la orilla oriental del río. Aquel antro creo recordar que se llamaba Emi. Allí me esperaba su lancha motora, que en nada se diferenciaba de todas las demás. En realidad, no era suya y nunca lo había sido, sino que era propiedad de la familia de Bessam, un joven (por supuesto también nubio) que mantenía una estrecha y complicada relación pseudofamiliar y empresarial con Orabi, la cual nunca llegué a comprender y me consta que se rompió años más tarde. Desde esa noche, nunca faltó la sonrisa y la confianza en su cara cada vez que nos encontramos. Ni tampoco una cerveza Stela en cada encuentro, ya fuera fría o caliente. Y nos hemos encontrado en muy diversas ocasiones.

De modo que si me apetecía volver a dar un paseo en *faluca* por el Nilo, la persona más idónea para organizarlo debería seguir siendo Bessam. Así que me acerqué hasta Garb Asuán, usando el ferry local, con la esperanza de localizarlo junto a su madre o hermanas, en la casa en la que me alojé en el pasado. Pero ni siquiera fue necesario tanto: tuve la suerte de cruzarme con él en el mismo embarcadero donde me apeé del ferry. Cuatro horas, cuatro abrazos y cuatro cervezas después, ya nos estábamos trasladando río abajo por las aguas del Nilo, en compañía de un amigo que tendría, aproximadamente, su misma edad y una más que excelente faluca.

Mi intención era salir de Asuán justo después de la hora de la comida, sobre las cuatro, cuando el sol del otoño empieza a ser tolerable y ya nada puede contra el relente que se levanta desde el agua del río. Y, sin embargo, y aunque no diré que la noche nos alcanzó antes de abandonar la ciudad más meridional de Egipto, los trámites que mis anfitriones en esta peculiar embarcación se vieron obligados a realizar con las autoridades policiales retrasaron la salida durante muchos minutos. Tal vez más de una hora. Mientras ellos se las apañaban con la policía turística, yo me distraía documentando fotográficamente todo cuanto sucedía a mí alrededor: desde las peculiares diligencias con los oficiales hasta el vuelo de las garzas a ras del agua verdinegra del río. Me relajé tumbado sobre el gran colchón que habían dispuesto como habitáculo, cubriendo prácticamente la mitad de la eslora y la totalidad de la manga. Todo parecía indicar que el viaje lo iba a hacer tumbado. Mi camarote improvisado se completaba con unas gruesas lonas que actuaban, de forma inamovible, como techo de la embarcación, y con movilidad como paredes de la misma, orientables según la posición del sol.

Tras la dura lucha por obtener los permisos, la embarcación se puso en marcha, río abajo, utilizando la leve brisa que soplaba y la propia corriente del río. Más esto último que lo primero. Pronto dejamos atrás, en la lejanía, la silueta inconfundible de Asuán a la izquierda y la colina con forma de mastaba que alberga su necrópolis en la orilla contraria. Comenzaba a oler a fresca antigüedad fluvial mezclada con queroseno de crucero. Tras atravesar el famoso puente atirantado, que se halla a unos cuantos kilómetros de Asuán, se podía decir que habíamos abandonado la última de las ciudades de Egipto. El sol había perdido casi por entero su fuerza y el cielo había tornado su color en naranjas apagados en el horizonte y tonos rosas, malvas y púrpuras en degradado. Era un espectáculo incomparable.

En ese momento el silencio se adueñó de la realidad y reinó sobre las dos orillas, permitiendo que existiera únicamente el rumor del agua al chocar contra el casco metálico de la embarcación o contra mis propios pies, que colgaban desnudos rozando la superficie del Nilo. Junto al silencio, la oscu-

El autor con su amigo Bessam

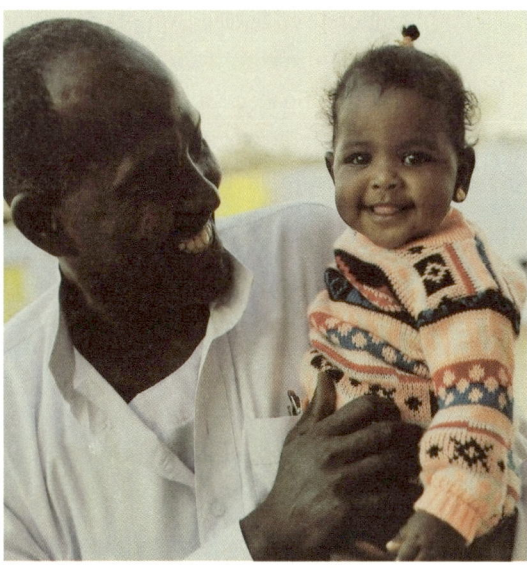

Mohammed Orabi

ridad iba cayendo apoderándose de los desiertos y dando rienda suelta a las estrellas y a los animales que, aprovechando el fresco, bajaban a beber a las orillas del río. Era el momento de los contraluces y las negras siluetas recortadas que reflejan las fotografías de las riberas, verdes como una esmeralda hacía apenas unos minutos. Nos íbamos acercando a ellas, a ambas orillas, de forma pendular, puesto que la embarcación zigzagueaba, aprovechando el escaso viento, por toda la anchura del cauce.

Apenas habíamos avanzado unas decenas de kilómetros cuando la noche nos alcanzó y nos vimos obligados a amarrar la faluca junto a la orilla. Descubrí entonces que, una vez caída la noche cerrada, no está permitido que por el río circulen embarcaciones particulares. Esto es, a partir de las once de la noche, y hasta el alba. Encendimos un par de hogueras en la orilla y el humo espantó a himenópteros y coleópteros. También encendieron una pequeña lamparita de gas, en la embarcación, para cocinar, que por el contrario atrajo a dípteros y lepidópteros. Para entendernos: nada iba a librarme de los enormes mosquitos dispuestos a incordiar la velada. Sin restarle un ápice de encanto, eso sí.

Mis acompañantes prepararon la cena en la proa de la faluca con una pequeña cocina, también de gas. Antes habían apañado una especie de tenderete en la orilla, que es donde dormirían ellos. Bajé de la faluca a tierra para caminar un rato y observar exactamente dónde nos encontramos. Y, por qué no decirlo, para aliviar la pequeña incomodidad que plantea un viaje en faluca: la ausencia de retrete. Entre la maleza, dos pequeños asnos, aún potrillos, retozaban en la oscuridad. Se acercaron de forma juguetona cuando me intuyeron en la noche.

Después de la cena, compuesta por *tabbouleh* de fuerte sabor a cilantro, *tahina* y un poco de *kofta*, descubrí el verdadero lujo que recompensaba esta relajada peripecia: tumbarme, flotando en el Nilo, en la oscuridad fresca de la noche, para descubrir el cielo más prístino e impoluto que jamás se haya visto. Un baile de estrellas fugaces cruzaba perpendicularmente el eje norte-sur del río, con una Vía Láctea de brillante malva y casi hasta tonos verdes como telón de fondo. La luna, divinizada en tiempos faraónicos, la luminosidad nocturna, el *akh* de los antiguos egipcios, regentaba el trono de Ra en su ausencia y vigilaba desde las alturas con blancura.

Pasé la noche al raso, arropado con mantas cálidas y suaves sobre la colchoneta de la embarcación, mecido por el suave oleaje del río. Fue el sol quien me despertó al alba con su mitificada resurrección, alcanzándome con sus rayos que todo devuelven a la vida. Mis navegantes de agua dulce ya me tenían preparado el desayuno a base de quesos, mantequillas, tés calientes y panes. Mientras me preparaba para el festín, Bessam fregaba la vajilla en el agua milenaria del río, acuclillado en la orilla. Su compañero acondicionaba la vela para zarpar nuevamente. Pero por desgracia, no corría ni pizca de viento. La navegación iba a ser lenta y habría que tomarse el trayecto sin ninguna prisa. Tan lenta que, de hecho, mis amigos se permitieron el lujo de darse un chapuzón en las frías y oscuras aguas mientras avanzábamos arrastrados por la corriente. Por mi parte, no sería la primera vez que me zambullera en el Nilo, pero nunca lo había hecho en mitad de su cauce. Siempre me había bañado en las orillas, cerca de la presa de Asuán, que filtra el agua y la devuelve clara y fría. Pero allí, en mitad del río y en plena navegación, las corrientes no eran flojas y no me fiaba del todo, sobre todo viendo y comprobando la prudencia con la que se agarraba Bessam a las sogas de la barca y conociendo mi incapacidad para la natación, que no llega ni a bordar el «estilo perrito». Sin embargo, encontré la solución en pocos minutos y con un brillo de sucio metal. Sobre el pico de proa, un cubo de aluminio abollado se sujetaba colgando de las maromas y cabos del velamen. No dudé ni un segundo en hundirlo en las aguas, alzarlo sobre la cubierta de la proa y, por varias veces, volcar su contenido por mi cabeza. Me empapé con el agua que recogía, en una de las «duchas» más refrescantes que recuerdo en toda mi vida. La sensación no era la misma que nadar en las aguas, está claro, pero el frescor y la relativa higiene que me ofrecieron me parecieron suficientes y justificados. El baño me despertó por completo.

El resto de la mañana navegando hacia el norte lo pasamos entre conversaciones, risas, lecturas, fotografías de las gentes que hacían su vida diaria aquí o allá y algún que otro sueñecito, hasta que volvimos a detenernos para preparar el almuerzo. Es decir, no haciendo absolutamente nada y dándonos a la vagancia. Como decía Gustave Flaubert en sus cartas:

Llevamos una vida de holgazanería y ensoñaciones; tendidos en nuestra alfombra todo el día, fumamos chibuquís y narguiles, sorbemos limonada y admiramos el paso de las riberas.

En otra misiva incide:

Vivimos [...] en una constante pereza, nos pasamos el día recostados sobre los divanes viendo las cosas pasar: desde camellos y rebaños de bueyes del Senahar hasta barcos que descienden hacia El Cairo, cargados de negras y dientes de elefante.

Desayuno en la faluca

A la hora el almuerzo, el procedimiento fue el mismo que la noche anterior, sólo que ahora acontecía bajo la luz justiciera del mediodía. Por eso, una vez que amarramos en una playa fluvial, adornada de palmeras inclinadas de postal tropical, no dudé, esta vez sí, en darme un baño en la orilla. Enseguida me rodearon pequeños peces que rozaban mi piel entre las algas que subían del fondo, mientras que garzas y vacas escuálidas se aproximaban curiosas a la vera del agua.

Después de comer, a una hora tal vez demasiado temprana, nos pusimos de nuevo en marcha. Kom Ombo estaba cerca y yo no quería perder más tiempo de mi viaje. Aunque fuera a regresar a Asuán en coche, no me ape-

La faluca en la orilla del Nilo

tecía que se me hiciese demasiado tarde. Pero no, en absoluto. Pese a haber añadido dos días más a mi improvisado viaje, no me arrepiento de la decisión que tomé, ni de mi pequeña emulación de la travesía de Amelia Edwards.

Como había acordado, un amigo de Bessam me estaba esperando con su coche en el embarcadero convenido. La idea era, desde aquí, realizar el trayecto de regreso a Asuán en coche.

Tumbado a la sombra, fumando con otros dos muchachos, se encontraba Hammu. Era un joven alegre aunque aún no muy despierto. Sin embargo, se ve que sabía posicionarse entre sus seleccionadas amistades, creando lazos relevantes, para comenzar a labrarse camino en el mundo de las relaciones con los turistas. Eso le abría, de vez en cuando, varias puertas a negocios que tendría que saber merecerse y mantener. La mayoría de estos asuntos lo colocaban, por el momento, como conductor privado. Hammu (por supuesto este no era su nombre, sino un diminutivo de Mohammed) apenas contaba con veinte años. Era, como la mayoría de los nubios, muy alto y de complexión muy fina. Gustaba, al parecer, de vestir con pantalones modernos, muy anchos, y camisas o camisetas extravagantes, con las marcas más renombradas bordadas en gran tamaño para dejar constancia de su patente exclusividad. Ostentoso como la mayoría de los egipcios jóvenes. Su rostro, que mostraba trazos de una barba desdeñada y adolescente, se enmarcaba ente dos imponentes orejas «de soplillo» que le daban un aire todavía más inocente si cabe. Resumiendo, era lo que podríamos definir como un buen tipo. No dominaba más lenguas que las suyas nativas, el árabe y el nubio. Chapurreaba cuatro palabras mal pronunciadas en inglés. Exactamente lo mismo que debía de saber hacer yo en árabe. Y pese a ambas deficiencias lingüísticas fuimos capaces de entendernos a la perfección.

Nada más verme se levantó y caminó hacia el vehículo. Encendió el motor y abrió por completo ventanillas y puertas para que la temperatura del interior se igualara con la del exterior. El coche era de color negro y, como rápidamente deduje, carecía de aire acondicionado. Además, como no podría ser de otra forma, llevaba el salpicadero forrado de piel de oveja bajo una gruesa capa de polvo y los reposacabezas cubiertos por una fundita, también de cálido peluche, simulando las cabezas de dos rechonchos osos panda. En definitiva, la máquina perfecta para moverse por el desierto nubio. Lo que sí tenía era un rancio y decrépito equipo de música, de esos que aún funcionaban introduciendo una *casette*. Y digo una porque Hammu no disponía de ninguna otra, solo esa que me hizo escuchar tres o cuatro veces seguidas durante nuestro trayecto. Música electrónica mezclada con *reggaeton* de ritmo reiterativo e insistente que mezclaba cuatro frases en español. Mi amigo, por supuesto, no las entendía, pero debió de deducir que, por el simple hecho de que yo sí podía hacerlo, habrían de gustarme. Me lo imaginé

Peluche de un taxi

preparando con esmero, el día anterior, aquella cinta en su casa, con el cariño que poníamos hace años al grabar para las chicas que nos gustaban los recopilatorios que mejor fueran a representar nuestros sentimientos. Yo agradecí el gesto, aunque por dentro blasfemara y despotricara por tener que soportar semejante tabarra.

Al cabo de un rato y para no verme superado por el sopor, le planteé a Hammu la alocada idea de intercambiar nuestros cometidos. Yo conduciría, y así él podrá dedicarse por completo a seleccionar la música que deseara. Más que nada porque me había demostrado en un par de ocasiones que no era capaz de maniobrar y escuchar música al mismo tiempo. Parece que la idea le agradó y la mitad del camino la realicé yo al volante. No era la primera vez que circulaba por aquella carretera, que viajaba paralela entre el curso del río y la línea de ferrocarril que une Asuán con El Cairo. Pero transitarla conduciendo uno mismo es mucho más divertido. Atravesamos pueblos, cruces y destartaladas gasolineras; adelantamos carros cargados hasta arriba de caña de azúcar, niños que viajaban a lomos de asnos y grupos de personas que aguardaban al borde de la carretera qué sé yo qué. Probablemente la llegada de algún taxi colectivo. A la caída de la noche cruzamos el puente atirantado por debajo del cual, unos días antes, había pasado con la faluca. Y en unos minutos nos encontramos en Garb Asuán. De esa guisa había conseguido regresar, aunque completamente derrengado.

Capítulo XIII: La catarata y el desierto
El culo de Lawrence

Garb Aswan, ya lo he mencionado, es una pequeña aldea, erigida al más tradicional estilo nubio, compuesta por casas tradicionales diseminadas anárquicamente sobre la arena y las pocas zonas verdes que ofrece la orilla occidental del Nilo. Su disposición urbana conforma un intrincado laberinto de callejuelas que desembocan, en ocasiones, en plazoletas o espacios vacíos donde se desarrollan ciertos aspectos de la vida social de sus habitantes. Las casas, generalmente con la fachada pintada de un relajante azul celeste, siguen un patrón arquitectónico estandarizado: un muro cierra el perímetro y conforma, en el interior, un patio de arena de grandes dimensiones. Las habitaciones se disponen en derredor de este espacio, con techos abovedados y ausencia de ventanas. Ambas características sirven para protegerse del calor y de visitantes indeseables. Aunque no siempre se consigue. Recuerdo una noche, durante la segunda de mis campañas de trabajo en la necrópolis de Qubbet el Hawa. En aquellos días la escasez de recursos económicos hacía que compartiéramos estancia en una casa, alquilada a la familia de Bessam, nada menos que cuatro miembros de la expedición: un veterano antropólogo, un arquitecto, un cámara y fotógrafo de una televisión autonómica y un servidor. Cuatro maromos hechos y derechos en cuatro camas de un cuarto abovedado, sin ventanas y con un gran ventilador en el techo para refrescar la estancia. Aquella madrugada, me desperté sobresaltado al notar cómo algo, vivo sin duda alguna, recorría paulatinamente mi pecho, sin tan siquiera una fina sábana que nos separara. La profunda oscuridad de aquella noche sin luna me impedía ver de qué se trataba. Y aunque hubiera habido luna, aquel cubículo nubio era más negro que el culo de los camellos que aparcaban en su puerta. Lo cual hizo volar mi imaginación a lo peor: un escorpión, una araña de lo más venenosa, una serpiente… nada bueno.

Con tremenda sangre fría fui capaz de mantener la quietud, firme como si me hubieran congelado. No quería que un movimiento raro provocara la reacción de aquella criatura. Y, con nervio de cirujano, empecé a trazar un plan. En mi mente diseñé la trayectoria perfecta de mi brazo derecho, desde debajo de la almohada hasta lo que quiera que fuese aquel ser, para apartarlo de encima de mí con un certero golpe. Un movimiento eléctrico, debía de ser milimétrico y rápido como un rayo. Me veía capaz. Certero como un tirador olímpico. Un ninja. Pero nada más lejos de la realidad. El movimiento preciso acabó en un manotazo torpe, al que le siguieron muchos más, cada cual más ridículo, y todos me robaban un poco de mi dignidad. El resto la perdí en un grito agudo y ahogado de cobardica, mientras me erguía en mi camastro, despertaba a toda la tropa y se encendían las luces. ¡Era un ratoncito! De lo más mono y asustadizo, que corrió a esconderse donde pudo. Y yo deseé poder hacer lo mismo.

No fue la única vez que algún bichejo me despertó de mala manera. Era muy común, por ejemplo, que algunos *geckos* (o, como los denominamos en España, salamanquesas) que se colaban en el interior de las estancias buscando el fresco y la sombra, se quedaran a echar una siesta sobre las aspas del ventilador del techo. Después, cuando el que entraba a sestear era yo y encendía el ventilador, no pasaba mucho tiempo hasta que el pobre lagarto era despedido por los aires debido a la inercia de las aspas. En ocasiones, impactaban sobre los que habíamos conciliado el sueño en las abrasadoras tardes del desierto, chafándonos la siesta a ambos.

A Garb Aswan se llegaba en apenas cinco minutos, caminando desde el embarcadero, a los pies de la necrópolis faraónica de Qubbet el-Hawa. Tan solo una breve caminata me condujo hasta sus calles arenosas y tan estrechas que ni siquiera las alcanzaba el sol (otra estrategia para defenderse de las altas temperaturas). Me adentré por una de las calles posteriores, aquella donde se encontraban las casas que habité en su momento. La cuarta casa que se levantaba en el callejón era la de la familia de Bessam.

En su fachada, contaba con una especie de bancada corrida, que se abría a una de esas explanadas tan habituales en los espacios interiores. Allí en la calle, sobre la bancada, se encontraba un viejo amigo, con el que había hablado la noche anterior. Estaba sentado, con las piernas recogidas. Su nombre era Hassan. A su lado, descansaba Aalama, un enorme dromedario blanco, mientras rumiaba cuatro hierbajos resecos, atado a una farola que nunca había funcionado.

Hassan era un famoso habitante de esta villa, peculiar y solitario. Era un conocido del *omda* Mohammed Orabi. Yo lo conocí hace ya muchos años, durante una copiosa comida que el jefe local organizó en su casa con motivo de la Fiesta del Cordero, la celebración religiosa más importante del calendario musulmán, junto a la observancia del Ramadán.

—El Ramadán nos purifica, nos hace más humanos. Es un sacrificio que tenemos que hacer para demostrar nuestra devoción por Alá —me comentaba Hassan aquel día en casa de Orabi. Fuimos muchos los que compartimos mesa y conversación, pero Hassan era quien se sentaba a mi lado. Y no había cambiado nada desde aquel día. Diría que ni la ropa.

Celebrar la fiesta del Cordero entre amigos musulmanes fue una experiencia bastante enriquecedora para mí. Es complejo el concepto del sacrificio al servicio de una religión. Durante tantos años, siglos, se han cometido tantos martirios, expiaciones y oblaciones como ofrenda al servicio de una divinidad que uno no puede por menos que horrorizarse ante una práctica metafísica tan desconcertante. ¿Realmente el sacrificio y el sufrimiento nos acercan al dios? Extraño concepto que nació en el pensamiento colectivo monoteísta con la figura del patriarca Abraham y su intento de asesinato a su vástago, por orden y mandato directo del todopoderoso. Una histórica justificación del ansia de guerra santa que ha caracterizado a judíos, cristianos y musulmanes a lo largo de la historia: el dios reclama la sangre y la sumisión como muestra de devoción. Y lo cierto es que muchos musulmanes viven esa abstinencia que es el Ramadán, previo al sacrificio del animal, con el mismo sentimiento devocional. Algunos incluso llevan el castigo autoimpuesto al extremo de no tragarse ni su propia saliva, para evitar que nada cruce sus gargantas mientras el sol esté presente en el firmamento. A mí, se me hacía complicado comprender un sacrificio semejante. Al margen del interés antropológico y lo personalmente desagradable que resulta estar con alguien que se pasa el día entero escupiendo.

Pues una connotación semejante en su temática, aunque mucho más alegre, tiene la fiesta del Cordero, que en árabe se denomina *Eid al Adha*. Algo así como la fiesta del sacrificio. Se celebra setenta días después de la festividad que marca el final del Ramadán. En realidad, se conoce con este nombre por una doble razón, porque este rito festeja la citada acción piadosa del profeta Abraham (para los árabes Ibrahim), que estuvo dispuesto a degollar a su primogénito como prueba de su lealtad al dios, según narran el Antiguo Testamento y el Corán. La diferencia entre ambos textos sagrados radica en el nombre de la víctima: para la tradición judeocristiana el ajusticiado sería Isaac, mientras que para los musulmanes quien iba a ser sacrificado era Ismael, hijo de Abraham con su esposa Agar, esclava egipcia.

Al final, el del piso de arriba tuvo piedad y perdonó la vida del joven. Un ángel sostuvo el brazo armado del patriarca justo cuando iba a cercenar la garganta de su hijo. Y en agradecimiento, Abraham celebró el primer sacrificio, inaugurando esta tradición de matar un carnero en lugar de a su propio retoño. Esto mismo es lo que realizan los musulmanes en las puertas de sus casas durante este día festivo. Y de ahí, como segunda fuente, recibe su nomenclatura.

Recuerdo como una experiencia agradable, a la par que impactante, aquella mañana previa al banquete en el que conocí a Hassan. Yo andaba maltrecho por una rotura fibrilar que había sufrido en la pierna derecha al moverme por las dunas de la necrópolis, y el médico del equipo me había prohibido deambular por sus tumbas y colinas. Reposo y buenos alimentos, dijo el doctor. Así que decidí empeñar el día en mezclarme con la gente del pueblo y participar con ellos de sus tradiciones. No es que esto fuese a ser mejor para mi herida que el reposo prescrito, pero sí más ameno y enriquecedor.

Todo el mundo había madrugado, los niños corrían por las calles desde una hora muy temprana y los hombres acudían a la mezquita. Después de la oración especial, cada cual reunía a su familia en las puertas y patios de sus casas y preparaban el sacrificio de algún animal. Vacas escuálidas, ovejas, carneros e incluso cabras raquíticas eran paseados por las calles del pueblo para que todos supieran qué iba a sacrificar cada cual y qué se podría degustar en su casa. Porque estos banquetes eran completamente abiertos y públicos. Por normal general, la carne del animal finado se dividía en tres porciones: la primera parte era para quien obsequiaba el sacrificio; la segunda, para repartir con sus amigos y familiares; finalmente la tercera parte se distribuía entre los más necesitados, los que no podían permitirse su propio sacrificio, sin que a nadie le importara la religión, la raza o la nacionalidad. Por eso yo no sabía dónde ubicarme exactamente aquel día, si en el segundo grupo, el de los amigos, o en el tercero.

En esa misma explanada en la que me encontré con Hassan aquel día, pude vivir aquella mañana durante la fiesta del Cordero un ceremonial sangriento, pero completamente jovial. Los niños, activos como ya he dicho, corrían de las casas de unos a las de otros. Mientras, sus padres e hijos más mayores, o hermanos, cuñados y tíos, traían una vaca de color pardo. Durante un rato largo estuvieron todos alimentando al animal, acariciándolo, y jugando con él. Lo llevaban atado de una pata. La pobre res se resignaba, ignorante del trágico final que le esperaba. A veces coceaba o corría detrás de los chiquillos, como si aquello fuese una improvisada capea. Sabiendo de mi nacionalidad española, algunos me ofrecían un trapo invitándome a que toreara al animal, sin saber que nunca me ha gustado especialmente la tauromaquia. Pero uno no puede renegar del folklore de su país.

Finalmente, atando sus cuatro patas consiguieron tumbar al animal junto a la puerta de una casa de fachada amarilla, sobre un charco de sangre de algún sacrificio previo que yo me había perdido, y muy cerca de unas grandes artesas de aluminio que ya contenían los pedazos y vísceras de algunos corderos. La vaca fue colocada cuidadosamente, mirando en dirección a La Meca, contemplando a rajatabla las prácticas estipuladas por la religión musulmana para el sacrificio de animales. La *sharia*, o ley islámica, establece que se coma solamente la carne de aquellos animales que han sido sacrificados siguiendo las normas preestablecidas. Es lo que denominan *halal*, frente al término opuesto, aquel que expresa las prácticas prohibidas, que es *haram*.

En un chamizo cercano, unas mujeres de avanzada edad y profunda negritud cocían en un caldero las pezuñas de otro ternero que había sido sacrificado con anterioridad. Con cuchillos de hojas desgastadas pelaban el vello que rodeaba el casco del pesuño. El olor a carne hervida invadía todo el lugar. A carne hervida y a sangre fresca, con su regusto metálico y alcalino.

Un hombre desgarbado y resuelto, vestido con *galabiyya* y una gorra de béisbol de tela vaquera, se acercó hasta el animal tumbado, que era sujetado por varios muchachos. Sacó un cuchillo oxidado de hoja de sierra, dentada y mellada, y sin titubear lo más mínimo, rebanó el gaznate de aquella pobre vaca, que no tuvo tiempo ni de mugir. Todo fue tan rápido, certero y limpio, que de inmediato me invadió la seguridad de que aquel animal no había sufrido en absoluto. Y me maravillé ante la destreza ancestral de estos matarifes profesionales que se pasan la vida dedicándose a semejantes quehaceres rituales.

Enseguida la sangre corría nuevamente por la arena, calle abajo. Una parte era recogida en un recipiente, del cual los niños rellenaban pequeños vasitos y salían corriendo para escribir sus nombres, o proclamas que yo era incapaz de leer, por las fachadas de las casas del entorno. Incluso empapaban las palmas de sus manos en el plasma granate que manaba de la herida y las imprentaban por doquier, como hicieron los primeros hombres en las profundas cavernas, haciendo uso del rojo como primer color empleado para pintar. Y se iba repitiendo esta ceremonia a lo largo y ancho de la calle, de la aldea, de la ciudad, del país...

En la comodidad de nuestra bancada pública, Hassan y yo terminamos el dulce té que me había ofrecido al encontrarnos, justo antes de que llegara un joven con otro dromedario. Eran animales grandes y distraídamente tranquilos. Ambos reposaron, reclinados, a nuestro lado.

—¿Vamos? —me preguntó Hassan, que se puso en marcha sin esperar mi respuesta. Daba por hecho que emularíamos viejos tiempo en un paseo. Desató la rienda del primer animal, el que estaba allí rumiando desde que yo había llegado, y me indicó que me subiera sobre su montura, formada por una silla manufacturada de maderos, cojines y mantas.

El animal se levantó siguiendo sus tres tiempos habituales y yo me aferré con mi pierna izquierda a la curva de su cuello. Hassan me alcanzó la rienda, que cogí con una mano, y una varita formada por el tallo de una hoja de palmera seca. Eso sería mi fusta, aunque a estos animales es difícil convencerlos para que hagan lo que uno desea. Y más cuando se es inexperto.

Encabezando la marcha, remonté la duna oriental que encuadraba el pequeño poblado de Garb Aswan, y juntos nos adentramos en el Wadi Sammam, o lo que era lo mismo, el cauce seco de un río que atravesaba el desierto hacia poniente, y conducía a las ruinas del monasterio de San Simeón. En pocos minutos me acostumbré al rítmico ajetreo del caminar parsimonioso del rumiante. Con elegancia y al compás de alguna melodía con cadencia de sistros, flautas y darbukas que solamente escucha él en su cabeza, iba clavando su pezuña bífida en la arena. Y yo, como un podenco inútil, trataba de amoldar mis carnes magras a semejante balanceo, intentando no caer desde una altura tan considerable. Estoy convencido de que el camello conocía mi miedo. De vez en cuando giraba su largo cuello y me miraba de reojo, contoneando sus larguísimas pestañas que protegían sus ojos de la arena. Era entonces cuando emitía un largo gruñido y volvía a mirar al frente. Se estaba riendo de mí, lo sé.

El sol vigilaba desde lo alto y caía con justicia, completamente vertical, sobre nuestras cabezas. Yo la llevaba la mía protegida con un par de largos turbantes de algodón, pero aun así sentía el húmedo correr del sudor por mi cuello y mi espalda. Y a los pocos minutos la galopada a lomos de mi montura comenzó a ser tortuosa. No pude evitar pensar en aquellos europeos que, a comienzos del siglo XX, se cruzaban desiertos enteros usando estos animales como montura. Charles Gordon, Chateaubriand, Charles Doughty, o Thomas Edward Lawrence atravesando Arabia durante semanas. ¿Cómo soportaban sus posaderas esos infernales trayectos? ¿De qué estaba hecho el culo de Lawrence?

Decía el militar y escritor oriundo de Gales que en el mundo «existen *dos clases de hombres: aquellos que duermen y sueñan de noche y aquellos que sueñan despiertos y de día... esos son peligrosos, porque no cederán hasta ver sus sueños convertidos en realidad».* Estoy completamente de acuerdo con él, pero creo que lo que le inspiró la frase fue el peligro que corren de caerse los que se duermen desde lo alto de un camello.

—Vamos a darnos prisa. Nos esperan para comer —me pareció escuchar a Hassan en el momento que me adelantó con su montura al galope—. «Jap, jap, jap».

Sus talones golpeaban la parte alta de la barriga del animal y su cuerpo botaba sobre la joroba en un perfecto equilibrio y con envidiable coordinación. Traté de imitarlo: me aferré con fuerza a la cuerda que me llegaba desde el morro de mi dromedario, apreté más si cabía mi pierna contra su cuello y lo taconeé con esmero. El animal reaccionó, probablemente más por costumbre que por mi acto en sí. Al principio me mantenía vertical a duras penas en lo más alto de la silla, pero en pocos segundos acompasé mis movimientos con los suyos. O por lo menos a ratos. Eso sí, la fusta improvisada de hoja de palma descansaba ya en mitad del desierto, varios metros más atrás. Necesitaba la seguridad de contar con ambas manos para aferrarme a lo que fuera en caso de caída, o peor, para amortiguar el golpe. No recordaba haber leído a Lawrence hablando del día que aprendió a montar o si se cayó desde lo alto del camello. Lo que sí me vino a la mente fue el hecho cruel de que si uno caía, lo abandonaban a su suerte. Así que me agarré con más fuerza.

Era Orabi quien nos aguardaba en una especie de construcción en medio del *wadi,* o de la nada. Solamente divisaba arena roja y piedras negras a nuestro alrededor. El pequeño edificio era completamente redondo, con el techo de paja. El interior estaba fresco, con abundante sombra. Tenía una apertura en el centro por el que entraba la luz. Mi amigo nubio lo tenía todo dispuesto para su almuerzo con Hassan. Y parece ser que contaban conmigo: bocadillos de *taameya* y patatas fritas, encurtidos de verduras con vinagre y Coca-Cola fría. Para ser sinceros, se agradecía este tentempié a medio día, pero mucho más la sombra y el reposo.

—¿Queda mucho para llegar al monasterio?

—Algo menos de una hora. —El interior de las piernas se me rebeló al escuchar semejante afirmación y los muslos me mandaron su primer aviso. «Ya están aquí las agujetas, así que tú sabrás lo que haces». Pero había que continuar.

El regreso al camino no fue tan divertido ni tan agradable. Es cierto que yo nunca en mi vida he montado a caballo. Y aunque no era la primera vez que montaba en camello, la falta de costumbre hizo que mis ingles no estuvieran preparadas para aquello. Conocía la teoría de la postura, pero no sabía cómo aliviar las molestias y los calambres después de tantas horas de cabalgata. La falta de estribos me impedía presionar hacia abajo para descargar los músculos y liberar las piernas. De ahí que, al final de todo, no quedara más remedio que adoptar esa ridícula postura despatarrada en la que se suele ver a los turistas. Aunque a esas alturas el ridículo era lo que menos me importa. Es lo bueno que tiene el desierto.

Por contra, Hassan sabía aplicar perfectamente el manual del buen camellero: mi compañero de viaje aliviaba sus molestias apoyando las piernas en el cuello del animal. Lo intenté. Pero no era fácil. Eso solucionaba el problema de laxitud, pero cargaba todo el peso sobre el trasero. Y pese a las caras de felicidad del británico en Arabia, puedo garantizar que el constante vaivén del camello termina por pasar factura. La única forma de aliviar el malestar era, de tanto en tanto, volver a dejar colgar las piernas.

Dos o tres grandes dunas más adelante apareció ante mí una gran depresión; un descenso prolongado que mi montura iba salvando, con total parsimonia, sin reparar en que el grado de inclinación no facilitaba mi sujeción en lo más alto de su joroba. ¡Qué le importaba yo al pobre bicho!

Al otro lado, tras una subida igual de prolongada, se alzaban las ruinas del monasterio copto de San Simeón. Sus muros aún conservados, sus edificios que se defendían del tiempo y de la arena y sus escondites laberínticos se mantenían firmes en mitad del desierto, demasiado lejos del agua como para haberlo hecho funcional a través de los siglos. El monasterio se construyó durante el siglo VI y se abandonó en el siglo XIII, después de ser atacado y sitiado por las tropas del caudillo Salah ed-Din (Saladino). Fue construido para proteger a los cristianos de las razzias de los árabes. Con toda probabilidad estaba directamente relacionado con los restos del monasterio de San Jorge que se alzan en la colina de Qubbet el-Hawa, junto a la tumba de Khunes y sobre ella.

No sé qué agradecí más, si llegar a visitar este lugar desconocido para mí o abandonar por un buen rato la colcha y las mantas que componían mi silla de montar. Al bajarme, casi sin equilibrio (juraría que tenía las ingles dormidas), me pareció atisbar una sonrisa burlona en el labio superior partido de mi dromedario.

Me encaminé hacia la gran puerta que daba acceso al recinto con el caminar de John Wayne tras bajar de su caballo. Antes de adquirir la entrada eché un trago de una de esas típicas tinajas con agua fresca en su interior, acompañadas siempre de un raquítico vaso metálico comunitario. Pidiendo permiso con un gesto, me encaminé decidido a satisfacer la sed y reponer los líquidos que se había perdido en la travesía. Si Lawrence levantara la cabeza... Seguramente me miraría como lo hacían los *gafires* que vendían las entradas. Un turista bebiendo agua del Nilo. Me compadecieron.

Los restos de la construcción contaban con una muralla y cuatro edificios, entre los que destacaban las ruinas de una gran iglesia, un refectorio y un edificio algo restaurado en el que se hallaban las celdas de los monjes. Lo más interesante, más allá del trazado del complejo, eran los restos de multitud de frescos de estilo copto que aún se conservaban por aquí y por allá, de forma aleatoria, como si el tiempo hubiera elegido al azar cuales perdonar y cuáles no.

Me perdí un rato por sus pasillos y salones, corredores y patios, tratando de dar esquinazo a uno de los egipcios que me acompañaba. Venía buscando su propina. Pero la experiencia ya me había hecho advertirle de mi condición académica (lo que, como sabéis, me acredita con el título de doctor de inmediato) y prometerle un *bakshish* de entrada. Con ello logré evadirme por un rato, dejando volar mi mente a los tiempos en los que estas celdas las habitaban monjes, eremitas y anacoretas.

—Está todo roto, ¿verdad? —me preguntó Hassan a la salida. Sonreí a su comentario; sé que sólo trataba de provocarme. Y no estaba dispuesto a desgastarme con él cuando me esperaba mi joroba particular para jorobarme literalmente. Por suerte, el camino de vuelta fue más corto, porque bajamos directamente hacia la orilla del río.

La depresión arenosa que antes había atravesado, cortándola de un lado al otro, ahora nos sirvió de vía para alcanzar una extensa playa fluvial formada por la propia arena de la duna, que moría directamente bajo las aguas del Nilo. El paisaje volvía a ser incomparable: el verde de las islas y orillas con toda su vegetación, el negro de los grandes bloques de granito salpicados por todo el ancho de la corriente, plantando cara al incansable fluir de las aguas milenarias, las aves apoderándose de dichos riscos y gentes distraídas que rezaban en la arena o comerciaban sus enseres con los turistas que llegaban por barca hasta la orilla.

No lo dudé ni un momento. Me desprendí de mi pantalón de campaña y de mi camiseta sudada. Previsoramente traía un bañador debajo, así que me zambullí en el frío y oscuro torrente. Nada más comenzar a flotar, la corriente me desplazaba con fuerza hacia el norte. Pequeños pececillos huían y a la vez se acercaban curiosos. Y me sentí completamente renovado y, lo que es aún mejor, libre. No se me ocurre mejor forma de poner broche a aquel día, que ver el atardecer tras las dunas que había recorrido durante toda la tarde, tiñendo de violáceo el cielo de Asuán. Me sequé al raso del crepúsculo, ya púrpura, y dejé que mis amigos me contrataran la barca que me devolviese a las calles de Asuán para cenar.

Capítulo XIV: Qubbet el Hawa
Sólo una cosa, pero maravillosa

La ubicación de mi hotel en Asuán era perfecta, en el centro de la ciudad, muy próximo a la estación de trenes y a cuatro pasos del lugar donde aquella mañana quería tomar el ferri que me cruzara, nuevamente, hasta la orilla occidental, donde se alza, tan majestuosa como indiferente al bullicio de la ciudad, la necrópolis faraónica de la vieja Elefantina. Se conoce con el nombre de Qubbet el Hawa, que se podría traducir como «La cúpula del viento», en referencia a la visible construcción que se alza en la parte más alta de la colina.

Salté a la calle y me dejé caer por la *corniche*, la orilla oriental, donde se desarrolla el día a día de la pequeña urbe de una forma completamente antagónica a lo que se observa en la ribera contraria. Como en los tiempos más antiguos, la margen occidental se sumía en el vacío y la soledad, dejando que reinara el desierto por encima de todas las cosas. Tan solo algunas aldeas nubias salpicaban sus escasas zonas fértiles, tiñendo con los tonos azules de sus fachadas las dunas del implacable arenal. Mientras paseaba en paralelo al río, fui observando la orografía de la exánime figura de la necrópolis, alzada en terrazas en las que se abrían pequeñas oquedades oscuras que conducen al reino de la parca. Algunos de estos pequeños boquetes se conectaban con el Nilo a través de largas rampas que a duras penas se resistían a ser borradas por el polvo y el albero. Casi como yo.

Alcancé las escaleras que descendían hasta el nivel del agua (la *corniche* era bastante más alta) donde, entre los enormes hoteles flotantes de las grandes compañías, se colaba la pequeña lancha, abollada y oxidada, que funcionaba como ferri de conexión con la otra orilla y el pequeño poblado que ya mencioné anteriormente, llamado Asuán Oeste. Como apeadero, unas desgastadas escaleras bajaban hasta perderse en las aguas y la capa de aceite que flotaba sobre ellas. Y bajo un sombrajo metálico, la persona que recogía la libra que debía abonar todo extranjero para cruzar. A su lado, dos grandes tinajas de barro rojo, engarzadas por su base cónica en un trébede metálico, sudaban por sus poros cerámicos casi como yo por los de mi epidermis, anunciando que contenían agua fresca en su interior. Extraída de algún pozo, por supuesto, pero a mí me aportó la primera resurrección de un largo y cálido día.

Al poco tiempo el motor de la lancha se puso en marcha y me apresuré a cruzar el tablón con traviesas que hacía las veces de pasarela para abordar la embarcación. Como un funambulista vagabundo, dejando en evidencia mi falta de equilibrio. Un joven me tendió su mano para que me sujetara en el corto trayecto, de apenas dos metros. Me situé en la parte trasera, la destinada a los hombres. En la parte de proa viajaba únicamente una mujer, completamente vestida de oscuros paños, negra de manto y negra de piel. Sin duda era nubia, como el grueso de los tripulantes y viajeros de la triste barca.

Esquivando algunas islas y bancos de arena que asomaban sobre la superficie del agua, mostrando los esqueletos de viejos buques de metal podrido y madera ya carcomida, como si de esqueletos de ballenas varadas se tratara, fuimos avanzando por la encrespada y fresca anchura del Nilo. Extendí mi brazo para rozar la superficie del agua con las yemas de los dedos, notando su fría temperatura y salpicando con desgarbada e inocente violencia en todas direcciones. Me encantaba hacer esto cada vez que cruzaba de una a otra orilla. Me encantaba sentirme calado por el río.

En la otra orilla, la mole de hormigón que actuaba como muelle, con sus anchas escaleras, me dio la bienvenida con un enorme letrero que rezaba, en árabe e inglés, el nombre de la aldea: Garb Aswan. Enseguida, todos los pasajeros saltaron a tierra sin esperar a que un joven amarrara la embarcación con una cuerda raída chocando contra unos enormes neumáticos de tractor. Cuando el muchacho extendió un nuevo tablón a modo de pasarela, todos habíamos abandonado ya la motora. Incluida la mujer de negro y yo.

Una vez atravesado el muelle, cruzado el inicio de un gran canal atestado de mosquitos y renacuajos y recorridos unos cuantos puestos donde se vendían refrescos, bolsas de patatas y otros *snacks* y, en ocasiones, dulces típicos egipcios, tomé un camino de arena que conducía hacia la caseta de venta de tickets para acceder a las tumbas que ya me observaban desde lo alto de la loma. Y como siempre me había ocurrido, me sentí pequeño a sus pies, y exhausto ya, sólo de pensar en la ascensión que me esperaba.

La necrópolis de época faraónica se abre en la roca viva de una loma que llega a tener casi ciento treinta metros de altura. En su parte más alta y cima de su forma troncocónica, se alza una pequeña cúpula, de base cuadrada, sobre un promontorio de roca granítica, que da nombre al lugar: la cúpula del viento. Tradicionalmente, se ha interpretado como la tumba de un jeque musulmán llamado Sidi Ali Bin el-Hawa, lo que remitiría al apellido de la colina, independientemente de las corrientes de aire que puedan soplar con mayor o menor asiduidad por la inclinación arenosa del lugar.

En las tumbas de Qubbet el-Hawa se dio sepultura a los gobernadores y más altos dignatarios de la provincia de Elefantina, la última de las fronteras del antiguo Egipto antes de adentrarse en la tierra del oro, la oscura Nubia. Sus gobernadores y miembros del aparato político eran a la vez administradores de una fuerza militar que se apostaba en la isla de Abu, como puerta protegida de la tierra negra. Sus inhumaciones comenzaron a tener lugar en este cementerio desde las últimas dinastías del Reino Antiguo, con personajes que han trasladado hasta el presente su inmortalidad a través de sus nombres, como Heqaib, Sabni o Mehu. La mayoría de ellos vivieron sus días gloriosos de fortuna y esplendor entre las dinastías sexta y duodécima.

Se trata de tumbas excavadas directamente sobre la roca que dan acceso, generalmente, a una sala principal sustentada por pilares, desde la que se abre un pasillo que accede al pozo funerario y a la cámara mortuoria. Delante de las cámaras y sus fachadas, se abren patios abiertos a la luz del sol, que albergan estelas, relieves y textos biográficos de sus propietarios. Sin duda el más famoso de todos ellos pertenece a un personaje llamado Herkhuf, que gozó del privilegio de ser felicitado y reclamado por el rey de Egipto (Pepi, en aquel momento) para acudir a su presencia en la capital, en el norte. El motivo era el siguiente: Herkhuf había viajado hacia el sur, más allá de las fronteras, adentrándose en los territorios del África negra. Al regreso de su expedición, trajo consigo a un pequeño individuo, una especie de enano, que aparece reflejado claramente en los textos de su tumba. Allí se inscribe, entre otros jeroglíficos, un signo que muestra a un pequeño personajito de cortas piernas, y que se ha traducido, genéricamente, como pigmeo. Cuando el joven rey, prácticamente un niño aún, descubre la existencia del diminuto sujeto, reclama que sea llevado hasta la corte para «ser empleado en las danzas del dios». Y le encarga al propio visir, miembro de la tumba que narra la peripecia, que lo acompañe y responda de su seguridad, para que el chiquitín no se caiga por la borda, se lo coma un cocodrilo o lo devore alguna otra bestia.

Sin embargo, la tumba que mejor conozco yo y de la que guardo mejores recuerdos es la que tengo frente a mí, la número QH33, de propietario completamente desconocido en los días en los que yo fui designado como encargado de las labores de excavación arqueológica de su interior. Se trata de un hipogeo, aparentemente de Reino Medio, que debió de ser construido para algún miembro de la familia de otros personajes ilustres cuyas tumbas jalonan la colina, todos ellos bajo el nombre de Sarenput.

No es este el momento ni el lugar de redactar un largo ensayo egiptológico sobre los avances que aquel proyecto aportó al conocimiento de la historia de Egipto. Es más, ni siquiera ya me compete a mí esa tarea. Pero puedo compartir, eso sí, uno de los momentos más felices que he vivido en Egipto.

Fue en octubre del año 2010. Era, precisamente, la mañana del 12 de octubre. Mientras España amanecía preparándose para celebrar sus desfiles del Día de la Hispanidad, yo acudía de madrugada, a las seis como siempre, a mi trabajo en el interior de la tumba. Reconozco que no lo hacía de muy buen humor, pues diversos desencantos se iban agolpando sobre mis hombros tras varios meses de trabajo en el desierto nubio. En el interior de la tumba, como siempre, trabajaba codo con codo con algunos de los miembros egipcios del equipo que terminarían convirtiéndose en grandes amigos: Mahmoud, Alaa o el *rais* Samir. Todos ellos me insistían, una y otra vez, en que alegrara la cara, que sonriera y que no diera importancia a las cosas. Defendían que les gustaba mi trabajo y que lo importante era que yo tuviese claras mis decisiones y mis posturas. Tan pesados resultaban con su insistencia que, en un momento de lucidez, mientras dibujaba una gran mesa de ofrendas de piedra que había aparecido en las excavaciones de los días anteriores, cogí del suelo uno de los infinitos fragmentos de hueso calcinado y, sobre el pecho de mi camiseta, otrora blanca y ahora puerca de polvo y ceniza, dibujé una enorme carita sonriente, con dos ojos rasgados en vertical.

—Ya está. Ya estoy contento. *Ana maksub ketir.* ¿Eh? Aquí tenéis vuestra sonrisa. Y ahora dejadme tranquilo. —Pero mi gesto les había provocado a todos una incontenible carcajada que pronto se extendió, como un reguero de pólvora, entre el resto de miembros de la expedición. La hilaridad de mi ocurrencia, improvisada en el interior de la tumba QH33, auguraba para mis compañeros egipcios muy buenas vibraciones. Y llevaban razón, porque terminaría convirtiéndose en un día muy feliz.

Recuerdo estar sentado en una banqueta de madera clavada en la ceniza y la arena que cubría el interior de la tumba, dibujando entre el polvo la mencionada piedra, cuando Mahmoud, el principal excavador de la arena, me llamó alarmado para enseñarme lo que había descubierto. En la pared sur se abría una enorme grieta en la piedra que bajaba serpenteante y se perdía bajo el nivel de arena. Pero antes de hacerlo, se abría una especie de losa, de pequeño tamaño y perfectamente rectangular.

Mahmoud se arrodilló junto a la piedra y empezó a hacerme señales, diciendo cosas en árabe que yo no entendía. Alaa me las traducía al inglés.

—Una nueva cámara, doctor. ¡Una cámara intacta!

—No creo, Alaa. Probablemente se trate de una reparación en la grieta.

Los antiguos egipcios solían hacer eso, y nosotros ya lo habíamos documentado en otras tumbas o en otras paredes de las que estábamos excavando. Dónde se abría una fractura, se tallaba una oquedad que se rellenaba con una nueva losa cortada a medida para que la grieta no continuara. Algo que nunca conseguían, por otro lado, pero que de cara al recubrimiento de estuco posterior sería útil. Sin embargo, Mahmoud comenzó a golpear la losa, del tamaño de un pequeño cuaderno, con la parte trasera del mango de madera del paletín. Y me tuve que tragar mis opiniones al comprobar que aquello producía un sonido sordo, completamente hueco.

Le robé a mi compañero la herramienta y, con la punta, comencé a raspar la pared buscando los límites. Las finas ranuras estaban selladas con un yeso transparente por el color del polvo que lo cubría. Pero se volvía de un blanco intenso cuando la afilada punta del paletín lo raspaba y desprendía. Pronto tuvimos localizados los cuatro bordes de aquella pequeña tapadera. Con el mismo utensilio comencé a hacer palanca por la parte superior. Notaba la respiración y casi hasta el sudor de los dos egipcios que, con sus bocas tapadas por aparatosas máscaras que los protegían del polvo, respiraban nerviosamente pegados a mi nuca. Era como excavar con Darth Vader resoplándote en la espalda. Y al final, con muy poco esfuerzo, la piedra se desprendió y un pequeño agujero negro quedó al descubierto.

Mahmoud salió corriendo, gritando el nombre del *rais* que se hallaba en el exterior. Él no albergaba, por lo que sus gestos y aspavientos revelaban, la más mínima duda de que se trataba de una nueva cámara intacta. Yo no era capaz de ver nada en la negrura del interior, así que, valiente y decidido, introduje por la abertura mi mano derecha. Bajando hacia la izquierda, se deslizó mi antebrazo hasta el codo. En aquel momento, ni siquiera reparé en el peligro que suponía aquella acción, exponiéndome al mordisco o picadura de cualquier alimañaza merodeadora de las arenas. En absoluto. Lejos de toparme con ningún ser vivo, me topé con algo que llevaba miles de años muerto. Pude tocar algo rígido y de forma angular. Como la esquina de una caja, probablemente de madera.

—¡Alaa, luz! ¡Tráeme más luz! —grité, como el padrastro de Hamlet al verse reflejado en la obra de teatro. Mi intuición no me engañaba. Cuando mi compañero me trajo un pequeño candil eléctrico y lo apunté al pequeño agujero, pude observar una preciosa caja de madera de color marfil, con inscripciones jeroglíficas de un color turquesa brillante. Sin duda era un ataúd, y estaba intacto.

En ese momento perdí la noción de cuanto me rodeaba. El mundo enmudeció para mí. Fui consciente, casi como ajeno a mi propio cuerpo, de todo lo que formaba aquella escena que quedó grabada en mi memoria: mi figura agachada junto al agujero; mis amigos egipcios, vestidos con sus ropas sucias de trabajo y sus turbantes; el polvo que flotaba en el ambiente; la luz halógena que achicharraba la piel y disparaba rayos luminosos hacia puntos concretos del interior del hipogeo; y aquella cámara intacta, del Reino Medio, que había estado sellada durante miles de años, desde el día en el que se enterró al propietario de aquel ataúd de color marfil con jeroglíficos turquesa en ese nicho y que ese doce de octubre yo, con un pequeño paletín, había rescatado del silencio y el olvido que genera el tiempo.

—¿Qué puedes ver, Tito? —me decía Alaa devolviéndome a la realidad. Y me recordó la famosa frase que pronunció Howard Carter cuando su benefactor Lord Carnarvon le profirió la misma pregunta en el momento de la apertura de la tumba de Tutankhamon. «Cosas maravillosas», respondió el inglés al ver el brillo del oro por doquier. Yo no tuve esa inmensa suerte. Pero, en mi humilde modestia, considero que la sensación era exactamente la misma: allí dentro solamente parecía haber una cosa, una caja de madera, pero también era maravillosa.

Enseguida comenzaron a llegar los miembros del equipo que trabajaban en el exterior, egipcios y españoles, y comprendí que mi momento de gloria había terminado. Mostré el lugar y dejé paso a quienes dirigían la misión, a quienes se adjudicarían el hallazgo y a quienes firmarían los artículos y las publicaciones en las que se daría a conocer a la comunidad científica y a quienes les interesara el asunto del descubrimiento de una nueva cámara intacta en una tumba del Reino Medio, en el sur de Egipto. Mi nombre quedaría, en el mejor de los casos, relegado a un segundísimo plano. Pero nunca me importó. Aquel doce de octubre de dos mil diez, Día de la Hispanidad, yo había cumplido uno de los anhelos de mi vida. Había descubierto y abierto con mis propias manos, y rodeado de amigos egipcios que trabajaban a mi lado, un enterramiento íntegro e inalterado, un pequeño fragmento de la historia faraónica. Algo que soñaba desde niño se había hecho realidad. Ese momento ya era mío. Lo había vivido y ya nadie me lo podía robar. Salí al exterior, fuera de la tumba, a abrazar a quien tenía que abrazar y besar a quien tenía que besar, y a encontrarme desde la altura de la loma que conformaba el cementerio con el verde Nilo que transportaba la vida. No pude contenerme. Grité. No voy a negar incluso que llorara, aunque nunca nadie lo sabrá. Pero también sonreí. Sonreí mucho. Como llevaba haciendo desde el principio de la mañana mi profética camiseta.

Aquella mañana volví a encontrarme frente a la majestuosa puerta de esa tumba QH33. Aún guardaba secretos en su interior. Sin ojos, el hipogeo me miraba desde su negra oscuridad, como de soslayo, nostálgico de mí (como yo de él), pero a la vez sonriente, con picardía, haciéndome ver que, al final, más de un secreto se guardó y no lo quiso compartir conmigo. Quién sabe si algún día se los revelaría a alguien.

Avancé por la horizontalidad de la terraza, pasando frente a otras oquedades funerarias. Aunque todas seguían un similar patrón estructural, no había dos iguales. Yo les entregaba una sonrisa de medio lado y una

Diario del autor

mirada de reojo como la que me había prestado a mí la tumba 33. De alguna de ellas, salían al exterior los chillidos de los enormes murciélagos que habitan, siempre vigilantes boca abajo, sus techos ennegrecidos. En alguna ocasión habían intentado convencerme de que estos animales tan enormes eran zorros voladores. Nada más lejos de la realidad: son simples murciélagos, que no pertenecen para nada al género de los *Pteropus*, que es como se denomina a los zorros voladores. Esos pueden llegar a alcanzar una envergadura de más de metro y medio en algunas ocasiones, y sólo se localizan en Camboya, Vietnam, Indonesia, Malasia, Birmania, Tailandia, Filipinas, Brunei, Tonga y Vanuatu. En África se localizan otros del mismo género, pero no tan grandes, y nunca en Egipto. Los que chillaban desde el interior de esos hipogeos pertenecían a alguna de las tres especies de murciélagos que habitan en la tierra del Nilo, probablemente a los más grandes de todos ellos, conocidos como *Taphozous perforatus*. No obstante, y pese a que no eran tan grandes como afirmaban los exagerados inventores de cuentos y los vendemotos, su presencia hacía que los suelos se cubrieran con el guano de sus defecaciones y generaran un ambiente irrespirable, cargado de amoníaco y ácido úrico.

Caminé hasta el final del yacimiento, donde se ubican los monumentos funerarios de un padre y un hijo que gobernaron la provincia de Elefantina en los tiempos del rey Pepi II, en la dinastía VI. Se llaman Sabni y Meju, y gracias a estas tumbas, sabemos que Meju murió en el desierto durante una expedición que realizó a Wawat. Su hijo Sabni, que acabaría uniendo su tumba a la de su padre, viajó con 100 burros, un grupo de sacerdotes, pomadas de aceite, miel y lienzos de lino al desierto nubio para recuperar el cadáver de su progenitor y poder momificar su cuerpo.

Sobre la arena, plagada de huellas de escorpioncillos marcadas allí antes del amanecer, me senté para recordar días pasados, cuando trabajaba en estas alturas. Nadie tuvo nunca mejores vistas desde su puesto de trabajo. Nadie tuvo jamás más motivos para envidiar la vida de un egiptólogo tan ingenuo.

Capítulo XV: Philae
Los gatos a la sombra

—¿Le pido taxi, señor?

—No, muchas gracias. Ya me las apaño yo solo —dije cortésmente, mientras abandonaba la recepción de mi hotel.

Y no me llevó mucho tiempo encontrar uno en las calles de Asuán. Con poner un pie en el asfalto y alzar un dedo, se detuvieron tres o cuatro vehículos que, bajando sus ventanillas, se disponían sin dilación a negociar un buen acuerdo y un precio desorbitado por la carrera, fuera la que fuese.

—Voy al templo de Philae. Te pago diez libras —le dije a uno de ellos.

—No, no. El templo está lejos. Hay que dar mucha vuelta. Treinta libras —me contestó el joven conductor, apenas un imberbe muchachote que no levantaba más de veinte años.

—¡Venga ya, hombre! —Y acompañé mi indignación con una interlocución que no viene al caso repetir, pero que le hizo ver de sobra que con sus triquiñuelas no me sacaría más dinero—. Sé perfectamente dónde está el templo y cómo ir hasta allí. Te doy quince y porque no quiero perder más tiempo. —Y con eso zanjé la discusión mientras me subía en la parte delantera del coche, a su lado, para poder seguir charlando con él. Un gesto, tal vez absurdo, de cercanía, para hacer que ambos nos sintiéramos intimidados y engañados por igual. Y para romper el hielo, con un tono irónico y sonriendo, puse a prueba su sentido del humor—. Si no sabes ir dímelo y te voy indicando.

El coche, un viejo Peugeot que había vivido mejores tiempos, se puso en marcha avanzando por la amplia *corniche* asuaní, enfilando hacia el sur, donde se abren los más importantes bancos, oficinas y agencias, o los restaurantes internacionales. O lo que es lo mismo, el McDonald's y el Kentucky Fried Chiken, que tantos jueves hicieron mis delicias en las tediosas noches egipcias, vísperas de festivo, cuando trabajaba en la otra orilla.

De camino al templo de Philae también pasamos por delante del desvío que conducía al Museo Nubio, y que bordeaba la gran Catedral Cristiana y las oficinas del Consejo Superior de Antigüedades.

El primero era un edificio relativamente nuevo, con un concepto muscográfico interesante en su contenido, aunque excesivamente lineal en su visita. Destacaba, eso sí, en su jardín exterior, el círculo de piedras de la cultura de Nabta Playa, arrancado de su lugar de origen y expuesto aquí, según tengo entendido, para garantizar su propia seguridad. Nabta Playa era una pequeña depresión que se localizaba a unos cien kilómetros al oeste de Abu Simbel, en pleno desierto nubio. Allí, entre el 6100 y 5800 a. C., fueron colocadas una serie de piedras en el suelo formando un círculo, una especie de conjunto megalítico, supuestamente alineado con determinados ejes astrales, configurando uno de los primeros ejemplos humanos de pensamiento religioso adscrito a conceptos astronómicos. Ahora se alineaban con el paseo de entrada al museo y la ventanilla de los tickets.

Al final de la *corniche* la carretera describió una pronunciada curva e iniciamos la remontada de una ligera cuesta que subía en paralelo a la fachada lateral de la catedral copta ortodoxa de San Miguel. Desde mi ventanilla observé los apuntados arcos neogóticos de sus ventanales y las cruces polilobuladas que regentaban sus cúpulas. Juraría que el aire que se colaba en el interior del vehículo olía a incienso, o sería mi mente viajando por sí sola. Las dos grandes torres que se alzaban, simétricas, en su fachada, se iban quedando atrás frente a la velocidad inexorable de mi conductor. Sin duda, quería rentabilizar sus quince libras. A nuestra izquierda quedaron las oficinas del SCA, un edificio bajo de techos alabeados y escasas ventanas. En sus alrededores se veían vastas extensiones sembradas de lápidas y sepulturas centenarias, de tradición fatimí.

Una vez atravesada la antigua presa de Asúan, la construida por los británicos durante los dos primeros años del siglo XX, el coche se detuvo en una pequeña explanada, detrás de dos autobuses que, con total seguridad, iban cargados de turistas. Todos habían de pagar un ticket que daba acceso al aparcamiento del templo. Y por supuesto, mi querido taxista no estaba dispuesto a abonar esa cantidad por su cuenta ni iba incluida en el precio de la carrera. Simplemente, se limitó a clavarme la mirada, inquisitiva, sin decir nada, esperando que yo me diera por aludido y desembolsara la suma que el personaje de la garita reclamaba con un bolígrafo y un bloc de papelillos en sus manos. Gruñí entre dientes, pero accedí a soltar el roñoso billete.

Al llegar al final de la carretera, donde se abría una pequeña plaza llena de puestos y tiendas, acordé con mi chofer que me recogiera en este mismo lugar pasadas tres horas para volver a llevarme a la ciudad. Y accedió a hacerlo por el mismo precio.

Una vez atravesado el habitual control de seguridad, con arcos metálicos detectores de metales que siempre alertaban pero nunca inmutaban a sus vigilantes, accedí a un inmenso muelle donde se agolpaban centenares de lanchas tratando de encontrar clientes. La ubicación del templo se encontraba en mitad de una isla, en el pequeño embalse de agua formado por la construcción de ambas presas hidroeléctricas. La primera de ellas, visible a la derecha desde el muelle, era la presa británica ya mencionada. Se observaba la parte más reciente, pues su altura fue aumentada en un par de ocasiones, al demostrarse insuficiente para ser operativa. Cuando estuvo a punto de verse desbordada por tercera vez, se decidió construir un nuevo dique, más arriba. Esta nueva obra la emprendió el general y presidente de Egipto Gamal Abdel Nasser en 1960, con capital egipcio obtenido de la explotación del Canal de Suez, pero también con el apoyo técnico y económico de la Unión Soviética en plena guerra fría. Fue inaugurada en 1970, poco antes del fallecimiento del estadista egipcio.

El griterío y algarabía según me iba acercando al final del muelle era extraordinariamente divertido. Los propietarios de las embarcaciones se afanaban en organizar a los grupos de turistas, entablando airadas discusiones con sus guías. Cuanto mayor era el grupo, más alta era la suma. Y más grande la barca. En un constante goteo, las *motor boats* abandonaban el muelle o regresaban por el otro lado. En cada lancha, se subían también jóvenes con bolsas llenas de pulseritas y abalorios que vender a los turistas en los minutos que duraba el trayecto hasta la isla donde se erigía el templo.

Como iba solo, al final tuve que imponerme para que alguien me hiciera caso. Mi propuesta de unirme a alguno de los grupos que habían terminado de negociar sus precios no convencía a nadie. Sabían que si quería ir al templo, iba a tener que pagar. Y dejarme viajar gratis no era buen negocio. Al final, un anciano desdentado que vendía figuritas de madera tirado (más que sentado) en el suelo, propuso llevarme hasta el templo por diez libras. No me lo pensé ni un instante: el semblante de aquel hombre me transmitía tanta confianza y serenidad que, enseguida, me convenció de que nuestra charla sería interesante. Craso error. Luego resultó que no hablaba más inglés que el que le servía para vender esporádicamente su barquita a los descarriados como yo. Hicimos el trayecto en silencio. Aunque no por eso resultó menos atractivo.

La barquichuela resultó ser un bote de madera carcomida y pintada de azul y blanco. Por lo menos, y para mi alivio, no disponía de remos, sino de un pequeño motorcillo que renqueaba y se lamentaba amargamente entre bocanadas de humo negro y charcos de aceite, dentro y fuera del casco. El anciano se dio cuenta de mi preocupación, digamos que por alguna mueca que se me debía de escapar cada vez que lo miraba a él o al motor. Él me sonreía abiertamente mostrando sus dos únicos dientes, que, siendo benévolo, calificaría de carcomidos y anaranjados.

Nuestra velocidad de crucero, por definirlo de alguna forma, era extremadamente lenta, lo que provocaba que una infinidad de embarcaciones, portando grupos de múltiples nacionalidades, nos adelantaran por uno y otro lado. Todos me miraban y se reían. A su paso, las olas que levantaban sus motoras hacían que nuestro barquito se tambaleara y zozobrara a un lado y a otro. Yo me sentaba justo en el centro del tablón, tratando de contrarrestar el peso. El viejo ni se inmutaba, juraría que él no aportaba carga alguna a la embarcación, era como un haz de papiro que no pesaba nada.

Y, de pronto, el motor hizo «chuf», luego «plof», y finalmente se paró. Y allí nos dejó, a la deriva, con el templo de la diosa Isis en el horizonte. Empecé a desear haber tenido esos remos que antes había descartado con alivio. La barquita giraba sobre sí misma, al compás de las corrientes que levantaban las lanchas más grandes. Y a mi amigo le entró una risa tonta, por otro lado totalmente comprensible. La estampa desde fuera, para los turistas, debía de ser hilarante. «Quién será ese tipo extraño, robusto en exceso y con barba, que viaja solo en esa cajita de cerillas flotante, con el anciano más enjuto y venerable de Asuán», se preguntarían. Algunos incluso nos disparaban fotos o nos grababan con su videocámara, deseosos de que la barca volcara o algo, y tuvieran material que enviar a los programas televisivos de bromas y porrazos.

Al final, no tuvimos más remedio que resolver la situación de la forma que yo había planteado desde un principio: uniéndome, de un salto, a la lancha generosa de un grupo de alemanes (creo) que se detuvo para rescatar al ridículo náufrago de camino a Philae.

El embarcadero del templo, una vez que arribamos a la isla, no era menos caótico ni entretenido. Todos se afanaban por saltar a la plataforma metálica que flotaba sobre la superficie del embalse, por la única escalerilla de acceso. Para ello, se pirueteaba de una lancha a otra, había colisiones controladas por maltrechos neumáticos de coche atados a las embarcaciones y los turistas se dejaban sus chichones y molleras en los hierros que se iban encontrando en su alegre brincar y abordar motoras abarloadas. Aquello era una especie de desembarco de Normandía a la egipcia.

Finalmente conseguí recorrer la pasarela que me llevó hasta la tierra de la isla Agilkia y puse los pies en el templo de la diosa Isis, de Philae. Y en la orilla de la isla, a la entrada del templo, me vi rodeado de agua color verde, buganvillas blancas y violetas y majestuosos restos faraónicos que me transportaron a los momentos finales de la historia del antiguo Egipto. El doctor irlandés Richard R. Madden, que viajó por Egipto entre 1825 y 1840 en calidad de médico de Henry Salt, escribió:

> Hay cuatro recuerdos que podrían tentar a un viajero a vivir para siempre: la vista de Constantinopla desde el mar, la visita del Coliseo a la luz de la luna, la perspectiva desde la cumbre del Vesubio en plena madrugada y el primer vislumbre del atardecer en Philae.

El templo, en su emplazamiento original, se levantaba sobre la orografía de la isla que le da nombre, Philae. Pero con la construcción de las mencionadas presas, se veía inundado, peligrando su integridad. Por eso se decidió su traslado a una isla cercana, más alta, que se acondicionó para recibir la arquitectura sagrada, otorgando a la isla el mismo aspecto que antes tenía la otra. De hecho, en la larga hilera de columnas y su pared posterior que el visitante se encuentra a la izquierda, al acceder al complejo, aún puede apreciarse, a cierta altura, una corrida mancha negra que indica el nivel de las aguas durante estas inundaciones.

Avancé a lo largo del patio principal, dejando atrás el pabellón de Nectanebo I a la izquierda y a la derecha el dedicado a Arensnufis, una divinidad Nubia, y el templete dedicado a Imhotep. Ante mí se alzaba una leve escalinata y, curiosamente, dos leones de granito, algo mutilados, pero que aún dejaban entrever y apreciar sus características bizantinas. Reminiscencias de una época en la que el templo, una vez que el culto pagano fue erradicado por el emperador Justiniano en el siglo vi, se convirtió en iglesia cristiana dedicada a la advocación de San Esteban. Y como santuario cristiano prosiguió hasta bien entrada la época medieval, cuando el islam se impuso como credo principal de todo Egipto.

Al atravesar su primer pórtico y franquear los primeros pilonos, observé una fachada salpicada de inscripciones en griego, o copto, o alguna otra lengua de la antigüedad de esas que soy incapaz de leer. También me percaté, a tenor de lo dicho, de la existencia de varias cruces griegas insertadas en círculos y talladas en las jambas de las puertas.

Tras el pilono de entrada al templo se encontraba un *mammisi*, o casa del nacimiento (en egipcio se escribía *pr ms*, literalmente traducido). Era el lugar de adoración de Isis y de su función materna de cara a la divinidad. La estructura sagrada me iba absorbiendo, recorriendo, sin darme cuenta, un itinerario perfectamente marcado para los ritos allí contenidos.

El segundo pilono era algo más corto que el primero, pero contrariamente a lo habitual, era más alto. Y a partir de aquí, se entraba en la oscuridad mistérica de la parte techada del edificio. Una gran sala hipóstila, de aún deslumbrante policromía y un techo decorado con escenas astronómicas y los símbolos de las Dos Tierras. Techo que iba descendiendo en

Templo de Philae

Leones de granito

altura mientras que el suelo ascendía a medida que uno se adentraba hacia el santuario. Lo habitual.

Me llamaba la atención de este templo, que en su parte interior estaba solado con láminas de madera, como si fuese una tarima flotante ancestral. Se puso en el momento de la reconstrucción para proteger la piedra original del suelo y, aunque parezca mentira, es la causa de que toda la isla esté plagada de gatos de todos los tamaños y colores. Al parecer, en las cajas en las que transportaron las tablas y listones, vino también una comunidad de ratones que se hicieron los nuevos dueños del templo, toda vez que ya ningún credo lo reclamaba. Y para acabar con un ratón, todo el mundo, hasta el egipcio más pintado, sabe que es necesario un gato. Así que poblaron la isla con una manada de felinos que, a día de hoy, han derrocado a los roedores de su trono y se han hecho los dueños y señores de las sombras más fresquitas del complejo de la isla de Agilikia. Algo que quedaba patente se mirara a donde se mirase.

Una vez recorrido el entramado de salas del yacimiento, otrora iglesia y antes templo, me perdí por sus puertas y recodos tratando de llegar a la puerta de Adriano, en la parte occidental de la isla. Sobre sus muros fueron talladas las últimas inscripciones en jeroglífico que se recitaron en el Antiguo Egipto. Fueron esculpidas el día 24 de agosto del 394, y recogían una invocación al dios Mandulis, también nubio, procedente de Kush. La encontré. Allí estaba, más de mil seiscientos años después, declamando la misma oración que rezaba el día que un escriba anónimo percutió su buril sobre la piedra para dejar testimonio de su fe.

Fui dando toda la vuelta al complejo, disputándome las zonas frescas con los gatos del entorno, que ni se inmutaban a mi paso, y disfrutando del paisaje y la quietud del yacimiento. En la parte trasera aún se alojaban otros dos templos más pequeños, dedicados al dios Horus, hijo de Isis, y a la diosa Hathor, tan simbólicamente asimilada a la diosa madre. Y también un sinfín de obras de época romana, entre las que destacaban el templo de Augusto o, en primer término y claramente visible para todos los visitantes, el quiosco de Trajano, una construcción cuadrangular de columnas con capitel vegetal que había perdido su cubierta de madera.

Antaño servía como lugar de reposo de la barca sagrada en la que se paseaba a la diosa tutelar, Isis, en sus procesiones. Durante mis estancias siempre había quedado relegada a la puerta de salida del recorrido habitual de la visita, dando paso a una pequeña cafetería con más puestecillos de recuerdos y florituras. Sin embargo, uno no se arrepiente en absoluto de haber sido obligado a salir por allí. Una naranjada bien fría y una silla a la sombra (libre de mininos) en la misma orilla de la isla ofrecen un momento de relax inigualable. Un murmullo lejano que mezcla el agua, las aves y las conversaciones de los turistas y la evocación de la tranquilidad inmortal, imperecedera a lo largo de los años, de sentirse minúsculamente agraciado por alguna divinidad que nos ha permitido conocer y compartir este lugar.

El regreso se presentaba mucho más tranquilo. Había menos gente en la plataforma peleando por subir a sus lanchas y las aglomeraciones dejaron paso a una calma ligeramente más organizada. Y mi sorpresa mayor se produjo cuando me encontré a mi anciano capitán mellado esperándome apoyado en una barandilla y haciéndome gestos con la mano, señalándome su barquita, que se resistía a sucumbir.

—¿Pero funciona? —le pregunté en vano. No entendió ni una palabra de lo que le decía, eligiera el idioma que eligiera. Y mi árabe no daba para tanto.

—*Good! Good!* —se limitaba a responderme, señalando la nuez flotante y alzando su dedo pulgar—. *Good!*

—Mira que no tengo ganas de nadar —comenté entre sonrisas. Pero me había hecho tanta gracia que no me pude negar a una nueva aventura. ¿Tropezaría dos veces con la misma piedra? Me subí a la barca, oyendo como crujían sus tablas, y equilibré mi peso nuevamente en el centro. El viejo brincaba liviano mientras arrancaba el motor. Y despacito, muy lentamente, volvimos a ponernos en marcha. Hundí mis manos en el agua fría, como sabéis que me gusta hacer, sintiendo la brisa en el rostro, salpicándome a veces. Y el viejo se reía de mí.

—*Good! Good!* —insistía.

Capítulo XVI: Abu Simbel
El megalómano irredento

El avión trazó varios círculos en el cielo, como un buitre que planifica su desayuno desde el cielo antes de abalanzarse sobre la carroña que, por llevar muerta varios días, no tiene posibilidad de escapatoria. Desde las alturas, a través de la ovalada ventanilla, sólo se distinguían dos colores en la paleta de la vieja Nubia: el amarillo de la arena y el azul del agua que conformaba el lago Nasser. La espiral del aeroplano nos acercaba, cada vez más, a las amorfas orillas del embalse, que jugueteaban recorriendo la orografía del terreno, entre dunas y secos riscos, alcanzando recovecos que se había visto obligado a inundar por imposición humana. Parecía como si se fuese a precipitar, a veces contra el suelo arenoso, otras veces en algún brazo de agua cada vez más verdosa. Hasta que apareció una pequeña pista de aterrizaje, el avión giró bruscamente y, tras un descenso vertiginoso, tomó tierra para deleite de los turistas que poblábamos la cabina.

A los templos de Abu Simbel, erigidos por el faraón Ramsés II en la región Nubia, a unos 300 kilómetros al sur de Asuán, gran cantidad de gente llega por carretera. Yo lo he hecho en el pasado, en más de una ocasión. Es un tedioso trayecto, aburrido hasta la extenuación, metido en una camioneta o en un autobús, armado de lectura y almohada robada del alojamiento previo. Una excursión a la que solamente le falta el cancionero de viaje del buen *scout* para obligarlo a uno a cortarse las venas y morir desangrado en mitad del desierto nubio. No merece la pena, teniendo la opción de que Egyptair te enseñe el paisaje desde el aire, con un aguerrido aviador de sus fuerzas aéreas reconvertido en piloto comercial zarandeándote entre las corrientes cálidas de aire hasta que el artefacto se posa sobre la pista invadida por la arena.

Salí rápido del pequeño aeródromo. La mayoría de viajeros lo hacen, ya que nadie suele cargar con maleta de ningún tipo en este pequeño trayecto. La mía se había quedado esperándome en Asuán, para recogerla a mi regreso antes de embarcarme en la *dahabiya* que sería «mi hogar en el

Abu Simbel, c 1920

Nilo», como la definía la viajera Florence Nightingale en sus *Letters From Egypt* de 1850. Ya en el exterior, me indicaron el autobús que nos llevaría, a aquellos que no teníamos transporte contratado previamente, hasta los templos. La propia compañía aérea proveía este servicio, que en cinco minutos te dejaba a la entrada del complejo turístico y arqueológico, para que valientemente se atraviese el gran paseo de tenderetes y baratijas. Un sombrajo de madera que zigzaguea con formas semicirculares, para hacer más complicado huir de los cazadores de guiris, que saltan al acecho de la presa, escondidos detrás de torres de postales y sombreros de paja.

De todos los monumentos que el viajero visita en Egipto en pleno siglo XXI, los de Ramséis II en Abu Simbel son, probablemente, los que mayor transformación visual han sufrido desde la época de aquellos viajeros victorianos. La imagen que el turista tiene hoy al bordear el camino que le conduce ante los templos es muy diferente a la que encontraban quienes llegaban, a finales del XIX, en sus barquitos remontando el Nilo. Las presas, de hecho, ni existían. Cuando viajeros como el suizo J. L. Burckhardt o el explorador italiano Giovanni Belzoni arrivaron a su costa en el arranque

Dahabiya

del xix, el gran templo estaba prácticamente cubierto de fina arena en su totalidad. Tan solo sobresalía el torso de uno de los ciclópeos colosos del rey por encima de la gran duna que descendía, parsimoniosa, desde el norte. Ese era el único testimonio de que allí se ocultaba algo grandioso.

Burckhardt llegó a los pies de la duna en 1813, y poco pudo hacer salvo documentar el hallazgo y regresar para contárselo al otro gran barbudo de la historia de la egiptología que, al igual que el suizo, recorría estas tierras vestido de mahometano con turbante en ristre y sable al costado. Belzoni llegó dos años más tarde para tratar de desenterrar el monumento. Una empresa nada fácil, como él mismo reconoció, pese a que le habían dicho lo contrario:

El emprendedor conde de Forbin, que nunca había estado a menos de quinientas millas del lugar, consideraba que la arena podía retirarse con facilidad y arrojarse al río. Ojalá hubiera estado allí al menos una vez en su vida y entonces podría haber visto si era algo tan sencillo como dice. Era una masa de arena acumulada por los vientos durante muchos siglos, y quitarla

Libro de Belzoni

y arrojarla al río hubiera sido una empresa que todos los habitantes de los alrededores no hubieran podido realizar en doce meses. Me contenté con, sencillamente, convertir en mi principal objetivo alcanzar la puerta como el medio más rápido de entrar en el templo

Abu Simbel

Así es como lo expone en el relato de su segundo viaje, durante el cual pudo excavar la entrada, en 1817. Pero era algo que ya tenía perfectamente planificado desde el primero:

La arena del lado norte, acumulada por el viento sobre la roca encima del templo, había descendido de manera gradual hacia su frontal, tapando la entrada y dos tercios del templo. Al aproximarme, la esperanza que tenía de poder entrar se desvaneció. La sorprendente acumulación de arena era tal, que parecía del todo imposible alcanzar la puerta.

Ascendimos por una colina de arena a la parte superior del templo y allí encontramos la cabeza de un halcón proyectándose fuera de la arena, justo hasta el pescuezo. [...] La arena corría de un lado a otro, y cavar un hoyo para llegar a la puerta era tan imposible como cavarlo en el agua. Era necesario remover la arena en tal dirección que pudiera caer fuera del frente de la puerta, e incluso haciéndolo así, la arena seguiría cayendo desde arriba y habría que hacer un trabajo sin fin. Además, los nativos eran gente por completo salvaje y desacostumbrada a semejante labor; y tampoco entendían qué significaba trabajar por dinero.

Esto último lo aprenderían rápidamente, dándole al pobre Belzoni más de un quebradero de cabeza. Llegó incluso a tener que sobornar al personal, primero para garantizar que sus trabajos se mantendrían intactos entre un viaje y otro. Llegó a hacer incluso una marca visible en el lugar donde había abandonado el trabajo por falta de dinero, antes de regresar de nuevo con energías económicas renovadas. Pero también hubo de lidiar con los que, una vez realizados los hallazgos, quisieron hacer su particular agosto con los dineros del italiano y los objetos que se encontraran en su interior. Más de una vez la señora de Belzoni tuvo que tirar de arma de fuego para espantar a los maleantes que querían hacerse con su barco, sus posesiones y sus objetos.

Desconozco si la marca que dejó Belzoni para medir sus avances es visible hoy en día. Alcanzar la altura en la que, probablemente, fue tallada, era ya completamente impensable. Y además, lo más lógico es que pasara desapercibida entre tantísimo nombre de visitante grabado en su fachada. Recordé otra de las suspicaces opiniones vertidas por Flaubert durante su viaje:

Leemos en los templos los nombres de los viajeros; esto nos parece muy débil y vano. Los nuestros no están reflejados en ningún sitio. Algunos tardaron tres días en gravarse, la piedra está profundamente tallada. Algunos se repiten en todos los lugares, con una constancia de sublime estupidez. Hay uno llamado Vidua, en particular, que no nos abandona. Anteayer, en Ombos, Max descubrió el del pobre Darcert. Sus letras siguen aquí mientras se pudre su cuerpo.

El otro motivo por el que los templos se han visto profundamente modificados responde a criterios más próximos a la política, la economía y la ingeniería: la construcción de la presa de Asuán. Sobradamente será sabido por el lector que estos templos, entre otros, fueron rescatados de una muerte segura por ahogamiento en las aguas del Nilo cuando el presidente egipcio Nasser decidió poner en marcha la construcción de una presa mayor que la que habían erigido los británicos. Aquella ya anegaba algunos templos, como el de Philae. Pero este nuevo proyecto de dimensiones soviéticas inundaría toda la región de la Baja Nubia, destruyendo algunos de los templos más importantes de la región. A fin de salvarlos, UNESCO hizo un llamamiento internacional, al que acudieron veintidós países con sus respectivos planes para acometer el rescate.

Es probable que el que fue elegido primeramente para llevarse a cabo, hoy nos resulte el más descabellado de todos. Pero eran los tiempos de la Guerra Fría y la carrera nuclear, y se contaba con que los avances en tecnología e ingeniería iban a cambiar el mundo en un periodo de tiempo que estaba, podría decirse, a la vuelta de la esquina. La idea fue desarrollada no por un ingeniero o un arquitecto, sino nada menos que por un productor de cine británico llamado William McQuitty. Visitaba Egipto por primera vez buscando localizaciones para una película sobre la vida de Gordon en Jartum. No la de Charlton Heston, sino otra que nunca llegaría a ver la luz. Porque McQuitty se desvió hacia otras cuestiones en el momento que conoció la propuesta de salvamento de Abu Simbel y se sumó a la tormenta de ideas. Proponía que los templos no había que tocarlos ni intervenir de ninguna manera sobre ellos, cosa que, a priori, defendería cualquier arqueólogo. En cambio, proponía bordear todo el yacimiento con un enorme muro que contuviera el agua del lago, dejando pasar de forma controlada una pequeña parte de ella, limpia y filtrada, hasta alcanzar el nivel del exterior. Luego, los visitantes podrían visitar los monumentos desde unas galerías situadas a distintas profundidades. McQuitty, y muchos otros, consideraban que la erosión que pudiera sufrir el templo estando sumergido bajo agua limpia sería mucho menor que la que le originaría la intervención humana o el viento hasta la fecha. Y con la llegada de la energía nuclear, que iba a revolucionar el mundo, pronto la presa quedaría en desuso y el templo volvería a su estado primitivo. Pero poco conocía el británico de la perpetuidad de las cosas provisionales en Egipto.

Al final, la decisión aprobada fue la de trasladar a lugares seguros, lejos de la inminente inundación, tantos templos como fuera posible mientras la construcción de la presa se ponía en marcha. De esta forma, se trabajó contra reloj para desmontar, como si se tratara de puzles, los templos que se consideraron más importantes. Esa fue la suerte que corrieron, entre otros, los de Kalabsha, Kertassi o Bet el-Vali, trasladados a nuevos emplazamientos en las cercanías de la presa, donde fueron montados pieza por pieza de nuevo. También, como ya se ha comentado, el templo de Philae, que se trasladó a la isla de Agilkia.

Cuatro monumentos que fueron rescatados, sin embargo, no se reconstruyeron en suelo egipcio, sino que fueron donados a algunos países participantes: Dendur a los Estados Unidos, Ellesiya a Italia, Taffa a los Países Bajos y Debod a España. Si España desembolsó alguna cantidad bajo cuerda para ganarles la posición a los franceses o a los alemanes es algo que siempre se ha comentado, incluso con documentos de por medio, en esas relaciones internacionales extrañas entre la España de Franco y el Egipto comunista de Nasser. Sea como fuere, nosotros nos llevamos el más grande y bonito de todos. Aunque no lo valoremos. Los americanos levantaron una nueva ala en el Metropolitan Museum de Nueva York para custodiar el suyo; los italianos exponen el de Ellesiya en el Museo Egipcio de Turín; los flamencos eligieron el Rijksmuseum van Oudheden de Leiden; y nosotros lo reconstruimos, empleando arenisca de Salamanca para completar lo que estuviera roto, en lo alto de la montaña del Príncipe Pío, a fin de tener un lugar encantador donde celebrar coloridos botellones. Olé.

Traslado de Abu Simbel

Los templos de Ramsés II y su esposa Nefertari no fueron diferentes. En 1964 se comenzó a cortar la montaña en cuadraditos, como si fuera un gran pedazo de mantequilla. Solo que cada pedacito de mantequilla pesaba una media de 20 toneladas. Mientras el templo original se iba despedazando, unos setenta metros más arriba y doscientos más al norte, se iba preparando el que sería el nuevo emplazamiento, lo más cercano y parecido posible al original. Allí se construyó la que, en su momento, fue la cúpula de hormigón más grande del mundo, sobre la que se elevaría una falsa montaña que, finalmente, se recubriría con el gran «mecano» de arenisca tal y como fue concebido por los arquitectos del faraón. Después de treinta y tres siglos, los humanos volvían a trabajar por la gloria de Ramsés.

Por cierto: allá en los años 90, cuando tuve la oportunidad de visitar Egipto por vez primera, en mi tierna infancia, ese mazacote abovedado de cemento y forja era visitable. Se recorría a través de unas pasarelas metálicas, que permitían conocer la planta interior del templo, en una especie de negativo del conjunto. Era una visita realmente interesante, que posteriormente no he podido nunca volver a repetir.

Otra de las peculiaridades del templo que complicó la reconstrucción fue el mantenimiento del fenómeno solar que, debido al perfecto y minucioso alineamiento astronómico, se producía anualmente en el santuario. Dos veces al año, y con una precisión matemática, los rayos del sol penetraban en el templo hasta la pared más profunda del sanctasanctórum, iluminando las estatuas de tres de las cuatro divinidades allí esculpidas: el poderoso Amón de Tebas; el dios solar Ra que había presidido la función monárquica desde el principio de los tiempos, y el tercero en discordia no era otro que el mismo rey Ramsés, colocadito sin rechistar entre los dioses, con su misma pose, gesto y desparpajo que los demás. El cuarto dios representado que siempre se quedaba a oscuras era Ptah, una divinidad de carácter ctónico que, por ende, siempre permanecía en penumbra.

Las fechas en las que este fenómeno tenían lugar eran el 21 de febrero, fecha del nacimiento de Ramsés II, y el 21 octubre, fecha de su coronación. O al menos eso se ha querido plantear y defender siempre, aunque algunos investigadores no están tan convencidos de que esas sean las efemérides que Ramsés tuvo a bien recordar eternamente. El caso es que, celebrase lo que celebrase, tras la obra de salvamento, el rey hubo de adelantar un día sus festejos: ahora el acontecimiento tiene lugar los días 22 de octubre y el 20 de febrero, sesenta días antes y sesenta días después del solsticio de invierno, respectivamente, y no sesenta y uno como había fijado el faraón.

Un sujeto ataviado con guerrera militar me rasgó el papelito de entrada, sin mirarme a los ojos, cerrar la boca o apartar la vista del horizonte. Parecía un autómata de los que se colocan en las atracciones de los parques de atracciones. Le di las gracias, en español, y me señaló el camino de la derecha con el mismo gesto de bobalicón. Ni me había entendido ni hacía ademán de querer hacerlo.

Yo conocía el camino, y sabía que los visitantes, que entramos siempre por la espalda de la falsa montaña, debemos caminar hacia la derecha y salir por el lado contrario, siguiendo el perfecto círculo que describe, a la perfección, el epíteto de turista. Eso hace que se llegue y se visite primero el gran templo, y se deje el templo menor, adscrito a la reina, para el final.

Atroché por un sendero de la loma, a fin de atajar el camino. Dos perros flacuchos salieron a mi encuentro y se cruzaron mirando levemente hacia arriba al pasar. No se fiaban de mí ni de cualquier otro humano del entorno, seguro. Yo tampoco de ellos, pero con lo que estaba apretando Amón Ra, prefería acortar todo lo posible. De modo que aparecí junto a varias estelas talladas en la roca, y al pie, bordeando la montaña tallada, del primero de los cuatro grandes colosos que flanquean la fachada. Levantaba sus pies sobre un podio que ya, por sí solo, superaban la altura de cualquier ser humano. Sus pétreos meñiques tenían el tamaño de mi cabeza, que pequeña no es. O más, incluso. A ambos lados de sus perfectas piernas, y sin alcanzar sus rodillas, aparecían otras figuras secundarias, que representaban personajes como su esposa principal Nefertari, la reina madre Tuya, sus primeros dos hijos Amenhirjopshef y Ramsés o sus primeras seis hijas Bintanat, Baketmut, Nefertari, Meritamón, Nebtaui e Isetnofret. Y sus ojos, los de Ramsés, sobrepasaban los veinte metros sobre mi pequeña figura.

Completaban el conjunto decorativo de la portada un friso de babuinos, sentaditos mostrando sus manos al sol naciente (y también sus genitales,

como hacen estos animales), que coronaban los más de treinta metros de altura del conjunto. En el centro del frontal, sobre la puerta, se alza una figura del dios solar Ra-Horakhty, con cabeza de halcón. Probablemente esa que describía Belzoni desde lo alto de la duna, tapada como la encontró él hasta la altura del cogote. Pero esta escultura es muy curiosa y oculta una lectura más compleja de lo que se aprecia a simple vista. Bajo su mano derecha aparece un cetro *User*, con cabeza de chacal; bajo la izquierda, aunque parcialmente dañada, aparece una representación de la diosa Maat. La lectura de todo el conjunto, *User Maat Ra*, no es otra cosa que el nombre de «Rey del Alto y Bajo Egipto», el *Nesut Bity*, de Ramsés II. Por lo tanto, bajo la apariencia de la divinidad solar, en realidad se está rindiendo culto a sí mismo en el centro de la fachada. Que es, en el fondo, lo que perseguía con todo el conjunto monumental.

Las tablas de madera que tapizaban el suelo del interior crujieron a mi paso. Las pupilas tardaron unos segundos en acostumbrarse a la penumbra, hasta permitir la visión de los ocho titanes osiríacos que se cosían a los pilares de la sala principal. La policromía se había rendido tiempo atrás en la mayoría de las superficies. Tan solo los ojos de los pétreos reyes seguían perfilados de negro y, al fondo de la sala, en las jambas y arquitrabe de la puerta que daba paso a la segunda sala, permanecían las decoraciones amarillas de los relieves, monocromáticos por ser aquellos que debía de bañar la luz del sol a su paso por el eje central del complejo.

Por detrás de los pilares, los muros se inundaban de grabados y detalles que se relacionaban con la ficticia victoria de Ramsés II sobre los hititas en la ciudad de Qadesh. Probablemente uno de los juegos de propaganda política más antiguos de la historia, ya que nunca se produjo tal victoria. Tampoco fue una derrota, es cierto. La arqueología ha atestiguado que aquel encontronazo vecinal, se saldó con el primer tratado de paz de la historia firmado por dos naciones diferentes.

Este enfrentamiento entre egipcios y asiáticos (el ejército hitita era, en realidad, la fuerza armada de una enorme confederación reclutada en todos los rincones del gran imperio, compuesta por tropas de Hatti y de otros diecisiete estados vecinos o vasallos) se venía cocinando desde finales de la dinastía XVIII, cuando fracasaron las políticas de Amarna y la familia real tebana acudió a los hititas para encontrar aliados políticos. El asesinato del príncipe enviado por el rey hitita Suppiluliuma fue sólo el primer episodio, que se cerraría, generaciones más tarde, con el enfrentamiento entre Ramsés y Muwatali, los dos segundos en su nombre, respectivamente.

En los muros septentrionales del pronaos se describía, caóticamente, la batalla que aconteció a orillas del río Orontes. La ciudad había sido erigida al amparo de este cauce fluvial y el que conformaba un afluente, Al-Mukadiyah, que convergía con el mayor en ese punto, aislando la ciudad en una especie de isla fácilmente defendible. Allí, en un círculo cerrado, los artistas egipcios representaron la ciudad con sus gentes sufrientes en el interior, siendo asediados por el ejército de carros e infantería del hijo de Seti. En el muro opuesto, la ciudad aparecía representada en la parte izquierda de la pared, rindiéndose a la supremacía del faraón, que se alzaba ante ellos montado en su majestuoso carro tirado por vigorosos caballos, empuñando un arco a punto de soltar la flecha.

Una segunda sala hipóstila, decorada con procesiones de barcas solares, daba acceso al triple santuario en el que se sentaban las cuatro estatuas divinas mencionadas anteriormente. Y luego, un conjunto de salas secundarias, alargadas y con bancadas corridas de piedra, remataban el conjunto. Dos al sur y cuatro al norte, rompiendo la simetría de los espacios tallados en la roca.

El segundo templo, construido más al norte en otro promontorio vecino —antes y ahora—, era de dimensiones más humildes. Estaba atribuido al culto de su esposa principal, Nefertari, pero también al —o mejor dicho, a través del— culto a la diosa Hathor. Su fachada, también excavada completamente en la roca de la montaña, mostraba tres estatuas a cada lado de la puerta de acceso: cuatro del rey y dos de la reina, tocados con diferentes coronas, pero siempre del mismo tamaño.

A la entrada del monumento, un *gafir* de túnica gris claro se ubicaba junto al portón de madera, señalando sonriente una enorme llave dorada que servía para clausurar el templo. Aquella llave metálica, de enormes proporciones, era, sin duda su sustento principal. Porque estaba forjada con la forma de la llamada llave de la vida egipcia, el símbolo jeroglífico

Anj, la vida. Y eso era sobrado aliciente para que todo guiri quisiera sacarse la foto de rigor sujetando la llavecita en ortopédica postura faraónica. A cambio, claro está de la correspondiente propina, que engordaba los bolsillos de la *galabiya* del paisano.

Lo cierto era que la luz solar creaba un bonito juego de formas cuando la llave estaba colocada en su lugar. Una foto que enseguida se me antojó. Pero tuve que esperar el momento adecuado, la distracción del sereno del templo, la entrada de una turista nórdica de rojizos muslos que atrajera las atenciones, para hacer uso de mi teleobjetivo y disparar en la distancia. Así conseguiría ahorrarme, no solamente el *baksish*, sino la necesidad de explicarle al señor que ni me interesaba salir en la foto, ni fotografiarme a su lado, ni estaba dispuesto a posar como un idiota. Disparé desde lejos y santas pascuas. Crucé el umbral sonriendo a su lado, y él me sonrió a mí. Y enseguida me señaló la llave, que me ofreció con muñeca tambaleante debido al peso del mostrenco metálico. Negué con la cabeza sin perder la sonrisa.

El interior del templo menor también se sustentaba con pilares, en este caso decorados con representaciones hathoricas, es decir, con la cabeza humana de la diosa vaca, de bucles redondeados y orejitas bovinas. Varias

Llave en forma del símbolo jeroglífico *Anj*, la vida

divinidades relevantes flanqueaban los pilares cuadrados y saludaban al visitante que entraba, hasta que se alcanzaba el santuario, donde esta vez la diosa Hathor aparecía con forma de vaca, protegiendo la figura de la reina.

Mientras se camina de regreso a la salida, ascendiendo por un camino enlosado que bordea el conjunto y ofrece bonitas panorámicas de las espumosas orillas del lago, suele venir a la mente del visitante la pregunta de para qué todo esto y por qué aquí, tan lejos de todo. Es más que probable que la ubicación del sitio elegido por Ramsés para levantar el más importante monumento destinado a su deificación no fuera casual. En tiempos pretéritos, anteriores a su megalomanía real, este lugar ya debía de ser sagrado, vinculado al culto de la diosa. Probablemente por eso fue elegido cuidadosamente por Ramsés para ser reconocido como uno más entre otros dioses. La elección de un lugar ya sacralizado habría fortalecido esta impresión entre el pueblo. ¿Qué pueblo? Esa es otra cuestión, ya que este emplazamiento está más allá de las fronteras de Egipto. Tal vez quien debía ver al rey como un dios fuesen todos aquellos que llegaban desde el sur. Siempre, como ha sucedido a lo largo de la historia, tratando de controlar la otredad, lo que no somos nosotros.

Cuando el avión aterrizó nuevamente en Asuán, Hammu estaba esperándome a la salida del aeropuerto, con el coche de los osos panda y el reggaetón. Ya tenía mi equipaje cargado en el maletero. El traslado hasta el embarcadero para que una *motor boat* me acercase hasta la *dahabiya*, amarrada en la orilla occidental, se me hizo realmente corto. Me daba pena, sinceramente, despedirme nuevamente de esta ciudad sureña de carácter fuerte. Fui recibido por la tripulación de la embarcación como un invitado de honor. Y entonces sentí una mezcla de pasión por la envergadura del cariz que debieron de tener los viajes de la época decimonónica, y un leve rubor que me avergonzaba por sentirme excesivamente agasajado. Una tripulación a mi servicio (bueno, y al de los otros pocos pasajeros con los que compartía la embarcación) como le ocurriera a Amelia Edwards, a Gustave Flaubert o a E. V. Gonzenbach, viajero burgués donde los haya, como había leído en tantos de sus libros. La experiencia prometía ser discordante, pero cautivadora.

Capítulo XVII. Kom Ombo
La colina de los reptiles

En un leve acercamiento a la cultura y mentalidad de los antiguos habitantes de la tierra negra, lo primero que puede apreciarse es una predilección por los conceptos de armonía, proporción y simetría. El mundo mantenía un equilibrio constante favorecido por la divinidad, representada por el concepto de Maat y encarnada en la figura del rey, como garante del mantenimiento de este orden. Ese principio de armonía era una continua lucha entre opuestos, generando un cosmos puramente dual en el que la existencia de lo uno no podía ser concebida sin la presencia objetiva de lo otro. Se creaba así una visión doble de los conceptos físicos, reflejados en cualquier aspecto de la vida: el «reino de las dos tierras», «las dos coronas» «las dos señoras o diosas protectoras», etcétera. Esta naturaleza duplicada formaba parte de dioses y hombres: aquellos primeros contaban con una parte benefactora y una vis malvada y dañina que podría llegar a exterminar al género humano, casi como si se tratara de dos gemelos yacentes en una misma realidad física transformada. Es el caso de las divinidades Hathor y Sekhmet, hijas del dios Ra. Mientras que Sekhmet representa la destrucción y aniquilación de la humanidad, Hathor es vista con los atributos benignos de sanación, como una diosa del amor y complacencia.

Este concepto de dualidad cósmica estaba perfectamente interiorizado por la población egipcia, que rara vez ponía de manifiesto estas creencias. Algo que forma parte del pensamiento colectivo no presenta la necesidad de tener que declararse por escrito, ni justificarse de ninguna otra forma. Forman parte de una conciencia global y común de una «sociedad de discurso mítico», como le gusta definirla al Dr. Josep Cervelló, que asienta su existencia sobre estos pilares mitológicos en los que el bien y el mal se enfrentan, triunfando siempre el primero por la acción divina de las potencias sobrenaturales, que delegan su actividad en la figura de un rey dios. De ahí que sea tan altamente complicado llegar a conocer, o mejor dicho, comprender, aspectos de esta realidad que a día de hoy son completamente ajenos a nuestra filosofía.

Sin embargo, el viajero se los va encontrando en cada piedra y en cada resto del Egipto que se visita aún hoy en día. Y uno de los lugares donde mejor se aprecian conceptos mitológicos de esta índole es el templo de Kom Ombo.

El primer trayecto en *dahabiya* fue corto y pronto llegamos al emplazamiento del templo de Kom Ombo. Remoloneé un poco por el barco, para evitar bajar a la visita al mismo tiempo que mis compañeros de navío. Ellos llevaban su propio guía y yo prefería moverme a mi aire. De modo que salí más tarde, caminé hacia donde vi que nadie caminaba y acabé perdiéndome por la parte trasera del templo. Al final, accedí por donde nadie accedía. Los viajeros, habitualmente, ingresan frontalmente, puesto que suelen llegar hasta aquí en los barcos de los cruceros, que atracan justo delante del templo. En mi caso, la entrada fue la más inusual para un extranjero y se debía al lugar donde atracaban las embarcaciones «diferentes» y mi capacidad para contrariar al personal.

Varios policías descansaban apostados ante una puerta metálica corredera que cerraba el recinto. Se miraron unos a otros, extrañados, preguntándose quien sería este foráneo que venía perdido por callejuelas inhóspitas e inusuales. O al menos eso fue lo que interpreté yo, aunque puede que erróneamente. Porque luego descubrí que ni se inmutaron cuando pasé a su lado para alcanzar la entrada al templo. En cualquier caso, saludé cortés y escuetamente como Pedro por su casa. Hasta que uno me detuvo con gesto extrañado. Hizo un gesto muy típico de los egipcios cuando algo no les cuadra, que es girar la mano como si estuvieran enroscando una bombilla mientras se encogen de hombros. Así que tuve que pararme, amablemente, a charlar con él y hacerle partícipe de mi curriculum, exagerándolo vilmente. No necesitaba mayor explicación que un motivo por el cual yo no actuaba como un turista más. Y saber que era «doctor» le encajaba. Los egipcios gustan de alardear diciendo que acompañan a un doctor en su visita. Por supuesto, a esas alturas de la película, a mí aún me quedaba mucho trabajo y camino para obtener semejante título académico. Pero ya habrá deducido el lector que si has trabajado en Egipto como arqueólogo, todos te llaman doctor. Una vez obtenido el beneplácito del uniformado, continué en solitario para llegar a la oficina de venta de entradas. Ésta se encontraba a un nivel más bajo que la entrada al propio templo. El acceso, desde los muelles de los barcos, se disponía de forma aterrazada. Y en el primero de estos parapetos es donde se ubicaba el *ticket office*, así como una cafetería al aire libre y un sin fin de puestos, como si de un pequeño mercadillo para turistas se tratara.

La mayoría de la gente, debido a los horarios de las tour operadoras, suele hacer la visita de Kom Ombo por la tarde, casi al caer la noche, o a la mañana siguiente. De modo que ahora, a primera hora de la tarde, no había mucho público y la visita resultaba relativamente cómoda. No tenía ninguna prisa, porque la *dahabiya* manejaba sus propios horarios, mucho más holgados, así que me perdí un rato, tras comprar mi entrada, por los puestecillos de alrededor. No tenía intención de comprar nada ni de enfrascarme en ninguna repetida conversación con los tenderos. Por suerte, debido a la hora, se hallaban medio adormilados y tranquilos en el interior de sus tiendas, a salvo del calor. Pero un hombrecillo llamó mi atención. Vetusto y consumido, de cuerpo mínimo, arrugado, oscuro y sin dientes. Debía de ser centenario. Vestía una tradicional y elegante *galabiyya* de lana azul oscuro, de las de fiestas de guardar, con un pañuelo de color blanco en la cabeza. Se sentaba en el bordillo, junto a un cesto de mimbre de gran tamaño. Los dos, el anciano y su cesto, lucían solitarios, no muy lejos de la ventanilla donde había comprado la entrada. Pero antes no había reparado en él, era como si hubiera aparecido de repente de la nada. Estaba ajeno a todo, con la vista clavada en el infinito. Hasta que se percató de que yo me había fijado en él y lo estaba fotografiando. Entonces abrió la cesta y por su abertura comenzó a asomar una enorme serpiente de color verdoso muy oscuro que, enseguida, ensanchó su cuello trazando un perfecto dibujo entre sus escamas metálicas. Una cobra brillante. Preciosa. Al menos de lejos. El anciano la aferró con determinación y firmeza por el cuello y la extrajo de su habitáculo vegetal. Cerró rápidamente el cesto (por lo que deduje que dentro tendría más de aquellos reptiles) y me invitó a acercarme para verla mejor. Lo hice, valiente, y me senté tranquilo a su lado. De cerca, observé como el animal lucía dos pequeños y afilados colmillos que se anticipaban a los dos ojos de diorita y brillantes como el mercurio. Me quedé embobado mirando la piel mineral y escuchando un siseo que hipnotizaba. Pero el viejo me pidió con un gesto de su dedo índice que no me distrajera y prestara mucha atención. Me indicó cómo había que sujetar al animal: el dedo gordo bajo su mandíbula inferior, apretando hacia arriba. El resto de dedos sujetando firmemente la cabeza del reptil por la parte superior. Y me lo acercó haciendo ademán de que sujetara yo a la serpiente del mismo modo que lo estaba haciendo él.

—No te preocupes, que no muerde —gritó alguien detrás de mí. Me giré y vi a un corpulento vendedor, sentado a la sombra de su tenderete en una silla de madera, que nos observaba divertido—. El viejo les saca el veneno. La mayoría están melladas, las pobres.

No sé por qué me fié de aquel hombre, y me decidí a sujetar a la serpiente como el anciano me estaba indicando. Su piel era fría y parecía húmeda al tacto. Pero una vez que la tuve en la mano no me pareció tan agresiva y peligrosa como hacía unos minutos. Más bien me daba la sensación de que el pobre bicho estaba muerto de miedo, mucho más asustado que yo, y que sólo deseaba que lo soltaran cuanto antes para volver con sus amigas melladas a la oscuridad del cesto. Casi sentí lástima y algo de compasión. El anciano colocó el resto del cuerpo del animal alrededor de mi cuello y me robó la cámara para dispararme una foto. En este momento no supe qué estaba más fuera de lugar, si el reptil que fue divinizado como protector del Bajo Egipto entre mis manos, o mi Nikon entre las de aquel viejo egipcio. Me temo que había caído en un espectáculo completamente turístico, pero ¿qué no lo era en esa tierra de pirámides?

Sea como fuere, mientras sostenía al animal entre mis manos, mirando fijamente sus ojos negros, recordé esos tocados egipcios que colocaban en la frente de la realeza; la cabeza de un buitre y la figura erguida de una cobra como aquella. En su representación divina, la cobra se denominada Uadjet, que significaba «la verde». Por eso se asimilaba esta divinidad con la regeneración y con todo lo relacionado a este color, el color de la vegetación y de la vida. Era curioso como los antiguos egipcios, a imitación de otras culturas ancestrales que hundían sus raíces en los pensamientos animistas, infundían preceptos sobrenaturales a seres, vivos o inertes, de los que esperaban obtener algún bien básico como alimento, protección o simplemente para evitar su ataque, su ira o su peligrosidad. Uadjet, la cobra, era un ejemplo claro de esto: un animal altamente peligroso que, de seguro, se cobraba incontables vidas entre las pantanosas tierras del delta. Y sin embargo, se veneraba como divinidad protectora de esta región (el buitre representaba lo propio para el Alto Egipto). Pero la explicación resultaba asombrosamente obvia: en una sociedad básicamente agrícola, la economía dependía de la abundancia de cada cosecha. Una vez plantadas las semillas en la negra tierra del delta, se corría el riesgo de que las aves, los pequeños roedores y otras minúsculas alimañas se alimentaran de este grano, echando a perder parte de la producción. Así, el mayor enemigo de estos rapiñadores de lo vegetal, la cobra, se convertía en un elemento benefactor. Protegiendo la cosecha protegían el orden y el equilibrio económico de Egipto.

Un proceso ritual semejante debió de producirse, en tiempos casi predinásticos, con la divinización de otro peligroso y gran reptil: el cocodrilo nilótico. Esta era una de las divinidades principales a las que se rendía culto en la región de Kom Ombo. Al igual que la cobra Uadjet, el dios cocodrilo, Sobek, era un dios de la vegetación, de la fertilidad y de la vida. Relacionado directamente con el líquido primigenio de la creación, era considerado un «Señor de las Aguas». Pero Sobek también estaba imbuido de la naturaleza dual de Egipto, y por tanto, guardaba en su naturaleza un aspecto dañino y maligno que atentaba contra el bienestar de los hombres, en función del mito en que se le integrara.

Trepé la escalinata que me devolvía a la superior de las terrazas de aquel complejo de jardines, bazares y cafeterías creado por y para la ventura y conveniencia del turista. En la parte más alta de la colina, que se erigía imponente junto al meandro que formaba el río. Allí reinaban, majestuosas, las ruinas del templo de Kom Ombo.

De su fachada principal, sus pilonos, apenas se conservaba un pequeño paramento altamente restaurado en la parte derecha. Sin embargo, su primer patio aún mantenía su planta con sus columnas erigidas, definiendo a la perfección el primero de los espacios rituales que conformaban el templo. Y también el único que, en este templo, se ajustaba a los cánones de la arquitectura religiosa egipcia tradicional. El resto del templo estaba perfecta y simétricamente dividido en dos partes, como si de dos templos adosados, y en ocasiones comunicados, se tratase. En su fachada, de corte completamente grecoegipcio, o ptolemaico, se abrían dos imponentes puertas, armónicas, equilibradas, enmarcadas entre columnas de enormes capiteles vegetales y muros que cerraban los intercolumnios. Como en Esna. O en Dendera. Sobre las dos puertas aún se conservaban sendos dinteles, coronados por cornisas cóncavas que alojaban la representación divina del sol con alas de buitre y *ureos* o cobras a cada lado. Un símbolo divino de protección, que mantenía de forma increíble una estupenda policromía. Rojos, verdes, azules de una vivacidad que negaba su edad y que preludiaban lo que se conservaba en los techos interiores.

El caso del templo de Kom Ombo era el único conocido en todo el Antiguo Egipto en el que el culto se realizaba de forma doble, manifestando esa característica dualidad en la construcción: dos entradas, dos salas hipóstilas, dos santuarios... Esto era debido al hecho de que, en este templo, se adoraba, en principio, a dos divinidades. Por un lado el dios cocodrilo Sobek; por otro, una divinidad identificada con cabeza de halcón, y asimilada a Horus, conocida como Haroeris (Horus el Viejo). ¿Pero, a qué se debía este doble culto y qué relación existía entre Sobek y Haroeris?

El origen de Sobek podría remontarse hasta el nacimiento del estado egipcio, en la dinastía i. No obstante, desde ese periodo tan temprano, su nombre y concepto iría ligado al de una divinidad con forma de halcón que se veneraba aquí en Kom Ombo, la antigua ciudad egipcia de Nubt, y que, por alguna razón que se nos escapa, fue desapareciendo en favor de la figura del cocodrilo; Haroeris, por su parte, era una de las formas más antiguas del dios halcón Horus. Es «Señor del Cielo y de la Luz» y el protector del sol. También ostentaba propiedades regeneradoras, aunque su llegada a este lugar parecía ser posterior a la existencia de Sobek. Por tanto, el templo, según los aportes brindados por la arqueología, podría remontarse a la dinastía XVIII, cuando iba encaminado a lugar de culto del dios cocodrilo. Posteriormente, en época ptolemaica, los reyes griegos reedificaron este recinto, creando un templo anexo al ya existente, dedicado a la divinidad del halcón. Y de esta forma generaron una simbiosis entre ambas divinidades que perduraría eternamente en el imaginario colectivo de cuantos habían habitado estas tierras.

Me adentré en su bosquecillo de columnas. Caminaba por sus estancias rituales, siguiendo las huellas de sacerdotes, viajeros, ocupantes y curiosos que habrían precedido mis pasos durante los milenios anteriores. Milenios que para estas piedras desgastadas sólo suponían un momento de su vivir silencioso. Desde los muros, todavía me observaban las figuras ligeramente sobresalientes de los relieves. Aparentemente enmudecidas por su rigidez, contaban sus secretos ocultos tras signos misteriosos que durante un tiempo fueron indescifrables. Ahora no escondían mayor confidencia que la de la curiosidad. Aquella que despertaba la intriga de la historia, cuando uno se detenía ante ellas para pensar cuántos sacerdotes se habrían servido y valido de estos conjuros para favorecer unos acontecimientos místicos fundamentados en una fe atávica.

Ascendí paulatinamente su geografía religiosa, cruzando nuevos umbrales que me conducían lentamente hacia recintos cada vez más sagrados. Sobre un muro, a la parte derecha, tras atravesar la primera sala hipóstila y la primera sala intermedia, se insertaba una escena ennegrecida ya por la grasa de los dedos de cuantos viajeros la habían acariciado a lo largo de la historia. Se trataba de un pequeño panel que describía las ofrendas rituales que debían celebrarse en el recinto, con un detallado calendario al que atenerlas. Un grupo de turistas japoneses se agolpaban ante el relieve, fotografiándolo a discreción mientras su guía les ofrecía una escueta, aunque veraz, información. Se centraba, sobre todo, en la explicación del sistema numérico utilizado en el Egipto faraónico, visible entre los signos del paramento.

A partir de este punto la cubierta del templo, cada vez más baja a medida que ascendía el suelo, desaparecía dejando paso a unos santuarios en ruinas de los que apenas se conservaba el arranque de sus muros y un par de peñascos oscuros, probablemente de granito o sienita, que indicaban la posición de los naos o capillas sagradas de ambas divinidades tutelares. El estado del templo, en cualquier caso, permitía desvelar algunos secretos sobre la trascendencia mística de estas divinidades y su relación con el culto: entre los muros que conformaban ambos santuarios se abría un estrechísimo corredor, como si de una cámara hueca entre ambos se tratara. No tenía más entrada o salida, en apariencia, que una pequeña arqueta en su suelo. Según se ha interpretado, los sacerdotes se internaban en esta cavidad inexistente y, amparados por el secretismo del escondite, emitían sus profecías y vaticinios, haciendo creer a la autoridad visitante de turno que, quien hablaba, era la garganta del mismísimo dios, cuya voz retumbaría como surgida de ultratumba entre las paredes.

Antes de marcharme, me encaminé por un costado hacia la parte trasera del edificio. Sobre un muro detrás del santuario se encontraba la representación más famosa de cuantas ilustraban este templo. Una escena de Imhotep, aquel médico y arquitecto que sirviera a su señor Netjerikhet, Zoser, en la dinastía III, erigiendo para él la primera pirámide de la historia de la humanidad, y que posteriormente fue divinizado. Aquí se le representaba, como precursor del Esculapio griego, poseedor de los conceptos sobrenaturales de la medicina, sentado ante una mesa en la que se desplegaba, gráficamente, un amplio conjunto de piezas de instrumental quirúrgico utilizado en aquellos tiempos. Esponjas, pinzas, tenazas, bisturís, alicates, sierras, balanzas y demás enseres, que en prácticamente nada se diferenciaban de los que aún hoy en día emplean nuestros cirujanos. Cualquier miembro de esta profesión sería capaz de identificar cada uno de aquellos utensilios. Si exceptuamos los que responden más a conceptos rituales y mágicos que a herramientas propiamente dichas. Eso queda para el trabajo de los egiptólogos.

A la caída de la noche, nuestro crucero de madera se detuvo a las orillas de Djebel el Silsila, la antigua cantera faraónica de la que se extraía el mineral para la construcción de grandes monumentos. Varias grandes canteras se han documentado a lo largo de la geografía egipcia: el granito se extraía de la vieja Siene, la actual Asuán, tanto de Elefantina como del Seheil, y de multitud de emplazamientos en veinte kilómetros a la redonda de la ciudad; el basalto se obtenía del Wadi Hammamat, emplazado en el desierto oriental de Egipto. Este sitio es famoso debido a que se describe en el primer mapa topográfico antiguo conocido hoy en día: el Papiro de las minas que describe una expedición preparada por orden del rey Ramsés IV; la caliza blanca que resplandecía en el recubrimiento de las célebres pirámides del Reino Antiguo procedía de Tura, una localidad muy cercana a la capital, Menfis; y la piedra arenisca, una de las más comunes, era extraída de las márgenes del Nilo en el lugar conocido como Djebel el Silsila, en el que amarramos para pasar la noche.

Nuestro capitán nos anunció la hora de la cena, que hizo coincidir, estratégicamente, con el horario de alumbrado de los monumentos del yacimiento visibles desde nuestra embarcación. El principal de ellos es un pequeño *speos* mandado horadar por el último rey de la dinastía xviii, Horemheb. El salón comedor de la *dahabiya*, completamente acondicionado para una romántica velada a la luz de las lámparas y las velas, contaba con un espléndido ventanal que permitía contemplar, durante la cena, las vistas del antiguo cantizal.

Los viajeros, que no sumaban más de siete u ocho, impares por mi culpa, que era el único que viajaba sólo, fueron entrando poco a poco, con moderada puntualidad, haciendo crujir las tablas de madera bajo su peso y el de las pesadas sillas que rodeaban las cuatro mesas redondas, de broncíneos labrados escondidos bajo un cristal. Algunos de ellos bajaban ataviados para una cena de gala, con una elegancia tal que me era imposible imaginarme qué dejaría esta gente para la cena de Nochevieja. Aquella primera noche compartí mesa y carne de res anciana con sabor a morcillo de puchero con un matrimonio alemán, que tenía una pequeña casita en las Islas Baleares, y con otra pareja de jóvenes mujeres holandesas, que aseguraban ser amigas. Yo deduje que algo más. Con ellas volví a coincidir después, acabada la cena, en la cubierta del barco. Tomaban una cerveza, tumbadas en cómodas hamacas y luciendo modelitos más propios de una pasarela parisina. Yo iba en bañador y chanclas, y me metí a remojo en el jacuzzi climatizado con que contaba nuestro barco, a fin de tomarme también una Stela y poder contemplar, una vez que se apagaran las luces de la cantera, el cielo estrellado.

—¿Viajas sólo? —Me preguntó una de ellas. Tuve que recolocarme en el interior de la bañera para no darles la espalda.

—Así es.

—Y... ¿por qué?

La pregunta, en cierto modo, me incomodó. No porque fuera excesivamente directa, sino porque velaba una cierta crítica, con un poso de anticipada compasión. Disimulé pidiéndole mi cerveza al camarero que cruzaba por la cubierta.

—¿Y por qué no?

—No sé. Los viajes se disfrutan más si se hacen acompañado.

—¿En pareja? —Le devolví la moneda.

—O con amigos.

—Bueno, supongo que eso depende de la naturaleza y la motivación del viaje —respondí mientras el miembro de la tripulación me acercaba mi bebida en una bandeja metálica que dejó al borde del jacuzzi—. ¿Por qué viajáis vosotras?

—Estamos de vacaciones. Ella tenía muchas ganas de conocer Egipto, porque es una enamorada de su cultura y de su misticismo. —Otra pisadora de lechugas, pensé para mis adentros. La otra apenas se inmutó.

—¿Y tú?

—¿Yo qué?

—Que por qué viajas tú.

—Ah. Bueno, por muchos motivos, en realidad. La mayoría de las veces por trabajo. Pocas por placer.

—¿Estás trabajando? ¿A qué te dedicas?

Me di cuenta de que me había encerrado yo solo. Me daba una pereza tremenda delatar que mi formación académica se centraba en la egiptología, porque eso desencadenaría una retahíla de preguntas por parte de la joven. O, lo que era peor, por parte de su amiga mística muda amante de la piramidología.

—Escribo —mentí. A medias—. Estoy escribiendo un libro.

—¿Una novela?

—No. Un artículo de viajes. Por eso digo que estoy trabajando.

—¿En serio? —Habló por fin la muda—. ¿De verdad te pagan por esto?

—Eso me temo.

—Qué suerte —se quejaron ambas—. Nosotras ahorrando meses para pagarnos este viaje y hay a quien le contratan para beber cerveza en el Nilo.

Su desdén dio por finalizada la conversación. Lo cual me permitió sumirme en mi solitaria contemplación. Al poco tiempo ellas se fueron, yo perdí la noción del tiempo, y también la capacidad para predecir la climatología del otoño egipcio: al salir de mi baño, sin contar con un albornoz o una toalla, me quedé tieso como un pajarito. Llegué tiritando a mi camarote y me di una ducha caliente para entrar en calor.

Capítulo XVIII: Edfú
Horus, Harpócrates, Jesús

A primera hora de la mañana tuvimos tiempo de descender del barco y pasear por los emplazamientos de la cantera, recorriendo su eje junto a la orilla. Desde el templete de Horemheb, que pudimos visitar en su interior, hasta el final de los cortes horadados en la roca arenisca, un poco más al sur.

Por el camino, pude adentrarme en varias capillas, y contemplar pequeñas estelas que algunos importantes reyes vinieron hasta aquí a tallar: Hatshepsut, Amenhotep II, Ramsés II o su hijo Merenptah o Ramsés III, por mencionar algunos.

A media mañana llegamos sin problema a Edfú, el lugar donde la mitología ubicaba el más cruento de los enfrentamientos que tuvieron lugar entre el dios halcón Horus, hijo póstumo del dios Osiris, con su asesino tío Seth. En dicho lugar, se alzaba un templo de época ptolemaica, erigido sobre las ruinas de edificaciones muy anteriores. Era, probablemente, el templo mejor conservado de todo Egipto. Aunque todavía no puedo explicarme el cómo ni el porqué: cuando Auguste Mariette llegó a Edfu por primera vez, en 1860, el templo se empleaba como conjunto de viviendas y establos y almacenes de productos agrícolas, y también como cuartel. Se habían hecho paredes de adobe y algunas zonas estaban recubiertas de arena. Los trabajos de conservación que se llevaron a cabo permitieron recuperar el templo *in extremis*.

Para llegar al templo desde el muelle donde atracan las embarcaciones había que enzarzarse en una cruenta batalla con un ejército de caleseros dispuestos a partirse el pecho para hacerse con la carnaza más fresca. Convenía, pues, negociar con rudeza un precio (aunque la afluencia de turismo hace, casi, que las tarifas se hayan estandarizado). O lo que era más importante, calcular la propina que se iba a llevar el conductor y el animal de tiro. Todos ellos famélicos, se postulaban como la excusa perfecta que esgrimía el piloto por el camino para solicitar una cantidad extra al precio acordado. La propina para el caballo, que también tenía que comer.

Atravesando la titánica muralla del templo y su puerta de entrada se accedía al patio interior, donde dos enormes estatuas graníticas de la divinidad del halcón daban la bienvenida a los turistas y sacrificaban su lustre pétreo al servicio de las grasientas y sudorosas manos, espaldas y culos de quienes se querían llevar un recuerdo de ellos. Que eran todos. Esta es, sin duda, una de las fotos más típicas entre los guiris.

La historia de Horus y de sus padres Osiris e Isis, tal vez debería ser recordada llegado este momento. Tampoco necesita de mucho texto, pues es de sobra conocida por casi todo el mundo, aunque sea de forma inconsciente: quien ha leído *Hamlet*, más o menos conoce la leyenda de Osiris. Incluso quien ha visto el film *El rey León*, de Disney, conoce la leyenda de

Philae, templo de Isis, Francis Bedford, 1862

Estatuas de granito de la divinidad del halcón

Osiris. Pero la versión más completa del mito de su muerte y descuartizamiento por Seth y de su doble resucitación por Isis se encuentra en los textos de Plutarco, que escribió en el siglo II d. C. su obra *De Iside et Otsiride*.

Existen dos parejas dentro de la cosmogonía heliopolitana, formada por dos hermanos y dos hermanas, que a la vez forman los respectivos matrimonios entre Osiris e Isis, y Seth y Neftis. Los cuatro son hijos de Geb y Nut, que no dejan de ser, respectiva y curiosamente, la tierra y el cielo. Y nietos, por tanto, de Shu y Tefnut, el aire que respiramos y la humedad del ambiente. Todos ellos, descendientes del dios primordial Atum (de cualidad solar, identificado con Ra, y en ese devenir sincrético de las divinidades egipcias posteriormente con Amón, o incluso con Horus, o el propio Osiris como puede verse en las pinturas de la tumba de la reina Nefertari en el Valle de las Reinas, de la dinastía XIX). Juntos, los nueve, forman la conocida como enéada de la ciudad de Heliópolis, paradigma de la mentalidad egipcia para explicar la creación del mundo.

Dentro de la pareja de hermanos, uno de ellos tomaría el rol de la maldad, Seth, identificado para toda la eternidad como el caos y la vileza. Por otro lado, su hermano Osiris, sería justo y noble. Algo que recuerda enormemente las escrituras del Génesis sobre Caín y su hermano Abel y otras similares del imaginario colectivo que diferencia, en multitud de culturas y creencias, el bien del mal. En todas ellas, el hermano malvado, por envidia, termina urdiendo un plan para eliminar a su opositor. En este caso, Seth, conociendo a la perfección la envergadura y talla de Osiris, prepara un suculento festín durante el cual se muestra a los asistentes el más bello de los sarcófagos que jamás se hubiese fabricado. Conocedor de que estaba hecho siguiendo las medidas únicas y exactas de su hermano, promete regalárselo a quien mejor se asiente en su forma interior. Llegado el turno de Osiris, ingenuo, su malvado hermano aprovecha para cerrar la caja y sepultarlo vivo, hallando así una de las muertes más crueles. Después, arroja el sarcófago al Nilo, cuya corriente lo arrastra hasta el Mediterráneo y el mar hasta la costa de Biblos.

Su hermana y esposa Isis, a través de la magia, las artes adivinatorias y las profecías consigue dar con el paradero del cadáver de su marido y traerlo de nuevo a Egipto. Pero el malvado Seth no quiere poner en riesgo su victoria, de modo que secuestra nuevamente el cadáver y lo descuartiza en tantos pedazos como provincias tenía Egipto, y los reparte por la geografía política del país.

Comienza, así, la segunda búsqueda por parte de Isis con la ayuda de su hermana Neftis, en un doloroso peregrinaje para recuperar los pedazos del cuerpo de su marido, objetivo que cumple en su totalidad a excepción del pene, que jamás apareció. Recompuesto el cuerpo, Isis logra resucitarlo mediante la magia, pero no orgánicamente, sino en un mundo imaginario, eterno, el mundo de los muertos, el único lugar en el que a cualquier hombre le va a estar permitido volver a la vida.

Por ello, para garantizar la continuidad del ciclo vital, el mito incluye un elemento más: tras haber creado un simulacro del miembro viril de Osiris, su esposa Isis queda embarazada mágicamente y sin intervención directa de su marido, ya fallecido, de un hijo varón, que será el nuevo rey de Egipto, tras vencer en un duelo titánico y brutal a su malvado tío Seth, vengando el asesinato de su padre y la usurpación de su trono, y devolviendo el orden natural al país del Nilo, ciclo que se ha de repetir a la muerte de cada rey en Egipto.

A medida que me internaba en el templo y su oscuridad iba percibiendo cómo Egipto impregnó profundamente las tradiciones o, cuando menos, las iconografías clásicas de sus vecinos en el espacio y en el tiempo, ya fuesen amigos políticos, comerciales o de otra naturaleza. O incluso enemigos. Y la mayor parte de estas influencias se mostraban en el ámbito de lo sagrado y esotérico y las formas que adoptarían sus figuras religiosas, en lugares tan distantes a la antigua tierra negra como la zona del Próximo Oriente, el Mediterráneo, o incluso el norte de la Europa más occidental.

Regiones, todas ellas, que se iban a ver salpicadas de representaciones egipcias y de imágenes de sus dioses, fruto de la curiosidad y fascinación que ejercieron sobre las mentalidades extranjeras. De esta forma, figuras como el dios Bes serían adoptadas por los griegos como su Gorgona, e incluso siendo portada su efigie por los militares romanos al frente de sus legiones. La figura del pájaro Benu seguirá similares connotaciones en época griega, asociada, como ave que se alza con el sol al amanecer, entre su fuego, con el Ave Fénix, icono igualmente de la ciudad inmortal de Roma —aparece en muchas monedas del Bajo Imperio Romano— y alegoría de resurrección y vida eterna. Y estos son simplemente algunos ejemplos puntuales.

Trato de evidenciar con ello cómo, al contrario de lo que cabría esperar, el final de la historia del antiguo Egipto no supuso la desaparición de sus divinidades, sino que demostraron ser las semillas de las cuales germinaron con más fuerza muchas otras nuevas concepciones religiosas. Entre los grandes mitos que nacieron a orillas del Nilo se pueden hallar, salvando pequeñas distancias, las raíces de muchos principios religiosos posteriores, incluido curiosamente el germen de un primigenio concepto de monoteísmo, o de la naturaleza trascendente de la esencia divina única. Aunque no es cuestión de minusvalorar la evolución propia e independiente de estos conceptos religiosos en el marco de sus propias creencias, resulta innegable la influencia de las divinidades egipcias en los estadios de formación de aquellas, y en concreto, del cristianismo, excelente ejemplo para el estudio de la influencia egipcia.

Y no solamente porque Egipto fuese uno de los lugares donde la comunidad cristiana se afianzase en fechas muy tempranas, sino que la expansión de conceptos egipcios en su trasfondo debió responder, sin duda, al hecho de que muchos de los principios básicos de sus fundamentos ya resultaban fácilmente comprensibles para los egipcios en términos de sus antiguos mitos y creencias, entre ellos el concepto de Jesús como hijo carnal de la divinidad. No debemos olvidar que los egipcios consideraban al faraón como el hijo encarnado del dios, concepto muy cercano al cristiano de la figura de Jesucristo como dios hecho carne y que, por tanto, sería fácilmente asimilado por esta población antes que por ninguna otra.

Por tanto, la iconografía del cristianismo, debido a este contacto directo que se formó con las divinidades egipcias en una fase inicial de su desarrollo, adoptó gran cantidad de elementos puramente egipcios. Por ejemplo, los cuatro evangelistas, que cientos de años más tarde plasmarán en texto todas aquellas tradiciones orales que hablaban del nacimiento de la divinidad, van a tener frecuentemente representaciones zoomórficas en el primitivo arte cristiano, como animales o humanos con cabeza de animal, igual que las diferentes divinidades egipcias. Marcos bajo la figura de un león, Lucas la de un toro, Juan el águila y Mateo la forma humana. El célebre *tetramorfos*, que incluso puede verse en la parte trasera del santuario de Kom Ombo.

Pero fue cuando ya salía del templo y paseaba por el corredor que existía entre sus muros interiores y la muralla exterior cuando apreció más claramente estas influencias. Allí, en los relieves que aún se conservaban, se mostraba la lucha entre Horus y Seth. La iconografía era claramente un anticipo de la representación canónica de San Jorge armado con una larga lanza o arpón luchando contra el mal, el dragón, que se retuerce a sus pies. Aquí, en vez de un dragón, quien se contorsionaba por el dolor que le producía el lanzazo era un hipopótamo, animal peligroso e impredecible que representaba a Seth. Y en lugar de un santo cristiano, había un halcón humanizado.

Esta era, sin duda, una de las más grandes e importantes influencias egipcias en los motivos cristianos, junto con la de la madre sagrada y el niño, reflejo de las incontables imágenes de la diosa Isis, la madre de todos los dioses, y de su hijo Horus, en la figura del niño recién nacido, conocido como Harpócrates en época ptolemaica y relacionado directamente con la divinidad como fruto de esa hierogamia.

Se entiende tradicionalmente por hierogamia el concepto que hace alusión a uniones sagradas, de tintes matrimoniales, entre divinidades. Es diferente al concepto de teogamia que ya he mencionado anteriormente; hace referencia a la unión carnal entre la divinidad y una mujer mortal, no de naturaleza divina. Así fue como más de un rey (y reina) reivindicó su ascenso al trono cuando no le era posible justificar su primacía por cuestiones de consanguineidad.

Estos temas religiosos tienen su primer precedente en el relato del papiro Westcar, que describía, de forma similar, el origen divino de los reyes de la dinastía v. Pero los ejemplos más evidentes al alcance de los viajeros se hallan en los muros de los templos de Deir el Bahari (teogamia de Hatshepsut) y de Luxor (teogamia de Amenhotep III, ya comentada). En ellos, se muestran las imágenes, como una sucesión de viñetas, de todo el proceso de alumbramiento del nuevo dios hecho hombre, desde el momento en el que el dios decide tener una descendencia carnal hasta que este niño, ya real, es coronado.

Ahora bien, si uno se acerca a los textos clásicos de la tradición cristiana, puede ver este mismo elemento reflejado de una forma bastante similar. Por ejemplo, en el Evangelio según san Mateo (1, 18-25):

Este fue el origen de Jesucristo: María, su madre, estaba comprometida con José y, cuando todavía no habían vivido juntos, concibió un hijo por obra del Espíritu Santo. José, su esposo, que era un hombre justo y no quería denunciarla públicamente, resolvió abandonarla en secreto. Mientras pensaba en esto, el Ángel del Señor se le apareció en sueños y le dijo: «José, hijo de David, no temas recibir a María, tu esposa, porque lo que ha sido engendrado en ella proviene del Espíritu Santo. Ella dará a luz un hijo, a quien pondrás el nombre de Jesús, porque él salvará a su Pueblo de todos sus pecados». Todo esto sucedió para que se cumpliera lo que el Señor había anunciado por el Profeta: la Virgen concebirá y dará a luz un hijo a quien pondrán el nombre de Emmanuel, que traducido significa: «Dios con nosotros». Al despertar, José hizo lo que el Ángel del Señor le había ordenado: llevó a María a su casa, y sin que hubieran hecho vida en común, ella dio a luz un hijo, y él le puso el nombre de Jesús.

O referido por otro de los evangelistas, en este caso san Lucas (1, 26-38):

Al sexto mes fue enviado por Dios el ángel Gabriel a una ciudad de Galilea, llamada Nazaret, a una virgen desposada con un hombre llamado José, de la casa de David; el nombre de la virgen era María. Y entrando, le dijo: «Alégrate, llena de gracia, el Señor está contigo». Ella se conturbó por estas palabras, y discurría qué significaría aquel saludo. El ángel le dijo: «No temas, María, porque has hallado gracia delante de Dios; vas a concebir en el seno y vas a dar a luz un hijo, a quien pondrás por nombre Jesús. Él será grande y será llamado Hijo del Altísimo, y el Señor Dios le dará el trono de David, su padre; reinará sobre la casa de Jacob por los siglos y su reino no tendrá fin». María respondió al ángel: «¿Cómo será esto, puesto que no conozco varón?» El ángel le respondió: «El Espíritu Santo vendrá sobre ti y el poder del Altísimo te cubrirá con su sombra; por eso el que ha de nacer será santo y será llamado Hijo de Dios. Mira, también Isabel, tu pariente, ha concebido un hijo en su vejez, y este es ya el sexto mes de aquella que llamaban estéril, porque ninguna cosa es imposible para Dios». Dijo María: «He aquí la esclava del Señor; hágase en mí según tu palabra». Y el ángel, dejándola, se fue.

Ambos textos guardan similitudes más que evidentes con la tradición egipcia de las teogamias, algo que no es de extrañar, teniendo en cuenta que las fuentes de la redacción de los considerados como primeros evangelios proceden de la zona del valle del Nilo, de sus primeros moradores cristianos y en gran medida de la memoria colectiva de sus habitantes.

Cuando se habla del origen de los textos cristianos, hay que tener en cuenta la importancia que tenía la memoria en la antigüedad. En una sociedad en la cual la información era limitada, y referida, cuando lo era, en elementos de muy reducida y complicada adquisición y uso (los papiros y pergaminos eran casi objetos de lujo, y no todos tenían acceso a la escritura y la lectura), el principal camino para la tradición y expansión de las creencias religiosas era la memoria, antes de que hubiese posibilidad de plasmarlas por escrito. Así es como se crean las «sociedades de discurso mítico» de Cervelló que mencionamos anteriormente. Un claro ejemplo es la sociedad egipcia. No hay que obviar, por tanto, el hecho de que el núcleo más antiguo de la tradición evangélica iría cargado de una tradición mucho más antigua.

La historia del desarrollo de los evangelios es confusa, existiendo varias teorías acerca de su composición. Los análisis de los estudiosos se han centrado en lo que se llama el problema sinóptico, es decir, las relaciones literarias existentes entre los tres evangelios sinópticos, Mateo, Lucas y Marcos. La idea más defendida es la denominada, por mayor consenso, «teoría de las dos fuentes». Según esta, el de Marcos sería el evangelio más antiguo de los tres, que sería utilizado como fuente por Mateo y Lucas, lo que puede explicar la gran cantidad de material común a los tres sinópticos.

Sin embargo, entre Lucas y Mateo se han observado coincidencias que no aparecen en Marcos, y que se han atribuido a una hipotética segunda fuente, llamada fuente Q (del alemán *quelle*, fuente) o protoevangelio Q, que consistiría básicamente en una serie de dichos o enseñanzas de Jesús, sin elementos narrativos. El descubrimiento en Nag Hammadi del Evangelio de Tomás junto con el Evangelio de Felipe, que es un escrito también gnóstico de orientación valentiniana, contribuyen a consolidar la hipótesis de la existencia de la fuente Q.

Pues bien, ambos detalles apuntan a un origen egipcio para la creación de los primeros textos de la tradición evangélica, y por tanto, a una posible «contaminación» de sus tradiciones más místicas.

El cristianismo llegó a Egipto en tiempos apostólicos. De hecho, la tradición atribuye a san Marcos, el primero de los evangelistas en plasmar literalmente sus conocimientos sobre Jesucristo, la predicación de los hechos y la palabra de Jesús en el Valle del Nilo, y la fundación de la Iglesia de Alejandría.

Desde la época de Clemente de Alejandría, a finales del siglo II, se había creído que este evangelio fue escrito en Roma, basándose en los latinismos que aparecen en el texto. Sin embargo, la hipótesis del origen romano del Evangelio de Marcos fue cuestionada por algunos autores, dado que los latinismos presentes en éste, suelen ser términos relacionados con la vida militar, por lo que eran muy probablemente palabras conocidas en todas las regiones del Imperio Romano en las que existían guarniciones militares.

Se ha propuesto como alternativa la posibilidad de que fuese redactado en Antioquía. Aunque, no existen indicios claros acerca del lugar, teniendo en cuenta las fechas que barajan los estudiosos y el hecho de que Marcos murió martirizado en Egipto, podría ser que fuese allí donde llevó a cabo la redacción de sus escritos.

Algo que no sería en absoluto de extrañar. La nueva religión cristiana en Egipto era la denominada copta. Los coptos son, en efecto, por sus características étnicas y su historia, los descendientes legítimos de los egipcios del tiempo de los faraones. En este ambiente nació en el siglo II la escuela teológica alejandrina, la Didascalea, con representantes tan ilustres como Clemente de Alejandría, san Atanasio de Alejandría, Dídimo el Ciego o san Cirilo, quienes plasmarán igualmente escritos que pertenecen al patrimonio de la incipiente cristiandad.

Es más que factible, por tanto, y así lo atestiguan, de hecho, los textos antiguos, que las primeras prácticas cristianas en Egipto contuvieran por mucho tiempo elementos de las viejas creencias egipcias. Pero más amplios y variados son los elementos sincréticos y simbióticos, apuntando éstos en ambas direcciones, como un camino de ida y vuelta. Durante mucho tiempo se siguió utilizando entre los nuevos conversos al cristianismo, la costumbre de momificar. El cuidado y respeto por los muertos era signo de su sentido de la vida eterna, de la inmortalidad del alma, de la trascendencia del hombre, así como de la resurrección, elemento más que aprendido y desarrollado por los egipcios en la figura de su dios Osiris, que también murió fruto de una pasión agónica para resucitar en el mundo espiritual como rey de los muertos.

Por tanto, si el predicador y evangelista san Marcos permitió que se introdujeran en la liturgia cristiana costumbres y símbolos paganos egipcios, exponiendo sus enseñanzas a un claro sincretismo religioso, no fue más que por estar convencido de la presencia de auténticos símiles cristianos, como elementos de verdad, en el culto egipcio antiguo y tradicional.

El hambre me iba moviendo a finalizar mi visita. No era hambre por la falta de desayuno, que con exceso nos servían en nuestra *dahabiya*. Era simple gula al servicio de los sabores de Edfú que yo recordaba. A la salida, me crucé con una pequeña edificación aislada que se quedaba a la izquierda al entrar. Era el conocido *mammisi* o casa del nacimiento. El lugar donde se celebraba el alumbramiento divino del niño dios.

Sean como fueren estas influencias, lo evidente es que parecía existir una relación directa, un hilo argumental bastante firme que marcaba multitud de similitudes entre los conceptos de teogonía egipcios y cristianos: el nacimiento de un niño, engendrado en el vientre de una mujer mortal, desposada con un hombre del cual no conoce descendencia aún, por obra y gracia de la intermediación de la divinidad.

Como se comentaba más arriba, estos son conceptos que provienen desde los primeros estadios de la formación del estado egipcio, como arma político-religiosa esgrimida por los reyes que no gozaban de legitimidad directa para ocupar el trono. Por tanto, estos ritos y cultos iban a tener un auge verdaderamente importante en los momentos finales de la civilización egipcia, cuando las Dos Tierras se vieron bajo gobiernos extranjeros. Se convertiría en algo casi permanente desde la dinastía xxv, la de los faraones kushitas.

Por tanto, es lógico que en esos momentos finales se diera prioridad a ritos de las teogamias, en los cuales se sustituirá al dios-hijo de la tríada por el nuevo rey, reinante con carácter universal en todos los templos de Egipto. Ese fue el origen por la predilección de construir estos *mammisis*, destinados a rendir reverencia y devoción a la teogamia divina del rey.

Y de esta forma se trazaba el camino que nacía desde el Horus que aquí se veneraba, en este mismo templo, a través del Harpajered, el Harpócrates de los griegos, hijo póstumo, a través de la magia sagrada, del difunto Osiris, y por ello, un símbolo de creación. Harpócrates era una representación variante del dios Horus. Harpócrates, como niño, es originario de Heliópolis, como hijo de Isis y Osiris, aunque fue venerado en muchos otros santuarios en los que se le adoraba con otras de esas formas adoptadas de Horus.

Harpócrates era el símbolo viviente del sol en su primer orto, con la entrada de la primavera. Nació después de la muerte de su padre Osiris, en el día más corto del año y en la época en que el loto florece. Por eso se dice que nació de la flor de loto bajo la forma de Harsomtus, que ya comenté durante mi visita en Dendera. Se representaba así, como un niño débil, al que tuvo que esconder su madre, la diosa Isis, en los pantanos del Delta del Nilo, para protegerlo del malvado Seth, hermano de su padre. Pero al igual que el sol débil del amanecer se convierte en un sol poderoso, el dios-niño se convirtió en el Horus poderoso y vengador de la muerte de su padre, luchando contra Seth. Su madre, Isis, de este modo, le convertiría en el gran Horus que reinaría sobre los hombres y los dioses.

Atravesé a manotazos, espantando latosos vendedores de baratijas, la calle llena de tiendas de souvenirs que hay a la salida del templo. Pero para regresar al pueblo, fui incapaz de encontrar entre las folklóricas calesas la que había contratado para llegar al templo. Así que me tocó volver a negociar el asunto, esta vez con alguien mucho más amable, aunque su carruaje apestaba a estiércol. Al menos, me iba dando el aire en la cara. Y el aire y la vista de las gentes alejó tantos quebraderos de cabeza sobre el aspecto mistérico de los nacimientos divinos, egipcios y cristianos; de las teogamias de la religión egipcia y el alumbramiento inmaculado del niño Jesús por obra y gracia del Espíritu Santo.

Pero, por si acaso todos estos aspectos pudiesen ser discutidos, que lo deberían ser con más detenimiento, lo realmente indudable era la influencia de determinadas figuras del elenco de divinidades egipcias en la iconografía cristiana inicial. Y, por encima de todas, destacaba, sin duda alguna, la imagen del niño Harpócrates, en el regazo de su madre Isis, sentada sobre su trono, amamantando al niño divino. Una imagen que se puede encontrar tanto en un templo ptolemaico del siglo III a. C., como de forma casi idéntica en un fresco románico español o en un retablo renacentista.

Recordé una interesante conversación que se me presentó un día con un conocido de Esna, llamado Omar. En un momento dado, me pilló desprevenido con una pregunta que no supe cómo responder.

—Tito. Tú eres egiptólogo. Sabes lo que es el Nun, ¿verdad?

—Claro, Omar. Es el océano primigenio del cual, los antiguos egipcios, pensaban que se había originado la creación del mundo.

—Exacto. Eso mismo viene escrito en el Corán. Que al principio de la creación todo era agua. ¿Cómo es posible que los antiguos egipcios ya supieran esas cosas antes de que el Profeta lo pusiera por escrito en el libro sagrado?

Y yo, con cara de tonto, asentí fingiendo la misma sorpresa, no sabiendo explicarle que la gallina fue antes que el huevo. ¿O al revés?

Kushari. La mejor receta para abandonar mis pesquisas. Conocía un sitio en Edfú donde preparaban uno de los mejores *kusharis* de todo Egipto. El *kushari* era el plato más popular y tradicional de la cocina egipcia. Consistía en una pesada mezcla de arroz, lentejas negras, garbanzos y macarrones. Y todo ello cubierto de ajo y vinagre, mezclado con una salsa de tomate especiada que en este lugar al que me dirigía involuntariamente mi calesa es especialmente picante. Por encima, el plato se culmina con pequeñas piezas de cebolla frita. Sin duda, la *fast-food* por antonomasia que se sirve en los restaurantes egipcios. Y el local que yo recordaba estaba en la calle principal, por lo que le pedí a mi conductor que se detuviera un segundo.

La calesa me dejó en la puerta del local, un tugurio estrecho y profundo regentado por alegres jóvenes serviciales y educados. Me senté en la misma mesa que había ocupado todas las veces que había venido aquí, durante mis años de trabajo en el país. Justo debajo del gran ventilador que pendía del techo, describiendo órbitas en su propio movimiento de nutación. Esto hacía, a la vez, que se estuviera un poco más fresco y que no me molestasen las siempre engorrosas moscas.

—¡Un *kushari* y una Pepsi, por favor! —Y en cuanto me lo sirvió el muchacho, aparté cordialmente el platito de la salsa picante. El joven se echó a reír. Descubrió que no era la primera vez que comía en su local.

Lo único que conseguí fue que, a la hora de comer, no tuviera nada de hambre, después del *kushari* de la mañana. Baje tarde y paseé por el comedor. Cogí alguna fruta y poco más. Eso me sirvió para no coincidir con nadie a la mesa. Recordé las palabras de Amelia Edwards, cuando comentaba que, a bordo de la *dahabiya*, todo terminaba convirtiéndose en un maremágnum de chismorreos de los unos sobre los otros.

A la caída de la tarde el barco amarró nuevamente para pasar la noche, pero aún quedaban algunas horas de luz, por lo que se programaba una salida para pasear por la aldea donde habíamos atracado. No recuerdo su nombre, porque en el folleto que me entregaron aparecían diversos lugares. Era una pequeña aldea, de casas dispersadas entre los campos de cañas de azúcar. Varios niños salieron a nuestro encuentro, cubiertos de sudor. Nos guiaron hasta el pueblo. Yo, particularmente, hice buenas migas con uno que tenía cara de pillo. Iba chupando un largo trozo de caña de azúcar, al que exprimía todo el dulce jugo. Le pedí un cacho y gustosamente lo compartió conmigo.

El camino lo tenían bien aprendido, y guiaron a los viajeros de la *dahabiya* hasta el centro del pueblo, donde alguien les dio cabida en su casa y los invitó a un té. Yo me distraje para comprar algunos chicles en una tiendecilla que vendía un poco de todo. Y entonces fue cuando la vi. Estaba allí, en la puerta, de pie. Llevaba una bolsa de patatas fritas en la mano, y se las iba comiendo una a una, con delicadeza. Las acercaba a su boca de enormes labios con sus pequeños dedos infantiles. Y mientras lo hacía, miraba a un lado y a otro con mirada distraída. Pero... ¡qué mirada!

Puedo decir, sin duda a equivocarme, que aquella niña que conocí en aquel pueblecito pesquero a orillas del Nilo era la persona más bonita que me había cruzado nunca en el país de los faraones. No solamente por sus enormes ojos del color de la miel. Sino por su semblante angelical y su carácter de muchacha introvertida. Sin embargo, paseaba por la calle, engalanada con un pijamilla amarillo y unos pendientes de aro en sus pequeños lóbulos, y las calles retumbaban de belleza a su paso.

—Hola —y me miró— ¿Cómo te llamas? —Pero no obtuve respuesta. Se dio la vuelta y se marchó, girando la cabeza de tanto en cuando, para comprobar si yo la seguía o si me había quedado donde estaba. Al final, entró por una puerta abierta de un pequeño edificio. Y se volvió a asomar. Me acerqué hasta allí, y descubrí que había más niños en el patio interior; era una escuela. Y que todos estaban en el tiempo de recreo. Así que una de las profesoras salió a saludarme, y el resto de los niños hicieron lo mismo. Incluida Aishah, que así se llamaba la niña de los ojos penetrantes.

Mientras los demás realizaban una visita al poblado, yo jugaba con los niños de la escuela. Algunos estaban en el exterior, subidos a una montaña de arena. Habían fabricado un barquito metálico con una lata medio oxidada. Otros se disparaban balas de las que no matan con palos y ramas. Alguno se acercó a pedirme un bolígrafo. Aishah seguía comiendo sus patatas.

Pregunté a la profesora dónde podía comprar bolígrafos, porque yo no llevaba encima. Y enseguida se le iluminó la cara, como si mis mofletes se hubieran transformado en una especie de cajero automático. Y me indicó briosa donde había un lugar en el que poder comprar bolígrafos y cuadernos, «que era lo que más necesitaban los niños de la escuela». Así que allí me fui, acompañado por Aishah oficiando como obligada embajadora, y me hice con todos los cuadernos y bolígrafos que tenían para venderme. Había de sobra, uno de cada para cada pequeñajo.

A cambio, lo único que pedí, fue una foto de Aishah. Se quedó mirando fijamente al objetivo, que supo captar con perfección el nácar de sus pupilas, las comisuras de algodón de sus labios, su mirada indiferente y la cicatriz del paso por la vida, pese a ser tan joven, que lucía blanquecina en su frente. Volví la vista atrás al marcharme, y disparé una última foto. Se quedó plantada, donde estaba cuando la encontré, rodeada de amigos y vecinos, con su pijama amarillo y su bolsa de patatas. Y ahora tenía, además, un cuaderno y un bolígrafo, también amarillo.

Niño en el recreo en su escuela de Edfú

Niño jugando en su escuela de Edfú

Aishah con su bolsa de patatas

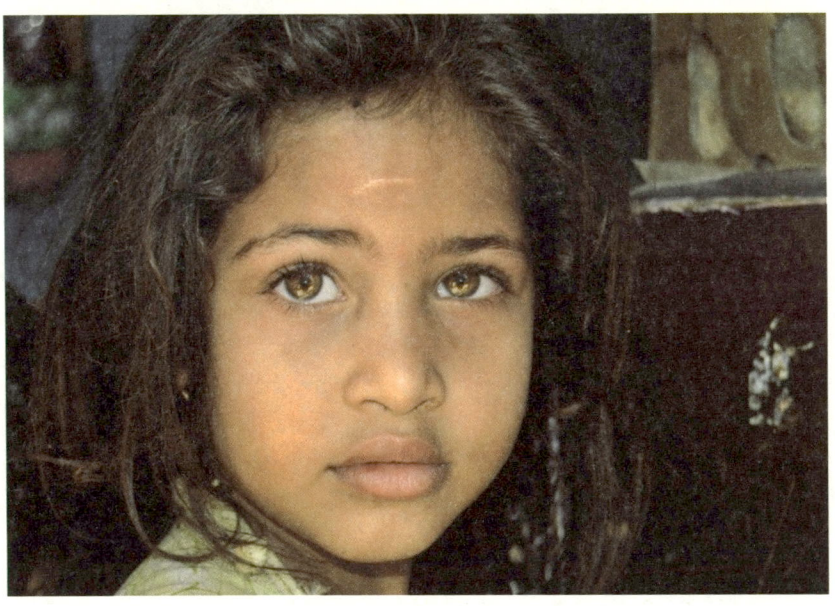

Los ojos de Aishah

Capítulo XIX: Regreso a El Cairo
El rincón de las despedidas

Cometí un tremendo error al no percatarme, por anticipado, de que las *dahabiyas* no amarraban en Luxor, sino que terminaban su periplo fluvial en la vecina Esna. No es que el asunto fuese grave, la verdad. Pero me vi de pronto en el atracadero, con mi mochila y mi petate, contemplando cómo los demás compañeros de la embarcación subían a sus flagrantes furgones de renombradas compañías turísticas y se alejaban por el mismo camino, dejándome atrás en la distancia. Seguro que alguno volvió la cabeza para verme a través del cristal, como un puntito lejano en el horizonte, y sintió penita al verme desamparado.

Nada más lejos de la realidad. Esna no era una gran ciudad. Era más bien un modesto cajón de calles que se hacinaban, en la orilla occidental, con cierta orientación perpendicular al río, entre éste y la carretera que conducía a Aswan. Y poquísimo más. Su centro apenas tenía unas pocas calles asfaltadas, las que llamaríamos principales, y el resto era un entramado de viales polvorientos que acogían a gente reservada y poco acostumbrada al turismo que, de forma esporádica, se envalentona y traspasa las barandillas de los grandes hoteles flotantes.

Tenía, eso sí, un pizpireto templo que se remontaba al Reino Nuevo, vinculado al culto de la tríada de Esna: Jnum, el dios carnero de la catarata, Anuket y la hija de ambos, Seshat; si bien, la mayor parte de lo que pude contemplar, y era obvio a simple vista, mostraba rasgos arquitectónicos ptolemaicos.

Seshat era una divinidad curiosa desde el punto de vista astronómico y arquitectónico. No en vano estaba considerada una diosa muy relacionada con el gremio de los constructores o de los diseñadores de edificios. Se solía representar como una «*mujer que lleva sobre la cabeza un vástago que termina en un objeto no identificado, parecido a una estrella de siete puntas*». Así la describe Elisa Castel en su *Gran Diccionario de Mitología Egipcia*. Siendo una divinidad muy arcaica, que se remontaba al nacimiento del estado egipcio, siempre se ha vinculado con una ceremonia realizada previamente a la construcción de cualquier templo. La conocida como Ceremonia de Fundación. Uno de los pasos de ese ritual se denominaba «Estiramiento de la Cuerda». Algo que, en esencia, debe ser interpretado como un acto de planificación por parte de los arquitectos en base a un posicionamiento mágico y simbólico, en apariencia vinculado a ciertas connotaciones astronómicas.

No hace mucho tiempo que algunos investigadores, entre ellos el astrofísico Juan Antonio Belmonte, del Instituto Astrofísico de Canarias, propusieron la interesante teoría de que la pieza que porta como corona la diosa Seshat era, en realidad, un objeto de observación del cielo, para realizar mediciones astronómicas. Un instrumento relativamente similar a la *groma* romana, que servía a los topógrafos romanos para establecer alineaciones, ángulos rectos, etcétera. Para ello, habría que observar la representación bidimensional de la corona de la diosa desde la mentalidad artística egipcia, ya que estaríamos ante una representación que conjugaría dos vistas diferentes de las diversas partes de un objeto: la primera, vista de forma cenital, era una especie de estrella de los vientos, de ocho puntas, sujetada horizontalmente a un poste. La convergencia, al levantar el plano de la estrella, con el mismo poste de sujeción, haría que solamente fueran perceptibles siete puntas, dando al objeto un aspecto casi de florecilla. Por encima de esa rueda dentada, se situaba el otro objeto, con forma semicircular y una mira abultada, que sí se representaría en su alzado, completando de esta manera la visión distorsionada del objeto que aparece en las representaciones parietales sobre la cabeza de la divinidad. Más que interesante, desde luego.

El templo, para mi desgracia, estaba cerrado cuando llegué. Solamente pude verlo asomándome a su recinto, ya que el nivel del templo era bastante inferior al actual de la ciudad de Esna. Recorrí la calle que unía la orilla con el templo arriba y abajo, paseando entre cafés alimentados de cochambre, donde ninguna silla era igual a otra y las *shishas* se apilaban a las puertas, apoyadas en la pared, como prostitutas de baja estofa que esperasen, confiadas, que llegaría el primer cliente interesado en ellas, sin importar el número y color de los dientes que guardara bajo el bigote. Las pipas de agua no escogen quién se las lleva a la boca. También había tiendas que mostraban grandes piezas enrolladas de tela, buenos tejidos de lana y algodón empleados en confeccionar las mejores *galabiyas saidis*. Esas sí me resultaban atractivas. La contraposición a lo chocarrero y sucio de un poblado altoegipcio es la elegancia de sus señores, con turbantes y túnicas, y capas, como las de los jedives de antaño, y sus bastones distinguidos, que calcan la percha que definían los viajeros decimonónicos.

El taxi que me acercó hasta Luxor me robó un buen puñado de piastras. Debía de entender que el muchacho tendría que recorrer, de vuelta a casa, los cincuenta y cinco kilómetros que separan Luxor de Esna. Así que no discutí mucho el pillaje y dejé que me saqueara los bolsillos. Tampoco ayudó en absoluto el hecho de que mi destino fuera la puerta del Winter Palace, el hotel más sofisticado que existía en la antigua ciudad de las cien puertas. Y no porque me sobraran los cuartos a esa altura del viaje, sino porque quería terminarlo como lo había empezado: al amparo de un albergue con gallarda prosapia y noble abolengo. Del Mena House al Winter Palace hay un suspiro. Una auténtica historia que se respira en cada pasillo del edificio. El Winter inauguró sus servicios el 19 de enero de 1907. Por aquellos días de nacimiento del turismo propiamente dicho, la ciudad de los palacios (eso significa en árabe *Al-Uqsur*) contaba con tres alojamientos de decorosa apariencia, llamados Karnak, Luxor y Saboya. Pero el arquitecto y cónsul general de los Países Bajos, Leon Stienon, y la constructora italiana G. Garozzo & Sons of Egypt, llegaron con sus planos enrollados bajo el brazo y la visión de lo que debía de ser un hotel en el Alto Egipto que alcanzara los estándares de aquellos como el Mena House o el Shepheard's. Stienon y Garozzo construyeron el hotel para la Compañía de Hoteles del Alto Egipto, establecida en 1905. Al frente se encontraban el hostelero suizo Charles Bähler, quien por curiosos designios de la fortuna había ganado, no en una sino en dos ocasiones, la cantidad de cuarenta mil francos de oro jugando a la Lotería Nacional francesa, y el greco-chipriota George Nungovich, que haría fortuna desde cero en Egipto. Sin olvidar el importante papel que jugó en esta obra teatral Thomas Cook, cuya empresa turística había estado ofreciendo viajes a Egipto desde 1869. Aquellos a quienes repudiaban los que se consideraban «auténticos viajeros de la aristocracia». Gracias a Thomas Cook el Alto Egipto se abrió al mundo occidental, primero por el ferrocarril que conectaba El Cairo con Luxor y Asuán. Después, la familia real egipcia y sus distinguidos invitados aprobaron el proyecto de convertir el Palacio de Invierno ubicado en Luxor en el más glamuroso y seductor de los campamentos base para visitar los infinitos restos arqueológicos que brindaba la región. Todo ello, mucho antes del apoteósico descubrimiento de la tumba de Tutankhamon, que añadió, por supuesto, una chincheta en el mapa sin precedentes para la ciudad más grande del Alto Egipto y sus antigüedades. Durante la Primera

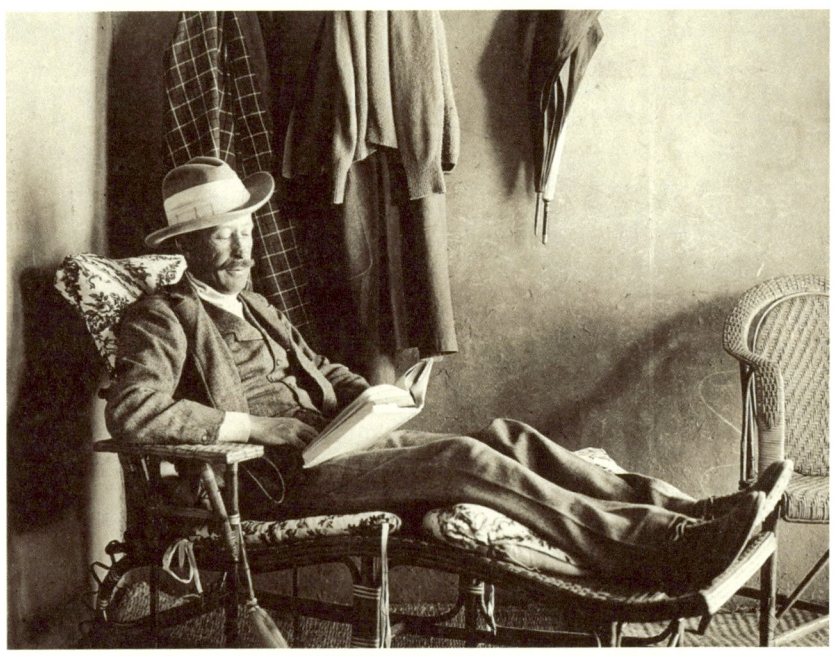

George Herbert, Lord Carnarvon, mecenas del arqueólogo Howard Carter

Carteles antiguos

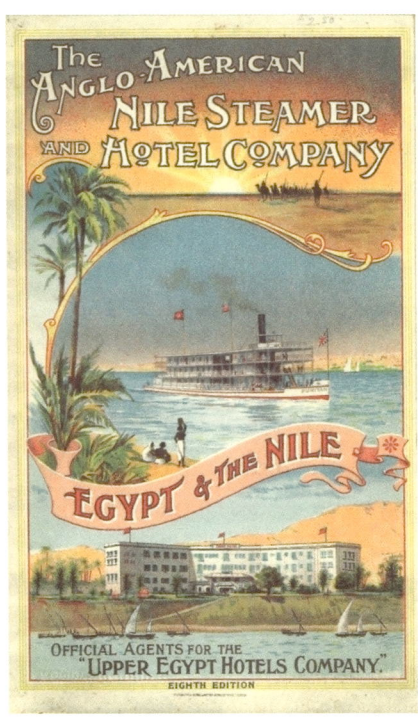

Guerra Mundial, el Winter Palace sirvió como hogar de convalecencia a los soldados británicos heridos en los combates, pero incluso antes de finalizar la contienda, alrededor de 1917, muchos arqueólogos estaban ya de vuelta en el hotel, que se había convertido en alojamiento recurrente de personajes como Gaston Maspero, Theodore Davis o George Herbert, Lord Carnarvon, mecenas del arqueólogo Howard Carter. Incluso el propio Carter, que llegó a tener su residencia en la orilla occidental, fue en algún momento huésped del Winter Palace entre 1922 y 1923.

Toda esta historia era perfectamente paladeable durante los paseos por el hotel. Cientos de documentos se exponían en vitrinas y en cuadros que colmaban cada espacio vertical. Desde uno de esos retratos me miraban atentamente los rostros de Stienon y Garozzo nada más ascender la escalinata de la entrada y cruzar su talluda puerta giratoria. Mis pantalones vaqueros, botas de montaña y mochila de escalador de setenta litros en seguida desentonaron en la versallesca recepción del hotel. La sucia suela de mis zapatos se hundía en esponjosas alfombras clásicas, dejando huellas blanquecinas que me avergonzaban exteriormente y me enorgullecían por dentro. Pero nada de ello afectó al exquisito trato de quienes me atendieron para ayudarme a registrar mi estancia.

Busqué mi habitación y descargué los bártulos. Era una estancia de, a mi juicio, miles de metros cuadrados, con mobiliario de maderas nobles y regia chimenea de briqueta y forjado. El cuarto de baño recubierto de mármoles y alabastros no dejaba libre el más mínimo resquicio. Al darme una ducha templada recordé lo diferente que era este baño del de la casa en la que yo viví en la otra orilla. No puede decirse que aquel estuviera mal (el de Asuán, por ejemplo, distaba años luz), pero en cierta ocasión, de muy buena mañana, mientras me preparaba para salir al trabajo, tuve un lamentable percance con aquella ducha que otrora me cobijara de los espíritus perniciosos. Lo que se inició como un leve cosquilleó en la palma de la mano al agarrarme al telefonillo que escupía el agua, se convirtió en una descarga eléctrica que me dejó pegado al grifo, con el cuerpo entero en tensión y las pantorrillas moradas y echando humo. No podía soltar mi mano de aquel objeto metálico que me transmitía la descarga eléctrica. La ducha me estaba electrocutando. Y habría sido así hasta un trágico final de no haberme abalanzado yo, desnudito como estaba, al exterior de la mampara. Por suerte, no tardó en saltar el diferencial del cuadro de luces de la casa. Esa vez no eran los fantasmas quienes nos dejaban a oscuras, sino mi carne achicharrada. Para entonces, mi compañero de habitación, que no era otro que mi compadre sudamericano, ya había forzado la puerta en respuesta a mis gritos y me estaba arrebatando el telefonillo de la ducha de la mano a patadas, con tal de no unirse voluntariamente a tan electrizante festival. La anécdota, desde luego, fue demoledora. Nunca antes había experimentado la electricidad más allá de chupar una pila siendo niño o que me gastaran una broma navideña al entrelazar la mano. Pero aquello me dejó los tobillos y las corvas de las piernas achicharradas, unas décimas de fiebre y muchos, muchos vómitos. Me tumbaron en la cama para que me calmara y llamaron rápidamente a un médico. Los responsables llamaron también a un operario, a fin de que hiciera una revisión y nos explicara qué había ocurrido exactamente. Al poco tiempo sonó el timbre y apareció en la puerta un señor con su chilaba y un destornillador en la mano. Supliqué porque se tratara del electricista y no fuese el médico. Y una vez escuchadas mis plegarias, dictaminó que el problema derivaba del hecho sorprendente de que algún iluminado había conectado la toma de tierra de la instalación eléctrica a las tuberías de la vivienda, que ya no recuerdo si eran de plomo o de cobre. En cualquier caso, si en aquella casa no me mataba el coco lo harían los electricistas egipcios.

Pero ahora, en mi hotel, regresé a la planta baja con la intención de darme, como segundo homenaje tras la ducha, un caprichito en alguno de sus selectos restaurantes. Cualquiera de esos de copete y vestimenta formal, que sirven los platos con campana metálica a la luz de los candelabros de plata. Si no fuera porque nunca he fumado y mi galopante entrada en la edad más que adulta, por usar un eufemismo, no me permitía tolerar (nunca lo ha hecho) las bebidas espirituosas, me habría despachado un habano y una hermosa copa de brandy, tras la cena, en el piano bar que gobierna el ala sur. Sus frisos de madera oscura y la gama rojo inglés de sus altas paredes rodeaban el rectangular espacio. Sobre el ajedrezado original se ubicaban vetustos sillones, estanterías trufadas de libros antiguos, butacones y mesitas de piedra. Con regios candelabros y lustrosas alfombras orientales en tonos rosa era fácil imaginar al último rey de Egipto, Farouk, disfrutando del ritual del té en este opulento salón, con flema británica, entre exquisitos *macaroons*, sándwiches de pepino y bollos escoceses. Y si era más tarde, como en mi caso, el espacio trasladaba a la época dorada de la arqueología egipcia a quien allí se abandonara a las trancas etílicas. Me senté a esperar que apareciera el espíritu de Howard Carter para hacer público a la sociedad británica del momento su incomparable hallazgo. Pero solamente apareció en forma de consumición: en la última página de la carta de bebidas aparece el Café Howard Carter. «Como solía pedirlo el arqueólogo», rezaba la descripción. Llevaba alcohol, por supuesto. Fue lo que pedí, por supuesto también.

La estación de Luxor volvía a estar rebosante de vida a mi llegada. Esta vez, había hecho todo lo posible porque mi breve estancia en la ciudad pasara completamente desapercibida: no era más que un pequeño trámite entre el desembarco y el traslado a la capital para poner fin a mi peregrinaje. No quería nuevas reuniones de gobernadores ni taxistas sacados de las novelas de Mario Puzo. Sólo deseaba que picaran mi billete, me dieran mi asiento (esta vez no viajaría en coche cama, aunque el vagón también era el de primera clase) y me permitieran sestear con los pies en alto.

El coche olía a fumarada de bigotes, a polvo reposado sobre telas aterciopeladas, a cortinaje de franela asaetado por refregones de sudor de anónimas frentes que habían apoyado sus sueños sobre ellas... Recliné el asiento y me arropé, con aprensión, con la mantita que me habían facilitado. O que, al menos, estaba doblada sobre el asiento que me había correspondido. Un ratoncillo pasó corriendo por debajo de los asientos, pegado a la pared del vagón, buscando tal vez su butaca. No pude evitar pensar que si en el vagón de primera clase iba a compartir trayecto con roedores, en los coches de más baja calidad debía de ir el público agarrado con las uñas al techo para que no les picaran serpientes venenosas y otras alimañas.

Era aún noche cerrada y la ventanilla, al abandonar la ciudad de las cien puertas, engullía todo lo que pudiera observarme desde el exterior. Me imaginé los templos y las tumbas tebanas, impertérritas a mi marcha o a cualquier otra brizna de tiempo humano, esperando allí, en sus lugares, nuevas visitas.

«Mientras se abandonan estos venerados sitios tantas veces profanados sin más resultados que el satisfacer rapiñas, se recuerda con simpatía a los Mariette que supieron hacerlos teatro de prolijas y bien dirigidas exploraciones en provecho de la Ciencia Egiptóloga».

Así se sinceraba el Licenciado Viglione al emprender, como yo, la partida.

De buena mañana llegábamos a la estación de El Cairo, desde donde cogí un taxi que me acercó hasta un punto concreto de la Avenida de las Pirámides. Allí, como había acordado, me estaba esperando mi amigo Badri Haroun, mi hermano egipcio. Salió hasta la avenida principal a encontrarme y recogerme, porque sabía que explicarle al conductor dónde tendría que dejarme sería imposible, y si me adentraba yo solo por las estrechas calles de su barrio, donde uno dirige la mirada hacia arriba y apenas puede admirar minúsculas manchas de firmamento, me perdería como en un laberinto de Jorge Luis Borges.

Me acompañó hasta su casa, zigzagueando por varias callejuelas sin asfaltar hasta que llegamos a un edificio que era exactamente igual que los demás: frío, gris e inacabado. Tomamos el ascensor, pues vivía en un nivel que hacía impensable la aventura de animarse por aquellas escale-

Estación de El Cairo de noche

ras. Y cuando, ya en el rellano, se abrió la puerta del domicilio, entramos en otro mundo completamente diferente. En un mundo bello y acogedor. Primero, por la belleza de su esposa Heba, que mi amigo me permitirá que me tome la ligereza de destacar en estas páginas, en las que ella no puede dejar de ser citada. Pero también por la calidez de un hogar en el que se mezclaban, por todas partes, los juguetes de su hijo pequeño y las mil novelas escritas en castellano que había ido atesorando mi buen amigo, filólogo de lengua hispánica y traductor, además de un magnífico guía turístico. El otro hijo, el mayor, se apresuraba a terminar el más bien tardío desayuno, vistiendo la camisa de su equipo de fútbol. Era festivo y tenía un partido que jugar. Tras los minutos de cortesía, Heba se marchó con los dos pequeños al campo de fútbol, y yo me quedé con Badri en su casa, poniéndonos al día de mi viaje y de nuestras vidas. Hacía un tiempo que no nos veíamos, aunque solíamos realizar uno o dos viajes al año juntos por Egipto, con clientes.

—¿Qué planes tienes para hoy?

—Hacer tiempo, básicamente —Al día siguiente tenía planeado algo que nunca había hecho en viajes anteriores: visitar Alejandría—. Quiero pasarme nuevamente por L'Orientaliste a mirar algunos libros; quiero bajar al Khan el Khalili a comprar alguna cosas de última hora, y supongo que ya cenaré por allí.

—Te acompaño al centro y luego te invito a cenar en un sitio que quiero que conozcas.

Y así lo hicimos. Nos fuimos hacia Tahrir. Ascendimos mi querida Talaat Harb y acabamos entrando a almorzar en un coqueto restaurante, típicamente cairota, llamado Café Riche. De su alto techo colgaba una enorme bandera nacional.

—¿Cómo van las cosas, Badri?

—Esto está fatal, amigo —Encendió un cigarrillo y el humo se coló por detrás de los gruesos cristales de sus gafas—. No hay turismo y la gente está desesperada. Yo no puedo quejarme, porque he encontrado trabajo como teleoperador. Pero he estado muchos meses sin trabajar, tú lo sabes. Si no hubiera sido por el sueldo de mi mujer, que es funcionaria, no sé qué habríamos hecho.

Tomando un té en El Cairo

—La gente tiene miedo, Badri. Nadie quiere viajar a Egipto. A países musulmanes en general.

—Lo sé, y en verdad que puedo entenderlo. La culpa no la tienen los españoles que sienten miedo. La culpa la tenemos nosotros, que no hacemos nada por remediarlo. Por eso quiero llevarte a cenar a un sitio muy especial esta noche.

—Bueno, amigo. Yo no voy a exculpar totalmente a mis compatriotas. Creo que vivimos en un mundo tan falto de cultura y entendimiento que nos conformamos con aceptar lo que nos cuentan los medios de comunicación. Esta es la generación del primer párrafo de Wikipedia. Con eso se dan por satisfechos. ¿Para qué profundizar más en los conceptos? Confunden información con conocimiento. La gente no lee, Badri, no se informa. No les interesa tener opinión propia. Y claro, a los gobiernos de turno eso les viene de maravilla y los medios de comunicación campan a sus anchas, por no hablar de las redes sociales.

—Eso le ha venido de maravilla siempre a nuestro gobierno.

—Yo trato de hacer ver a la gente que Egipto no es más peligroso que Boston, o que París, o que Niza, o que Bruselas...

—¿Y lo consigues?

—Poco a poco, Badri. Poco a poco.

No habrá nunca mejor sensación en El Cairo que la de bajar, con la tripa llena, hacia la librería L'Orientaliste, un pequeño local ubicado en Ksar el Nil, muy cerca del Museo Arqueológico. De su fachada pendía un letrero con su logotipo, una goleta antigua que navegaba sobre las letras de su nombre. Y desde la puerta, antes de entrar, ya se desbordaba ese agradable aroma a libro viejo, mezcla compleja de olores volátiles, emitidos por diversos materiales de los cuales nacen los libros: la madera molida de olor marrón amarillento; la dulce vainillina; el anisol aromático y el benzaldehído, con aroma a almendras afrutadas. En otro rincón del pequeño espacio, entre viejos mapas y cartonajes de ajadas litografías, sobrevenía el del cuero dorado y de la colofonia, que se utilizaba para hacer el papel más impermeable a las tintas, contribuyendo al olor a alcanfor, aceitoso y leñoso de los libros. Por último, en lo más profundo de la librería, el perfume se agriaba con el olor al hongo que fagocitaba los libros más desamparados, a ras del frío suelo.

Y no habrá nunca, tampoco, mayor satisfacción, que la de rebuscar entre viejos escritos y encuadernaciones y encontrar auténticas maravillas a precios irrisorios: *Lettres et journaux du voyage*, de Jean-Fraçoise Champollion; *Journal of the Discovery of the Sources of the Nile*, de Speke... Incluso los viejos programas turísticos publicados por la empresa Thomas Cook & Sons. Allí, entre otros libros de viajeros, escondidito y queriendo pasar desapercibido, estaba él. UP THE NILE * EDWARDS, rezaba sincréticamente su lomo. Un ejemplar, en primera edición americana, del *A thousand miles up the Nile* de Amelia Edwards, esperando a que yo llegara a rescatarlo. Se había publicado en dos volúmenes en Nueva York, en 1890. Y mi ejemplar (sólo tenían el volúmen I y aun ando buscando el segundo) lo había adquirido un tal Henry Whasington el 14 de octubre de ese mismo año, en la ciudad de los rascacielos. Lo había autografiado en el reverso de la portada.

Perdí la noción del tiempo entre libros. Lo cual no es de extrañar viniendo de mí. Ya estaba anocheciendo cuando salí de la vieja librería. Badri paró un

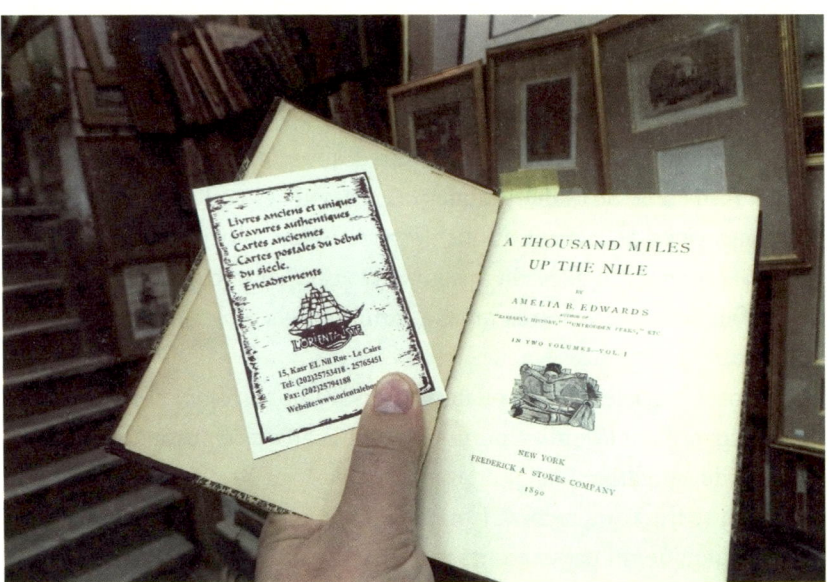

Ejemplar de la primera edición americana, de *A thousand miles up the Nile* de Amelia Edwards

taxi y nos marchamos a la otra punta de la ciudad. Por el camino, me continuó contando acerca de la situación de otros conocidos suyos que también se dedicaban al turismo. En el fondo, él se consideraba un tipo afortunado.

—Yo tengo buena suerte. Mis padres hicieron bien al protegerme de niño contra el mal de ojo. Por algo me llamo El Badri.

—¿Te llamaron así para protegerte del mal de ojo?

—En parte sí. La historia de mi familia y de mi nombre es muy larga.

—Pues yo tengo toda la noche —Y Badri me miró desde el asiento delantero del taxi, entre resignado y emocionado al mismo tiempo.

—Mi padre era una persona muy complicada. Cometió muchos errores en su vida. Pero uno muy grande le costó su primer matrimonio.

—¿Se divorció de tu madre?

—No de mi madre. De su primera mujer. Se casó con una mujer altoegipcia, como él. Ya sabes que la gente de campo tiene un carácter muy rudo y unas tradiciones más férreas. Mi padre se quejaba mucho de aquella mujer, decía que no sabía hacer nada bien. Y que le creaba mala reputación. Pero creo que el problema era su suegra. Siempre andaban de bronca entre ellos. Un día mi padre llegó enfadado a casa, y su mujer había quemado la comida al no saber preparar bien el *taggen* —Así llaman en el Alto Egipto a los recipientes de barro que se emplean para cocinar, directamente, sobre las brasas. El barro guarda mucho el calor y la comida se sigue cocinando incluso mucho tiempo después de retirarlo del fuego—. Cuando mi padre se quejó, su suegra comenzó a insultarlo diciendo que no tenía ni idea de cocinar, que aquel plato estaba delicioso. Y mi padre le dijo que entonces se lo comiera ella y se lo tiró por encima.

—Joder, Badri. A vosotros en ese camino de la violencia de género os queda aun un tramo largo...

—El problema es que la comida le entró en los ojos, y como estaba hirviendo, al final la mujer terminó ciega. Y eso le supuso a mi padre el divorcio de aquella mujer.

—¿El divorcio nada más? ¿No acabó en la cárcel?

—Ya digo que mi padre era muy bruto. Era un hombre enorme, y muy apuesto. Era rubio y tenía los ojos claros.

—Nada que ver contigo.

—No. Para mi suerte. Porque los cinco hijos que tuvo con aquella mujer sí que eran guapos. Pero para la familia fueron un problema. Mi padre despertó el odio y la envidia de todo su pueblo. ¿Un hombre con cinco hijos? Tenía la vida resuelta. Cinco matrimonios por delante. Cinco dotes de cinco familias, de las cinco chicas. Y el campo siempre cubierto. Más los nietos que vendrían después.

Así funcionaban los matrimonios en la sociedad egipcia. Tener un hijo era una bendición. Tener una hija era casi un castigo, pues la dote la pagaba siempre la familia de la mujer, y ésta tenía que irse a vivir con la familia del novio. Tal vez tener que vivir con su suegra fue lo que indignaba tanto a aquel hombre.

—Pero al divorciarse la cosa cambió. Se casó con otra chica joven.

—¿Tu madre?

—Exacto. Tenía 15 años cuando se casó con mi padre. Pero yo no fui el hijo mayor. Antes de nacer yo tuvieron otro hijo. De nuevo un varón. Y al odio acumulado, se sumó el generado por el ataque a su antigua suegra, el divorcio con su mujer y el nuevo matrimonio con una joven, que de nuevo volvía a darle un varón. Así que atrajo el mal de ojo de los vecinos.

—¿Pero qué daño puede hacer un mal de ojo, Badri?

—Mi hermano murió por un mal de ojo.

—¿Cómo? —No pude contener mi asombro, que se acumulaba desatino tras desatino.

—Y eso que para protegerlo de las envidias le pusieron un nombre muy feo, porque el niño era muy guapo. No sabría decirte la palabra exacta en español, pero en árabe existe una palabra que podríamos traducir como «alfombrilla del baño».

—¿Llamaron a tu hermano «alfombrilla del baño»?

—Algo así, sí. Pero no sirvió de nada. Un día, una mujer que se cruzó por la calle con mi madre, dijo que tenía un niño muy hermoso y muy guapo, y le dio un beso en la mejilla. Pero, en realidad, le echó un mal de ojo. El pómulo se le inflamó y la infección se le trasladó al oído. Y a los pocos días el niño murió.

Ya no daba crédito a lo que mi amigo me estaba contando. En pleno siglo XX, en una sociedad musulmana, me estaba narrando una historia que parecía sacada de los juicios de Salem o del proceso inquisitorial de Zugarramurdi. Brujas que actuaban contra niños y que los maldecían para vengarse de sus padres. Bueno, de su padre, concretamente. Yo sabía que la sociedad egipcia, como todas las sociedades musulmanas, o como todas las sociedades, sin más, que ninguna se salva, eran machistas, y que les quedaba un largo trecho por recorrer para alcanzar una igualdad de género que, por desgracia, incluso entre nosotros parece tristemente utópica. Pero aquella novela tenía todos los géneros: terror, maltrato, odio, brujería...

—Así que cuando nací yo —siguió Badri— mis padres decidieron, primeramente, vestirme de niña para que todo el mundo pensara que, por fin, la suerte los había abandonado y habían tenido una hija.

—¿Y hasta cuando te vistieron de niña, Badri?

—Hasta que comencé a ir al colegio y ya se destapó que yo era un niño. Además, lo segundo que hicieron para protegerme, en secreto, fue ponerme el nombre de un santo muy poderoso de una región del delta, que se llama El Badawi.

—¿Tú te llamas El Badawi?

—No, ahí vino el problema. Cuando mi tío fue a inscribirme en el registro, la persona que apuntó mi nombre escribió, por las prisas, El Badri en lugar de El Badawi —En árabe, hay dos letras que se escriben siempre por separado, sin ligarse a la letra anterior o posterior. Una es la letra *Wau*, que traduciríamos como una «u». Otra es la *Ra*, que equivale a nuestra «r». Se diferencian en un mínimo bucle que se escribe al principio. Y teniendo en cuenta que la escritura árabe no se vocaliza, al eliminar las vocal «a» del nombre, ese bucle puede llevar a leer «Bdri» en lugar de «Bdui»—. Por ese motivo me quedé con este nombre tan raro, El Badri, que me protegió del mal de ojo.

—Vaya peliculón, Badri. Tienes que darme permiso para que cuente la historia de tu nombre en un libro.

—Claro que sí, hombre. Sin problema.

Al cabo de casi una hora el taxi se paró en una calle destartalada con un canal a un lado y con animados restaurantes muy iluminados y terrazas al otro.

—Ya hemos llegado. Pero antes de bajar quítate el pendiente de la oreja —Desde hacía años, yo llevaba un pendiente de oro en mi lóbulo izquierdo, un regalo de un amigo indio de Udaipur, perteneciente a los Sing de la Casa Real de Mewar.

—¿Y eso?

—Porque esto es Kerdasah.

Obedecí sin entender muy bien, suponiendo que me lo explicaría más tarde. Entramos en un restaurante que se disponía, a modo de terraza cubierta, a lo largo de un inmenso patio repleto de mesas. Estaba lleno de familias, grupos de amigos, parejas, clientes de todo tipo que abarrotaban los espacios, mientras un enjambre de jóvenes camareros driblaban a los niños que jugaban entre las mesas, llevando bandejas repletas de platos. Los traían rebosantes. Regresaban con vajillas vacías. Tuvimos que esperar un rato a encontrar un sitio en el que sentarnos.

—Este sitio se llama Bait el Mandi. *Mandi* es una forma de cocinar, en un horno grande en el suelo, que es tradicional de Yemen. Pero aquí también son típicos los restaurantes que cocinan *mandi*. En ese horno hacen pato, pichón, pollo y te traigo para que pruebes una delicia que aun no conoces: el hígado de camello, picante, como a ti te gusta.

—Pues todo eso suena de maravilla. Pero eres consciente de que somos solamente dos, ¿verdad?

Y no, no fue consciente. Porque en el momento que nos sentaron en la primera mesa que quedó libre, mi amigo pidió todo eso y más. Yo me di por vencido a la primera. Mientras despachábamos el primer pichón, le pregunté finalmente.

—¿Por qué me he quitado el pendiente? —aunque suponía que estaría vinculado a alguna cuestión relacionada a la homosexualidad, ya que los pendientes en los hombres están mal vistos en Egipto.

—Porque estamos en Kerdasah. Este es el corazón de los Hermanos Musulmanes. Aquí viven casi todas las familias más importantes vinculadas políticamente a ellos. La mayoría tienen ahora miembros en la cárcel, acusados por las revueltas producidas durante la revolución de 2011. Después de que Mursi fuera depuesto y ganara las elecciones el presidente actual, Abdelfatah Al-Sisi. Ya sabes la historia.

—Pues que bien. Supongo que si me traes aquí es porque es seguro.

—Es una de las cosas que quería que comprobaras, claro. La otra era lo rico que está el hígado de camello, porque aquí es donde mejor lo hacen.

—¿Y el barrio es muy grande?

—Empieza aquí y se aleja hacia el interior. No es muy grande, pero la policía no se atreve a entrar en él. Hay demasiadas armas ahí dentro.

—Bien. Lo vamos mejorando. Yo no tomaré postre.

—Ja, ja, ja. Yo tampoco lo tomaré aquí. Luego nos vamos a otro sitio a tomar un té y jugar un backgammon.

—No, que me ganas.

Preparación del rico hígado de camello

El té lo tomamos en un lugar no muy lejano, llamado Palmera. Badri nunca había reparado en el nombre, en español, hasta que entró a jugar *tawla* con un español.

—¿Qué altoegipcio le pone de nombre a su café Palmera? —se preguntó Badri en voz alta.

—Supongo que alguno parecido al que eligió, como correo electrónico, «esenciasdeldesierto» —Mi amigo sabía que lo atormentaría toda la vida por aquel correo que él consideraba romántico y bonito para seguir en contacto con los turistas españoles que conocía en sus viajes. «No es romántico, es moñas», le había repetido yo mil veces—. La palmera y la esencia del desierto. Parece un libro de Paulo Coelho.

Jugamos varias partidas. A veces ganaba él. Otras veces yo. Y al poco tiempo, viendo que ya no sería capaz de vencerme como antes, decidimos cambiar nuevamente de aires y regresar a algo más turístico para cumplir un ritual: nos encaminamos al que, desde ya hace años, es nuestro rincón de las despedidas, y que imagino que también lo será para muchos otros viajeros por Egipto: *El Fishawi*. Siempre, siempre, siempre, mi último día en El Cairo, antes de regresar a casa, he de pasar a reposar en el café más famoso de toda la ciudad.

Se conoce como el Café de los Espejos porque estos decoran, con sus envejecidos cristales y recargados marcos tallados en madera, sus paredes, interiores y exteriores, sin prácticamente dejar un espacio de pared visible. Decían algunas crónicas que he podido leer, que este café tenía más de doscientos años de vida y que, a pesar de los devenires nefastos de la historia, jamás había cerrado sus puertas, ni de día ni de noche (siempre está abierto) desde el año 1773. Siete generaciones habían dado el callo para gestar un emblema legítimo de la ciudad, ya tan tradicional como las pirámides o el Museo Arqueológico.

Quien viaje a Egipto no puede dejar de sentarse en alguno de sus sillones raídos o destartaladas sillas, para degustar alguna de sus típicas bebidas: el té egipcio con menta o el café turco —aunque poseen más variedad, como una bebida caliente a base de *hummus*, garbanzos, o una infusión fría con trocitos de plátano y granitos de granada— y fumar una relajante pipa de agua. Pero *El Fishawi* era mucho más que eso.

Había dos aspectos muy interesantes que conocer de este café, o que, al menos, a mí me llamaban poderosamente la atención. El primero era que, a diferencia de la mayoría de los cafés de esta ciudad y de todo Egipto, terreno habitualmente restringido para los hombres, no era difícil encontrar, entre su clientela, un nutrido público femenino disfrutando de sus bebidas y sus *shishas*. Con y sin velo, con elegantes vestimentas que denotaban sus intenciones sociales, y alegres y risueñas, compartían sus opiniones y puntos de vista en pequeños grupitos, a veces también con amigos. La segunda de las sorpresas curiosas era su pequeño rincón interior, escondido entre biombos y estanterías, donde se dice que solía acudir el escritor Naguib Mahfouz, considerado el mejor cronista de la sociedad cairota actual y un verdadero observador del alma humana, todo ello sentado en un café. Si alguien ha leído sus libros, y un día se sienta donde estuve sentado yo, en el rincón de madera oscura de *El Fishawi*, descubrirá que el literato no se inventaba sus personajes: le bastaba con mirar a su alrededor. Por cierto, en ese rincón oscuro, también colgaba de la pared un recorte de prensa que alababa las virtudes turísticas de mi amigo Hamdi Zaki.

Al otro lado de la calle El Azhar se levantaba la Mezquita del mismo nombre, religiosamente la más importante de todo Egipto. También está la Universidad del Azhar. Y más arriba, el Parque del Azhar, del que ya hablé anteriormente. El Fishawi es pintoresco y siempre me ha gustado despedirme en ese lugar. Pero luego existe otro rincón, menos turístico, al que siempre acudo a echar la última, ya entrada la noche. Hay que caminar toda la fachada de la mezquita, y girar por una estrecha callejuela siempre oscura, infestada de gatos y de librerías coránicas. Se llama Mohammed Abdou y al final de su trayecto gira, a la altura de la madrasa Zeinab Khatoon, para abrirse a una esplendida plazoleta donde vibra de actividad una terracita, perteneciente al café Tekiyt Khan Khatun, punto de encuentro de jóvenes, algo menos liberales que los que pueblan el Café de los Espejos, pero tan vivarachos y exultantes de ilusiones y esperanzas como cualquier otro joven en cualquier otro rincón del mundo. Me senté como uno más entre ellos, y ninguno (salvo el camarero) reparó en mí.

Siempre he tenido, en mi cabeza, ese rincón de El Cairo como una metáfora que resume el Egipto actual: vivarachos, ancestrales, soñadores, intrépidos, algo tunantes y, sobre todo, valientes. Los egipcios, desde que portaban el *nemes* por los fértiles campos del Nilo hasta el ayer por la tarde, siempre se han enfrentado a la vida con esperanza y ánimo, aceptando su entorno, en lo bueno y en lo malo, con simples ansias de esperanza y libertad. Reconociéndose imperfectos, con sus devenires religiosos a las espaldas, han sabido enfocar la realidad siempre de manera alegre. Por eso, mientras otros pueblos han sido mil veces conquistados, ellos han sabido hacer pervivir su esencia a través de todo lo que ha ido llegando después, incluyendo nuestros pensamientos y nuestras tradiciones, nuestras mentes y nuestros corazones. El gran legado de Egipto y de la civilización de los monumentos inabarcables es la humildad.

«Egipto, —decía Flaubert— *es un país que pone en su sitio cualquier vanidad mundana. A fuerza de recorrer tantas ruinas, ya no piensa uno en construir mansiones: tanto polvo viejo lo vuelve a uno indiferente al renombre. Ahora mismo ni siquiera concibo la necesidad de hacer que se hable de mí».*

La herencia egipcia para la humanidad es la reflexión; ellos cincelaron la civilización que nosotros hemos recogido y transformado. Se exigieron, como debemos exigirnos nosotros, valorar la vida, la muerte, el cosmos, el tiempo, el amor y la dignidad de obrar bien para disfrutar llegado el momento.

Fue aquí, en Egipto, donde mi vida cambió para siempre. Donde aconteció esa especie de milagro que me hizo ser lo que soy. Como si estuviera asistiendo a un segundo nacimiento, a una regeneración divina heredada de los tiempos ancestrales de los faraones. Esa sensación la rememoro siempre en aquel café detrás de la Mezquita del Azhar, a la luz de la Luna, creciente aquella última noche, tomando el último *carcadé*.

Y la siento en las entrañas cada vez que mi mente viaja a Egipto.

Capítulo XX: Alejandría
Quien conozca a mi padre, que lo llame

Nunca antes, en ninguno de mis viajes, había sentido interés por conocer la ciudad mediterránea por excelencia del país de los faraones. Y no sabría explicar muy bien por qué. Supongo que, en cierto modo, porque Alejandría no era egipcia, sino que era un invento griego. Fue erigida como una especie de *remake*, por parte de quienes llegaron y adoptaron —o adaptaron— la idea de que la aculturación de la población se podría conseguir cogiendo un poco de aquí, y otra pizca de allá, y generando un *medley vintage*, en aquellos tiempos *hipster* y modernete, que actualizaba los clásicos básicos de ambos mundos. Como Rosalía con el flamenco. Pero a mí no me convencía.

Al dios Apis, una reencarnación bovina de la divinidad Ptah, que desde el Reino Nuevo dispuso sus enterramientos en Saqqara, como se ha comentado a lo largo de este viaje, se le generó un *update* en Alejandría, más grande, más limpio, más nuevo, más *cool*. Sólo que, para entonces, Ptolomeo I ya había fusionado completamente al toro Apis con la divinidad del Más Allá, Osiris, dando origen a una nueva llamada Serapis, es decir, Apis identificado con Osiris al morir. Y todo porque Ptolomeo I, el colega de Alejandro, lo había visto de esta forma en un sueño. Así que cogieron a Osiris, le pusieron barba blanca y poblada, le aclararon su característica piel verduzca, y le cambiaron su tradicional tocado por una especie de cornucopia. Lo helenizaron de tal manera que de Osiris ya no le quedaba nada. Ahora los griegos que habitaban la capital podían identificar perfectamente a su Zeus del Olimpo, pero con la camiseta del Ahly. Egiptianizado de pleno. Y todos felices. O ya si eso tal. Pero que no, que a mí no me convencía.

Nunca me llamó la atención visitar Alejandría y sus ruinas griegas, romanas, o contemporáneas, que nada tenían de egipcias. Ni siquiera su encanto trasnochado, su arrebatador perfil marítimo, su *skyline* interminable e inabarcable o sus restaurantes de pescado habían conseguido seducirme lo suficiente. ¿Y la biblioteca? ¡Qué biblioteca! Rescoldos de barbacoa ilustrada, para desgracia de una lesa humanidad.

—No seas injusto —me regañó Badri—. Alejandría es una ciudad impresionante. Muchas veces, Mohamed y yo hemos ido allí para desconectar de nuestras rutinas y del día a día.

—¿Mohamed Khalaf y tú? ¡Qué peligro!

Khalaf es amigo de Badri desde hace décadas. Y desde hace algún lustro lo es también mío. Compañero de viajes y fatigas empresariales, Khalaf es la tercera pata del trípode que sostiene las aventuras y andanzas turísticas que Badri y yo llevamos años desarrollando por el país. Khalaf se encarga de la logística, de la parte más ingrata, a mi entender. Pero él es quien posee la pequeña fortuna que el gobierno egipcio exige para poder contar con una licencia de agente de viajes y hacer así realidad sobre el terreno los sueños de miles de viajeros que anhelan conocer el país de los faraones y sus pirámides.

—Peligro ninguno. Mañana le digo que se venga y nos vamos los tres a Alejandría juntos.

—En su coche.

—En su coche.

La carretera que une Cairo con Alejandría es un monstruo de seis o siete carriles, que los egipcios, si les diera por colapsar la ruta, duplicarían sin ningún ápice de nerviosismo. Así son ellos con las líneas discontinuas. Pero semejante obra de ingeniería permite colocarse a la puerta de la tercera urbe más importante del país, la alejandrina, en apenas tres horas y sólo un par de multas de velocidad. Alguna más si el trayecto se hace en moto, ya que pueden multarte por llevar el casco, algo que no deja de sorprenderme y que denota a la perfección la idiosincrasia egipcia: sin casco, te puede multar la policía de tráfico por incumplir la norma; pero con casco, te puede multar la policía turística por tratar de ocultar tu identidad como si fueras a atentar contra los turistas de forma maliciosa. Hay que elegir muy bien los espacios en los que se prioriza la seguridad de la testuz.

Llegamos a media mañana, pasando unos pocos minutos de las diez. Badri y Mohamed, que se habían pasado las tres horas de charleta en el todoterreno de Khalaf mientras yo cabeceaba en el asiento de atrás, querían ir primeramente a desayunar. Pero me negué rotundamente: ya me conocía sus desayunos y sus pérdidas de tiempo cuando lo que a mí me interesaba, aunque fuera poco, era conocer la ciudad.

—Vamos a ver, lo primero, las catacumbas de Kom el Shoqafa. Es a lo que hemos venido.

—Pero si luego van a estar ahí, no se van a ir a ningún sitio.

—Bueno, pues por si acaso —y Badri me siguió con gesto hastiado y Khalaf con cara de no saber qué pasaba. (Mohamed entiende mucho español, pero no lo habla con fluidez y a veces se pierde en nuestras discusiones).

Kom el Shoqafa es un yacimiento descubierto a finales del xix por el mejor de los arqueólogos que ha dado este país de insignes descubrimientos: el burrito. Un animal de carga caminaba alegre y distraídamente y, de pronto, sin que nadie lo pudiera predecir, al animal se lo tragó la tierra y allí aparecieron, en su lugar, unas inmensas catacumbas de más de treinta metros de profundidad, procedentes de los enterramientos de la ciudad a finales del siglo I y principios del II d. C., en plena dominación romana.

Al recinto se accede a través de una enorme explanada que han transformado en museo al aire libre haciendo uso de cuatro restos mal colocados y peor explicados, que tras atravesar una tumba por acá y un nicho por allá —como si fueran los *trailers* de una película de romanos—, nos conduce a la gran atracción turística de Alejandría: el pozo que, en infinita espiral, desciende a las profundidades acuíferas de la ciudad para dar paso, en varios niveles, a un interesante laberinto de nichos, salas, agujeros, huecos, rotos, brechas, ojetes y ratoneras que —aquí sí puede emplearse la frase favorita del turista más estúpido que puede pisar Egipto— visto uno, vistos todos. Con excepción de la tumba principal, un nicho excavado en el tercer nivel, que da acceso a una especie de vestíbulo con dos columnas y diferentes estatuas y relieves que tienen una pizca de egipcias, un puñadito de griegas y un pellizquito de romanas. Batiburrillo de estilos que confiere a las estatuas humanas y a los relieves mitológicos una cierta gracia que haría a Indiana Jones torcer el gesto y regalar una mueca de sonrisa mientras buscaba algo que robar. Pero poca cosa podría haber robado aquí, ya que todo lo que se halló durante la excavación fueron vasijas y tinajas, restos de los fastos municipales que, como un botellón, se celebraron durante el entierro de varios ciudadanos. Tal vez para conmemorar la matanza que el emperador Caracalla había llevado a cabo en la ciudad en el año 215 d. C., tras enfadarse porque no le había gustado un pelo una sátira que corría entre la población alejandrina, ridiculizándolo por el asesinato impío de su hermano Geta. Los legionarios romanos masacraron miles de vidas inocentes acrecentando la fama de Caracalla y sumando otra muesca en su bastón de tirano.

Sea como fuere, esta parte de las tumbas es la más ilustre, notoria y destacable. Una sala funeraria tripartita, con tres sarcófagos de piedra y diversas imágenes a medio camino entre las mastabas de Giza del Reino Antiguo y las portadas de los discos de Alan Parsons Project. Globalización, que diría su legítimo dueño. De hecho, todo parece indicar a los investigadores que esta gran tumba se construyó inicialmente como un enterramiento privado, aunque terminó convertido en el Cementerio Jardín de toda la ciudad.

Mis acompañantes se quedaron en la sala central, charlando entre ellos de cosas que yo no comprendía y a las que no prestaba atención. Me perdí durante muchos minutos por los escondrijos y recovecos del yacimiento subterráneo. En ocasiones, me quedaba un tiempo agazapado en la sombra esperando que Badri o Khalaf vinieran con las linternas de sus móviles en mi busca para darles un buen susto. Pero nunca vinieron. Sencillamente, me dejaban hacer y se despreocupaban. Así que, cuando supuse que ya había visto suficiente de aquel húmedo, frío y sinuoso pasadizo romano, les dije que podíamos salir, y ellos lo celebraron abiertamente pensando en el cigarrillo que encenderían nada más llegar a la superficie.

—¿Te ha gustado?

—A ver. No quiero ser elitista. Pero no es mi estilo. No me gusta el periodo griego, mucho menos el romano. Por eso no me interesa Alejandría —confesé.

—Es que Alejandría no ha de ser juzgada por sus monumentos. Alejandría es como el Cairo, tiene su propio espíritu.

—Ya, pero se supone que aquí, en algún lugar, deben de encontrarse las tumbas de Alejandro Magno, de Cleopatra, de Marco Antonio... ¿Cómo dejar a un lado sus restos romanos? Pero es que... ¡son romanos!

Entrada a la tumba principal de Kom el Shoqafa
En la página siguiente, columna de Pompeyo

—Pues como en España. En Cartagena. O en Mérida.

—Claro, Badri. Y no me gusta. Por eso estudié Egiptología y no Españología.

—¿Entonces?

—Pues no sé, vamos a ver el teatro romano, ¿no?

—El teatro y la columna de Pompeyo.

Pero como era de esperar, el teatro me decepcionó aun más. No tenía nada de especial, nada de grandilocuente. En una explanada junto a la estación, se alzaban trece gradas de piedra, los restos de lo que en su día debió de ser un edificio público que brindaba un servicio a la ciudad, como había en cada ciudad del imperio. Unos mosaicos y un puñado de estatuas rotas completaban el conjunto arqueológico.

—Visto, Badri. No le voy a dedicar más tiempo. Empiezo a pensar que no merece la pena haber venido hasta aquí.

—Pues la columna de Pompeyo te va a gustar menos aun.

—Pues probablemente.

Y así fue, porque la columna de Pompeyo, por muy alta y esbelta que sea, no deja de ser un cimborrio granítico que aspira a obelisco y se queda en antena de la historia, sin que se sepa muy bien si pertenecía a la biblioteca como dicen unos, si marcaba el lugar de enterramiento de Pompeyo después de que Ptolomeo XIII le rebanara la cabeza para escándalo de César, o si se erigió para conmemorar las bondades de Diocleciano a finales del siglo III como reza la piedra reutilizada de su basamento:

«Se erigió este monumento para el emperador justo, dios de Alejandría, Diocleciano y al invencible "Póstumo" gobernador de Egipto».

Claro, que en dicha piedra también hay inscripciones de faraones como Seti I, por lo que poca fiabilidad tiene como fuente de datación. Hoy en día se piensa que pudo pertenecer al edificio que coronaba el Serapeum de Alejandría, que se esconde bajo su suelo. Un par de pasadizos que, como ya he comentado, envidian al de Saqqara, de otras épocas más ilustres. Y así con todo. Pero con la tontería romana, al final, nos dio la hora de la comida.

—Vamos a comer pescado —sentenció Badri—. Hay un restaurante al que van todos los turistas, junto a la única playa que queda en los casi treinta kilómetros de corniche de Alejandría.

—Bueno, pues vamos.

Sant Giovanni, se llamaba el sitio, un restaurante de dos entreplantas forrado de madera oscura, terciopelos rojos y mugre añeja, que servía unos turísticos platos de arroz y pescado sobre una impoluta mantelería blanca, acompañada de zumos a precios de aeropuerto europeo.

—No me puedo creer, Badri, es que éste sea el famoso pescado de Alejandría.

—No, claro que no. Aquí traen a todos los grupos de turistas. Se come bien, pero es un menú para guiris. Te he traído para que lo conozcas, porque aquí vienen todas las agencias.

—Ya, pues como experiencia gastronómica, se suma a la decepción generalizada que me provoca esta ciudad.

—Porque ya te he dicho que a Alejandría hay que venir con otro plan, otra mentalidad. Turísticamente es muy pobre, porque no tiene nada que ver con el resto. Pero para nosotros, es una gran ciudad, divertida, que nos permite desconectar de nuestra rutina.

Ya era la segunda vez que me describía la ciudad de esa manera, lo que comenzó a intrigarme un poco más.

—¿A qué te refieres?

—A que Alejandría es una ciudad que no tiene nada que ver con el resto del país. Aquí hay un dicho muy famoso: «quien conozca a mi padre, que lo llame». Porque aquí no te conoce nadie. Aquí venimos los egipcios de vacaciones, ya sea en verano o en invierno, para escapar de la realidad de nuestro día a día. Porque aquí no nos conoce nadie, y entonces podemos actuar con más libertad y naturalidad. Puedes ver a chicas que, en El Cairo, en sus barrios de clase baja, van con pañuelo y se cubren enteras, y aquí caminan con amigas o con chicos con el pelo suelto. O con bikini en la playa, cuando si fueran con sus familias al Mar Rojo, por ejemplo, se estarían bañando vestidas. Y puedes ver a parejas que son novios paseando juntos, o dándose besos por los jardines de Montazah.

—Vamos, que es la ciudad del libertinaje.

Calle de Alejandría

—No, no es eso. Aquí no está mal visto. Es como si fuera otro Egipto, uno que se ha quedado anclado en el pasado. Es el ambiente de la ciudad, una mezcla mucho más europea, más mediterránea. Todo esto viene desde la época en la que italianos, griegos y turcos emigraban a Alejandría, buscando prosperar en sus negocios. Básicamente de hostelería, como restaurantes o tiendas de alimentación y de carne. Pero la *corniche,* que alcanza desde la fortaleza de Qaitbey hasta el Palacio de Montazah, era una ciudad europea, muy cosmopolita, con mucha vida, paseos muy agradables, restaurantes, bares...

—¿Y qué pasó, Badri? ¿Ya no lo es?

—Bueno, todo aquello terminó cuando los militares derrocaron a la monarquía. Muchos comerciantes europeos, por miedo a que el nuevo régimen afectara sus vidas, o que la crisis económica derivada de las políticas proteccionistas del gobierno pudiera hacer mermar sus negocios, vendieron sus posesiones y se marcharon. Alejandría perdió su esencia, y el ambiente que había imperado en los años 20 y 30 desapareció. Pero siempre ha quedado un pequeño poso, un regustillo a Europa. Y el remanente, los egipcios lo conservan a través de esa forma de entender Alejandría. Lo mantenemos no solamente en algunas tradiciones turcas, como la del café con postre, sino en el ambiente, los locales, la forma de relacionarse...

—¿Postre? Si los egipcios no tomáis postre...

—Sí. Aquí sí. Si quieres vamos a probar un café con un postre oriental, traído de Turquía que se llama *halva*. O también podemos tomar Harissha, que es una especie de *basbousa*, pero más grande y con frutos secos dentro.

Ya había empezado a notar que el interés de mis dos amigos por Alejandría no residía en sus atractivos arqueológicos ni históricos. Era obvio que yo, empecinado en el cliché impuesto por mi deformación profesional, había pasado por alto una serie de características intangibles que conformaban el espíritu de una ciudad que nunca me había parado a comprender. Siempre pensé que Alejandría había muerto el día que la monarquía egipcia inauguró el primer aeropuerto de El Cairo. Alejandría, entonces, dejó de ser la puerta de Egipto al Mediterráneo, perdió su rol de dar la bienvenida al viajero que arribaba a aquellas costas para, desde esta gran urbe, descender por los ramales occidentales del Nilo hacia su gran cauce faraónico. Ya no habría buques de vapor ni barcazas por cuyas pasarelas descenderían importantes comerciantes o insignes aristócratas, bastón en mano, ataviados con calurosos chalecos de franela y sombrero de copa, o elegantes damas de polisón y pamela. Ahora lo hacían por cortas y rápidas escalerillas que descendían desde la puerta del avión, a pocos kilómetros de la capital. Una imagen que ya no se volvería a repetir, la de desembarcar en las curvadas costas batidas por las olas de la que fuera cuna de la civilización, que quedaría relegada sin más a las páginas amarillentas de las obras de Lawrence Durrell o Florence Nightingale. Recordé entonces un párrafo del meloso y excesivamente almibarado —como la *harissa* que nos estábamos tomando— Terenci Moix, en su no poco ególatra obra *Terenci del Nilo*:

> «*¡Llegar a Egipto para ser saludado por la menos egipcia de sus ciudades! Y llegar en el barco de la aventura, en una época en que sólo son capaces de tomar ese barco los últimos desahuciados del ensueño, los parias del mito, los huérfanos de la tempestad...*».

Alejandría ya no era la entrada de Egipto, ni lo volvería a ser nunca más. Ahora era la puerta de atrás, por la que se asoman algunos turistas, inclasificables en sus motivaciones, para ver que esto ya no es lo que era.

Los posos del café turco, al fondo de la taza de porcelana blanca del local El Halabi, el más famoso sirviendo el típico dulce alejandrino, vaticinó que debíamos de movernos hacia nuestro siguiente punto de interés. No podía perderme la experiencia de observar el lugar de emplazamiento de la que fuera, junto con las pirámides de Guiza, la segunda maravilla de la antigüedad erigida en tierras egipcias: el faro de Alejandría.

La gigantesca y afamada linterna fue construida en la isla de Pharos, fuera de los límites de lo que se consideraba el puerto natural de la ciudad. Se erigió en torno al 300 a. C., durante los reinados de Ptolomeo I y II. Con una altura de más de un centenar de metros (330 pies), debió de ser tan impresionante que su duradero legado dio su nombre, del griego *Pharos*, al género arquitectónico de torre con una luz diseñada para guiar a los marineros. Desde Tiro hasta La Coruña, sin duda alguna, creando una gran cantidad de estructuras de imitación en los puertos alrededor del Mediterráneo. El faro era, después de las pirámides de Keops y sus descendientes, la estructura más alta del mundo construida por manos humanas.

Según varias fuentes antiguas, la torre fue atribuida a un personaje llamado Sostratus de Cnidus, pero a día de hoy es imposible saber si este nombre responde al del arquitecto que fue capaz de diseñar y erigir el edificio, o al patrocinador financiero del proyecto. La estructura, que se alzó en un promontorio ubicado en la punta del islote de piedra caliza de Pharos, se conectaba a la plataforma continental por una calzada, el Heptastadion, que se alargaba por más de un kilómetro de mar. El faro, según nos informa un escritor contemporáneo llamado Poseidippos, tenía la intención de guiar y proteger a los marineros que cruzaban el gran mar con rumbo a los emporios fenicios y egipcios. Ese carácter salvador fue el motivo de que estuviera dedicado a dos dioses; griegos, inevitablemente: Zeus Soter, cuya inscripción propiciatoria en la base de la larga torre se hizo con letras de medio metro de alto, y, posiblemente, Proteo, un dios del mar, pariente cercano de Poseidón, también conocido como el «viejo hombre del mar» en los relatos de Homero. Y Estrabón, el geógrafo y viajero griego, hizo las siguientes observaciones sobre Pharos y la verdadera función del edificio:

«Este extremo mismo de la isla es una roca, bañada por el mar por todos lados, con una torre sobre ella del mismo nombre que la isla, admirablemente construida en mármol blanco, con varios pisos. Sostratus de Cnidus, un amigo de los reyes, lo erigió para la seguridad de los marineros, como indica la inscripción que exhibe. Como la costa en cada lado es baja y sin puertos, con arrecifes y aguas poco profundas, se requirió una marca elevada y llamativa para permitir a los navegadores que ingresan desde el mar abierto dirigir su curso exactamente a la entrada del puerto».

Estrabón. *Geografía, 17.1*

No es que el de Pharos fuese el primer faro o señal luminosa creada para guiar a los marineros. Pero si fue el primero diseñado de forma monumental y que cumplía, como se puede leer, una doble función: la de anunciar la existencia de aguas poco profundas a los navíos y encaminarlos salvos hacia la bocana portuaria.

El diseño exacto del faro, desafortunadamente, no está claro en ninguna de las fuentes antiguas, donde sólo se han conservado descripciones que a menudo son vagas, confusas y conflictivas. La mayoría acuerdan que la torre era blanca (haciéndola más visible) y que tenía tres pisos: el más bajo era rectangular, el medio octogonal y el superior redondo. También es común aceptar la presencia de una estatua de Zeus Soter en la parte superior. Escritores árabes posteriores describen una rampa que se eleva alrededor del exterior de la parte inferior de la torre y una escalera interna para llegar a los niveles superiores. Pero lo más curioso de su descripción en las fuentes es el hecho de que carezca, al menos en un primer momento, de lo que para nosotros es, a priori, la principal característica de un faro: la luz en su parte superior. Es decir que, cuando se inauguró, solamente era una torre muy elevada para ser vista desde alta mar, y no un referente lumínico para la noche: las primeras referencias al Pharos en las obras de los escritores antiguos no mencionan luz alguna. Fuentes posteriores describen al Pharos como un punto de luz de fuego y no simplemente como una torre emblemática útil durante el día. Por la noche, se comenzó a mantener un incendio, probablemente quemando petróleo porque la madera era escasa, en la parte superior de la torre, para que fuera visible por la noche. La llama y varios otros puntos relacionados con el faro se mencionan en la siguiente descripción del escritor romano del siglo I, Plinio el Viejo:

> «El coste de su construcción alcanzó los ochocientos talentos, según dicen; y, para no omitir la magnanimidad que mostró el rey Ptolomeo en esta ocasión, le dio permiso al arquitecto, Sostratus de Cnidos, para inscribir su nombre en el propio edificio. El objetivo era, a la luz de sus fuegos en la noche, advertir a los barcos de los bancos de arena vecinos y señalarles la entrada del puerto».
>
> Plinio el Viejo. *Historia natural*, 36.18

Lo que viene siendo un faro caro. Según fuentes árabes posteriores, incluso había un espejo, es de suponer que de algún metal pulido, que reflejaba la luz de la llama a una mayor distancia en el mar. El espejo también podría haber funcionado como un reflector del sol. La torre, sin luz visible, aparece en las monedas imperiales romanas de la ciudad acuñadas desde el reinado de Domiciano hasta el de Cómodo. En ellas aparece claramente una gran torre de ventanas estrechas coronada con una estatua monumental y dos figuras más pequeñas de Tritón soplando una caracola. Estas monedas muestran que la entrada a la torre está en la base, mientras que las descripciones árabes posteriores la sitúan más arriba. El Pharos también apareció en mosaicos y sarcófagos a lo largo de la antigüedad, lo que confirma su gran fama.

Pero como toda existencia, la suya también fue efímera. El faro desaparece del registro histórico después del siglo xiv, presumiblemente derribado por un gran terremoto en algún momento de la década de 1330. Los cimientos de granito de la torre se reutilizaron en la construcción del fuerte Qait Bey, construido en el siglo xv. La arqueología que se ha desplegado durante décadas en el área, toda subacuática ya que el nivel del mar ha aumentado desde la antigüedad, ha revelado varios fragmentos de piedra y dos figuras monumentales de Ptolomeo I y su reina, Berenice, que bien podrían haber pertenecido a la torre que hoy no es más que un sueño en la memoria de la humanidad.

Qait Bey, en cambio, es una fortaleza sin alma, plagada de estancias que invitan al viajero a hacer un recorrido sin más atractivo que el de poder observar, desde las alturas, toda la longitud de la bahía alejandrina, desde donde se elevaba el faro hasta los jardines del Palacio de Montazah. Caminamos distendidamente a lo largo de un pequeño puerto, trufado de puestecillos ambulantes que vendían toda suerte de productos marítimos, desde conchas y caracolas hasta peces disecados. Jóvenes pescadores se disponían descalzos sobre los bloques de hormigón cuadrados que se habían vomitado sobre las aguas para impedir que el romper de sus batientes olas acabara por fagocitar los cimientos del espigón. Otros vendían pipas de calabaza, o frutillas silvestres en carromatos de ovaladas ruedas renqueantes por el peso. Alejandría, tenía razón Badri, invitaba más al paseo que al conocimiento de su historia a través de sus restos.

Puesto de fruta en el fuerte Qait Bey

Pescador en la bahía alejandrina

Caía ya el sol en el horizonte cuando nos encaminamos hacia los jardines de Montazah. El palacio estaba cerrado, pero ya no me importaba si podía visitarlo o no. Me dejaba llevar por el sonido del mar, el arrullo de los coches que allí me resultaban incluso más melódicos, o las voces de las gentes que paseaban.

—Aquí es donde, si te fijas, puedes descubrir qué es Alejandría. Aquí, nadie se va a fijar con quién caminas o si vas de la mano. Cuando caiga la noche vas a ver que las parejas pasean, y buscan huecos, y se besan. Eso no lo puedes ver nunca en El Cairo o en otros lugares del Alto Egipto.

El Palacio de Montazah fue la residencia de verano del rey egipcio Abbas Helmy, el mismo que ordenó erigir el célebre Museo Arqueológico de El Cairo en la Plaza de Tahrir. Lo elevó como vía de escape de la calima cairota durante los meses de verano, y lo rodeó de varias hectáreas de jardines que hoy en día conforman el parque público más grande de la ciudad. Pasear a la luz del crepúsculo por sus verdes espacios, ciertamente, hace al viajero pensar que ha abandonado cualquier caótica ciudad egipcia, y pasea a orillas del mar por las costas de cualquier isla del Egeo. Algunas familias recogían los aperos de lo que había sido su picnic en la hierba; otros muchachos jugaban al balón sin más objetivo que hacer rodar la bola por el césped mientras sus novias reían distendidas sentadas en el suelo cerca de ellos; y en los lugares más lejanos, o protegidos por árboles y arbustos, algunas parejitas se sentaban y entrelazaban sus manos, cuando no juntaban sus labios, sin temor a represalias de algún familiar o conocido.

—Khalaf quiere llevarte a probar el hígado que se cocina en Alejandría. El *kebda iskandarani*.

—Joer, Badri, no hacemos más que comer.

—Pero eso también es conocer un lugar, conocer su gastronomía.

—No, si ya, pero...

Era de noche cuando nos adentramos por algunas callejuelas del entorno de Montazah. Aquí los edificios habían abandonado ya el estilo europeo parisino del centro de Alejandría, cerca de nuestro hotel o de la plaza Al Raml, lo que fuera corazón de la ciudad a principios del siglo xx. Que el lector no se equivoque: hablamos de que la ciudad de Alejandría tiene una costa de más de treinta kilómetros de extensión. Del centro a las afueras no solo hay una considerable distancia geográfica, salvable solamente en vehículo motorizado, sino también una nada desdeñable distancia cronológica. Y aquí, fuera del pasado de la ciudad, los edificios son mucho más adustos, austeros, rancios... feos, en una palabra.

Feo era también el local donde me llevaron a cenar. Allí, a la puerta de la calle, se alzaban dos grandes fogones con dos negras sartenzuelas en las que se iban friendo verduras, especias y finas, muy, muy finas láminas de hígado, cortadas con excelente destreza sobre una tabla de madera que el muchacho había colocado cerca del fuego. No tenía ningún misterio adicional: hígado, pimiento rojo y verde con cebolla, y un combinado de aderezos y condimentos que, al entrar en la boca, vaciaban al instante las fosas nasales y las vías respiratorias. Aprendí, de sopetón, que cualquier plato en Egipto que lleve el calificativo *iskandarani* (alejandrino) pica a rabiar.

Todavía moqueaba cuando abandonamos el restaurante, con mi botella de agua aun en la mano, para dirigirnos hacia el centro. Hacia la plaza de El Raml, donde se alza el emblemático Hotel Cecil, donde íbamos a pasar la noche. Pero antes, Mohamed me obligó a conocer en profundidad el ambiente nocturno de la ciudad. Ambos insistían en que la verdadera Alejandría se descubre de noche. De modo que acabamos dando con nuestros paladares en un garito llamado Calithea, de origen griego. Era un bar de copas arrancado de los años ochenta, con una disposición en dos plantas abiertas a una terraza interior que permitía vislumbrar la altura del espacio.

—Quiero beber alcohol —dijo Khalaf en un español de adolescente travieso. Khalaf era un treintañero muy bien formado, de sienes plateadas a pesar de su corta edad y pecho ancho y robusto. El culo también, lo que le confería un porte de coloso ramésida que hacía las delicias de las mujeres. Sobre todo de sus mujeres; de las dos, pues Mohamed ya había desposado, como musulmán de pro, a su segunda esposa. Y tenía un puñado de hijos con cada una de ellas. Y se había escapado de ambas para venir a enseñarme, con Badri, la noche alejandrina—. Algo bueno, dulce. Un cóctel.

—Pero Mohamed, ¿tú bebes? —le pregunté buscando bronca.

—Sí, mucho.

—Mentira —le corrigió Badri—. No bebe nunca. Y cuando bebe enseguida se emborracha.

—Vale, ya te pillo. Así que lo que quieres es agarrarte un pedete al lado del hotel. Para no desaprovechar el viaje a Alejandría.

Nos sentamos en una mesa redonda del piso superior. Yo me pedí una cerveza bien fría. Mis dos gurús de la buena vida tardaron mucho más en elegir el cóctel que iban a degustar. Todos tenían nombres de playa caribeña o de combinado europeo. Eligieron uno que mezclaba ron con ginebra y otro de whisky con no sé qué más. Se mascaba la tragedia. Cuando nos los sirvieron, bebieron sus primeros tragos a través de la pajita y pusieron la cara de estreñido que sobreviene cuando alguien no está acostumbrado a bebidas fuertes. Verdaderos poemas. Yo no podía contener la risa. Era como salir de fiesta con tus primos pequeños por primera vez.

Khalaf probaba su copa y torcía el gesto. Aquello no era tan dulce como él esperaba. Entonces le robaba la bebida a Badri, convencido de que la suya estaría mejor, y echaba otro trago. Pero tampoco le convencía, y volvía a la suya para comparar de nuevo. Cuando quiso darse cuenta, se había bebido, a sorbitos comparativos, las dos copas. Y Badri no había apenas mojado los labios. Así que volvimos a pedir la carta. En la segunda ronda yo pedí un Jack Daniel's con Coca Cola. Me daba cosa dejarlos solos. Y ellos, como quien sujeta una carta de sabores de helado, pidieron dos nuevos cócteles exóticos al azar. Mohamed ya empezaba a soltarse con el español, a pesar de que no lo hablaba. La segunda ronda fue recibida con el mismo disgusto que la primera, y los sorbitos fueron a menos. Sobre todo de la copa de Khalaf, que estaba especialmente amarga. Hasta que, sin haber terminado las bebidas, Mohamed necesitó ir al baño. Se puso de pie, se tambaleó a ambos lados, y se dejó caer como un peso muerto sobre la silla, con los ojos abiertos como platos. Pareciera que se le hubiera aparecido un fantasma.

—Badri, ¿quién se ha llevado el suelo? —preguntó asustado.

—¿Qué ha dicho? —Yo no podía dar crédito.

—El suelo. ¿Quién se ha llevado el suelo? Nos vamos a caer.

Badri intentó calmarlo en árabe. Pero Khalaf se agarraba fuerte a la silla y levantaba las rodillas para no apoyar los pies en el suelo.

—Estamos flotando. No hay suelo.

No había pasado ni una hora. Y Khalaf ya llevaba su borrachera en todo lo alto. Un autentico record mundial.

He de reconocer que no era la primera vez que veía a Khalaf borracho. En cierta ocasión, en un viaje anterior, Mohamed nos había acompañado como intendente de la logística en un crucero por el Nilo. Una de las noches, cuando nos habíamos quedado ya solos en la cubierta del crucero, nos pedimos unas cervezas. Yo me hice a un lado para hablar por teléfono, y Badri bajó un momento a la habitación para buscar más tabaco, ya que ambos fuman como auténticas chimeneas. Khalaf, por su parte, aprovechó ese momento de soledad y embriaguez para recolocar las tumbonas de madera y pillarse, no sabemos aún a día de hoy muy bien cómo, un dedo de la mano con el mecanismo de su hamaca. Sin embargo, borracho como iba, en vez de pedir ayuda o gritar de dolor, pensó, en su lógica, que la mejor forma de evitar el daño era amputarse el dedo pillado con un cuchillo que los camareros nos habían dejado sobre la mesa para picar el hielo de la cubitera. Por suerte, en ese momento llegó Badri para salvar las falanges de su amigo. Con semejante historial, no me extrañaba que, en esta ocasión, Khalaf no encontrara suelo sobre el que apoyar las piernas para irnos a dormir.

Hotel Cecil, 1920

La mona la dormimos en el vecino Hotel Cecil, que ahora pertenece a la cadena alemana Steigenberger. Pero en su momento de máximo esplendor, allá por los años treinta del pasado siglo xx, perteneció a una acomodada familia judía que construyó un edificio en el más selecto de los emplazamiento y con el más extremo de los lujos. Por sus habitaciones, como por las del Mena House, el Winter Palace o el Old Cataract, desfilaron los personajes más ilustres de la sociedad mundial, desde Winston Churchill hasta el autor y los personajes del *Cuarteto de Alejandría*, la excelente tetralogía romántica de Lawrence Durrel.

Al amanecer, me encontré con Badri entre las exquisitas viandas expuestas para el desayuno en el comedor del hotel. Mohamed se había quedado en la cama, donde iba a permanecer hasta el mediodía, momento en que, por obligación, deberían abandonar el hotel él y su resaca. Mientras, mi hermano egipcio y yo nos acercaríamos, en la mañana, a visitar el otro monumento emblemático de la ciudad que me faltaba por conocer: la biblioteca de Alejandría, una «Biblioteca Universal» situada en una ciudad celebrada como el centro de aprendizaje en el mundo antiguo, y que tras su destrucción en la antigüedad ha alcanzado un estatus mítico. Desde su desaparición, esta maravilla del mundo antiguo ha perseguido la imaginación de poetas, historiadores, viajeros y académicos, que han lamentado durante siglos la trágica pérdida de conocimiento y literatura. De hecho, no es descabellado hablar de mito, pues, al contrario de lo que ocurre con el célebre faro, nunca se han recuperado restos arquitectónicos o hallazgos arqueológicos que puedan atribuirse definitivamente a la antigua biblioteca, perpetuándose el misterio. Sobra decir por tanto que, si su existencia es desconocida, más aun lo es la fecha de su supuesta construcción.

Se cree que alrededor del 295 a. C., el erudito y orador Demetrio de Phalerum, un gobernador exiliado de Atenas, convenció a Ptolomeo I Soter para establecer la biblioteca. Demetrius imaginó un espacio cultural que albergaría una copia de cada libro del mundo, una institución que rivalizara con las de su odiada Atenas. Posteriormente, bajo el patrocinio de Ptolomeo I, Demetrio organizó la construcción del Templo de las Musas o Museo, de donde se deriva nuestra palabra. Esta estructura era un complejo de santuario inspirado en el Liceo de Aristóteles en Atenas, un centro de conferencias y debates intelectuales y filosóficos.

Como narra brillantemente Brian Haughton, «el Templo de las Musas debió ser la primera parte del complejo de bibliotecas de Alejandría, y estaba ubicado dentro de los terrenos del Palacio Real, en un área conocida como Bruchion o el barrio del palacio, en el distrito griego de la ciudad. El museo era un centro de culto con santuarios para cada una de las nueve musas, pero también funcionaba como un lugar de estudio con áreas de lectura, laboratorios, observatorios, jardines botánicos, un zoológico, viviendas y comedores, así como la propia biblioteca. Un sacerdote elegido por Ptolomeo I mismo era el administrador del Museo, y también había un Bibliotecario a cargo de la colección de manuscritos. En algún momento durante su reinado, Ptolomeo II Filadelfo, hijo de Ptolomeo I Soter, estableció la Biblioteca Real para complementar el Templo de las Musas creado por su padre».

La leyenda de la biblioteca crece con Ptolomeo III. «Se dice que el hambre de Ptolomeo III por el conocimiento era tan grande que decretó que todos los barcos que atracaran en el puerto deberían entregar sus manuscritos a las autoridades. Luego, los escribas oficiales hicieron copias y las entregaron a los propietarios de los originales, archivando estos en la Biblioteca».

Pero, ¿qué le sucedió exactamente a este increíble almacén de conocimiento antiguo y quién fue el responsable de quemarlo? El principal sospechoso de la destrucción de la Biblioteca de Alejandría es Julio César. Se alega que durante la ocupación de la ciudad de Alejandría en el 48 a. C., se encontró en el Palacio Real, acorralado por la flota egipcia en el puerto. Por su propia seguridad, hizo que sus hombres prendieran fuego a los barcos egipcios, pero el fuego se salió de madre y se extendió a las partes de la ciudad más cercanas a la costa, que incluían almacenes, depósitos y algunos arsenales. Y la biblioteca. Así lo atestiguan las obras del filósofo y dramaturgo romano Séneca, citando la *Historia de Roma* de Livio, donde afirma que cuarenta mil pergaminos fueron destruidos en el incendio iniciado por César. El historiador griego Plutarco también asegura que el incendio destruyó la gran biblioteca, y el historiador romano Dio Cassius menciona un almacén de manuscritos que fueron destruidos durante la conflagración del célebre emperador romano.

Sin embargo, el gran erudito y filósofo estoico Strabón, que trabajaba en Alejandría en el año 20 a. C., dejó constancia en sus escritos de que existe el Museo, que describe como «parte del palacio real». Continúa diciendo que «comprende la caminata cubierta, la exedra o pórtico, y un gran salón en el que los sabios miembros del Museo toman sus comidas en común». No menciona la biblioteca, pero algunos estudiosos piensan que si la biblioteca pertenecía al Museo, nombrando uno se nombraban los dos. Y de ahí deducen que no pudo ser César el artífice de la destrucción.

La siguiente teoría culpa a los cristianos. En el 391 d. C., como parte de su intento de acabar con el paganismo, el emperador Teodosio I decretó oficialmente la destrucción del Serapeum de Alejandría. La destrucción se llevó a cabo bajo control de Teófilo, Obispo de Alejandría, y luego se construyó una iglesia cristiana sobre las ruinas. Se ha planteado la hipótesis de que la biblioteca y el Museo, ubicados cerca del Serapeum, también fueron arrasados en este momento. Sin embargo, aunque es plausible que los manuscritos de la biblioteca del Serapeum puedan haber sido destruidos durante esta purga, no hay evidencia de que la Biblioteca Real todavía existiera a fines del siglo IV. Ninguna fuente antigua menciona la destrucción de ninguna biblioteca en este momento. Pero eso no exime a Teófilo de ser uno de los sospechosos en este «Cluedo» histórico de culpables posibles.

El último autor sugerido del crimen es el califa Omar. En el 640 d. C. los árabes, bajo el general Amrou ibn el-Ass, se hicieron con el control de Alejandría después de un largo asedio. Según la historia, los árabes conquistadores habían oído hablar de una magnífica biblioteca que contenía todo el conocimiento del mundo y estaban ansiosos por conocerla. Pero, supuestamente, el Califa, no conmovido por esta vasta colección de aprendizaje, declaró que no servía para nada. Si sus libros contradecían el Corán, eran herejías que había que destruir. Y si estaban de acuerdo con el libro de la fe mahometana, entonces eran irrelevantes y superfluos, y podían perfectamente desaparecer. Así, la historia cuenta que los manuscritos fueron reunidos y utilizados como combustible para las casas de baños en la ciudad. De hecho, había tantos pergaminos, que mantuvieron calientes los baños de Alejandría —más de cuatro mil— durante seis meses. Pero estos hechos increíbles fueron escritos tres siglos después del supuesto evento por el cristiano Gregory Bar Hebraeus, en el XII. Aunque los árabes puedan haber destruido una biblioteca cristiana en Alejandría, es casi seguro que a mediados del siglo VII la Biblioteca Real ya no existía.

La nueva biblioteca alejandrina, heredera del proyecto cultural de la antigüedad, abrió sus puertas en el año 2002, aunque la idea surgió en los años ochenta. Fue inaugurada por tres reinas: la de Jordania, la de Suecia, y la de España, nuestra reina Sofía, tan pródiga en la transmisión de la cultura. No me voy a detener en narrar las bondades de este titánico centro cultural, diseñado en hierro, granito y vidrio con capacidad para albergar más de dos millones de volúmenes, aunque a día de hoy no cuente con más de dos centenares de miles, que no son pocos. Pero uno de ellos, que me merece especial atención, es el original de la *Description de l'Egypte* de Napoleón, que se expone a la entrada del edificio.

Badri y yo paseábamos por sus salas de exposiciones, y por el interesante museo arqueológico que alberga en el sótano, cuando Mohamed nos llamó. Había resucitado, y le habían echado ya del hotel. Y, peor aun,

Nueva biblioteca alejandrina

FAC-SIMILE DES MONUMENS COLORIÉS DE L'EGYPTE
D'APRÈS LE TABLEAU DE C. L. F. PANCKOUCKE,
Chevalier de la Légion d'Honneur, Editeur de la description de l'Egypte. 2.ᵉ Edition.

Description de l'Egypte de Napoleón

Badri y Mohamed Khalaf

Lawrence Durrell

Kavafis

tenía hambre. Así que fuimos a encontrarnos con él en Al Raml, la plaza delante del hotel. Pero esta vez, les pedí que me llevaran a un restaurante donde disfrutar verdaderamente del pescado alejandrino, y no a un lugar de peces para guiris. Y ambos estuvieron de acuerdo en ir a Aros Albahr, un célebre restaurante junto a la mezquita de Abu el Abbas Almorsy, el santo protector Alejandría.

Al entrar, me topé de frente con una gran barca de pescadores, completamente llena de bloques de hielo, sobre los que habían extendido un manto de hierbas verdes frescas y toda clase de razas marinas, tanto de pescados como de moluscos y crustáceos. Tomamos asiento en una mesa del interior, pero tuvimos que salir de nuevo a la barca a señalar qué bichos nos apetecía comer y cómo deseábamos que nos los prepararan. Gambas, calamares, y varios tipos de pescado, fileteados, fritos, a la plancha... Ahora sí. He de reconocer que este pescado sí era digno de una ciudad como Alejandría.

También lo fue el postre, un buen trozo de halva, un dulce hecho de pasta de sémola que disfrutamos, con un café, en un garito cercano llamado Delices Patisserie Alexandria. Badri se chupaba los dedos llenos de azúcar. Khalaf daba sorbitos a su café turco con sus enormes gafas de sol protegiéndolo de la luz que se filtraba por las ventanas. Al otro lado de la plaza, se alzaba nuevamente la fachada del Hotel Cecil, lleno de vida, y entonces sí, lo entendí. Entonces, de pronto, me sobrevino la visión de una Alejandría obsoleta, decadente, que aun rezuma por los adoquines de sus calles, por los cables de sus anaranjados tranvías, por los humos y vapores de sus cafés. Si Sharía el Moez me había introducido en las novelas de Mahfouz, Badri y Khalaf habían conseguido transportarme a las calles del *Cuarteto de Alejandría*. Me sentí como Justine, como Melissa, como Pursewarden, atrapado en sus calles. O más trágico aun, como Cavafis, atrapado en sus poemas entre el deseo y el amor a la ciudad y la agonía de su decadencia ya pasada. La ciudad que es una jaula y atrapa los sueños que se les roban a los egipcios en otras de sus ciudades.

«No hay tierra nueva, amigo mío, ni mar nuevo, pues la ciudad te seguirá, por las mismas calles andarás interminablemente, los mismos suburbios

mentales van de la juventud a la vejez, y en la misma casa acabarás lleno
de canas...

La ciudad es una jaula.

No hay otro lugar, siempre el mismo puerto terreno, y no hay barco que te
arranque de ti mismo. ¡Ah! ¿No comprendes que al arruinar tu vida entera
en este sitio, la has malogrado en cualquier parte del mundo?».

Alejandría es la puerta de atrás, el rincón oscuro, el que huele a pescado.
Es una Benidorm de ultramar con el Technicolor ya macilento y desvaído.
Es una postal sin brillo, de tonos pastel comidos por el sol. Es donde nadie
conoce a tu padre, y nadie puede llamarlo.

De regreso a El Cairo (conducía Badri y Khalaf dormitaba con la cabeza
apoyada en su cinturón de seguridad) para tomar el avión que pondría fin a
mi viaje del siglo xxi, por la puerta grande y no por los puertos ptolemaicos
que se habían grabado en mi alma con cierta culpabilidad, me di cuenta
de que, a pesar de conocer con cierta solvencia este país, yo aun guardaba
resquicios de ciertos prejuicios. Alejandría me había dado una lección.

Egipto había sido para mí, siempre, un grandilocuente sueño de arqueología y aventura que me había servido para sobrevivir a una vida normal
y corriente, con lo bueno y lo malo que eso implica. Egipto fue mi vía de
escape de una imaginación desbordante, que ningún otro niño albergaba,
hacia una vocación temprana y hacia un sueño eterno que no sucumbió
a los desvelos de mis progenitores. Y un sueño en el que un día desperté,
inmerso, para descubrir que el sueño era más grande que mi mismo, y
que no era mío, sino que yo pertenecía a él. Yo sólo me obsesioné con estar
dentro, y a día de hoy mantengo intacto el anhelo cultural que enmudeció
cada consejo y cada crítica que mi camino iba topando. Mi camino empezó
melancólico y remoto, y se hizo real a la vez que me iban aceptando, en su
mecer, las aguas del Nilo.

ANEXOS

Cronología del Antiguo Egipto[1]

1.- Según Baines y Malek, adaptada de la obra *Momias*, de José Miguel Parra.

Período Predinástico (4000-2920):

Dinastía 0 (c. 3000-2920). Es el periodo anterior a la unificación del Alto y el Bajo Egipto y la aparición del Estado.

Período Dinástico Temprano (2950-2650 a. C.)

I dinastía (2950-2775)
II dinastía (2775-2650), ambas denominadas tinitas por tener su capital en la ciudad de tinis

Reino Antiguo (2650-2125 a. C.)

III dinastía, pirámides escalonadas (2649-2575)
IV dinastía, grandes pirámides de caras lisas (2575-2450)
V dinastía, pirámides y templos solares (2450-2325)
VI dinastía, pirámides estandarizadas (2325-2175)
VII/VIII dinastía, numerosos reyes efímeros (2175-2125)

Primer Período Intermedio (2125-1975 a. C.)

IX dinastía, heracleopolitana (2125-2080)
X dinastía, heracleopolitana (2080-1975)
XI dinastía, tebana (2080-1975)

Reino Medio (1975-1640 a. C.)

XI dinastía, todo Egipto (1975-1940)
XII dinastía, pirámides de ladrillo (1938-1755)
XIII dinastía, unos setenta reyes efímeros (1755-1630)
XIV dinastía, reyes menores, quizá coetánea a las dinastías XIII y XV

Segundo Período Intermedio (1630-1520 a. C.)

XV dinastía, hyksos (1630-1520)
XVI dinastía, reyes hyksos menores, coetáneos a la XV dinastía
XVII dinastía, reyes tebanos (1630-1540)

Reino Nuevo (1539-1075 a. C.)

XVIII dinastía, período imperial (1539-1292)

XIX dinastía, Ramsés II y sus sucesores (1292-1190)

XX dinastía, faraones ramésidas (1190-1075)

Tercer Período Intermedio (1075-715 a. C.)

XXI dinastía (1075-945)

XXII dinastía (945-715)

XXIII dinastía, varios reyes coetáneos (830-715)

XXIV dinastía, saíta (730-715)

XXV dinastía, Nubia y Tebas (770-715)

Baja Época (715-332 a. C.)

XXV dinastía, Nubia y Egipto (715-657)

XXVI dinastía (664-525)

XXVII dinastía, persa (525-404)

XXVIII dinastía (404-399)

XXIX dinastía (399-380)

XXX dinastía (380-343)

XXXI dinastía, segundo período persa (343-332)

Período helenístico (332-30 a. C.)

Los macedonios (332-305)

Dinastía ptolemaica (305-30)

Período romano (30 a. C.-395 d. C.)

Bibliografía

Como colofón de este escrito, en el que he narrado no solamente mis vivencias y peripecias por tierras faraónicas, sino también algo de lo que sé sobre historia egipcia, creo que procede acompañar un listado de obras que, a mi modesto juicio, resultan de obligada consulta y referencia antes de emprender un viaje a Egipto. Tal vez su lectura haga al viajero un poco «menos ingenuo». Por supuesto, como no podría ser de otra forma, esta compilación de los libros que yo considero interesantes (si no imprescindibles) para conocer diferentes aspectos del antiguo Egipto (la mayoría ensayos y manuales) o sobre el Egipto actual (ensayos o novelas), está realizada bajo mi gusto y criterio. Con ello espero que me perdonen otros autores que se puedan ver excluidos de este listado: no será objeto más que del olvido o la siempre bien traída justificación de la falta de espacio.

A lo largo del libro he ido mencionando pasajes escritos por grandes viajeros que inauguraron la época dorada de las riberas del Nilo, cuando el descubrimiento arqueológico y la exploración aún tenían cabida en los soslayos vacacionales de los aristócratas europeos. Por encima de todos ellos, el que siempre ha inspirado mis anhelos viajeros ha sido el relato de la británica Amelia Edwards, *Mil millas Nilo arriba* (Alderaban, 2013). La inquieta y versátil Amelia, novelista, periodista, viajera y pionera de la egiptología, quedó fascinada por Egipto durante su único viaje a este país, realizado en 1873 en compañía de varios amigos. Tras su regreso a la Inglaterra victoriana, publicó la viva descripción de su viaje, enriquecido con sus propias ilustraciones. Se convirtió en un éxito de ventas instantáneo. Aunque la vida en las aldeas ribereñas del Nilo que se describe en el libro no ha variado sustancialmente desde que se editara en 1876, el concepto del turismo y el estado de los monumentos faraónicos sí lo ha hecho, y mucho. No obstante, aunque ahora podemos ver la mayor parte de ellos limpios y excavados, y dispuestos para ser visitados sin el menor inconveniente, aún es posible recuperar para el novel, en algunos lugares poco frecuentados por el turista, la esencia descubridora de los primeros viajeros, hechos de una pasta especial.

Igual calado tiene el viaje de su precursora, la valiente Florence Nightingalc. Viajó a mediados del XIX, con Charles y Selina Bracebridge, por Grecia y Egipto. Sus *Cartas desde Egipto: un viaje por el Nilo* (Plaza & Janés, 2002), escritas durante su viaje, son testimonio de su proceso de aprendizaje, habilidades literarias y filosofía de vida. En Tebas escribió que había sido «llamada a Dios», encontrando aquí su vocación religiosa, de tinte anglicano.

También traducido al castellano se encuentra el *Viaje por el Nilo* de E. V. Gonzenbach (Laertes 1992), gran conocedor del mundo oriental. O las *Cartas de Egipto* del poeta Gustave Flaubert (Gadir, 2011), seleccionadas de entre sus escritos fruto del viaje por Egipto en 1849.

Hay muchos otros que han reflejado sus impresiones y pensamientos a lo largo de sus viajes: el ingeniero uruguayo Luigi Viglione (cuyas cartas, aún inéditas, me facilitó mi compadre uruguayo desde Montevideo); o los de Annie McLeod, John Murray, Richard R. Madden, Murray... entre tantos y tantos.

A medio camino entre los viajeros y los arqueólogos está la figura de Giovanni Belzoni, el forzudo italiano que recopilara sus experiencias como asaltante de tumbas en los tres tomos de sus *Viajes por Egipto y Nubia* (Confluencias, 2012, 2015 y 2016).

Sobre la vida en El Cairo actual, el de los últimos doscientos años, no podría dejar de mencionar varias obras que recogen a la perfección la vida cotidiana del cairota. Comenzando por *Taxi*, de Khaled al Khamisi (Almuzara, 2009), una recopilación de conversaciones mantenidas por este periodista en sus trayectos por la ciudad en este medio de transporte tan característico de la capital egipcia, recogiendo las impresiones de quienes se pasan la vida en sus calles conduciendo. O *El edificio Yacobian*, obra de Alaa al Aswani (Maeva, 2008), que cuenta la historia de un edificio de El Cairo y de las (metafóricas) vidas de sus habitantes para retratar la sociedad egipcia; otras obras que saldrían en cualquiera de mis conversaciones sobre literatura cairota serían *Diario de un fiscal rural* de Tawfiq Al-Hakim (Ediciones del Viento, 2003), que muestra a la perfección el funcionamiento de la burocracia egipcia (alto egipcia, concretamente), considerada como una de las cincuenta mejores novelas del siglo xx en cuanto a representatividad cultural se refiere; o también *Los días*, de Taha Hussein (Ediciones del Viento, 2004), una novela autobiográfica. La descripción que hace de la vida cotidiana del Egipto de los años veinte y treinta es interesantísima. Sin olvidarnos de la bibliografía del Premio Nobel de Literatura, Naguib Mahfouz, entre la que yo destacaría *El callejón de los milagros* (Martínez Roca, 2006).

Sobre el museo de El Cairo, la obra que mejor recoge y analiza las piezas, en sentido cronológico como debe ser siempre la visita, es la *Guía ilustrada del Museo Egipcio de El Cairo*, publicada por White Star (2006).

Si nos adentramos en materia arqueológica, podemos hacer también varias distinciones temáticas para abordar la recomendación bibliográfica. Por ejemplo, sobre las pirámides y sus construcciones funerarias complementarias, me remito siempre a las obras de José Miguel Parra, el mayor experto que tenemos en nuestro país en estos monumentos. La más recomendable es *Historia de las pirámides de Egipto* (2.ª edición, ampliada y revisada. Complutense, 2009). Este libro rebasa lo anecdótico y analiza desde sus interpretaciones funcionales hasta las teorías constructivas. No solamente de las pirámides más conocidas, sino también de las menos visitadas, como la Roja y la Romboidal en Dashur, o las menos conocidas, como las de Tebas o las de Abu Rowash. Fuera de nuestras fronteras, el mayor experto es Mark Lehner, y muy recomendable es su obra de divulgación *The Complet Pyramids* (Thames & Hudson, 1997).

Sobre templos, podríamos hacer un listado interminable abordando escritos especializados. El más genérico puede ser el libro *Los templos del Antiguo Egipto*, de Richard H. Wilkinson (Destino, 2002). En esta obra se recogen todos los monumentos catalogados como tal en Egipto. Luego se encuentran obras específicas. Sobre Abu Simbel, por ejemplo, la mayoría de lo publicado son artículos que analizan desde los relieves de la batalla de Qadesh (que también se ven en el templo de Luxor y que se repiten en el Ramesseum) hasta sus alineaciones astronómicas. Muchos aparecen publicados en los *Annales du Service des Antiquités de l'Égypte*, algunos disponibles en la red. Pero para saber más sobre las cuestiones astronómicas y la función que esta ciencia cumplía en el pensamiento egipcio (lo vimos no solamente en Abu Simbel, sino también en Dendera, en las pirámides de Guiza y Sakara o en los monumentos de Hatshepsut y los inéditos descubrimientos en la tumba de Senenmut) uno debe remitirse a la obra de José Lull, *La astronomía en el antiguo Egipto* (Universitat de Valencia, 2006). Y también al libro del arqueoastrónomo Juan Antonio Belmonte, *Pirámides, templos y estrellas* (Crítica, 2012). Sobre Abidos, hay que leer *Abidos. El templo de Sethy I*, de Elisa Castel (Turismapa, 2004).

Sobre la cuestión de la revolución de Amarna y el papel anterior a Akhenatón que juegan Amenhotep III y su cuñado Ay, recomiendo la obra de Donald Redford, *Akhenaten, The Heretic King* (Princeton University Press, 1984).

Sobre las cuestiones religiosas concernientes a conceptos como el sincretismo religioso y la influencia de las creencias egipcias en la aparición de los monoteísmos, es recomendable cualquier obra de Erik Hornung. Aunque tal vez la que mejor lo explique sea *El uno y los múltiples* (Trotta, 2016). Para repasar algunos términos que hemos ido exponiendo en estas páginas así como ubicar a cada divinidad y su representación material, son muy recomendables las obras de Elisa Castel, tanto su *Gran diccionario de mitología egipcia* (Alderaban, 2013), como la obra *Egipto, signos y símbolos de lo sagrado* (Alderaban, 2009).

Sobre el Valle de los Reyes, referente a Tutankhamon recomiendo la lectura del libro que escribió el propio Howard Carter sobre el descubrimiento de la tumba en el año 22. Se llama *El descubrimiento de la tumba de Tutankhamon* (Laertes, 1986). Respecto a la tumba de Tutmosis III, hace unos años se realizó una impresionante exposición en Madrid con una réplica a escala 1:1 de la cámara funeraria. El catálogo de aquella exposición, titulada *Las horas oscuras del sol,* es muy recomendable para conocer el *Libro del Amduat.* Sobre el *Libro de los muertos,* es buena idea remitirse a las ediciones de Wallis Budge (clásica) o la de quien fue mi profesor Federico Lara Peinado (más actualizada Tecnos, 2009). Por cierto, Lara Peinado también tiene publicada una obra que recopila algunos de los documentos más interesantes que nos ha legado el antiguo Egipto, desde las cartas de Amarna hasta el cuento del mago Djedi que contamos en el Museo de la Barca Solar de Khufu, pasando por la biografía de Herhuf, las enseñanzas de Ptah Hotep, la sátira de los oficios, el diálogo de un muerto con su *ka*, la letanía de Ra y muchos otros textos que hemos mencionado y analizado. Se llama *La historia en sus textos. El Egipto faraónico* (Istmo, 1991). Para el resto de tumbas también existe una guía arqueológica de monumentos publicada por White Star.

Sobre Deir el Medina, el poblado de piedra donde vivían los constructores de las pirámides, existe una bonita obra de divulgación titulada *Los obreros de la muerte*, escrita por Fernando Estrada Laza (Planeta, 2001). Si se prefiere una obra más clásica, al estilo de la publicada por Amelia Edwards, existe la posibilidad de buscar la publicada por Eduardo Toda y Güell sobre su viaje por Egipto en el XIX, donde recoge su participación en el descubrimiento de la tumba de Senendjem. Se llama *A través del Egipto*, y fue publicada en Madrid en 1889 (Nabu Press, 2011).

Sobre Hatshepsut, su historia, su reinado y sus monumentos, sin duda hay que remitirse a la obra de Christine Desroches Noblecourt. *Hatshepsut, la reina misteriosa* (Edhasa, 2004). Por muy bonita y romántica que sea la novela de Peuline Gedge, no recoge el hecho histórico tal y como lo aborda la egiptología. Sobre Senenmut hay una obra publicada en español. Yo no la recomiendo. Son mucho más rigurosas las publicaciones sobre los monumentos de Senenmut, escritas por Peter Dorman.

Sobre el Éxodo y los Hyksos, la aparición de Israel y las relaciones de Egipto y Canaan hay que recurrir a Redford y su obra *Egypt, Canaan, and Israel in Ancient Times* (Princeton University Press, 1992). Otra obra imprescindible para conocer la arqueología bíblica es *La Biblia desenterrada* de Finkelstein y Silvermann (Siglo XXI, 2012).

Y como seguramente me estoy olvidando de muchas otras cosas, mejor recojo un pequeño listado de obras básicas que agrupo por temáticas:

Obras generales sobre la cultura e historia egipcia

Asmman, J. *Egipto a la luz de una teoría pluralista de la cultura.* Madrid, Akal, 1995.

Barucq, A. y Daumas, F. *Hymnes et prières de l'Égypte ancienne.* Paris. Cerf, 1980.

Cervelló, J. *Egipto y África. Origen de la civilización y la monarquía faraónicas en su contexto africano.* Barcelona. Ausa, 2002.

Donadoni, S. *El hombre egipcio.* Madrid. Alianza Editorial, 1991.

Grimal, N. *Historia del Antiguo Egipto.* Madrid. Akal, 2004.

Hornung, E. *Historia de Egipto.* Madrid. Aldebarán, 2003.

Kemp, B. J. *El antiguo Egipto: anato-mía de una civilización.* Barcelona. Crítica, 1992.

Silverman, D. P. *El antiguo Egipto: historia, religión, arte, ciencia y mitología. Una recreación del mundo de los faraones.* Barcelona. Naturart, 2009.

Trigger, B. G; Kemp, B. J; O´Connor, D; Lloyd, A. B. *Historia del Egipto Antiguo.* Barcelona. Crítica, 1985.

Atlas

Baines, M. y Malek, J. *Egipto: dioses, templos y faraones.* Barcelona. Folio, 1993.

Pérez Largacha, A. *Atlas histórico del antiguo Egipto.* Madrid. Acento, 2004.

Diccionarios

Shaw, I. y Nicholson, P. *Diccionario Akal del Antiguo Egipto.* Madrid. Akal, 2004.

Castel Ronda, E. *Gran diccionario de mitología egipcia.* Madrid. Aldebarán, 2005.

Rice, M. *Quién es quién en el antiguo Egipto.* Madrid. Acento, 2002.

Vernus, Pascal. *Los dioses egipcios explicados a mi hijo.* Madrid. Paidos Ibérica, 2011.

Obras sobre arte egipcio

Aldred, C. *El arte egipcio.* Barcelona. Destino, 1993.

Desroches, Noblecourt, C. *El arte egipcio.* Barcelona. Plaza y Janes, 1967.

Donadoni, S. *El arte egipcio.* Madrid. Istmo, 2001.

Manniche, L. *El arte egipcio.* Madrid. Alianza, 1997.

Obras sobre religión y pensamiento egipcio

David, R. *Religión y magia en el Antiguo Egipto*. Barcelona. Crítica, 2004.

Frankfort, H. *Reyes y dioses*. Madrid. Alianza, 1983.

Hart, G. *Mitos egipcios*. Madrid. Akal, 1994.

Quirke, S. *La religión del Antiguo Egipto*. Madrid. Oberon, 2003.

Wilkinson, R. H. *Todos los dioses del Antiguo Egipto*. Madrid. Oberón, 2003.

Vida cotidiana

Aldred, C. *Los egipcios*. Barcelona. Aymá, 1979.

Bresciani, E. *A orillas del Nilo. Egipto en tiempos de los faraones*. Barcelona. Paidós Ibérica, 2001.

Montet, P. *La vida cotidiana en Egipto*. Madrid. Ediciones Temas de Hoy, 1990.

Parra Ortiz, J. M. *Gentes del valle del Nilo*. Madrid. Editorial Complutense, 2003.

Gramática y lengua egipcia (Escritura jeroglífica)

Allen, J. P. *Middle Egyptian: An Introduction to the Language and Culture of Hieroglyphs*. Cambridge. Cambridge University Press, 2010.

Collier, M. y Manley, B. *Introducción a los jeroglíficos egipcios*. Madrid. Alianza Editorial, 2000.

Faulkner, R. O. *A Concise Dictionary of Middle Egyptian*. Oxford. Griffith Institute, 2000.

Gardiner, A. *Gramática egipcia. (2 vols)*. Valencia. Ediciones Lepsius, 1991-1993.

Schenkel, W. *Gramática de egipcio clásico*. Alicante. Editorial Club Universitario, 2015.